新编21世纪中国语言文学系列教材

比较文学概论

主编　纪建勋

An Introduction
to Comparative Literature

中国人民大学出版社
·北京·

内容简介

不同于市面上已有的众多比较文学教材，本书最大的特色是以“比较文学史”+“比较文学论”的编写思路构建自身的知识体系与教学体系。

上编“历史篇”以历时性序列对既有的比较文学史，尤其是中国比较文学的学科史进行系统梳理，勾勒学科发展脉络，使学生对学科的缘起、发展过程有一个基本与贯通的认识。下编“方法篇”以共时性序列介绍比较文学的重要研究方向与流派，梳理学科史上的重要研究成果，引导学生思考其得失，培养问题意识与创新精神。

本书以丰富的案例呈现理论、方法与研究范式，避免了单纯的理论空谈，使教师易教、学生易学；同时吸纳了国内外比较文学界基本和前沿的理论，学术延展性强。新颖的体例和深入浅出的内容，使本书既适合本科生初步学习，也适合研究生深入学习使用。

主编简介

纪建勋 上海师范大学人文学院教授、博士生导师，上海师范大学国际比较文学中心主任、校师资委员会委员，《国际比较文学（中英文）》期刊主编，上海市一流课程“中国比较文学史”首席专家。中国比较文学学会理事、中国比较文学学会教学研究分会常务理事、中国比较文学学会跨学科研究分会常务理事、上海市比较文学研究会青年委员会主任，兼任国家教材委员会语文学科专家委员会比较文学学科组专家委员、教育部教师队伍建设专家指导委员会人文类研究生导师队伍建设分委会专家委员、教育部人文社会科学重点研究基地上海师范大学都市文化研究中心研究员。主要从事比较文学、宗教学、中外交流史研究，近年来先后主持国家社科基金重点项目、一般项目多种，代表性著作有《现代中国比较文学研究》《早期全球化时代的上帝之赌》等。

编委会

（按姓氏拼音排序）

马汉广（黑龙江大学）
宋炳辉（上海外国语大学）
唐　珂（上海外国语大学）
王定安（浙江工业大学）
王汝良（青岛大学）
魏家海（华中师范大学）
姚达兑（海南大学）
叶君洋（南京大学）
曾　琼（北京外国语大学）
张同胜（兰州大学）
赵世昌（河南师范大学）
周荣胜（复旦大学）
朱　云（南京农业大学）
穆　雷（广东外语外贸大学）
孙彩霞（河南大学）
王春景（深圳大学）
王　靖（北京大学）
王秀花（山东科技大学）
肖　汉（北京师范大学）
姚孟泽（南开大学）
余夏云（西南交通大学）
张俊萍（江南大学）
张西平（北京外国语大学）
郑　晔（上海外国语大学）
周云龙（福建师范大学）
邹　赞（新疆大学）

目录

绪论　比较文学的范式转换与知识体系建构

——关于比较文学、比较文学史与比较文学教学的思考 …… 001

上编 历史篇

第一章　中国古代比较文学

——中国比较文学的滥觞及其方法论意义 …… 019

本章要点 …… 019

第一节　中国比较文学的滥觞 …… 020

第二节　西竺与中国古代比较文学 …… 025

第三节　泰西与中国古代比较文学 …… 032

本章小结 …… 038

思考与练习 …… 039

拓展阅读 …… 040

第二章　中国近代比较文学

——中国比较文学的发生与近代文化转型 …… 041

本章要点 …… 041

第一节　中国近代文化转型与比较文学发生之关系 …… 042
第二节　文化转型大背景下中国近代比较文学的特质 …… 045
第三节　译才并世："严林"与"发生转型论" …… 048
第四节　爰生自觉："梁王鲁"与"发生转型论" …… 054
本章小结 …… 062
思考与练习 …… 063
拓展阅读 …… 063

第三章　中国现代比较文学
——中国比较文学的初兴与诗学范式之争 …… 064
本章要点 …… 064
第一节　比较文学真正作为一门学科出现在中国 …… 064
第二节　初兴期研究特点之表征 …… 067
第三节　初兴期影响研究与平行研究之考察 …… 069
第四节　初兴期跨学科研究与翻译研究之考察 …… 077
第五节　初兴期隐含的诗学范式之争及其意义 …… 082
本章小结 …… 087
思考与练习 …… 087
拓展阅读 …… 088

第四章　五四新文化运动与中国比较文学 …… 089
本章要点 …… 089
第一节　"一个指标"：大写的五四新文化运动 …… 089
第二节　中西比较维度下的启蒙：五四新文化运动时期的中国比较文学 …… 092
第三节　古今比较维度下的复兴：五四新文化运动与中国比较文学 …… 098
第四节　"迎中国的文艺复兴"："发扬非其时"，"而在四五十年后" …… 104
本章小结 …… 110
思考与练习 …… 110
拓展阅读 …… 111

第五章　新中国成立三十年的中国比较文学 …… 112
本章要点 …… 112
第一节　中国比较文学"沉潜期"的成因与特征 …… 113
第二节　"沉潜期"的中外文学关系研究 …… 115
第三节　"沉潜期"的跨学科研究与翻译研究 …… 122

本章小结 …… 127
思考与练习 …… 128
拓展阅读 …… 128

第六章　中国比较文学复兴四十年学科方法论整体观 …… 130
本章要点 …… 130
第一节　从“影响研究的神话化”与“平行研究的妖魔化”谈起 …… 131
第二节　影响研究与平行研究关系新论 …… 134
第三节　迈向国际比较文学第三阶段 …… 139
本章小结 …… 144
思考与练习 …… 144
拓展阅读 …… 144

第七章　台港澳及海外华人的比较文学及其诗学传统 …… 146
本章要点 …… 146
第一节　台港澳的比较文学 …… 148
第二节　“中国比较文学学会旅美学者分会”的比较文学 …… 153
第三节　海外华人的比较文学 …… 156
第四节　台港澳及海外华人比较文学方法论的三个问题 …… 162
本章小结 …… 167
思考与练习 …… 168
拓展阅读 …… 168

第八章　世界比较文学史概述 …… 169
本章要点 …… 169
第一节　民族国家与民族文学的双重发现：18—19世纪文学比较意识的萌发 …… 171
第二节　跨越国界的文学史：19—20世纪上半叶的法国比较文学 …… 175
第三节　超越国界的西方文学学术共同体：20世纪中叶的美国比较文学 …… 179
第四节　全球在地化与理论化：20世纪80年代以来的人文学术实践 …… 183
本章小结 …… 186
思考与练习 …… 187
拓展阅读 …… 188

下编

方法篇

第九章　中外文学关系 …… 191
本章要点 …… 191
第一节　中外文学关系的概念与特点 …… 191
第二节　中外文学关系的研究方法与思路 …… 194
第三节　中外文学关系的研究领域 …… 199
本章小结 …… 204
思考与练习 …… 204
拓展阅读 …… 205

第十章　比较诗学 …… 206
本章要点 …… 206
第一节　比较诗学是什么 …… 206
第二节　比较诗学的基本思路 …… 208
第三节　比较诗学的研究领域 …… 210
本章小结 …… 219
思考与练习 …… 219
拓展阅读 …… 219

第十一章　国际汉学 …… 221
本章要点 …… 221
第一节　相关概念 …… 221
第二节　汉学的分期 …… 224
第三节　研究进展 …… 232
本章小结 …… 235
思考与练习 …… 236
拓展阅读 …… 236

第十二章　海外华文文学 …… 238
本章要点 …… 238
第一节　作为“现代事件”的海外华文文学 …… 238
第二节　概念：错位的辩证 …… 240

第三节　方法：重层的视域 …… 241
第四节　思路：想象的艺术 …… 243
第五节　视域：整体的意识 …… 245
第六节　发展："华夷风土学" …… 247
第七节　展望：研究的可能 …… 249
本章小结 …… 251
思考与练习 …… 251
拓展阅读 …… 251

第十三章　文学人类学 …… 252
本章要点 …… 252
第一节　文学人类学是什么 …… 252
第二节　文学人类学在中国的本土化进程 …… 255
第三节　中国文学人类学学派的理论范式与实践 …… 257
本章小结 …… 266
思考与练习 …… 266
拓展阅读 …… 267

第十四章　文学跨学科研究 …… 268
本章要点 …… 268
第一节　跨学科历程：分科与跨界 …… 268
第二节　专题性案例：双学科跨界 …… 271
第三节　无界之境界：范式与反思 …… 278
本章小结 …… 280
思考与练习 …… 281
拓展阅读 …… 281

第十五章　东方文学 …… 283
本章要点 …… 283
第一节　"东方文学"的概念 …… 283
第二节　"东方文学"的基本特质 …… 288
第三节　"东方文学"的研究方法与领域 …… 294
本章小结 …… 298
思考与练习 …… 298
拓展阅读 …… 298

第十六章 翻 译 学 …… 300
本章要点 …… 300
第一节 翻译学的概念及学科发展史 …… 300
第二节 翻译研究的范围 …… 303
第三节 当代翻译理论的发展 …… 305
第四节 中国翻译研究的发展及未来趋势 …… 309
本章小结 …… 311
思考与练习 …… 311
拓展阅读 …… 311

第十七章 科幻文学 …… 313
本章要点 …… 313
第一节 科幻文学是什么 …… 314
第二节 科幻文学研究的发展历程 …… 316
第三节 科幻文学研究的相关领域 …… 320
本章小结 …… 328
思考与练习 …… 328
拓展阅读 …… 329

职责分工 …… 330
后 记 …… 332

绪论

比较文学的范式转换与知识体系建构

——关于比较文学、比较文学史与比较文学教学的思考

绪论要点

伴随着国际比较发展来到第三阶段，比较文学的方法论也相应发生了范式转换，具体包括基于文学现象同源性的影响研究、基于文学规律同理性的平行研究、基于异质文明同情性的跨文化研究。范式转换后的比较文学，就发展阶段而言，可以分为法国学派、美国学派、中国学派；就比较范式而言，可以分为影响研究、平行研究、跨文化研究；就学理逻辑而言，可以分为相交模式、平行模式、异面模式（多样性模式）。比较文学是跨文化交流之桥，而比较文学史就是跨文化交流中那个最有效用的公垂线。通过比较文学史可以把比较文学研究“无方向的流”编成序列，进而以恰当的方式把比较文学与比较文学教学连通起来。把关于一门学科知识体系建构最重要的比较文学、比较文学史与比较文学教学这三驾马车联动起来协同发展，这就是本教材给出的比较文学本体矛盾的解决之道，也即国际比较文学第三阶段的范式转换与知识体系建构的答案。

何谓比较文学？简而言之，比较文学是一种跨民族、跨语言、跨文化、跨学科的文学研究。我们来思考一个问题：比较文学与异面直线有什么关系？作为人文学科的比较文学与数学里的异面直线能联系在一起，不仅仅是跨学科研究的原因。众所周知，科际整合理念下的跨学科研究风起云涌，具有浓厚研究属性的比较文学在这一点上体现得尤为突出。今天，跨学科研究已经成为比较文学的一大分支或研究特色，作为二级学会的中国比较文学学会跨学科研究分会也已经于 2021 年 11 月 27 日在南方科技大学正式揭牌。文学与历史、哲学、宗教等学科的跨学科研究，文学与人类学、社会学、心理学等学科的跨学科研究，文学与音乐、美术、数理化等学科的跨学科研究，当然都属于比较文学跨学科研究的范畴，而当今人工智能领域日新月异的发展变化如疾风骤雨般席卷全球，传统意义上的跨学科研究也进入了数字人文、科幻文学等迅猛发展的新阶段。

真正的原因是比较文学学科自身发展的需要，是国际比较文学三个阶段发展的必然结果。关于比较文学"中国学派"，学界的看法一直众说纷纭，没有形成统一的认识，而在一定程度上比较文学"中国学派"的说法是可以成立的。这里的"中国学派"，不是说中国比较文学的研究成就、理论贡献和学术影响已经可以媲美"法国学派""美国学派"，这无疑还是当今中国比较文学方法论建构的主要任务；这里的"中国学派"在一定程度上可以成立，首先是从发展阶段而言的。法国学派的影响研究，强调有事实关系的史学考证；美国学派的平行研究，注重无实际联系的美学批评。当然，这仅仅是一般化的笼统说法，法国学派的后期，也做比较诗学的研究，美国学派的研究也离不开对文学关系的梳理，因为影响研究和平行研究很难截然分开。而法国学派、美国学派的划分也是政治形势和意识形态的需要，更重要的是国际比较文学发展趋势使然。从这个角度而言，"中国学派"从国际比较文学发展阶段上来说是可以成立的，"中国学派"是国际比较文学从"欧洲中心""欧美中心"转型发展的需要。这个转型发展，并不是转到"中国中心"，而是倡导和积极践行一种"中心发散，多元竞艳"的去中心化发展。① 它的宗旨是倡导"跨文化、跨学科、多样性、相互性"，这也是国际比较文学第三阶段的发展方向。②

正如中国学派相对于法国学派、美国学派来讲是必要的，与此相应，就比较范式而言，跨文化研究相对于影响研究、平行研究来讲同样有其必要性。但伴随着国际比较文学发展来到第三阶段，比较文学理论还在发展，正是作为比较文学理论发展的一部分，我们需要将比较范式由影响研究、平行研究两种进一步扩展为影响研究、平行研究、跨文化研究三种。具体包括基于文学现象同源性的影响研究、基于文学规律同理性的平行研究、基于异质文明同情性的跨文化研究。因此，关于比较文学，就发展阶段而言，可以分为法国学派、美国学派、中国学派；就比较范式而言，可以分为影响研究、平行研究、跨文化研究；就学理逻辑而言，可以分为相交模式、平行模式、异面模式（多样性模式）。而将比较文学与异面直线联系在一起的根本原因，正是"中国学派""跨文化研究""异面模式（多样性模式）"得以在学术上安身立命的需要。

此种比较范式的转换，既是国际比较文学发展第三阶段方法论建构的需要，也是世界文化多样性与交流互鉴的必然产物，更是当今人类包括比较文学在内的所有人文、社会、自然科学所不可违背的发展规律。反映此种趋势最常见的一个例子即勃兰兑斯（Georg Brandes）六卷本的皇皇巨著《十九世纪文学主流》。此书作者的初衷是在对欧洲各国文学

---

① 纪建勋．走向世界文学的国际比较文学中国学派．社会科学战线，2020（7）：162－173.

② 孙景尧先生是中国比较文学学科最重要的开创者和奠基人之一，1983年创刊并主编了我国首份英文比较文学学术杂志《文贝：中国比较文学研究》（*Cowrie: A Chinese Journal of Comparative Literature*），曾在国内外比较文学界享有盛名。2017年由上海师范大学主办的《国际比较文学（中英文）》期刊在原有《文贝：中国比较文学研究》建设基础上成功获批国内外正式刊号并升级改版，截至2025年春，已连续出版8卷共28期。2024年*Cowrie: Comparative and World Literature*英文期刊在上海师范大学创刊，由德国的德古意特出版社出版。《国际比较文学（中英文）》期刊、*Cowrie: Comparative and World Literature*英文期刊，皆注重通过刊载国内外比较文学前沿研究成果，突出以文学为中心的跨语言、跨学科、跨文化研究，致力于促进中外学术及文化的深层沟通与相互理解。由纪建勋教授担任两种期刊主编，两种期刊的办刊宗旨正是积极倡导比较文学践行"跨文化、跨学科、多样性、相互性"理念。

比较研究的基础上，帮助丹麦摆脱文化上的地方主义，对 19 世纪欧洲浪漫主义文学的发展做了深入细致的描述与考察。然而，在这本今日已成为研究欧洲文学史必读参考书的比较文学经典里面，作者需要处理的所谓 19 世纪文学“主流”，也仅是存有文学现象同源性影响研究的欧洲而已，囿于时代的局限，勃兰兑斯的视野所及，既没有在 20 世纪标举文学规律同理性平行研究的北美洲，更不会有亚洲。那么，时间来到 21 世纪的国际比较文学，比较范式上的此种转换难道还不应该是大势所趋之必需必然吗？不少前辈耆宿与有识之士对此有深刻的认识并做了很多积极有益的努力，曾任国际比较文学学会主席的厄尔·迈纳（Earl Miner，中国名孟而康）主持国际比较文学学会下设的跨文化研究会，其代表作《比较诗学》就已经从“以文化相对主义打破欧洲中心主义”与“跨文化研究的努力和实践”这两个层面做出了开创性的贡献。①

实际上，伴随着启蒙运动、文艺复兴、宗教改革与工业革命等一系列改变世界历史进程的重大事件，文明交流互鉴的界面也相应由平面视野跃进拓展为球形视野。大家知道，数学上在平面几何一个平面的二维限度内，两条直线的位置关系有且仅有相交和平行两种，然而来到立体几何三维的空间里，两条直线的位置关系就相应地变成了相交、平行和异面三种。由原先的法国学派、美国学派到现在国际比较文学发展第三阶段的中国学派，由影响研究相交模式的文学现象同源性、平行研究平行模式的文学规律同理性到现在跨文化研究异面模式（多样性模式）的异质文明同情性，比较文学研究的此种范式转型强调与凸显的都是比较文学与异面直线的联系，是克服“欧洲中心主义”独断论，发扬世界文化多样性的拐点所在。因此，在一定程度上来讲，比较文学向“跨文化研究”异面模式（多样性模式）的范式转型，正是呼吁当下全球的人类扬弃对于地球另一端“异面”的“他者”文化传统惯有的那种彬彬有礼的冷漠，而通过积极倡导文明多样性来拥抱异质文明并给予同情（same nature）性的理解，这是国际比较文学发展第三阶段的使命。这里用东西方“异面模式（多样性模式）”来比拟当下跨文化交流表面繁荣实则无法突破隔膜“天花板”的困境。当然，地球实际上是圆的，笔者坚信全球化的洪流终将冲垮一切有形无形的藩篱，在充分尊重与认可东西方异质文明多样性的基础上建立起真正平等的对话。400 多年前就已经来华的利玛窦（Matteo Ricci）创造性提出“吾友非他，即我之半，乃第二我也。故当视友如己焉。友之与我，虽有二身，二身之内，其心一而已。相须相佑，为结友之由”的友伦观②，倡导以“自我”“他我”也即“视友如己”与“第二我”合一的新的跨文化交流方法论，正说明了“比较文学史”之于比较文学、比较文学教学的重要意义。

打个比方说，两种异质文明好像是两条异面直线，在跨文化研究中，比较文学的角色仿佛是与两条异面直线都相交的直线。我们知道，与两条异面直线都相交的直线可以有无数条，但是与两条异面直线都垂直且相交的直线即两条异面直线的公垂线却有且只有一

① 纪建勋，张建锋．“文学自主”与“文学本位”：厄尔·迈纳跨文化比较诗学方法论刍议．文艺理论研究，2018，38（1）：29－38．

② 利玛窦．交友论//李之藻．天学初函：第一册．台北：台湾学生书局，1965：300．

条。也即意味着两种异质文明虽然可以经由无数种沟通方式联系起来，而最有效用的比较文学无疑就是两条异面直线的公垂线段，它是最短的，称为两条异面直线之间的距离。期待这本《比较文学概论》教材可以担当起比较文学“跨文化研究”异面模式（多样性模式）里“公垂线”的角色。

今天我们需要什么样的比较文学？致力于不同方向研究的学者可能给出的答案都不一样，因为现在的比较文学覆盖的范围太大了。但是有一点却是毋庸置疑的，其中最有效用的比较文学就是比较文学教学。比较文学是跨文化交流之桥，而一本合用的比较文学教材就是跨文化交流中那条最有效用的公垂线。

一、“无方向的流”：关于比较文学、比较文学史、比较文学教学

首先一起辨析一个问题。比较文学为什么始终充满争议，或者说比较文学的发展道路为什么一直伴随着危机？作为一门学科的比较文学在欧洲诞生，距今已超过了百年，百年来“危机”之说纷纷攘攘，甚至耸人听闻的“学科之死”的说法也不绝于耳。这究竟是为什么？为什么其他学科没有这种“危机”感？

不明究竟者很容易据此得出比较文学行将没落的结论，或者至少是对比较文学的“合法性”产生怀疑。无须否认，这样的误解普遍存在。实际上，这种与比较文学如影随形的现象，产生的根本原因在于没有一种叫作“比较文学”的文学，而其他不存在类似问题的文学学科皆有相应依托的文学作品的实体累积作为基础。譬如我们有中国文学、越南文学、法国文学，甚至有苗族文学、加勒比海文学、中国古代文学等多种类多角度的文学，却没有哪一种文学被称作“比较文学”。举例来讲，在中文系，外国文学一贯与比较文学并列，两者合为“比较文学与世界文学”一个二级学科。然而，外国文学有英国文学、美国文学、法国文学等国别文学作品作为依托的实体累积，具体而言有莎士比亚的文学作品、巴尔扎克的文学作品等作为外国文学的基础组成部分。而比较文学则不然，它没有这种与“外国文学”的文学那般相适应的“比较文学”的文学作品作为天然的研究对象。

所以，比较文学这一概念的出场在本质上是一种研究——比较文学的研究。我们一旦明白了这个“比较文学”与“外国文学”“中国古代文学”等概念的根本性区别，很多一直令人困扰的疑难问题就不难找到答案。第一个问题，比较文学学者在学界尤其是中文系也包括比较文学与世界文学专业内部遭受的一个最常见的批评就是，“比较文学学者不务正业”，“所做的不是比较文学，甚至不是文学”。而当我们明白了“比较文学”专业的独特性之后，就不难发现，因为“比较视域”作为比较文学学科的本体性诉求，比较文学学者在扎根文学沃土之上还需要选择“比较”的另一极，其选择具有很大的弹性和自主空间，完全与比较文学学者以往的学术背景和未来的学术兴趣紧密联系在一起，其探究的触角就往往溢出了文学的边界而体现出强烈的跨文化、跨学科的特性。所以，这第一种对比较文学学者最常见的批评往往是不了解比较文学学科本质的表现，也体现出对学术研究创

新性在理解上存在很大的偏差。

第二个问题，作为研究的比较文学一旦成为学科，就需要进行相应的比较文学教学。因此，重中之重的根本问题是：主要作为一种研究范式的比较文学，在成为一门学科之后，如何进行比较文学教学？这种比较文学教学需要一本什么样的教材与之相适应？很显然，自身定位的差异导致比较文学的教材与其他种类文学的教材在内容上有着很大的不同，关于此问题的答案我们需要回到比较文学的历史本身。

比较文学诞生于19世纪的欧洲，开风气之先的法国“比较文学”在诞生之初实际上就是一个依凭学院讲座而产生的人文学科。它当时旨在研究不同民族文学的事实联系，具有鲜明学术研究的特质。而中国比较文学的萌蘖则有所不同，因为近代特殊的历史背景，在其学科化之前就已“早熟”地产生了一些重要成果。从学科化、学术化程度这一方面来看，尽管早在1920年代吴宓等学者就已经在中国大学开设比较文学专业课程，但影响毕竟有限，中国比较文学学科成为显学还是20世纪80年代之后的事情。其后历经几十年跃进式发展，学者大多以较为乐观的态度盛赞这一时期比较文学的成就。①

与欧美地区的比较文学系多为一级学科不同，当下中国的比较文学学科是大学（高等教育）学科建制中“中国语言文学”学科下属的二级学科，与“世界文学”一起合称为“比较文学与世界文学”。这一说法本身是权宜性的，很多学人对此表示疑虑。例如学者孟华就指出了这一做法的两点问题：一是会模糊学科的独立性，让人误以为了解外国文学就可治比较文学，二是把比较文学置于国别文学之下无形中也限制了前者的发展。② 所以本书涉及的仅是“比较文学”学科方向，而非宽泛意义上的“比较文学与世界文学”专业。如果仅从专业来看，“比较文学”与其他现代大学建制下的人文学科一样，自然包含了研究与教学两个环节，那么首先需要厘清的是“比较文学研究”与“比较文学教学”两个说法各自的内涵。

从研究角度来看，具体的研究对比较文学学科而言是基础性的。正是诸多具体的研究工作，在不断地分析阐发、彼此交流甚至论战中得以框定这一学科的外延与内涵，并随着各种研究方法与思路在方法论层面上产生不同的比较文学观念。以中国比较文学的发展为例，正是多年来“方法论的自觉进一步促进了学科的自觉”③，使20世纪80年代以降比较文学得以在中国逐渐复兴。在西方学界，比较文学学科已经有了较为成熟的、成体系的研究理路和研究方法，中国比较文学在比较范式上对前者也多有借鉴与吸收。法国学派的影响研究方法或美国学派的平行研究方法仍然是比较文学专业在研究实践上的主流，而译介学、渊源学、比较诗学等具体方向则成为比较文学学科展开各种研究实践的具体内容。

在此，尽管当下比较文学研究涉及的具体问题、研究选题五花八门、跨度很大，但其中“有价值的研究”往往是有一定的共性的：它们都从切实存在的问题出发，面对当下学

① 王向远．中国比较文学百年史．银川：宁夏人民出版社，2007：9.

② 孟华．比较文学的“普适性”与“精英性”．中国比较文学，2004（1）：17－21.

③ 张沛．比较文学：人文之道．上海：复旦大学出版社，2013：16.

术语境下亟待解决的问题予以分析讨论，这就是所谓人文研究所需的“问题意识”。正是因为比较文学研究乃至人文学科研究的这种性质，一旦研究中的论述远离了它所讨论的具体语境和所关切的问题，这些内容就会失去原有的鲜活姿态，成为相对僵化的死知识。

这正是比较文学与外国文学、中国文学最大的不同——后两者的教材处理的是外国文学、中国文学本身，譬如作品的赏析、作家风格的批评或者是流派的形成等等，而比较文学的教材需要面对的主要内容实际上是比较文学研究成果本身。

所以，从教学领域来看，比较文学的研究成果当然不能直接地照搬到课堂上，研究与教学并不是完全同一的关系，研究实践不可以原封不动地成为教学内容。而比较文学教材需要处理的教学内容偏偏就是比较文学研究成果本身，此种矛盾对于比较文学学科而言是先天性的，称其为比较文学的本体矛盾。

有鉴于比较文学研究对比较文学学科的基础性意义，研究与教学的关系不应该也不可能完全割裂，既然比较文学本体矛盾的存在无法避免，重要的就是如何在两者间找到合适的中介方法。自 1997—1998 年“比较文学与世界文学”成为中文专业的二级学科，比较文学成为中国语言文学专业的主干课程以来，比较文学的教学工作一直面临着上述的问题。和国内其他的人文学科教学工作一样，日渐体制化的比较文学教学旨在为中文专业系或相关专业的本科学生普及比较文学知识，并在进一步的研究生教育中培养中国的比较文学专业人才，这就必然需要课程设置、教材、教学内容、考核要求等等各个环节的教育教学工作都与其相适应。

正如国内学者陈惇总结的那样，国内的比较文学教学有三种类型，即“专业性教学、普及性教学、启蒙性教学”①，其中属于高等教育阶段的是前两者；专业性教学包括学位研究生培养、比较文学系和讲习班课程，普及性教学则是本科阶段的基础课与选修课。但无论是“专业性教学”还是“普及性教学”总是需要相应的教学主体去进行，今天的比较文学研究主体和教学主体大都是大学、研究机构任职的教师/学者，他们可能一方面在进行自己所关注方向的研究实践，另一方面在大学课堂进行教学活动。这样，具体学者或高校研究的传统侧重、兴趣倾向往往就会影响教学内容的设计，且不同院校所使用的教材版本的不同又会愈发使得教学的内容“多样化”。像“比较文学”这样在国内尚属“年轻”的学科往往更容易表现出此一特点。从好的一面讲，这当然体现了比较文学自身的包容性，但另一方面也暗含了缺少教学内容统一性与规范性的隐忧。学者孙景尧就曾提到了中国大学比较文学教学中“学科设置的多样化和学术的规范化”② 之间的矛盾。那究竟该如何给予比较文学课程一直能够被广泛接受的“规范性”？又如何处理上面提及的“研究与教学”之间先天性的本体矛盾关系问题？

首先，应当认识到，比较文学的教学相对于比较文学的研究总是具有“滞后性”的，

---

① 陈惇．比较文学教学的回顾与思考：为纪念中国比较文学学会成立 20 周年而作．中国比较文学，2005（4）：12－26．

② 孙景尧．比较文学在当代中国的复兴与发展（1978—2008）：在中国比较文学学会第九届年会暨国际学术研讨会上的学术总结报告．中国比较文学，2009（1）：1－9．

这种滞后性当然不是贬义的，而是说教学的内容、教材的编写总是以已有的研究内容为基础，并对后者进行归纳、总结、概括与点评。这种特点使得教学活动对研究内容的“转述”表现出两重性质：一方面，教学可以站在相对客观的视角面对已有的研究成果；另一方面，当教学涉及原理、理论内容时，又会因为这种旁观视角使得讲述远离研究的发生语境，让讲述的内容多停留在抽象概念的反复纠缠或是既定知识的灌输上，这就是内容的“僵化”。

其次，比较文学的教学应当具有一定的普适性。科学研究工作往往需要站在一个学科的前沿，面对既有的未能解决的棘手问题进行探索，或对有所遗漏的部分予以弥补、强化。而教学工作则是培养性质的活动，需要面对的是知识结构尚未完整的学生（特别是本科生），教学的内容也不是要刻意追求前沿，而是力图尽可能让学生领会“比较文学”的基本内涵、思路、方法，引导学生自主学习、研究。尤其对于本科生阶段的文学专业学生来说，更需要注意这一点。

比较文学研究与教学之间的关系，就使得“比较文学史”的重要性凸显出来。百年中国比较文学历史的发展为彻底解决以上的种种矛盾提供了可能。比较文学史本身也可以说是比较文学研究的一个方向，是对既有的比较文学观念、方法、成果的一种历史性梳理，也就是说，通过确定历史上各种比较文学研究之间的共时性与历时性关系，对其进行知识序列的建构。例如“中国比较文学史”这一说法，其内涵就是对中国比较文学学科何以发生、如何发展进行梳理与阐释，是对这一过程内部重大“事件”的整理。如果再把眼光打开，可以说，“比较文学”这一学科诞生之初就与历史学方法密不可分；法国学派多将其视为研究跨民族的、具有事实联系的作品之间关系的学科，是“文学史”的一支；美国比较文学家韦斯坦因（Ulrich Weisstein）也说，比较文学“像所有的历史学科一样……把那些在不停展开与不断流通的事件（韦勒克称之为‘无方向的流’）中产生的、看起来混乱的现象编成序列”[①]。而“比较文学史”就是把这一学科早已具备的历史意识放到它自身的结果，借用上面韦斯坦因和韦勒克（René Wellek）的说法，即将比较文学自身的研究内容纷繁复杂的历史尽可能地以学术话语清晰化、秩序化；借助“比较文学史”，可以了解比较文学作为一个学科自身的发生、源流、发展与内部转变，这正是比较文学学科上佳的教学内容。质言之，通过“比较文学史”可以把比较文学研究“无方向的流”编成序列，进而以恰当的方式组织成一本教研咸宜、既适合“专业性教学”又适合“普及性教学”的比较文学教材，这就是本书给出的比较文学本体矛盾的解决之道，也即“我们需要一本什么样的本科教材”的答案。

在比较文学的早期，法国学派洛里哀（F. Loliee）的《比较文学史》就从比较的视域展现了世界各国尤其是欧洲文学史长河演进的图景。尤其需要注意的是，国内学者如徐扬尚的《中国比较文学源流》《比较文学中国化》、徐志啸的《中国比较文学简史》《20世纪中国比较文学简史》、曹顺庆主编的《比较文学史》《比较文学学科史》、杨义与陈圣生合

---

① 韦斯坦因．比较文学与文学理论．刘象愚，译．沈阳：辽宁人民出版社，1987：65.

著的《中国比较文学批评史纲》、乐黛云与王向远合著的《比较文学研究》，以及王向远的《中国比较文学百年史》都是某种程度上具有一定比较文学史意义的著作。以上著作充分佐证了“比较文学史”作为比较文学学科发展中的一股潜流一直存在着，而这股潜流几乎被 20 世纪里前仆后继的理论热完全遮蔽了。如今，理论热似乎有所降温，应该高扬起比较文学史的意义与作用了。

这样，就可以理解为什么“比较文学史”对比较文学研究和比较文学教学都具有重要的意义。对比较文学研究而言，某一国别、文化语境内部的比较文学史可以系统地展现此一国家或地区的比较文学学者的思想历程与研究成果；而对比较文学教学来说，简单来讲最为重要的一点就是它能够让学生较为系统地直观认识到这一学科是如何发展到今天这个样子的，也能让学生大致理解这一学科的前辈学人在做些什么工作。陈惇在为王向远《中国比较文学百年史》做的解说中也提到了“比较文学史”的重要性，并认为其应该成为学生的必修课：“研究学科史也是当前比较文学教学的迫切需要……不了解本专业的过去和现在，就很难说他的知识结构是完整的齐备的。”① 同时，韦斯坦因的告诫也应当一提：“人们常对年轻的比较文学学者所说的悲惨事件之一，是我们对跟理论问题相对的方法论问题的忽视。”② 在这一意义上，比较文学史无疑具有对症下药的功用，它正是试图将学科史上卓有成效的研究方法标举，给学生、青年学者以启发。

由此看来，比较文学教学离不开“比较文学史”，并且，它对于今天的比较文学研究也有着相当的益处。这就是今天我们重提“比较文学史”并重申其重要性的原因。那接下来的问题就是我们能否用“比较文学史”作为现在比较文学教材的内容？作为教学内容的“比较文学史”能够在今天的比较文学教学中发挥“无用之大用”吗？为了进一步说明这一点，应当继续考察今天比较文学教学还有哪些实际困难，以及比较文学史如何在其中发挥积极作用。

二、“蒙田城堡的根基”：比较文学的本体矛盾及其解决之道

比较文学教学在今天的诸多具体困难之一还包括课程的开设和教材的版本。目前，尚有很多高校未将比较文学列入本科生的教学内容和课程安排。2005 年国内有学者调查了多省 30 所院校的比较文学课程设置，仅 8 所院校将比较文学课程作为必修课，三成多院校没有开设比较文学课程，且教材使用情况较为混乱③。直到今天也很难说这些问题有多大程度的好转，部分高校的比较文学学科基础仍然比较薄弱，也缺少相关的教学人才。除了这些外部原因，更深层的内部原因还是上文提及的“研究”与“教学”之间的关系问题

① 陈惇．解说//王向远．中国比较文学百年史．银川：宁夏人民出版社，2007：1－2.

② 韦斯坦因．我们：从何来，是什么，去何方：比较文学的永久危机//孙景尧．新概念 新方法 新探索：当代西方比较文学论文选．桂林：漓江出版社，1987：40.

③ 蒋芳．明确定位：本科生比较文学教学的当务之急．中国比较文学，2005（4）：27－35.

即比较文学的本体矛盾。大学课堂到底不是“研究”的场域而是“教学”的场域，借用学者张沛的话说，“大学不同于研究院所，它的存在理由和首要任务是教学，特别是本科教学”①。因此如何设置一种相对规范的教学内容，从而既能完成既定的教学目标，又能避免把“无方向的流”之“研究”成果转化为有的放矢之“教学”内容时必然存在的生硬与疏离，这是当下比较文学教学亟须解决的根本问题。可以说，上文花了如此之多的篇幅厘清比较文学研究、比较文学教学与比较文学史的关系，实际目的正在于尝试梳理此问题的线索。

有鉴于比较文学史既可以说是比较文学研究的一个方向，也适合作为教学内容，它本身就是对既有研究的导览、总括、凝练与升华，因此，“比较文学史”能够在“研究”与“教学”之间搭起一座桥梁，即把“无方向的流”一变而为教学相长的本科生教材。对于比较文学学科具体的教学模式也有学者做出了一些经验上的总结，20 世纪末，学者徐扬尚曾撰文分析国内比较文学教学有三种模式：“理论阐发式”、“民族本位式”（民族文学的比较关系）和“放眼世界式”（世界文学的比较关系）②。在其看来，后两者在国内教学中都很少见，这正是比较文学本体矛盾体现在教学中的顽疾沉疴。现有的比较文学教学内容“理论阐发式”太多了而流于空泛，“民族本位式”和“放眼世界式”太少了而不接地气。尽管该文没有提出非常具体的改良方法，但徐扬尚所谓的后两种模式实际就是要讲授“民族文学的比较关系史”和“世界文学的比较关系史”。这在一定程度上与我们的观点不谋而合，“比较文学史”作为教学内容就包含了民族文学关系和世界文学关系的要素，而且更为具体，需要在已有研究实践的基础上加以梳理与筛选，使之进入教学内容，更有规范性和条理性。一言以蔽之，更适合于比较文学的本科教学。

下面再来看看比较文学教材的情况。其实，自孙景尧与卢康华两位学者编写了国内第一本比较文学教材以来，其后的比较文学理论教材在写作结构上大都因循而来，多用“概论”“原理”“教程”为名，编目上也基本是从各种具体的方法原则出发，围绕着各种概念进行定义、辨析，所提出的案例立足于对某一理论、方法的辅助性解释。换言之，还是在将比较文学原理的阐发作为教材的主要内容，这样的结果是：整本教材的理论性太强，难免让初入比较文学之门的读者、学生读起来感觉头晕目眩，陷入一个概念到另一个概念的展览当中；且作为教师在此也很难用这样的教材去把控课堂，因为一个好的人文学科的课堂必然需要师生双方的共同配合，如果学生对学科原理本身都不甚了解、不感兴趣，那教师的工作就很难顺利进行，更难以要求学生聚精会神地听讲乃至在课后充满兴趣地自主探究了。当然，这也并非要否定比较文学理论在教学中的重要性，根据以往实际的教学经验来看，以比较文学原理阐发为主的著作适合作为研究生教材而不太适合作为本科生的教学内容。

在此，其他兄弟学科的做法值得参考。在中文系其他方向诸如“中国古代文学”“中

---

① 张沛．后记//比较文学基础读本．北京：北京大学出版社，2017：249.

② 徐扬尚．中国比较文学教学的模式、功能、地位与前景．湖南教育学院学报，1997（4）：78－81.

国现当代文学”或“外国文学”等学科的教学中，普遍会以“文学史”类读物作为本科生教材，并依托文学史教材进行课程设置、教学考核；在“文学理论”课程中，倒是多以“原理”阐发的教材为主，这是由于“文学理论”本身理论化的学科性质决定，但往往在教学中也会以“批评史”“文论史”“美学史”相关书目作为补充或扩展阅读（部分院校的考研参考教材也会列有这些作品）。可见，在目前中文系的各二级学科之下，作品史、学科史等都还在发挥基础教学的重要作用。而从比较文学自身的情况来看，比较文学的学科性质并非完全理论化的，实证研究、史料研究都是其重要的组成部分，单以原理、方法论内容编写成的教材并不能让学生领会这一学科的全貌。因此，它不适合作为初学者的基础读本。此外，也要看到“比较文学”所关注的文学现象应当是跨文化、跨语种的文学关系，不能以单纯的国别文学、民族文学的方式去编写教材。美国比较文学家亨利·雷马克（Henry Remak）在 1961 年发表的《比较文学的定义和功用》一文就指出在当时的美国大学中，那些分析各国文学的课程、课本大多属于“世界文学”而非“比较文学”，这是“因为阅读的作品一般是作为一部部著作加以研究的，并没有（至少没有十分）系统地做比较”①，雷马克还认为要使课本变成真正比较性的就需要“教员和编辑者来决定了”②。雷马克的观点具有参考性，也就是说，比较文学的教材要适应其教学环境，也要符合学科特点；有西方学者就基于这方面表达了对美国比较文学/世界文学教学的担忧，即如果比较文学教学不立足于对其他文化的深入了解而只是浮于表面，只能助长文化的孤立主义。③

由此，比较文学史作为教材内容的优势就体现出来了，学科史有着能够联系外部更广泛的社会思想环境的优势。在比较文学史的学习过程中，学生能够通过对学科的发展过程的阅读、学习，认识到学术史上比较文学的具体工作是如何展开、比较文学的学科问题是如何提出的。同时，比较文学的教学也就不用拘泥在概念的内部，而是可以从某种观念或某个学人的研究案例引申出来，让学生感到与其他学科可以融会贯通，让他们感到文学知识之间能够发生互动的亲切感，也就更容易引发学生的学习兴趣。因为“对于不只涉及一门学科的文献资料进行研究、整理和分类这种简单的工作在这里不是一项附带的任务，而是基础本身”④，而对于“比较文学史”而言，其意义与功用正是作为比较文学的基础本身。

其实，关于什么样的内容适合国内的比较文学教学一直有学者讨论。学者邹建军提出过将比较文学的教学“文学史化”的建议，概括而言就是强调教学内容的问题化、个案化，提出“让更多的作家作品个案分析进入比较文学课堂”⑤。根据该文随后所举的例子可知，这里所指的“文学史化”实际上并不是说要进行国别文学式的作品分析，而是“比较

① 雷马克．比较文学的定义和功用//张沛．比较文学基础读本．北京：北京大学出版社，2017：110.

② 同①.

③ Figueira. Comparative Literature versus World Literature. The Comparatist，2010（1）：29－36.

④ 布吕奈尔，比叔瓦，卢梭．什么是比较文学？．葛雷，张连奎，译．北京：北京大学出版社，1989：233.

⑤ 邹建军．论高校本科比较文学课程教学内容的“文学史化”．世界文学评论，2007（1）：234－238.

文学化”的作品分析，正是在倡导以“比较文学史”为教学纲要进行有系统的、规范性的案例化讲解。

还有一个需要纳入考量的重要因素。除了教学外，教材的另一个重要的作用是作为考核的基准。这在当下的高等教育中包括了课程结课考核以及研究生的人才选拔考核。对于前者，一般本科阶段期末考试的内容要配套于教学的内容，属于合格性考试，检验的是学生是否掌握了比较文学学科的一些基础性知识，而“比较文学史”的功用是可以完美契合本科教学的合格性考核的。对于后者，“比较文学史”的功用是可以无缝衔接比较文学专业硕士研究生的选拔性考核的。从国内目前的考研趋势来看，很多学生在本科阶段还欠缺自主探究的能力，那么考研院校的教材实际上就是他们对这一学术方向的最初认识，甚至是最重要的认识之一。因为考研阶段备考学生的大量精力用于应付备考，他们硕士阶段最初的学科知识储备量相当程度上与备考时期的积累、学习有关，考研教材就起着“前研究生阶段”学术引路人的作用。所以，“比较文学史”既有关于比较文学的基本分支、方法的解释，也有各个方向的研究性案例分析，清晰明了，适合作为考研教材来组织命题与应试，院校出题可以更灵活、更易于把控难度，学生复习巩固、对知识予以拓展也有比较明确的方向，不至于无的放矢。可见，“比较文学史”作为本科生学习或研究生备考的教材，其内容会更具有针对性和引领性，从而帮助学生圆满完成本科阶段的学习任务或者选择进入比较文学领域深造。

让我们用法国布吕奈尔（Pierre Brunel，又译作“布律内尔”）、比叔瓦（Claude Pichois，又译作“皮舒瓦”）和卢梭（André-Michel Rousseau）合著的那本闻名遐迩的小册子《什么是比较文学?》中这样一段话来为本部分作结：“怎样才能成为比较学者呢？这是最后的问题。首先要成为坚实地扎根于民族土壤中的专家，然后才谈得上其他方面。蒙田城堡的根基是牢固地建立在波尔多葡萄种植区土地中的，这位旅行家返回故里之后，是从自己的书斋里同全人类进行交流的。”① 正如一名合格的比较学者首要的根基是“坚实地扎根于民族土壤中的专家”，比较文学教学这座“蒙田城堡的根基”是牢固地建立在“比较文学史”诸多方面的意义和功用之上的。

三、“比较文学是一种实践”：比较文学、比较文学史与比较文学教学的协同发展

以上讨论“比较文学史”作为本科教材的优势，那么作为教材内容的“比较文学史”如何建构它自身的知识体系、教学体系呢？诚如杨周翰所说，“文学史”的使用功能包括“检查”（查阅作家作品）和“通读”②，这对比较文学史同样适用。作为教材的比较文学史

---

① 布吕奈尔，比叔瓦，卢梭．什么是比较文学?．葛雷，张连奎，译．北京：北京大学出版社，1989：233.

② 杨周翰．攻玉集：镜子与七巧板．上海：上海人民出版社，2016：12－13.

也同样应该体现这两个功能：既能检索查阅，也有可读性。在我们看来，这样的比较文学教材应当分为两个部分：其一是以历时性序列对既有的比较文学史，尤其是中国比较文学的学科史进行阐述；其二是以共时性序列划分比较文学各研究方向、流派，梳理学科史上重要的学术成果。这两个部分是相辅相成、互为补充的，可将其分为上编与下编。在教材的上编，进行历时性阐述，主要是基于比较文学学科各个发展阶段的学科情况、文化环境进行串联，勾勒其大致的发展轮廓。这一部分，是要让学生先对学科的缘起、发展过程有一个基本与通贯的认识，并在这一具象的历史过程中进一步辨识比较文学的学科合法性。在学生知晓了比较文学学科史的大致框架后，就需要继续在其中添加内容以充实之。本教材的下编将比较文学史上的重要学人、成果以流派方向为线索进行划分，更侧重分析实际的研究案例，思考其得失，引导学生在掌握基本知识的基础上有所思考与延伸拓展，以进一步培养本科生的问题意识和创新精神。

上下编内容的设置与倾向，一方面是要让学生了解比较文学的“名”，譬如各种概念的说明要配合其具体的历史语境、文化环境，给予其更形象、具体的发生土壤，避免对单纯理论的空谈。并且，比较文学史本身就是通过对既有的成果案例梳理进行论述，这些内容作为被书写的主体组成了各种“概念”的肌理，并非像原理类教材那样，案例只是概念的补充。这样，就不再过多纠缠于所谓“渊源学”“媒介学”“主题学”之类的下分概念，而是基于学科史某个历史阶段的研究情况结合案例予以区分。且下编以“中外文学关系”“比较诗学”“东方文学”等大类分别作为一章，具体方向再细分为小节。这样的好处就是教师和学生看目录时一目了然地知道全书的大致框架、层次。

另一方面，比较文学史教材更要让学生掌握比较文学的“实”，即如何真正理解各种研究的具体案例、方法与实践，这正是比较文学史所要突出和侧重的。这里涉及的问题已经不仅仅是比较文学教材、教学的问题，因为当我们试图通过实际产出的实践成果去回溯性地对一个学科的性质进行重新框定时，真正的问题症结就被重新提出：当下的比较文学理论应当存在一种从其研究实践重新出发的可能，实践本身可以打开一种理论。对当下一片繁荣景象之下仍然潜藏着信任危机的比较文学界来说，这是具有深远意义的。说“存在危机”，是指今天国内的比较文学仍然存在独立性没有完全确定、研究主体知识背景复杂、研究内容过于杂多宽泛导致学科性模糊，以及由此种种带来的污名化问题。这些问题绝不仅仅是中国比较文学界独有的，“比较文学危机”在西方比较文学界也几乎成为一个“老生常谈”的话题了。20 世纪 90 年代美国学者查尔斯·伯恩海默（Charles Bernheimer）借 60、70 年代的两篇学科报告重提了比较文学学科所面临的一些较为普遍的现象，其中就包括学科边界无限扩张、比较文学的理论化趋势等今天看来依然没能彻底回应的问题。[①]

从今天的眼光回望，自韦勒克发表著名的《比较文学的危机》已历经半个多世纪了，而曾经让比较文学产生危机焦虑的“文学理论潮流”也已不复往昔。就如法国学者孔帕尼

① 伯恩海默．伯恩海默报告：世纪之交的比较文学//多元文化时代的比较文学．王柏华，查明建，等译．北京：北京大学出版社，2015：44－45.

翁（Antoine Compagnon）提及的那样，自20世纪60年代以来在法国等西方国家刮起的文学理论之风早已经“盛筵难再”——“文学理论一旦不再申明为何以及如何研究文学，不再点出什么是文学研究当下的相关性和危险性，也就失去了超越前人的盎然生机”①。今日再谈及此事当然不是说“文学理论”已经没必要了，重要的是我们应该反思：当20世纪以来风起云涌的文学理论大潮似乎已风平浪静时，由其主导的文学研究在大浪淘沙之后究竟留下了哪些“金子”，又抛却了哪些“沙砾”？比较文学学科发展的道路又将如何从中汲取必要的经验？也许如下几点思考，在我们引导学生掌握比较文学之“实”的教学进路上应当予以重视。

第一，对于各种研究方法仔细辨别，在具体的实践过程中具体分析。不应当作简单粗暴的理论化区分，以“二元论”的姿态迎合一种或排除另一种。其实所谓的方法之争，对于具体研究而言，核心并不在于哪种方法更优越。如果仅纠缠于后者，往往会陷入无休止的立场之争，关键在于如何展开有价值的研究，以及这些研究需要怎样的方法论与之适应。“比较文学史”也向人们揭示了这一点，种种方法在学科史上都留下了大量有价值的研究案例，其中多数包含了两种或者多种研究方法，产生了“一加一大于二”的效果。在教材中运用比较文学史内容有利于更生动地展示这一点，同时能够帮助青年学者了解前辈学人的治学经验，学习他们是怎么进行发问的，又是怎样展开具体研究的。

第二，比较文学史的意义在于从比较文学的实践中重塑比较文学方法论，而非简单地先去找一个理论再寻找案例佐证。人文学科中理论与实践的关系，从来不是指导与被指导的简单关联，而往往是我中有你、互为参照的，理论建构本身就可以成为一种研究实践，而实证性实践也往往能够内在地反映出它预设的理论立场；我们从具体问题出发，从问题如何发生、如何展开这一角度去回归学科史，实际上内在的理论逻辑就是要基于比较文学的历史谱系对其学科内涵进行阐发。比较文学研究本身就意味着一个动态性的行为，是对既有文学、文化概念的重组。正如西方学者德扎拉·卡迪尔（Djelal Kadir）所说：“比较文学是一种实践……比较文学的重要性在于以它之名做了些什么，以及这些实践如何被确定、建立和处理。”② 从中国近代比较文学史的发展中更能体现出这一点，中国比较文学从一开始就走出了一条和学院式的西方比较文学不同的道路。由于众所周知的历史背景，中国近代比较文学研究更加重视其功能性、伦理性、社会效用，以及中国与西方文学文化的关系研究。正是中国近代学者在比较文学“实践”中的成果，塑造了当时中国文化在世界文化中的位置，也是在与国外文学的交流、比较研究中建构了一种新的中国现代文学话语。

第三，即使作为一种动态的实践，“比较文学”的学科边界仍应有较为明确的划定。一面强调比较文学是动态实践的，一面又需要一个明晰的边界，这岂非自相矛盾？其实，解决这一矛盾正是“比较文学史”的作用所在。学科史恰恰就是关于这一“动态实践”的

---

① 孔帕尼翁．理论的幽灵：文学与常识．吴泓缈，汪捷宇，译．南京：南京大学出版社，2017：5.

② Kadir. To World，to Globalize：Comparative Literature's Crossroads. Comparative Literature Studies，2004（1）：1－9.

结构性展示——由这一序列，为纷繁复杂的杂乱研究也就是“无方向的流”——划定一个可被观测的“界限”，让真正被筛选出来被视为有价值的研究序列构建比较文学的外延。这一界限当然会随着“学科史”的再次重组而动态变化，因为“体系一旦被构筑得系统、完备，就会出现自我封闭状态，就会老化”①。于是真正关键的绝不是某一本一劳永逸的“比较文学史”教材，而是“比较文学史”所打开的关于比较文学知识之空间运动本身。同时，比较文学边界问题的复杂性也是由其学科性（这一知识空间的特性）决定的。在各种现成版本的比较文学定义中，几乎一致的共识是：比较文学是具有“跨文化”特征的文学研究，那么比较文学所涉及的文学知识背景就必然包含不止一国的文学、语言，有时候出于研究必要，甚至需要对历史文化、哲学思想等等都有所把握。所以，比较文学的研究也确实可能会给初识此学科的学人留下“无所不包”的印象，为其划界就是一本教材的重中之重，它体现了教学工作究竟展现了何种知识形态。

四、从同源到共情：国际比较文学第三阶段的范式转换与知识体系建构

如上所论，想要为比较文学危机找到一种可能的解决之道，进而为“比较文学”正名，所需参照的标准应当是已有的、经得住时间检验而被广泛认可的研究成果。这就不是以一种“僵死”的定义框定比较文学的概念，而是将其作为一个不断运动的关于“知识”的模型，比较文学史义不容辞地担当起了这个“塑型者”的角色。

首先，比较文学教材对中国比较文学史的重视有助于教学工作的本土化，体现中国学界比较文学研究的独有特性。“比较文学”作为学科是西方的舶来品，在目前的教材、教学中往往难以摆脱西方已有范式的影响。这就是为何有学者说“大学里的比较文学仍然经常看起来是西方的”②。而中国比较文学若想走出自己的道路，打造本土化教学、本土化教材是必要的。而在本书关于比较文学教材的构想中，中国比较文学的学科史是其中需要重点考察的部分。这意味着这本《比较文学概论》与既有原理式教材还存在一个显性区别，就是主要聚焦于中国学界自己的比较文学成果的考察与教学。学者杨周翰指出，要建立比较文学的中国学派，其中重要的一点就是要“回顾一下我国比较文学的历程”，因为“发展一门学科总要在前人止步的地方继续走下去。前人错了，我们可以避免他们的错误；前人有好经验，我们应予以发扬”③。

其次，有利于在文化多元化的当下为中国文化找准定位，推动广大学生对本国文化更深入的认识。欧美西方国家的比较文学学科往往会要求学生学习一门古典语言（古希腊语

① 孟昭毅．比较文学通论．天津：南开大学出版社，2003：8.

② Arens. When Comparative Literature Becomes Cultural Studies: Teaching Cultures through Genre. The Comparatist, 2005 (1): 123-147.

③ 杨周翰．攻玉集：镜子与七巧板．上海：上海人民出版社，2016：178.

或拉丁语），这正是因为希腊罗马文化在西方文化中的重要地位，西方学者（诸如海德格尔、福柯等）寻求他们文化的源头总是要回到希腊罗马那里。而对中国学者、学生来说，要建立具有中国特色的比较文学范式，一个重要的道路就是回到我们文化的精华之处。这当然不是要做什么“文化复古”，恰恰相反，而是要在当下重新赋予其活力。因为在比较文学视域中重思中国文学、文化的问题，就是在一种“跨文化”“跨语种”的思路下重新定位前者；就像本书所述，比较文学的“实践”性就意味着它的研究活动体现着对文学知识的重构。美国学者佛兰克·莫莱蒂（Franco Moretti）视比较文学之不同于国别、民族文学研究的真正意义就在于前者必须避免概念上的“单边性与狭隘性”[①]。由此，中国传统文学、现当代文学中很多重要文本的发生、评价语境就不再是静态给定而是动态生成的，它为这些文本如何重新回应当下的文学、文化问题提供了条件。例如在“20 世纪寒山诗对美国影响”这一课题中，与中国传统的评价语境迥然有别，寒山诗在美国竟一跃成为唐朝诗歌的代表。换言之，这里强调的是通过比较的视域、跨文化的实践，挖掘出本国文学、文化中不同的知识话语的另一种“可能”。这本《比较文学概论》的使命正是要在教与学的进程中把这些“可能”予以提示、进行分析，即“从比较的角度研究文学，并且考虑到文学的各种国际显现形式”[②]。

最后，在上述的这种“可能性”中，能够进一步思考中国文学作品、文化产品如何表现世界性。乔纳森·卡勒（Jonathan D. Culler）在《比较文学何处去》一文中指出比较文学对万千学子持续且强大的吸引力所在：“要么与多国语言的经历有关，要么与世界主义的理念有关。”[③] 这当然体现了比较文学学科天然具有的跨文化特点与世界主义的包容性，也表明了比较文学实践总要牵扯到一种“世界观念”或“全球观念”。毋庸置疑，不同民族、语种所展现出来的文化总是有这样那样的差异，而与此同时近一个世纪以来对所谓“普世主义”的追求也难免会落入某种强势文化（例如资本消费主义文化）的绑架之下。那么此情此景之下的中国文化如何走出自己的道路，又不至于落入一种旧的“二元悖论”（文化霸权语境与文化孤立语境），这的确是值得关注的重大时代问题。中国几千年的文学文化传统确可谓博大精深，无论是古典的还是现代的，都有一流的作家和作品传世。但今天的文艺工作者如何从已有的资源库中找到合适的素材并将其推向世界？在这一方面，比较文学史中关于中国文学如何影响他国的各种案例具有足够的借鉴意义。上面提到的寒山诗例子也说明，文艺作品的影响作用与其接受地域的文化习惯、氛围是分不开的。

习近平在 2013 年全国宣传思想工作会议中提出对外宣传工作要注重“讲好中国故事”，这也可以说是当下文艺创作与研究的重要目标。从比较文学研究的案例看，倘若要让中国“故事”走进他国、影响世界，那么把研究走深做实恐怕还不够，还要考虑到其恰当的表现形式，即文化差异以及与此相关的不同表达方式。比较文学的“实践”就为这一

---

① Moretti. Conjectures on World Literature. New Left Review，2000（1）：54－68.

② 卡勒．终于可以做比较文学了！//伯恩海默．多元文化时代的比较文学．王柏华，查明建，等译．北京：北京大学出版社，2015：134.

③ Culler. Whither Comparative Literature. Comparative Critical Studies，2006（1－2）：85－97.

文化“适配”工作打下了基础，通过“比较”的方法，文学之间流传、影响的关系视角，就能明白相应的文艺作品怎么去发挥作用、产生文化影响力。这当然与刻意地迎合对方有着质的区别，要展现的、表达的，终究还是中国的内容、观念，只是要将这些内容材料以更贴切的形式予以表达。苏珊·巴斯奈特（Susan Bassnett）在谈及庞德（Ezra Pound）与中国诗翻译问题时说道：“同样重要的是，将所讨论的文本放在历史背景下考虑，因为这可以从根本上改变阅读，改变整个比较概念。”[①] 庞德的工作正是在那个文化的当口，让中国古典诗成为西方文学阅读新的动力，真正使其产生重大影响。

要言之，以比较文学史作为比较文学教材的内容，让其进入本科教学，用意是让广大青年朋友了解比较文学的学科发展脉络，同时也整理这一学科的过去。这本教材根本的编撰理念就在于将比较文学的知识话语视为一种“实践”。诚然，它处于动态的“无方向的流”之多变可能性中，从比较文学史的角度出发，可以经由建构“历史序列”进而去把握比较文学自身。作为教材的“比较文学史”应当重视对中国文学与他国文学的关系研究，以及不同时期对本国文学、文化定位的梳理与分析。这从另一个角度让读者、学生深入理解自身文化的特点，还能进一步促进相关研究视野的拓宽。当下中国比较文学工作需要为这一任务承担起“桥梁”的责任，就如前辈学人孙景尧所说：“当今时代更需要的是从事沟通的比较文学实干家。”[②] 这里的“沟通”，正是指摆脱单边性与抛弃狭隘中心主义的中西之间乃至世界各国之间的文学文化的沟通。从同源到共情，国际比较文学第三阶段的范式转换与知识体系建构需要热火朝天地开展起来。

---

① Bassnett. Reflections on Comparative Literature in the Twenty-First Century. Comparative Critical Studies, 2006 (1-2): 3-11.

② 孙景尧. 简明比较文学. 北京：中国青年出版社，1988：304.

上编

历　史　篇

第一章

中国古代比较文学

——中国比较文学的滥觞及其方法论意义

本章要点

本章将梳理中国古代社会中出现的比较文学传统。作为学科的中国比较文学固然是受欧美比较文学的影响而产生，而作为研究的中国比较文学却有着不同于欧美比较文学的发生与特征，两者最大的差别在于“跨文化”这一要素，这一点在中华文明融通递嬗的进程之中便可见端倪。佛教的传入及其已经完成的中国化极大地改变了中国文化的发展进程，佛经翻译和从中诞生的“格义”之法是中国古代比较文学的重要阶段。基督教的传入及其中国化到今日仍然还在进行之中，却也发展出了名为“况义”的异质文化交流之道，“格义”“况义”已经成为中国比较文学之原理研究和方法论建构的宝贵资源。

对于中国而言，比较文学是一件舶来品。19 世纪中后期，比较文学发端于欧洲，在 20 世纪初被黄人介绍至中国，他在 1904 年编写的《中国文学史・分论》中提到了波斯奈特（Hutcheson Macaulay Posnett）和他的“比较文学”。随后，章锡琛、吴宓、傅东华等学者亦专门介绍过比较文学，并译介了波斯奈特的《比较文学》、洛里哀的《比较文学史》等比较文学专著。尽管比较文学在中国的“学科前史”可谓源远流长，但作为严格意义上的一门现代学科在中国之诞生，则要追溯到 20 世纪 20 年代中期起在清华大学吴宓、瑞恰兹、陈寅恪、温德（R. Winter）等人开设“比较文学”系列课程及编写相关教材。

当今公认的中国比较文学经典之作——王国维的《〈红楼梦〉评论》——写于 1904 年，他自觉地融中西思想于一炉，运用叔本华唯意志论的哲学思想阐释《红楼梦》。当时欧洲比较文学刚被传入中国，由法国学派主导的比较文学研究主要探讨同一文化体系内部的不同国家、民族、语言的文学的事实联系，还未能超越西方文化体系。由此看来，中国比较文学的发生并非完全照搬欧洲比较文学，而是自有其独具特色的发展轨迹和跨文化比较思维特征。有人可能会说，这一跨越文化的比较思维应和 1840 年以来被迫打开清朝国门有着密切的联系。在数千年未有之大变局下，知识阶层中的先觉者充分意识到需要将视野从“宅兹中国”的“天下”拓展至世界，学习他国的先进文学与文化，以启蒙大众、振兴中华。结合晚清时期的历史背景看，这一说法甚有道理。不过，当我们的目光不再局限于近代史，将考察的时限上溯至古代乃至史前阶段，便会发现跨越文化的比较思维其实贯穿中华文明生成与发展的整个过程，此可谓中国比较文学的“学科前史”。

第一节
中国比较文学的滥觞

关 键 词

满天星斗　中华第一凤　三星堆文化　双层对流　行人　《越人歌》（越译楚说）

中华文明包容四海、兼纳百川，是世界几大古文明里唯一绵延繁盛、历久弥新的原生文明。突出的包容性，可谓中华文明长久保持更新发展的奥秘和精神内核。中华文明的融通之路与递嬗进化，有以下四个方面的基本特点。

第一，**满天星斗**肇其端。探究中华文明滥觞和早期国家起源，涉及中华文明探源工程的两大课题：中华文明绵延不断的内在机理与外在轨迹，中国统一的多民族国家之形成。中华文明的肇端并非某种早期文化“一烛独照”，而是新石器时代多种文化散点式发生发展，呈现“满天星斗”的态势。①

考古学泰斗苏秉琦曾提出中国早期文化区系类型理论，将先秦时期人口密集地区划分为相对稳定的六大文化区系：以燕山南北长城地带为中心的北方，以山东为中心的东方，以关中、晋南、豫西为中心的中原，以环太湖区域为中心的东南部，以环洞庭湖、四川盆地为中心的西南部，以鄱阳湖—珠江三角洲为中轴线的南方。

各种史前文化有其鲜明特征，彼此互渗、影响。其中，北方以红山文化为代表，东方以北辛—大汶口—龙山文化为代表，中原以仰韶文化为代表，东南以良渚文化为代表，西南以大溪文化为代表，南方以石峡文化为代表。②

各种史前文化的裂变、碰撞与融合，造就了中华文明肇端的空间广度以及由此萌蘖的文明发展路径的多样性。由群星满天汇聚而成的中华文明曙光，在夏商周时代逐渐形成以

① 苏秉琦．中国文明起源新探．北京：生活·读书·新知三联书店，2019：30－114.
② 同①.

黄河中游为中心的文明新态势，大体上奠定了中华文明多元一体的格局，这也正是中国比较文学“跨文化”传统的先天基因。

第二，多元一体培其根。《尚书·禹贡》记载，“禹别九州”。今天，九州大地、神州大地已成为人们非常熟悉的中国别称。事实上，禹之“小九州”之外，还有“中九州”“大九州”等不同层级的地理概念。[①] 它们以一种朴素的直观想象将中原、中华、世界乃至宇宙连接起来，不仅体现了中华文明在本根处多元一体的特征，还可视为“人类文明一元性”“人类命运共同体”的先声。

案例一

玉文化见证中华文明包容性

玉是见证中华文化包容性的一个代表性符号，可谓玉韫九州。身处东南、主要分布在苏浙沪的良渚文化与身处北方、主要分布在内蒙古、辽宁一带的红山文化，因为同样具有精美绝伦的玉器工艺而联系在一起。

红山文化玉器西线南传和良渚文化玉器中线西传，在距今约 4 200～4 600 年前长江中游地区的湖北石家河文化汇合。由石家河文化出土的凤形玉佩开创了凤纹先河，代表了当时玉凤雕刻的最高水平，被称为**“中华第一凤”**。而河南殷墟妇好墓出土的玉凤也采用了镂空、钻孔、抛光等典型的石家河玉器雕刻技术，为石家河玉器之遗存。

因此，不难想象，夏商周早期国家起源之前的中华大地就是一个文化的大熔炉。各种文化持续裂变、交织，互相融合、吸收，经由西辽河—长江—黄河等母亲河不间断滋养，最终诞生了多元一体的中华文明。

第三，兼收并蓄塑其形。春秋战国时期百家争鸣、百花齐放，在汉代儒家思想逐渐成为主流。儒家思想不是封闭的。先秦子学、两汉经学、魏晋玄学、隋唐佛学、宋明理学、清代朴学等不同时期的重要学术思潮，大多与儒学应对其他异质思想、异域文化密切相关。儒释道三种思想并行不悖、和合融通这一中华文明特有的现象，决定性地形塑了中国人的精神品格，儒释道合流成为中华文明包容性的一个显著面向。

案例二

三星堆文化与文明互鉴

近年来，**三星堆文化**的新发现震惊了世界。它的独特面貌很有可能是吸收各地文化精华的结果，或者说三星堆文化是一种多元复合型文化。结合现有考古成果，可以确认的有两点：第一，三星堆文化与中原文化

① 郑天挺，谭其骧．中国历史大辞典：第一册．上海：上海辞书出版社，2010：114.

关系密切；第二，三星堆文化和长江中游的古文化存在联系。此外，三星堆最具代表性和独特性的青铜器具，如青铜大立人像、成组的青铜人头像、青铜面具、青铜神树、被金箔包裹的权杖等，似乎又与西亚近东文明有一定的文化采借关系。①

有学者推测：曾经有一条连接埃及、两河流域、印度、古蜀地区的丝绸之路，三星堆则是这条大路上的重要交通枢纽。众所周知，丝绸之路不仅是一条贸易要道，还是一条文化包容、文明互鉴之路。有学者推测：西亚近东地区的青铜制作工艺、对神祇的祭拜习俗等传入古蜀地区，经由当地人消化吸收，并与其他文化融合，造就了独树一帜的三星堆文化。

第四，双层对流铸其魂。一般认为，佛教在两汉期间正式传入中国，景教在唐代贞观年间传入中国。

与历史上的文明交汇常常伴随战争和暴力不同，以汉唐佛教、明清天主教为代表的外来宗教采用格义、况义等积极适应中华本土传统思想与礼俗的策略性做法，形成了跨文化交流的和平模式。可以说，中华文明多元通和的包容性决定了中国各宗教信仰多元并存的和谐格局，形塑了中华文明对世界文明兼收并蓄的开放胸怀。

再来看中华文明中一个具有本源意义的概念：天。中国传统文化强调天人合一、顺应自然，以天地人为“三才”，要求敬天法祖、崇礼贵德。由“天”到“礼”揭示出中国的古典教化体系，这是一个双层的构造：一层是“六经”之文，即中庸“格物致知”学统，此所谓“文教”；另一层则是敬天法祖等祭祀与礼乐教化，进而“神道设教”，此所谓“神教”。

“神”是包含在“文”之中的。这些“神”都承载一个共同的“文”，那就是以儒学为主力所守护的传统中国价值体系。由此，相较于西方文化浓厚的宗教色彩，中国传统文化体现出鲜明的人文特质。

正是因为“明有礼乐，幽有鬼神，圣王所以为教，初不昧其有也”，所以这一教化系统不仅强调“文教”对“神教”的引领统摄作用，也重视“神教”对“文教”的基础推动作用，继而构造出中华文明的“双层对流”特征。② 中华文明具有的突出包容性、中华文明的**“双层对流”**特征，成为跨文化对话与多元发展的重要基石。

总之，中华文明的包容性特质递嬗进化，似一棵根深叶茂、经天纬地的参天大树，满天星斗肇其端，多元一体培其根；似一方形魂兼备、仙寿恒昌的通灵宝玉，兼收并蓄

---

① 赵殿增．略谈三星堆文化与长江中游古文化的关系．江汉考古，2022（2）：140－144；李学勤．三星堆与大洋洲（上）//比较考古学随笔．南宁：广西师范大学出版社，1997：34；霍巍．三星堆：东西方上古青铜文明的对话．清华大学学报（哲学社会科学版），2022（1）：1－8.

② 纪建勋．“中国礼仪之争”的缘起和中西学统的关系．世界历史，2019（1）：112－121.

塑其形，双层对流铸其魂。富含包容通和特性的中华文明，必将在铸牢中华民族共同体意识、促进各民族交往交流交融的扎实基础之上，为构建人类命运共同体做出更大贡献。中华文明的包容性特质也从根本上决定了中国比较文学的“学科前史”在发生发展时期的样态。

由此可见中国的史前文化无论是最初的起源还是之后的发展与交融，宛如满天星斗各美其美，又彼此影响、逐渐交汇。鉴于三星堆文化是多元一体的中华文明的重要组成部分，那么我们可以说，中国的异质文化交流早在夏商时期便已兴盛。虽然囿于文献资料的缺失，我们并不知道当时不同文化间具体的交流情形；但文化的相遇必然会使任何一方拥有自己的立场，从而产生“自我”与“他者”的相对观念，也就形成了最初的比较意识。这样看来，三星堆精美奇丽的青铜器便可被视为比文学语言的比较研究更早的比较文化成果。

当一个文化成为主流文化时，势必要采取一系列的措施彰显自己的正统性和先进性，构筑以自我为中心的历史话语，而文字正是反映中心意识的绝佳载体。商代的甲骨文中已经明确地出现了中央与四方的分野：“南方。西方。北方。东方。商。”（《小屯南地甲骨》1126）周人灭商后，一方面书写夏商周“三代”更迭的历史观，另一方面周王在成周营建都城，称为“宅兹中国”（《何尊》），正式宣告周人有意识地将自己繁衍生息之地视为天下的中心，进而以此视角观察世界，对世界进行有等级的划分。自此以后，“华夏”和“四夷”的概念逐渐形成。

关于夷夏观较早的文字记载可见《国语·郑语》中郑桓公与史伯的对话：“王室将卑，戎、狄必昌，不可偪也。当成周者，南有荆蛮、申、吕、应、邓、陈、蔡、随、唐；北有卫、燕、狄、鲜虞、潞、洛、泉、徐、蒲；西有虞、虢、晋、隗、霍、杨、魏、芮；东有齐、鲁、曹、宋、滕、薛、邹、莒；是非王之支子母弟甥舅也，则皆蛮、荆、戎、狄之人也。非亲则顽，不可入也。”[①] 可以看出，周人以成周为中心分析四周情势，将邦国分为两类：一类是“封建亲戚，以藩屏周”制度下与周王室沾亲带故的诸侯国，属于同一文化共同体的范畴，即“亲”；还有一类是周王室想要拉拢、防范或讨伐的对象，尚未受到周文化的熏陶，被认定为尚未开化，因而被冠以“蛮、荆、戎、狄”的轻蔑称呼，即“顽”。

《礼记·王制》载：“五方之民，言语不通，嗜欲不同。达其志，通其欲，东方曰寄，南方曰象，西方曰狄鞮，北方曰译。”为了更好地处理与四夷的关系，周代还设立了专门的外交机构，负责接待四方来客，任职的官员被称为“象胥”，又称“舌人”或“行人”。他们负责在周王和外宾之间传话，是文献记载中最早的有意识的翻译活动，只是这种翻译方式通常为口译，并且一般来讲和文学的关系不大。

值得注意的是，诸侯国之间亦存在言语不通的情况。《史记·吴太伯世家》记载，公元前584年，申公巫臣因对楚国不满而携其子归晋，其子后来又被派往吴国指导用兵用车

① 左丘明．国语．鲍思陶，点校．济南：齐鲁书社，2005：249.

的方法，而申公巫臣之子狐庸在吴担任的便是“行人”的职务，在此之后，吴国才“始通于中国”。可以看到，虽然吴国自认其祖先太伯来自中原，但其所处的太湖流域是周文化辐射难及之地，拥有相对独特的本土文化；还可以看到，语言的异同是判断两地是否处于同一文化圈的重要标准。

此外中国古代比较文学还包含同一国家内部不同民族之间的翻译行为。

案例三

我国最早的译诗《越人歌》

作为楚辞源头之一的**《越人歌》**在今天又被称为中国第一首译诗，其由越译而楚说的典故可谓中国比较文学学科前史阶段的一个范例。刘向《说苑·善说》记载了楚王母弟鄂君子皙为楚令尹时，曾在越溪泛舟而游，遇见一位越人歌者的故事：

> 会钟鼓之音毕，榜枻越人拥楫而歌，歌辞曰：“滥兮抃草滥予？昌枑泽予？昌州州𩜱。州焉乎秦胥胥，缦予乎昭澶秦逾渗，惿随河湖。”鄂君子皙曰：“吾不知越歌，子试为我楚说之。”于是乃召越译，乃楚说之曰：“今夕何夕兮？搴中洲流。今日何日兮？得与王子同舟。蒙羞被好兮，不訾诟耻。心几顽而不绝兮，知得王子。山有木兮木有枝，心说君兮君不知。”①

梁启超指出：“在中国古书上找翻译的文字作品，这首歌怕是独一无二了”②。《越人歌》无疑是优秀美妙的古代越人民歌，然而因为越人所操的古越语是相对独立的语音系统，与华夏、荆楚语言都不通，所以典籍所记载的越人歌词只能用汉字标记发音，再由精通越、楚两种语言的当地双语人才“越译”，采用意译的方式用和楚辞相近的句式将其“楚说”。这样，今天我们通行的《越人歌》就成了我国最早的译诗。

综上所述，中华文明融通递嬗的历史进程蕴含着丰富的比较文学与比较文化资源，中国比较文学的滥觞可以追溯至先秦时期。在这一时期，属于中国比较文学特色的跨文化性已初见端倪。钱锺书在《谈艺录》初版序中言其写作“凡所考论，颇采二西之书，以供三隅之反”，这里的“二西”自然是“西竺”所指代的印度和“泰西”所指代的欧美之简称，也表明印度文化和欧美文化皆与中国古代比较文学发生发展的历史渊源匪浅。

---

① 刘向．说苑．程翔，评注．北京：商务印书馆，2018：504.

② 梁启超．饮冰室合集：10：专集73—87. 北京：中华书局，1989：13.

第二节
西竺与中国古代比较文学

关键词

佛经翻译 文质之争 格义 禅学诗

秦汉大一统王朝的建立标志着中华文明多元一体格局亦开始形成并日臻完善。在稳定国内局势后，秦汉王朝便采取积极强硬的外交策略。秦始皇北击匈奴、南征百越、东遣徐福；而到了汉武帝时期，除了派兵征讨割据已久的百越之地外，汉武帝更为关注的是如何对付北边屡犯边境的匈奴。为了“断匈奴右臂”，从战略上遏制匈奴的扩张态势，汉武帝派张骞于公元前138年和前119年两次出使西域，意图结交西域诸国共同抗击匈奴，却阴差阳错地开辟了陆上丝绸之路，极大地促进了中外经济与文化交流。

班固所撰的《汉书》详细记载了自张骞开始汉朝与西域各国的交往。其中有一个叫身毒的国家，张骞称其“居大夏东南数千里，有蜀物，此其去蜀不远矣”[①]，且气候卑湿暑热，其人民乘象以战。显然，张骞口中的身毒国就是现在的印度，而在印度诞生的佛教对中华文明的跨文化交流产生了巨大的影响。

佛教大约在两汉之际传入中国，一开始依附于黄老信仰，作为神仙方术中的一种在上层社会中流行。到了东汉末年，其教义受到处于苦难中的下层民众的青睐，在民间逐渐形成一定的规模。然而，一些佛教僧侣秉持“沙门不敬王者”的说法以与世俗政权划清界限，使得佛教在中国的传播陷入滞缓。到了魏晋时期，清谈之风盛行，名士们发现佛教和玄学在思想上有诸多相通之处，于是僧侣和名士之间开始广泛交游，成为一时佳话，佛教迈出了中国化实质性的第一步。同时，这一时期朝代更迭频繁，人心思变，儒家经世致用的思想没落，统治者急需一种新的思想武器糅化人心，北方的少数民族统治者因为佛教与他们一样都是外来者，对佛教有一种天然的好感；佛教僧侣亦开始认识到，只有依附世俗政权才能更好地在这片土地上扎根，遂逐渐改变对世俗政权的抵触态度，改“沙门不敬王者”的观念为“沙门崇敬王者”，进而借势宣扬佛法。

佛教在逐渐融入中国社会的过程中，虽与儒、道二家仍不时发生激烈的冲突，但三家求同存异已是大势所趋。到了隋唐时期，三家即使偶有争端，但多元思想的互融共生已是时代思潮的主流，这尤其体现在佛教的中国化进程上面。宗派的形成是中国佛教迈向成熟

① 班固．汉书．张永雷，刘丛，译注．北京：中华书局，2009：82.

期的标志，中国佛教共有天台宗、三论宗、律宗、法相宗、净土宗、华严宗、禅宗、密宗等“八宗”，渐次与印度的古老教派分道扬镳。宋元明三朝，禅宗在中国的势力最大，诸教融合的趋势进一步加深，中国思想内部出现了会通儒、释的理学；佛教内部，净土宗与禅宗之间相互融合，有“禅净”双修的说法，佛教大师也是诸宗皆通，并不拘泥于某一个宗派。明代之后佛教渐衰，直到清末随着“人间佛教”概念的提出，加上中外各界人士的共同努力，佛教才得以缓慢复兴。

简单梳理完佛教传入中国的历史，我们需要将重心放到翻译活动以及随之产生的比较文学理论总结与方法论探究层面。当不同民族、国家的文化相遇时，语言壁垒是最先碰到也是最为关键的难题。语言是交流的工具，更是思想的载体，若是无法理解一个文化所使用的语言，想要触碰该文化的思想内核和智慧结晶更是无从谈起。于是，翻译便承担了打破文化壁垒、促进文化交流的神圣使命。翻译是一种语言转换的活动，由于文化之间的差异，译者必然面临一些棘手的难题：是否能在本文化的语言系统中找到与原文准确对应的语汇？依照异质文化的语法规则照搬是否符合本文化读者的阅读习惯？翻译的过程中是否会曲解原文的含义？一些被赋予特殊含义的表达、意象能否被另一文化的读者准确地理解？……总而言之，在翻译的过程中，文化信息的流失、变形、增添是难以避免的，若想保存原文全部的文化信息，可以说几无可能。

具体反映在**佛教经典的翻译**中，可概括为**“文质之争”**四个字。文、质二字语出《论语·雍也》，原文为“质胜文则野，文胜质则史。文质彬彬，然后君子”，“质”乃朴实之义，“文”乃文采之义。放到翻译层面上说，“质”指的是翻译要原汁原味地传达原文的含义，不追求文辞的修饰，“文”指的是在尽量不违背原义的基础上，通过适当的方式使译文更加精美流畅；重“质”者质疑重“文”者过度修饰而偏离、折损了原文的精深思想，重“文”者批评重“质”者拘泥原文使得译文佶屈聱牙、难以理解。

佛经翻译始于东汉中后期，这时的译者多为西域的番僧，并不精熟汉语，翻译的方式多为口解，然后由在旁的中国人笔录。安息国人安世高和月氏国人支娄迦谶（以下简称“支谶”）是其中的代表，前者的翻译讲求“义理明晰，文字允正”，语言“辩而不华，质而不野”[①]；后者的翻译“因本顺旨，转音如已，敬顺圣言，了不加饰”[②]。二位僧侣均是重“质”者，翻译朴实无华，不加修饰，但因频繁使用音译、不顾汉语表达顺序，难免使译文隐晦艰涩，佛理不显。

支谶的再传弟子、三国时期的支谦对重“质”者的翻译策略提出质疑，他批评同时期的译者竺将炎的译文“为辞不雅”，认为“其所传言，或得胡语，或以义出音，近于质直”[③]，也就是说，竺将炎大量使用音译法，将汉语语义下毫不相干的字敷衍成词，虽能还原读音，但造成了读者的阅读障碍，且缺乏美感。于是支谦采用意译的方式重译了大量佛

---

① 释僧祐．出三藏记集．北京：中华书局，1995：508.

② 同①263－264.

③ 同①273.

经，如将“般若波罗蜜多”的概念译为“明度”，将“舍利弗”的人名译作“秋露子”，可谓重“文”者中的代表。十六国时期的鸠摩罗什更是重“文”者中的佼佼者，“其文约而诣，其旨婉而彰，微远之言，于兹显然”[①]，可谓精美流畅。

随着僧侣逐渐受到统治阶层的器重，佛经翻译从势单力孤到有助手帮持再到拥有专门的译场，条件不断成熟；译者能够广泛收集前人的译作，加以比对和研究，吸取经验教训，总结出了一系列有价值的翻译理论。这些理论包括东晋道安“五失本”与“三不易”说、隋彦琮“十条”与“八备”说、唐玄奘“五不翻”说、北宋赞宁“六例”说等，主要涉及以下几个方面。

第一，对译者基本素质的要求。在知识架构的层面，一个合格的佛经译者，既要深谙佛法，又要精通汉语和梵文，赞宁甚至提出，译者需要亲身前往他国“察异俗，达远情”，才能称得上“善传译者”。[②] 在精神品质的层面，彦琮认为译者须严格遵守佛家清规戒律（不染讥恶），不为名利所动（澹于名利，不欲高衒），在翻译的过程中需要保持谦虚不偏执的心态（襟抱平恕，器量虚融），坐得了冷板凳（不惮久时）。[③]

第二，对原典的选择。彦琮主张将梵语佛经和胡语佛经严格区分，“胡本杂戎之胤，梵唯真圣之苗”[④]，赞宁进一步主张译者应当直接选择“五印夹牒，直来东夏”的梵语佛经进行翻译，根据胡本或胡梵混杂的本子翻译只能算是“重译”，损害了佛教精深的义理。[⑤]

第三，具体的翻译策略。首先，关于原文与译文的语法结构是否需要统一的问题，道安言“胡语尽倒，而使从秦，一失本也”[⑥]，道安的质疑也引起了后世的广泛讨论，甚至启发了如钱锺书关于“此‘本’不‘失’，便不成翻译”[⑦] 的妙悟。其次，原文和译文的翻译风格是否需要统一的问题，赞宁认为，原文高深典雅的部分便不能用直白通俗的语言去翻译，反之亦然。[⑧] 再次，要灵活地对原文的行文格式做出调整，鸠摩罗什虽未提出系统的翻译理论，但他发现，原典中配合乐曲进行歌咏的部分亦不能生搬硬套地进行翻译。[⑨] 道安则进一步指出，原典繁缛的叹咏、重复的话语、起到总结陈词作用的“义说”等可以删去。[⑩] 此外，对于什么时候使用音译，玄奘的“五不翻”说认为遇到秘密（神秘咒语）、多含（多义的概念）、此无（本土不存在的事物）、顺古（约定俗成的翻译）、生善（在意会中体悟无限深意）等情况便可使用音译。[⑪] 最后，还需考虑到读者的接受能力，译者需要“旁

---

① 释僧祐．出三藏记集．北京：中华书局，1995：310.
② 赞宁．宋高僧传：上册．范祥雍，点校．北京：中华书局，1987：52.
③ 彦琮．辩正论//道宣．续高僧传：上．苏小华，点校．上海：上海古籍出版社，2021：54－55.
④ 同③53.
⑤ 同②54.
⑥ 同①290.
⑦ 钱钟书．管锥编．北京：中华书局，1986：1263. 钱锺书，又写作“钱钟书”，本书保持文献的原貌，不做统一。
⑧ 同②55.
⑨ 释慧皎．梁高僧传．汤用彤，校注．北京：中华书局，1992：53.
⑩ 同③53.
⑪ “五不翻”是玄奘最详细的译经理论，可参见宋代法云所撰《翻译名义集》第一篇“十种通号”第一“婆伽婆”条。

涉坟史，工缀典词”[①]（旁涉三坟五典，工于诗词曲赋），从中汲取养分，对译文进行恰当的文字润色，使得年代久远且充斥着异域风俗的佛经原典在中华大地上焕发新生。

综上所述，纵观整个佛教翻译史，文、质双方最初难分伯仲，但在一代代译者的不断努力下，最终实现文质相兼的和谐统一。由此看来，在中国古代已经出现较为成熟的比较文学译介学研究了。

由于翻译是将概念乃至思想进行语言上的转换，我们在实践的过程中无法避免如下情况的产生：需要用本土文化中的概念和思想去对接外来文化中的概念和思想，从而使后者能够更好地融入本土语境，这种方法被称为“格义”。“格义”起初作为一种翻译方法，在东汉末年为西域僧侣所用。如安士高用“无为”译“涅槃”、“生死”译“轮回”。又比如支谶用“本无”“自然”等老庄哲学的概念对译佛教“性空”“真如”等概念，并在思想上频繁借意于道家，如用道家“得意忘言”的说法解释般若“不坏假名而说实相”的精神。可以发现，历史上作为翻译方法的“格义”有着从名词对应名词到观念对应观念的发展。在佛教融入中华文化的漫长历程之中，这方面的案例不胜枚举。

案例四

佛教中国化与格义

《高僧传·晋高邑竺法雅》中的记载很有代表性。其文曰：“法雅，河间人，凝正有器度，少善外学，长通佛义，衣冠士子，咸附咨禀，时依门徒，并世典有功，未善佛理。雅乃与康法朗等，以经中事数，拟配外书，为生解之例，谓之格义。”[②] 这段话的意思是，竺法雅为了让门下的弟子更好地理解佛教义理，借助弟子们熟悉的老庄哲学（外书）去比拟配合佛经中的事数部分。

净土宗始祖慧远在庐山讲道时，也曾用过类似的方法：“（远）年二十四，便就讲说。尝有客听讲，难实相义，往复移时，弥增疑昧。远乃引《庄子》义为连类，于是惑者晓然。是后安公特听慧远不废俗书。”[③] 实际上，将“格义”之法用来译经解经，在当时已经颇为流行。“及毘浮、昙相等，亦辩‘格义’，以训门徒。雅（编者按：即竺法雅）风采洒落，善于枢机，外典佛经，递互讲说，与道安、法汰每披释凑疑，共尽经要。”[④]

从以上两例可以见出，**“格义”**是佛教进入中土时的一种交流“方法”，是其传习过程

① 彦琮．辩正论//道宣．续高僧传：上．苏小华，点校．上海：上海古籍出版社，2021：54.

② 释慧皎．高僧传．汤用彤，校注．北京：中华书局，1997：152.

③ 同②212.

④ 同②152－153.

中的“教学方法”。按“格义”之法来讲解佛教的名相，实际上就是以本土文化的观念为中心，去理解外来文化中的概念；这符合异质文化交流的基本规律。因为，人们常常是以本土原有的文化作为理解异质文化的开端，在比较当中发现异同，在比较当中去认识他者；本土文化是人们理解异质文化的出发点。虽然“格义”一法专在文字上着眼，目的在于借助一些概念“贯通文义”，但从另一角度看，这也是在双方文化的关键词上做文章，而关键词有时正是人们认识异质文化的瓶颈。

譬如般若是讲“空”的，如龙树“三是偈”所说：“众因缘生法，我说即是空，亦为是假名，亦是中道义。”具体地说，它一方面讲的是“非有”，但另一方面又是“非无”，双方合起来才是所谓“空义”。但中国人起初很不容易理解佛教的这一关键的名相，他们只好按照中国原有的概念，如按老子的“无”来理解它。用中国既有的“无”的概念去理解般若的“空”，显然是不吻合的。因为般若的“空”实际上是“非有”“非无”两个方面。“非有”不等于“无”，“非无”不等于“有”，而只是“假有”。不过，把老子的“无”作为进入佛说玄境的阶梯，也是不坏的一个“方便法门”。

可是，这种交流“方法”或教学方法往往会导致两个问题：第一，用儒、道等中国传统思想去阐释佛典，容易产生意义上的误解；第二，长此以往，佛典的光芒将会被遮蔽，使人误以为佛教中的思想观念在中国早已有之，甚至将原本佛教中独有的思想归入中国本土学说的门下。佛教僧侣在实践中慢慢察觉到，运用“格义”之法进行翻译，有其天然的优势，但也存在着不小的弊端。

譬如道安在《道行经序》中曾言：“然凡谕之者，考文以征其理者，昏其趣者也；察句以验其义者，迷其旨者也。何则？考文则异同每为辞，寻句则触类每为旨。为辞则丧其卒成之致，为旨则忽其始拟之义矣。”① 也就是说，译者在运用“格义”进行“考文察句”的过程中，容易拘泥于文辞之间表面上的相似，逐渐丧失佛经文义，甚至遮蔽佛典奥妙的真精神。道安对“格义”的指摘，刺中了早期佛经翻译将佛道两教的关键词或观念机械对应、随意比附的弊端。当鸠摩罗什、玄奘等译经大师自创佛教名词、在概念的音译上面下足功夫时，作为翻译方法的“格义”也就逐渐退出历史舞台了。

其实，道安并不真正反对“格义”，他反对的是不能将佛教义理透彻显露出来的拉郎配式“格义”。因为从本质上说，将“格义”归类为翻译方法的一种实乃大材小用。“格义”实际上是一种具有范式作用的跨文化交流的方法论，是一种让异质文化之间相契合的部分产生共鸣、碰撞出思维火花的交往之道。如同吕澂所言：“（格义）把佛书的名相同中国书籍内的概念进行比较，把相同的固定下来，以后就作为理解佛学名相的规范。”②

因此，作为佛教阵营领袖的道安才站在维护佛教纯洁性的角度规范“格义”的使用方式，他不希望已经在中国站稳脚跟的佛教仍然长期依附于玄学清谈之下，坚持“格义”的最终目的是“弘赞理教”，凸显佛法和老庄之学具有鲜明的主客分别。

---

① 道安．道行经序//释僧祐．出三藏记集．北京：中华书局，1995：263.

② 吕澂．中国佛学源流略讲．北京：中华书局，1995：45.

然而，颇为吊诡与引人深思的是，为了使佛教在中国进一步流传，道安也曾使用玄学的“无”解释般若学的“空”。事情的发展逐渐背离道安的初衷，由他“以无解空”的方式掀起的社会思潮诞生的“六家七宗”均属于玄学化的佛学，在学理层面率先迈向中国化。也就是说，道安通过对佛道的融会贯通意图推进佛教的传播，反而动摇了佛教最初的纯洁性，使其在本土化的道路上越走越远。

之后的高僧大德借助中国本土经典阐释佛经的例子屡见不鲜。鸠摩罗什的弟子僧肇在注疏《维摩诘经》时亦将庄子的齐物论与佛教的平等观结合，北魏僧人昙靖在其伪造的《提谓波利经》中，除了融会道教延命益算思想之外，还结合了汉儒的阴阳五行说和伦理纲常观念解释部分佛教义理。

抛开佛教立场不谈，“格义”其实是一种会通中外的思考与阐发方式，其核心在于找到中外思想的相通之处后，用本土文化中的观念解释异质文化，最终的效果是使异质文化走上本土化的道路，甚至与本土文化融为一体。这便是广义上的“格义”，在中国学术史上占有浓墨重彩的一笔。正如陈寅恪所言：“‘格义’之为物，其名虽罕见于旧籍，其实则盛行于后世。”① 质言之，“格义”概念有狭义、广义之分。狭义的“格义”是一种佛经翻译方法的概称，是佛教进入中土时的一种交流“方法”，也是其传习过程中的“教学方法”；广义的“格义”实际上贯穿且渗透了佛教入华及其后中外交流的漫长历史实践，已经成为佛教中国化以来异质文化之间互鉴互补、包容共生的比较文学和跨文化研究之道。

我们以“**禅**”作为例子来看“格义”的中国比较文学方法论属性。“禅”是梵文音译“禅那”（dhyāna）的缩写，原是瑜伽修持术的一部分，其含义在于“安静而止息杂虑”，通过凝神静坐、摒弃杂念的方式达到洞见心性、超凡脱俗的境界，核心在一个“悟”字。而“**以禅喻诗**”是中国历史上著名的文学思想，显然又和禅宗的兴起有着密不可分的关系。

案例五

唐宋诗人与“以禅喻诗”

中唐以后，长期浸淫佛教、谙熟“格义”之法运行规律的诗人们开始用作诗的方式把诗和禅相比附，由参禅悟道进而以禅喻诗，“格义”也逐渐由佛教的修行之法嬗变为文学里高妙的诗歌创作技巧。如白居易《自咏》一诗就将作诗和参禅统一起来：“白衣居士紫芝仙，半醉行歌半坐禅。”此种“以禅喻诗”“援禅入文”的做法在当时很是普遍，用今天的眼光来看待，无疑属于典型的佛教和中国古典诗词的跨文化阐释以及文学与宗教的跨学科研究。当然，回到历史的语境，当时在诗歌中将诗禅结合多半是出于诗人的经验之谈，尚未上升到理论高度。

① 陈寅恪．金明馆丛稿初编．北京：生活·读书·新知三联书店，2001：173.

王维被人称为"诗佛"，字摩诘，名和字都取自佛教经典《维摩诘经》中的主角维摩诘居士，其受禅宗影响之深可见一斑。深谙佛理的王维与六祖慧能的弟子们往还颇深，甚至达到"晚年惟好静，万事不关心"之境。其禅诗代表作《鸟鸣涧》云："人闲桂花落，夜静春山空。月出惊山鸟，时鸣春涧中。"作者从动静两面着笔，以动写静，春山之空静其实是诗人禅寂在大自然中的观照，他把中国诗之具象和禅之义理融为一体，创造出一种空灵冲淡的意境。后世评价"读之身世两忘，万念皆寂"，诚如斯言。

早年出家为僧、法号无本，后又还俗的苦吟诗人贾岛《题李凝幽居》中的名句"鸟宿池边树，僧敲月下门"，一方面揭示的是静中有动的禅意，另一方面"推敲"典故的诞生引领了反复琢磨、精益求精的诗风与文风，更重要的是这个典故的背后折射出"文起八代之衰"、致力于表彰《原道》的韩愈虽谏迎佛骨、一生辟佛却又与佛教间有着"剪不断，理还乱"的千丝万缕的联系，直至影响到后来宋明理学的开出。

到了两宋时期，"以禅喻诗"成为一时风尚，由文学创作上升到文学理论，严羽的《沧浪诗话》是"以禅喻诗"的总结性作品，以"妙悟"说为核心。"妙悟"一共有两层含义，第一层是熟参前人诗作，讲求"以识为主"。严羽主张学诗之人应从《离骚》开始读起，历经汉魏、晋宋、南北朝，一直到李杜等盛唐名家，从整体把握不同时代诗歌的写法、风格，"酝酿胸中，久之自然悟入"；当然，诗歌的积累只是基础，严羽更为看重的是触景生情、灵感迸发的"妙悟"，此乃第二层。韩愈的学问比孟浩然高很多，但他在作诗上只能算"得一知半解之悟"，因为韩愈为学问所累，反而阻塞了诗人本身那种可以直达心灵的敏锐与灵感。写诗和参禅是相通的，读诗学佛经固然重要，但真正体悟作诗本质和佛家奥秘的人，必然处于一种从直觉出发的、先于逻辑思考的通透状态。清人王士禛对严羽的"妙悟"说有着极高的评价："严沧浪论诗，特拈'妙悟'二字，及所云'不涉理路，不落言诠'，又'镜中之象，水中之月''羚羊挂角，无迹可寻'云云，皆发前人未发之秘。"①

因此，由丝绸之路而来的印度佛教，其中国化的历程一方面凸显了中华文明和合包容的特质，中国比较文学跨文化的特性也由此彰显；另一方面，文学的背后是文学史，文学史的背后是思想史，佛教中国化进程中的"格义"之法带给中国古代比较文学的方法论启示至今还值得我们深入学习研讨。

---

① 王士禛．带经堂诗话．张宗柟，纂集．戴鸿森，校点．北京：人民文学出版社，1963：65.

第三节
泰西与中国古代比较文学

关键词

大秦景教流行中国碑　景教　利玛窦规矩　况义　天学诗

基督教和佛教、伊斯兰教并称为世界三大宗教。第一个来华的基督教教派是被天主教视作“异端”的聂斯托利派（Nestorianism），由于受到天主教的打压，聂斯托利派不得不向东发展。公元635年，聂斯托利派的波斯主教阿罗本（Olopen）从波斯前往中国传教，到达长安后，唐太宗李世民对这种“词无繁说，理有忘筌”的宗教颇有好感，于公元638年颁下一道允许其传教建堂的诏书：“道无常名，圣无常体，随方设教，密济群生。大秦国大德阿罗本，远将经像，来献上京。详其教旨，玄妙无为；观其元宗，生成立要；词无繁说，理有忘筌，济物利人，宜行天下。所司即于京义宁坊造大秦寺一所，度僧廿一人。”[①] 这种宗教最初被称为波斯经教，唐代除武则天一朝独尊佛教外，其余皇帝多实行相对宽容的宗教政策，因而波斯经教得以相对平稳地在中国传播，统治者也认识到波斯经教的真正渊源在于大秦（罗马）。公元781年，**大秦景教流行中国碑**在长安落成，碑中有言曰：“真常之道，妙而难名，功用昭彰，强称景教”。“景”乃光明正大之义，由此确立了**“景教”**这一更为正式的名称。

最能展现景教在华中外文化交汇、融合性质的莫过于大秦景教流行中国碑的碑文，碑文既有术语上的灵活转换，又有思想上的心同理同。此碑正文部分共1 780个汉字和数十个叙利亚文，可分为四段。第一段叙述景教的教义、思想，第二段陈述景教入华传教史，第三段称颂真主阿罗诃、六位唐皇和三位景教大德高僧，第四段用汉文和叙利亚文并列书诸僧之名。碑文内容主要体现出两个方面的基本特征。首先，碑文中体现景教与摩尼教、祆教等波斯宗教的混合，最直接的体现就是对火的崇拜。其次，碑文采用“格义”的方法，以佛道释耶，同时融入儒家伦理思想。以下分述之。

佛教方面，碑文使用了大量佛教用语，如妙有、世尊、慈恩、功德、普救度等。譬如“悬景日以破暗府，魔妄于是乎悉摧；棹慈航以登明宫，含灵于是乎既济”[②]，对仗工整，

---

① 朱谦之．中国景教．北京：东方出版社，1993：224.

② 同①223.

文采宛然，既含有暗府、明宫、魔妄、慈航、含灵等佛教词汇，又描述了耶稣基督完成救赎生灵的使命后于正午升天的情形。

道家方面，如碑文开篇："粤若常然真寂，先先而无元；窅然灵虚，后后而妙有。总玄枢而造化，妙众圣以元尊者，其唯我三一妙身、无元真主阿罗诃欤！判十字以定四方，鼓元风而生二气；暗空易而天地开，日月运而昼夜作。匠成万物，然立初人；别赐良和，令镇化海。浑元之性，虚而不盈，素荡之心，本无希嗜。"这一段模仿《道德经》的口吻，先从景教义理上解释了上帝是自有永有、三位一体的，后描绘经典的上帝创世的故事。玄枢、二气等是道家术语，此外还结合了妙有、真寂、阿罗诃等佛教表达，充分显示碑文利用"格义"之法融会贯通中外文化的精熟。

儒家方面，碑文依附于世俗皇权，"主能作兮臣能述，建丰碑兮颂元吉"，赞扬忠君爱国之道，为其传教合法性张目："道非圣不弘，圣非道不大，道圣符契，天下文明"。景教入中华，自"巨唐道光，景风东扇"始，至"法流十道，国富元休；寺满百城，家殷景福"而臻繁荣，其意在于"道惟广兮应惟密，强名言兮演三一"。[①] 一座景教碑，无异于一部中国景教简史。

与佛教进入中国时一样，景教僧侣也希望通过"格义"的方式吸纳信众，其中的代表人物是景净（Adam）。身为景教士的景净具备一定的佛学功底，他曾和华严宗高僧般若合作翻译《六波罗蜜经》，他亦对道教学说有所了解。景净的译经作品现存《大秦景教三威蒙度赞》和《志玄安乐经》。

作为最早进入中国的基督教派别，景教与古代中国社会的接触也开创了一系列基督教中国化的记录，在中国文学史和思想史上留下了浓墨重彩的华章。1908 年，法国汉学家伯希和在敦煌鸣沙山石室发现一卷《大秦景教三威蒙度赞》的写本。"三威"是指圣父、圣子、圣灵三位一体，蒙度指救恩。"难寻无及正真常，慈父明子净风王"，这是早已失传的景教赞美诗，也是现存已知中国最早的基督教赞美诗，这个歌本重见天日，见证了一千多年前基督教在中华传播的历史。这首景教赞美诗后经梁季芳重新谱曲，作为第 385 首收录在中国基督教协会出版的《赞美诗新编》里。

学界普遍认为景教是从西域沿丝绸之路传入中原的，其传入西域要早于传入长安。我国的景教遗存，包括 2006 年发现的隋唐时期洛阳城东南部的景教经幢，还包括新疆霍城阿力麻里故城景教徒墓碑，2021 年新发现的新疆奇台县唐朝墩古城景教寺院遗址、高昌故城东郊景教寺院遗址、西旁景教寺院遗址和吐峪沟景教文书等。学界认为，以上发现证明景教是基督教中国化的源头，此外，这些发现也是中国比较文学前史阶段的典范案例和重要思想文化资源。

朱谦之、孙尚扬等学者曾分析过唐元两代基督教衰亡的原因，除了经济、政治因素外，文化上的重要原因在于唐元基督教对佛道过度附会，导致自身的独特面貌被遮蔽，未能形成一套相对独立的汉语神学体系；并且，唐元基督教较之儒释道三家，无论是规模还

---

① 朱谦之．中国景教．北京：东方出版社，1993：223.

是地位都远不及后者，两者之间并不存在平等的对话关系，而是三家对基督教单边渗透，基督教并未对三家产生实质上的、深层次的影响和刺激。

这种情况到了明末清初之时有了很大的变化。16世纪末，随着“地理大发现”时代的到来，欧洲各国开始探索海外，或殖民扩张，或与他国进行贸易往来，大大改变了人类跨文化交流的进程。借此契机，天主教亦寻求海外传播。在1540年正式成立的耶稣会是天主教主要修会之一，由依纳爵·罗耀拉（Ignacio de Loyola）领导的耶稣会实行军队式的组织和半军事化的管理，秉持“基督教人文主义”的传教策略，是西方文明海外交流的代表。最早尝试进入中国的是罗耀拉的好友圣方济各·沙勿略（St. Francis Xavier），他在抵达距离中国仅10海里之遥的上川岛后病逝，功亏一篑，却成为后继者的精神象征。1579年，罗明坚（Michele Ruggieri）来华。1582年，利玛窦在经过多次努力后被批准入华。罗明坚于1588年返回欧洲，利玛窦成为传教士的中流砥柱。

利玛窦的传教策略可被概括为“适应”。根据《1840年前的中国基督教》的概括，其策略可分为以下几点：上层路线，争取儒家士大夫的同情；进行礼仪制度方面的调和与变革，尊重祀孔、祭祖；学术传教，撰写大量宗教、神学、哲学、伦理学等类别的著作；科学传教，通过介绍西方科学技术吸引中国人入教。[①] 与景教相比，利玛窦的传教策略成效显著，吸引了以徐光启、杨廷筠、李之藻为代表的中国士大夫入教，他们亦翻译了不少西方著作，并对天主教义理有着独到的见解。1597年，利玛窦成为耶稣会中国传教区的负责人。利玛窦的传教策略对于以天主教为代表的西方文化在中国的交流与碰撞产生了长期、广泛而又深刻的影响，被称为**“利玛窦规矩”**。

与“格义”不同，利玛窦等耶稣会士在传教时所使用的方法被称为**“况义”**。“况义”之名源于利玛窦的继任者金尼阁（Nicolas Trigault）口授、中国信徒张赓笔录的《况义》一书。此书是对古希腊寓言集《伊索寓言》的翻译。“况”的意思是“比”，“罕譬而喻，能使读之者迁善远罪”；“义”的意思是“夫义者宜也，义者意也。师其意矣，复知其宜。虽偶比一事、触一物，皆可得悟”。[②] “况义”其实是对该书译介伊索寓言形式的精准概括，“况义”最基本的含义是通过打比方（说寓言）的方式来阐明一个道理。

案例六

《南北风争论》与“况义”

《况义》将原文含有的古希腊特征隐去，代之以浓厚的儒家色彩。比如《南北风争论》一则，依据的古希腊原文《北风和太阳》本来是通过北风和太阳各显本领、试比高低的故事，讲述“说服比压服更有效果”

① 孙尚扬，钟鸣旦．1840年前的中国基督教．北京：学苑出版社，2004：113－136.

② 谢懋明．跋《况义》后//钟鸣旦，杜鼎克，蒙曦．法国国家图书馆明清天主教文献：第4册．台北：台北利氏学社，2009：325－327.

的古希腊平民智慧。而经传教士和中国人合作“况义”之后的《南北风争论》，除了将比试的对象换成颇合中国对称美的南风和北风外，结尾“治人以刑，无如用德”的阐发则使人联想到《论语·为政》中的话：“道之以政，齐之以刑，民免而无耻；道之以德，齐之以礼，有耻且格。”看起来谈的是崇尚“德”和“礼”的儒家治国之道，其实还暗合基督教“认为德是真富，修德才能获得灵魂的本乐”的精神。因此，作为一本寓言故事汇编，《况义》对天主教教义的宣扬是隐忍和克制的，它通过找到儒家思想和基督教思想的契合之处来间接达成自己的目标。[①]

由佛教传入中国时的“格义”，到天主教传入中国时的“况义”，一字之别，进一步思考却不免会产生这样一个追问：“格义”和“况义”似乎都是两种不同思想对接与诠释时的方便法门，两者有没有什么本质上的区别？一神论的基督宗教是排他性的，这也是其与佛教的中国化进路上存在的最根本差异。佛教的中国化产生了水银泻地的广泛影响，深刻影响了包括文学和思想在内的中华文明的方方面面，也是生动体现中华文明包容和合特质的最佳范例。而基督教的中国化则尚在进行时，也是对于中华文明包容性的挑战和考验。这正是“况义”与“格义”最大的差别。

站在中国的角度，“况义”是“以外来异质文化话语诠释本土文学文化概念，以图达到异质化”，“格义”是“以本土文化话语诠释外来异质文学文化观念，以最终达到本土化”。[②] 因此，和“格义”之具有广狭二义相通，狭义的“况义”是指由金尼阁口授、张赓笔录的《况义》一书，该书实是译介自《伊索寓言》的寓言故事集。狭义的“况义”就是指这样一本书及其在中土的流播与融通儒耶的实践。广义的“况义”概念则是指称明末以来以西方和中国之间进行文学文化交流的方法，包括以“利玛窦规矩”为代表的适应策略，以“合儒补儒超儒”为代表的“易服易佛”传教进路，以“译名”“敬天”“祭祖”为代表的“礼仪之争”等。

再来看“况义”之法在明末中外文学文化交流史上的运行机理。除了体现对儒家的推崇，《况义》还体现对佛教的贬斥。

案例七

《驴驮佛像》与“况义”

《驴驮佛像》改编自《驮神像的驴》，原本的寓意是讽刺借别人的财

① 金尼阁，口授．张赓，笔录．况义//钟鸣旦，杜鼎克，蒙曦．法国国家图书馆明清天主教文献：第 4 册．台北：台北利氏学社，2009：311.

② 孙景尧．简明比较文学教程．南京：江苏教育出版社，2007：83.

富来炫耀的人，而金尼阁的“义曰”则说：“德卑而凭尊位，众共祇奉，彼以为奉己也，夫谁知奉位也哉！”[①] 显然是指责佛教德不配位，并非正统信仰却有那么多信徒。于是，我们看到了“况”的背后所依托的指导思想——崇儒辟佛，而这个主张是金尼阁从利玛窦那里继承来的，“况义”之法在中国的创始人实为利玛窦。

利玛窦作为“况义”之法的创始者，旨在通过“合儒”“补儒”最终实现所谓“超儒”。第一，有“合”就有“斥”，利玛窦对佛道二教给予严厉的批判，他给出的总体性评价是：“二氏之谓，曰无曰空，于天主理大相刺谬，其不可崇尚，明矣。”[②] 由于利玛窦笃信上帝是自在的、永有的，自然视“空”和“无”为眼中钉、肉中刺。佛教是利玛窦主要的攻击对象，他对佛教偶像崇拜的习俗深恶痛绝，并指摘佛教六道轮回、戒杀生、轮回等说法。利玛窦对于佛教的批判流于表面，在“未翻其书，未了其义”的情况下，盲目地以偏概全，忽略了耶佛的相似性以及儒释之间的密切关系。

第二，将基督教教义与儒家思想对接，迎合儒家学说的同时补充儒家学说的内涵。利玛窦为什么会选择儒家？其本人给出的回应是：“夫儒之谓，曰有曰诚，虽未尽闻其释，固庶几乎！”[③] 与上文之“曰无曰空，于天主理大相刺谬”形成了鲜明的对比。“利玛窦规矩”的深层运行机理，一是认识到儒家是中国官方的意识形态和中国文化的基本特征，二是认识到在儒家文化熏陶下的中国人具有与生俱来的自然理性。利玛窦的做法是，首先将天主教中的至上神“Deus”与先秦典籍中频繁出现的“天”和“上帝”对应，“吾天主，乃古经中所称上帝也”。在利玛窦笔下，儒耶系出同源，这为接下来的一系列诠释打下基础。利玛窦用儒家的“仁”表述天主教的“爱”（Agape），是“合儒”与“补儒”的绝佳范例。“仁”是儒家的核心概念，是从个人到天下秩序的、一切高尚德行的总和，“爱”则是天主教的核心概念，人既要爱上帝，又要爱他人如己。利玛窦赞同仁是“众德之纲要”，进而用“爱”解释“仁”的内涵：“夫仁之说，可约而以二言穷之，曰爱天主，为天主无以尚；而为天主者，爱人如己也。”[④] “仁”中含有的“将心比心”的品质和“爱人如己”的部分内涵相通，但“爱人如己”还包括“爱仇敌”的思想，这是主张“以直报怨”的儒家所没有的。并且，天主教的“爱”出于天主，与儒家的“仁”有很大不同。

不过，利玛窦在“况义”时始终秉持天主教本位的立场，他以秦朝为界将儒家分为先儒和后儒，批判后儒所写的一系列著作和注疏被佛学、无神论等后来兴起的学说影响，失

① 金尼阁，口授．张赓，笔录．况义//钟鸣旦，杜鼎克，蒙曦．法国国家图书馆明清天主教文献：第4册．台北：台北利氏学社，2009：319-320.

② 利玛窦．天主实义//朱维铮．利玛窦中文著译集．上海：复旦大学出版社，2001：15.

③ 同②.

④ 同②79.

去了先秦儒学的“纯洁性”，尤其是宋明理学。比如，理学主张“理”和“太极”是天地万物的源头，这与天主教笃信的上帝是世界本源的观念相悖；于是，利玛窦运用亚里士多德的“宗品论”进行反驳。“宗品论”将世间万物分为自立者和依赖者两类，先于万物存在的上帝显然属于前者，而“理”是解释人心或事物的“原理”，并不能独立存在，“太极”的本质是“取奇偶之象”，亦是借他物的灵感而存在，推翻了“理”和“太极”是天地万物之源的说法。这样一来，利玛窦借先儒和古希腊先哲之手，实现了对后儒的超越。

如果说唐元时期的景教打开了基督教中国化的大门，那么明清时期的天主教则表明中西文学文化交流逐渐来到深水区。提到“上帝”或者“天主”，今天的中国人首先想到的，恐怕不是儒家经典中在在皆是的“昊天上帝”，抑或儒释道三家迄明末仍在共有共飨的“天主”，而是基督教共同崇拜的那个至上神 God。中西上帝观的相遇，是作为儒家文明之根的帝天崇拜与西方基督教系统神学的上帝论在古代中国的碰撞与融合。“中西礼仪之争”在一定程度上或许失败了，“译名之争”引致的“上帝之赌”却意味着基督教在地化，尤其是神的名字中国化的成功，这是汉语神学的滥觞，也是中国基督教文学的范例。[①]

清初的顺康雍乾四代皇帝都和天主教联系密切，其中又以康熙的**“天学诗”**较有代表性。天学为明末清初入华的天主教及其带来的科学与文化的总称。“天学诗”这一概念，最早为清初著名画家兼诗人吴历（字渔山）所提出。吴历于康熙三十六年（1697 年）在上海一带传道时，对教友赵仑称：“作天学诗最难，比不得他诗。”[②] 章文钦《吴渔山天学诗研究》指出：吴历所谓的天学诗，大致以描写天主教教义为内容，可称为狭义的天学诗；而历史上西洋教士和中国士人以中国古近体诗歌的文学形式，反映西方天主教文化内容的诗篇，则可称为广义的天学诗。

康熙曾为宣武门内天主堂（南堂）亲题匾额、楹联。匾曰：“万有真原”。联曰：“无始无终先作形声真主宰，宣仁宣义聿昭拯济大权衡”。康熙的这一匾一联在中国基督教史上具有重要地位，它既是当时官方的最高代表对于天主教在中国外来地位的认可，又是一首描写异质文化的文学典范之作。

案例八

吴历的《暮程》

作为清初诗画双馨的名家，吴历是天学诗的代表人物，其诗作情感真挚，富有画面感，思想上会通儒佛耶三家，意境高拔超绝。今以其《暮程》诗为例试析之。

日薄荒荒道，凭谁慰暮程？独行心似火，四顾路来生。
听鸟啼多异，逢人喜且惊。不愁前去晚，山月出林明。

---

① 纪建勋．汉语神学的滥觞：早期全球化时代的上帝之赌．香港：道风书社，2020.

② 吴历．吴渔山集笺注．章文钦，笺注．北京：中华书局，2007：616.

此诗记作者薄暮行旅。作为前朝遗民儒士，吴历少时曾随钱谦益学诗，后又逃禅于佛教，吴历的这首诗较诸本章上述论及的禅诗在“以禅喻诗”方面毫不逊色。尤其是后半部分“听鸟啼多异，逢人喜且惊。不愁前去晚，山月出林明”，仔细玩味，脑海中浮现出的是王维“月出惊山鸟”禅诗名句。

此诗的解读绕不开其司铎的身份。荒荒道上，凭谁慰暮程？那自然是作者“朋侪改业去渔人，闻比渔鱼更苦辛”，然而，啼声多异之“鸟”，看到作者“喜且惊”，不愁暮程已晚，因为终究“月出林明”，真可谓“晚知天学到城府，买鱼喜有守斋户”。[①] 利玛窦在去世前两年有一封致德·法比神父的信，其中有“以我的传教心火而言，我是如此的冷漠，使我一直觉得有‘白白地奔跑’之感”[②]。那么，“独行心似火，四顾路来生”的吴历，在其生命的垂暮之年也难免会和利玛窦一样，生出中西文化交流会通之前路艰险的感叹。

本章小结

本章主要梳理了从中华文明的史前期一直到明清时期中国大地上出现过的比较文学传统，跨文化性是一条贯穿始终的线索。先秦时期的跨文化性主要体现在两点：一是作为一个整体的中华文明与外部异质文化之间的交流，诞生了以奇异精美的玉器、青铜器等为载体的跨文化结晶；二是本质上多元的中华文明在广袤的九州大地上进行的内部文化交流，产生了最早的语言翻译活动和最早的翻译文字作品，如由越译而楚说的《越人歌》等。秦汉王朝建立后，中华文明的大一统格局得以确立，其后又分别与西竺的佛教、泰西的基督教两大世界性的异质文化进行了深刻的交流与融通。

佛教的传入极大地丰富了中华文明的内涵。来自西域和中国本土的高僧在翻译佛经的过程中逐步总结归纳出全面的翻译理论，最终实现了翻译中“文”与“质”的统一，通过翻译还诞生了“格义”这一比较方法。基督教最初以景教的面目进入中国，以佛道释耶，同时积极融入儒家伦理思想，却使自己的本来面目被遮蔽；到了明末清初，以天主教为代表的西方文化进入中国，采取“况义”之法进行学术传播。作为不同时段我国“开眼看世界”的第一人，从明末的徐光启到清末的林则徐，都不约而同地遭遇了“欲求超胜，必须会通；会通之前，先须翻译”[③] 的时代之问，这也意味着一直赓续到今天的比较文学研究

① 吴历．吴渔山集笺注．章文钦，笺注．北京：中华书局，2007：278，331.

② 利玛窦．利玛窦书信集．罗渔，译．台北：辅仁大学出版社，1986：398.

③ 徐光启．徐光启集．王重民，辑校．北京：中华书局，2014：374.

中需要直面回应的两个根本性问题开始浮现：一是“自我”与“他者”的相处会通之道，二是翻译在中外文学文化交往中的基础地位。

我们也可以用“格义”和“况义”这两个方法论层面的概念来考察“二西”先后入华这两段中西文化交流的历史。狭义的“格义”是一种佛经传播的“翻译方法”和佛教传习的“教学方法”，而广义的“‘格义’之为物，其名虽罕见于旧籍，其实则盛行于后世”，是在两种文化交流的过程中无法避免的比较诠释方法。①

和“格义”之具有广狭二义相通，狭义的“况义”是指古希腊寓言集《伊索寓言》在明末由东西方学人联手合作翻译而成的中译本《况义》，而广义的“况义”则代表了以天主教为代表的欧洲和中国之间进行的文学文化交流的方法，包括“西学东渐”和“中学西传”这样两个相辅相成、迄今仍在进行之中的层面。

沿着“格义”“况义”两种概念的广义视角看出去，“禅诗”和“天学诗”这两种描写异质思想精髓的本土诗歌形式的先后出现，一方面表明了宗教在中国比较文学滥觞肇迹之路上的重要作用，另一方面也表明“格义”“况义”之广义也蕴含着宗教中国化进程开启以来异质文化之间互鉴互补、包容共生的比较文化之道，代表了中国古代比较文学跨文化交流的宝贵资源，是在今天仍然具有范式作用的比较文学方法论。

带有欧洲中心胎记的欧美比较文学，其主要研究范式也是注重同一文化体系跨语言和民族界限的比较文学。就此而言，中国古代的格义与况义，其突出的贡献就是为今天多元文化时代的比较文学提供了跨文化体系和跨学科综合研究的历史性启示。研究中国古代比较文学的意义在于，打破比较文学学科自诞生的那一刻起便存有的西方中心主义倾向，指出中国自古以来就存在与西方比较文学截然不同的比较之道，即具有跨文化、跨学科的比较思维和会通之道，为今日建立具有中国特色的比较文学理论体系张本。

思考与练习

1. 试论中华文明得以长久更新发展的精神内核与其体现的基本特征。
2. 简要谈谈《越人歌》为何是我国比较文学史前史的一个范例。
3. 什么是佛经翻译中的“文质之争”？
4. 简述我国古代的佛经翻译活动是如何一步步走向成熟的。
5. 简要解释“以禅喻诗”的内涵。
6. 大秦景教流行中国碑是如何使用“格义”之法的？
7. 什么是“利玛窦规矩”？
8. 试论“格义”与“况义”的异同。
9. 利玛窦是如何将天主教教义与儒家学说对接并试图对后者进行超越的？
10. 结合具体例子，谈谈你对天学诗的看法。

---

① 李明辉．中西比较哲学的方法论省思．中国哲学史，2006（2）：17-20.

拓展阅读

1. 许倬云．万古江河：中国历史文化的转折与开展．长沙：湖南人民出版社，2017.

2. 孙景尧．简明比较文学教程．南京：江苏教育出版社，2007.

3. 孙昌武．佛教与中国文学．上海：上海人民出版社，2007.

4. 马祖毅．中国翻译史：上．武汉：湖北教育出版社，1999.

5. 吕澂．中国佛学源流略讲．北京：中华书局，1995.

6. 朱谦之．中国景教．北京：东方出版社，1993.

7. 孙尚扬，钟鸣旦．1840年前的中国基督教．北京：学苑出版社，2004.

8. 刘耘华．诠释的圆环：明末清初传教士对儒家经典的解释及其本土回应．北京：北京大学出版社，2005.

9. 孙尚扬．明末天主教与儒学的互动：一种思想史的视角．北京：宗教文化出版社，2013.

10. 李天纲．中国礼仪之争：历史、文献和意义．北京：中国人民大学出版社，2019.

11. 纪建勋．汉语神学的滥觞：早期全球化时代的上帝之赌．香港：道风书社，2020.

第二章

中国近代比较文学

——中国比较文学的发生与近代文化转型

本章要点

1840 年以降，国人对西方思想、文化的学习无疑有着对抗文化顽固派、启蒙民智、建构文化现代性与民族性等目的。本章在爬梳中国比较文学发生期人物、成绩与相关文献的基础上，尝试辨析由“贯天人”到“赅中西”的嬗变。此种嬗变是近代文化转型的核心问题和主要特征，本章关注经由此种嬗变，“中国比较文学的发生”和“近代文化转型”两个事件如何勾连在一起。

自 1840 年鸦片战争开始，一连串与西方列强战争的失败彻底改变了国人的传统世界观，形成了李鸿章所谓“三千余年一大变局”①。如此，国内也日渐兴起了或自上而下，或民间自发，从政治、经济、文化等领域学习西方的诸多举措与实践。从文化领域来看，有关的活动包括对西方书籍的翻译、对西方思想的介绍与宣传、对西方研究成果的发表与出版等等。而在这一特定的历史背景下，上述的文化实践活动或多或少地皆立足于某种启蒙与救亡意识。

换言之，对西方思想、文化的学习有着对抗文化顽固派、启蒙民智、建构文化现代性与民族性等目的。也只有在这一背景下才能更好地认识到中国近代比较文学为何在还未“学科化”之时就已经“早熟”地有了一些研究成果。此正是本章要围绕展开讨论的主题：中国比较文学的发生与近代文化转型。本章分为四个部分。首先尝试辨析中国近代文化转型与比较文学发生之关系；然后在文化转型大背景下爬梳归纳中国近代比较文学的特质；在以上两个方面立论基础之上，尝试从两组代表人物及其论著来深度透视“发生转型论”。

清王士禛《池北偶谈》尝录明末大儒孙奇逢题壁文曰：“人生最系恋者过去，最冀

① 李鸿章．筹议制造轮船未可裁撤折//李鸿章全集：5：奏议五．合肥：安徽教育出版社，2008：107.

望者未来，最悠忽者见在。夫过去已成逝水，勿容系也。未来茫茫如捕风，勿容冀也。”[①] 此语表面看来是对过去、未来、现在三者的思索，劝勉世人把握当下。而联系身处明末天崩地裂旋涡中心的孙奇逢的经历看，此语无疑是以“独此见在之顷，或穷或通，时行时止”的“当然之道，应尽之心”，来调适明清鼎革之际身份的冲突与时代的巨变带来的冲击。

由明末的孙奇逢再到清末的谢若潮，后者也已经敏锐地把握住了时代文化转型的脉搏，谢若潮为《西学三通》写《叙》云：“昔之学在贯天人，今之学在赅中西。言政何以因时而制宜，言史何以溯源而竟流，言艺何以标新而竞胜?”[②] 代表了清末士人所理解的中国传统知识体系向西方近代学科体系的过渡。此处引用以上两者，是想进一步拿来说明诚然“过去逝水勿容系”“未来捕风勿容冀”，近代文化转型与比较文学之发生也俱已为学术史上公案，却由于身处时代的转折点上，强烈的责任感要求每一位学人主动因应“昔之学”到“今之学”的激烈冲撞。

第一节 中国近代文化转型与比较文学发生之关系

关键词

文化转型　新人　从“贯天人”到“赅中西”　自觉比较

1840 年以降的局势，尤其是 1894 年中日甲午海战的惨败，使国人意识到泱泱“天朝上国”竟然被跟自己学习了一千年之久的学生打败，举国笼罩在愁云惨雾的氛围之中。痛定思痛，觉醒的第一要务就是急切地寻觅救国之道。仔细梳理，近代中国这段时期思想活跃沸腾的程度，其创造力和创新性庶几可以媲美春秋战国之时“百家争鸣”。此时的中国，人心思变，各种改革主张、思潮流派轮番上场，错综复杂。洋务运动、变法维新、辛亥革命、新文化运动、五四运动等等，以及十月革命一声炮响，给我们送来了马克思主义。一系列向日本的“东学”和欧美的“西学”学习借鉴的过程，带来了中国社会的深刻变化。

正是因为其复杂性和影响深远，对于**近代中国文化转型**问题的研究就有着许多课题和不同的进路。譬如章清近著《会通中西：近代中国知识转型的基调及其变奏》从知识转型的视角来大致勾画近代学科知识成长的历史脉络，同时也致力于检讨哪些因素影响了学科

---

① 王士禛．池北偶谈．靳斯仁，点校．北京：中华书局，1997：147.

② 谢若潮．叙//袁宗濂，晏志清，辑．西学三通．文盛堂石印本．上海：上海图书馆，1902：2-3.

知识在中国的成长[1]；而赵林的《中西文化的精神分野：传统与更新》则从中西文化历史沿革的比较视野来看待这场中国近代史上蔚为壮观的文化转型[2]；而张灏则主张“中国近代思想史的转型时代”，其“所谓转型时代，是指1895年至1920年初，前后大约25年的时间，这是中国思想文化由传统过渡到现代，承先启后的关键时代。无论是思想知识的传播媒介，还是思想的内容，均有突破性的巨变”。[3] 因此，无论是知识转型、文化转型，还是思想转型，从何种视角进入这段历史的省思，都与研究者思考和聚焦的问题密切相关，不能一概而论。作为与近代中国现代化之需要相配合的文化革新，必要的一步是建构一种新的人文知识类型，以取代此前的封建意识形态，这在文学研究上体现为以下三个方面。

其一，身份转型：**“新民”“新人”**成为变革先锋。

封建时代的文学研究大体隶属于士大夫阶层，而近代教育体制下文学研究的主体则是接受了现代化教育尤其是西方近代高等教育的“新民”“新人”[4]。在近代中国制度变化的过渡阶段，本章选择在比较文学发生期较有代表性的五人，从年资稍长的林纾、严复，到后来的梁启超、王国维，甚至中国现代文学的奠基人鲁迅，这几位学人大多具有从前清秀才、举子到现代大学教员的身份转变，或至少是游离于其他职业、依托报刊或出版机构发表成果的“文士/知识分子”。

其二，目的变换：**从“贯天人”到“赅中西”**的时代之变。

古典时代主流的文论对“文学”的阐发总是与某种自然神性的本体论相联系，或说“与天地并生”（《文心雕龙·原道》），或成为某种“自然秩序”（礼、情）的代言人——儒家的诗教观念与汤显祖式的“至情论”都具有这样的内在结构。但是，既然近代中国需要的是启迪“大众”，并且文学要为塑造“新人”提供可能，它就需要褪去形而上学化的神性，转而成为解释“人”自身深度的知识——作为一门自足的学科将自身功能化，成为属“人”的知识。职是之故，西学东渐影响下的中国“文学研究”自然就是试图完成这一任务的马前卒。可以说，中国近代比较文学研究在“前学科”时期，见证并参与了中国近代人文知识的转型与重构。

由此，作为使上述实践得以成为可能的媒介，在西学影响下，语言革新是必然的。“白话文运动”在这一知识转型过程中的作用，被给予再高的肯定都不为过。正如国内有学者借用德国人艾尔斯特的比较文学“按照比较语言学的模式提出”之观点，认为“中国比较文学的萌发，也以中西语言比较为先声”[5]。

---

① 章清．会通中西：近代中国知识转型的基调及其变奏．北京：社会科学文献出版社，2019.

② 赵林．中西文化的精神分野：传统与更新．北京：九州出版社，2023.

③ 张灏．转型时代与幽暗意识：张灏自选集．上海：上海人民出版社，2018：151.

④ 王汎森．从“新民”到“新人”：近代思想中的“自我”与“政治”//王汎森，等．中国近代思想史的转型时代．台北：联经出版事业股份有限公司，2007：171－201.

⑤ 徐扬尚．中国比较文学源流．郑州：中州古籍出版社，1998：52.

案例一

晚清的“白话文运动”与比较实践

1895年，黄遵宪首先在《日本国志》中比较了中国语言与西方语言的情况，认为中国语言的问题在于语言与文字不相合，即中国的文字太古、太难，已经脱离了日常语言，不便于大众的学习。而1898年出版的《马氏文通》则在后记中对中西语言做了第一次语言学意义上的比较，在对比了中西文的文字结构、句法后，马建忠认为西文学习可循序渐进，而中文经籍“虽亦有规矩隐寓其中，特无有为之比拟而揭示之”[①]，故而在明理达意上不如西文。此外，裘廷梁、梁启超、谭嗣同等人都为“白话文”而摇旗呐喊，他们基本都立足于白话更易于学习、开启民智等实用性理由。质言之，近代人文知识转型的一个外在表征即由“昔之学”的“贯天人”到“今之学”的“赅中西”之转换，以达“政因时而制宜”“史溯源而竟流”“艺标新而竞胜”[②] 的时代之变，最终在清末民初这场全球性的竞争中转败为胜。

其三，比较发生：中西文学的**比较研究成为自觉的方法**。

在近代中国人文知识的转型中，尽管中国比较文学学科还没有正式建立，但在西学影响下，文学研究向学科化的转变也影响了此时具有比较文学特性的各种具体实践。在近代之前的中外文学、文化比较研究往往散见于各种非文学文献材料或依附于宗教性文字当中，且往往是无意识中进行的。而在近代，中西文学的比较研究渐趋成为文学研究中自觉的方法。在与异国文学接触时，饱学中国传统文化的读书人进行的自发比较活动奏响了中国比较文学的前奏曲。

林则徐主持编译的《四洲志》和魏源编辑的《海国图志》都有对外国文学的简短介绍，身在异国他乡的外交官郭嵩焘和陈季同也带给了我们关于外国文学更多的认识。1904年，黄人在其撰写的《中国文学史》中最早将比较文学这一概念介绍到中国，并倡导“使服从之文学变为自由之文学，一国之文学变为世界之文学”[③] 的文学观念，并在1908年所著的《小说小话》中标举“南海北海，此心同，此理同”这一旗帜鲜明的比较文学主张。[④]

黄人以中西小说的比较来展开自己的文学理论：“小说为以理想整治实事之文字，虽东西国俗攸殊，而必有相合之点。”在黄人看来，“希腊神话、阿剌伯夜谈之不经，与吾国各种神怪小说，设想正同”的平行研究可比性正在于“盖因天演程度相等，无足异者”，并佐以大量东西方小说对读的实例来论证与阐述平行研究的主张。[⑤] 无怪乎黄人随后趁自

① 马建忠．马氏文通．北京：商务印书馆，1983：13.

② 谢若潮．叙//袁宗濂，晏志清，辑．西学三通．文盛堂石印本．上海：上海图书馆，1902：2-3.

③ 黄人．中国文学史．苏州：苏州大学出版社，2015：20.

④ 黄人．小说小话//江庆柏，曹培根，整理．黄人集．上海：上海文艺出版社，2001：321.

⑤ 同④.

己主编《普通百科新大词典》（1911）之机，对比较文学这一新兴学科进行了介绍，也借此总结了自己的比较文学观，即所谓“比较的文典”之理念：“于同一系统二国以上文字之性质，就其用法，参互比较而得异同连合之故。谓之比较的文典”①。

此外，徐念慈借助西学，尤其是康德与黑格尔的美学思想，从审美角度论证了小说的功能，并分析了其艺术感染力何在。以上这些与比较文学相关的论述已经相当学理化。由此可见，在西学影响下的中国近代比较文学，固然在目的上具有强烈启蒙意识的功利性，但落在具体的研究中，作为具体知识门类的、日渐学科化的“文学研究”已然体现出自身的学术规范性。

总之，这一时期，中国有许多学者以世界视野观照西方文学文化，在接受的过程中他们自觉地将本国文学与他国文学进行比较，并试图在比较中发现并辨析这些文学现象间的相异或相同，进而探讨各民族文学之间的内在联系及共同规律，以期取西方之所长，补中国之所短。

具体到中国比较文学史而言，从1840年鸦片战争到1919年五四运动，前后约八十年的时间是中国比较文学发轫的时期。鸦片战争让当时的中国打开了自己的大门，“开眼看世界”之后，近代文化转型的一个间接影响就是，这个时期的比较文学不再像古代那样对文学现象进行无意识的比附，而逐渐过渡到自觉地使用比较文学与比较文化之方法进行研究。

综合以上三个方面，本章拟集中回应的一个问题即所谓“发生转型论”，具体而言就是中国近代比较文学研究在“前学科”时期，是如何见证并参与了中国近代文化的转型与重构的？甲午海战的惨败给国人带来巨大的震动，中国的有识之士彻底认识到，仅仅是器物方面的学习并不能挽救中国的命运，于是把学习的目标转向了政治和文化等方面。西方小说中蕴含的政治观念所具有的启蒙价值被国人重视，一时间西学涌入，翻译成风，中国学界的面貌随之焕然一新。中国比较文学就在这样的环境中萌芽并成长起来。林纾、严复、梁启超、王国维和鲁迅等中国学者为中国比较文学发生与近代文化转型所做出的贡献是不能被忽视的。

第二节
文化转型大背景下中国近代比较文学的特质

关键词

启蒙视域　综合比较　翻译探索

① 孙景尧．简明比较文学：“自我”和“他者”的认知之道．北京：中国青年出版社，2003：44.

在近代中国文化转型的背景下，根据上述对萌发期的比较文学研究的概说，我们可以为这一时期的比较文学研究总结出以下几个特质。首先是启蒙性，其次是综合性，最后是对译介工作的重视。

一、启蒙视域下的中西小说比较

这一时期的中国比较文学研究以**政治宣传、启蒙民众**为主要目的，以中西小说为主要研究对象。在文学层面，一批学人逐渐意识到了小说之于**社会变革**的积极作用。由此，社会上出现了大量介绍西方小说的刊物，掀起了一股前所未有的翻译热潮。在其时，作为翻译家、学者的严复深感开启民智之重要性，于是，严复在翻译西方书籍、介绍西学的同时也推崇小说的社会作用；早在 1897 年，严复、夏曾佑便在《国闻报》上登出《本馆附印说部缘起》[①] 长文，阐述小说在欧美和日本的社会变革发展中起的推动作用。

在这一方面，林纾的西方小说翻译对小说地位的提升起到了开时代风气之先的推动作用。郑振铎认为林译小说的功绩主要体现在三个方面：首先是增加了近现代中国人对于西方社会的认知和了解；其次是使知识分子进一步接触到西洋文学，知道西方“亦有可与我国的太史公相比肩的作家”；最后是提高了小说在中国文学中的地位，开启了中国近现代翻译外国文学作品的风气。

此外，梁启超的《译印政治小说序》和《论小说与群治之关系》，商务印书馆主人的《本馆编印〈绣像小说〉缘起》，夏曾佑的《小说原理》，都肯定了小说的社会价值。

综上，这一阶段的中国比较文学研究大多带有功利性目的，被视作解决社会问题、改进国民性的一种手段，而小说尤其是政治小说的地位也因其发挥的社会功用而得到极大提升。

二、初具世界视野和跨学科特点的综合比较

这一时期，中国学术界初具世界视野和比较眼光，并以**综合比较**为特征。中国传统的人文知识是“文史哲”不分家的，尽管西学的影响使得大学堂开始建立，学科的门类化初见形态，但在文化转型的过渡阶段，中国近代比较文学仍然体现出不同学科交叉、杂糅的特征。此时，比较的参与者来自社会各界，比较的话题包括作家、作品和文艺理论等多个方面，比较的过程中时常会涉及政治学、历史学、哲学、语言学和社会学等其他学科或领域。

我们以上文所提及的夏曾佑的《小说原理》为例，该五千字之文与梁启超《论小说与

---

① 关于此文的作者，目前学界尚存在争议，一般认为此文是严复、夏曾佑合作完成的。详见：陈平原，夏晓虹．二十世纪中国小说理论资料：第一卷：1897—1916．北京：北京大学出版社，1989．

群治之关系》相呼应。《小说原理》将小说与画、史、经、科学著作的文体特点与社会作用相比较，认为小说用详尽的笔法写“已知之理”，因此在娱乐性的社会功能上优于史、经、科学著作。同时，尽管画比起小说更为“不费心思”，但“世间有不能画之事，而无不能言之事”[①]，故而小说与画相比能带来更广泛的阅读体验。《小说原理》通过跨越不同艺术门类、学科领域的比较方法论证“小说”在文艺心理学上的优越性，很好地体现出了后来被称为“科际整合”的研究范式。

这种综合性的比较，说明中国比较文学学科自起步就拥有开阔的视野和与其他学科积极互动的跨学科传统。王国维也是这方面的代表性学者，他的《红楼梦》研究既包含哲学知识，也有心理学、美学、伦理学的内容。当然，除了王国维、鲁迅等人有专文、专著进行比较文学的研究外，当时其余的研究尚未形成科学系统的比较文学意识，散见于各类报刊、书籍之中。

三、强调文学社会功用的翻译探索

这一时期翻译领域的繁荣推动了中国比较文学的发展，**翻译西洋文学**是学者对于文学的社会功用进行探索的起点。翻译蔚然成风，出现了以严复、梁启超等人为代表的一大批翻译家。同时，在文学方面的翻译名家有林纾、马君武、苏曼殊、吴梼、伍光建和周桂笙等等，他们在小说、诗歌、戏剧和散文等不同文学翻译领域卓有建树，为中西文学比较开辟了新局面。

大量翻译作品的问世，使得中国学者接触西方文学文化更加容易，为中西文学比较提供了丰厚的土壤。在这些翻译作品中，小说占据了主流。翻译过程中所发生的文化变异，以及翻译家们在译本中有意或无意做出的文学比较，都属于比较文学的范畴，对建立在翻译基础上的翻译研究起到了重要的推动作用。

可以说，中国比较文学在这一时期被深深地打上了翻译文学的烙印。阿英的《晚清戏曲小说目》、樽本照雄所编的《清末民初小说目录》、徐念慈的《丁未年小说界发行书目调查表》等著作通过统计书目，向我们展现了这一时期小说翻译数量和种类的丰富程度；此外，《新小说》《绣像小说》《月月小说》以及《小说林》四大小说杂志也广泛收录外国翻译作品。

除了具体的翻译实践，一些翻译家、思想家还对翻译理论进行了创新。精通西学的学者马建忠在《拟设翻译书院议》（1894）中对当时学界在翻译方面存在的问题进行了总结，认为译者应精通译入语和译出语，反复推敲斟酌以忠实地表达原文的本义。梁启超在《变法通议・论译书》（1897）中强调了译介西方书籍的必要性，强调重视译本的选择、译例的共识和译才的培养。严复在《天演论・译例言》（1898）中明确提出了“信达雅”的翻译标准。鲁迅在《关于翻译的通信》中肯定了《天演论》的译学价值。梁启超在《佛典之

① 夏曾佑．小说原理//杨琥．中国近代思想家文库：夏曾佑卷．北京：中国人民大学出版社，2015：492.

翻译》中也对这一翻译标准做出了评论："译事之难久矣；近人严复，标信达雅三义，可谓知言，然兼之实难。语其体要，则惟先信然后求达，先达然后求雅。"①

第三节
译才并世："严林"与"发生转型论"

关键词

严复　林纾　林译小说　创造性叛逆

由以上三个方面的特征来看，林纾和严复两位翻译家在中国比较文学的发生期和近代文化的转型期都起到了别具一格且不可替代的重要作用。换言之，"严林"是中国比较文学的发生和近代文化转型阶段"起风云"的代表性人物。

促使**严林译书**的真正原因是当时的"风云气"。"维新四公子"之一、被誉为"中国最后一位传统诗人"的陈三立，在 1893 年作《高观亭春望》，诗曰："脚底花明江汉春，楼船去尽水鳞鳞。凭栏一片风云气，来作神州袖手人。"该诗创作的次年，1894 年即爆发了甲午战争，1895 年陈三立的父亲陈宝箴升任湖南巡抚，陈三立协同父亲一起在湘推行新政，办报、兴学、开矿、造船等举措使得湖南大开维新风气，然而到了 1898 年戊戌变法失败，父子均遭革职。所以说陈三立在 1893 年所感受到的"风云气"，既流露出诗人对于积贫积弱的中国在清末列强环伺的氛围中终将遭遇"甲午风云"的预感，又包含了诗人面对风云变幻的时局，却最终不免空怀抱负、壮志难酬的家国悲愤，"袖手何妨闲处看"。②

值得一提的是，在陈宝箴主政湖南期间，新学代表人物梁启超在 1897 年即被陈三立父子延聘为长沙时务学堂总教习。梁启超后来也提到陈三立曾将上文提及的诗句赠予自己。③ 同在 1897 年，梁启超发出了"处今日之天下，则必以译书为强国第一义"④ 的号召。还是在 1897 年，**严复**翻译的《天演论》在天津《国闻报》上连载发表，举国轰动，严复俨然已是维新运动的精神导师。1899 年，由**林纾**主笔的中国第一部翻译小说《巴黎茶花女遗事》在上海刊印，严复的诗"可怜一卷茶花女，断尽支那荡子肠"，即说明了林译在当时社会上产生的广泛影响。1902 年，梁启超在日本横滨创办《新小说》，强调小说

① 梁启超．佛典之翻译//梁启超全集．北京：北京出版社，1999：3839.

② 刘经富．"神州风云袖手看"的陈三立．中华读书报，2021－06－09.

③ 梁启超．广诗中八贤歌//梁启超全集．北京：北京出版社，1999：5423.

④ 梁启超．变法通议//梁启超全集．北京：北京出版社，1999：45.

与“新民”、改良社会的关系。伴随着轰轰烈烈的新文化运动，中国终于迎来了波澜壮阔的近代文化转型之大潮。应该说，在19世纪末到20世纪初，凭栏感受到“风云气”的“维新公子”陈三立，在遭变法失败后竟作“神州袖手人”[①]，“起风云”的时代使命是由梁启超、严复、林纾等近代文化转型之中的风云人物来完成的。

林纾（1852—1924），字琴南，号畏庐、冷红生，福建人。自1897年起，林纾开始与别人合作翻译外国小说。从第一部翻译作品《巴黎茶花女遗事》算起，林纾与人合作翻译出版的外国小说大致有一百八十余种，字数达到一千万字以上。他是真正通过译著使外国小说在中国大放光彩的翻译家，这些小说极大地丰富了当时国人对于西方的认知。林纾翻译西洋小说主要有两个原因：其一在于个人兴趣，其二在于家国情怀。就个人兴趣而言，林纾始终对自己译介的小说倾注了极大的感情。钱锺书曾这样说：“他和他翻译的东西关系亲密，甚至感情冲动得暂停那支落纸如飞的笔，腾出工夫来擦眼泪。”[②] 就家国情怀而言，林纾希望能够借助西洋文学中所承载的西方文化思想来为学界助力，以唤醒民众的爱国热情，有朝一日迎来学界的革新和民族的复兴。在《不如归》的译序中，他曾自言：“纾年已老，报国无日，故日为叫旦之鸡，冀吾同胞警醒，恒于小说序中摅其胸臆，非敢妄肆嗥吠，尚祈鉴我血诚。”[③]

就翻译特点来看，林纾对于西洋小说的翻译颇为“任性”。

案例二

钱锺书评“林译”

为了阐明这一点，我们不妨看看钱锺书《林纾的翻译》一文对林纾译文的述评，钱锺书在文中提出了关于翻译的“化”“讹”“媒”“诱”等极具创见的观点。“媒”和“诱”指出了翻译的功能性，说明了“翻译在文化交流里所起的作用”[④]，是引诱读者爱好外国文学的中间人。由此，钱锺书肯定林译所起到的“媒”的作用：“接触了林译，我才知道西洋小说会那么迷人。”[⑤] 钱锺书也指出：“林纾译书所用文体是他心目中认为较通俗、较随便、富于弹性的文言。”[⑥] 林纾的翻译非但没有让这些小说失去原有的光彩，反而为它们增添了一种林氏翻译的独特味道，吸引读者对西洋文学产生极为浓厚的兴趣，也让原著的生命在中国得到延续。

与此同时，钱锺书也提及了林纾小说中的问题，这就涉及“化”“讹”的说法：“化”是翻译的最高境界，不显生硬又保留风味；然而这

---

① 梁启超．广诗中八贤歌//梁启超全集．北京：北京出版社，1999：5423.
② 钱钟书，等．林纾的翻译．北京：商务印书馆，1981：35-36.
③ 林纾．林纾集：第9册．江中柱，编．福州：福建人民出版社，2020：500.
④ 同②20.
⑤ 同②22.
⑥ 同②39.

一境界毕竟颇难企及，故而翻译过程中总会有些不贴合原文的地方，那就是“讹”。在此，钱锺书特地提及了西方谚语“翻译者即叛逆者”的说法，并以林纾所译的狄更斯小说《滑稽外史》（今译为《尼古拉斯·尼克尔贝》）中的一幕为例子。

钱锺书发现林译在翻译“时装店里女店员领班那格听到顾客称其为‘老妪’时发怒的场景”，其描写比狄更斯的原文表述更为幽默、惹人发笑。“那段‘似带讴歌’的顺口溜是林纾对原文的加工改造……为迭更斯的幽默加油加酱。”[①] 这当然符合人们对林纾翻译“生动有趣”的赞誉，但钱锺书也指出这种“讹”的翻译违背了原文的人物形象，损害了文意——“假如她有腔无调地‘讴歌’起来，那显然是在做戏……就制造不成紧张局面了”[②]。

钱锺书的点评不仅指出了林纾的翻译存在的疏忽和纰漏，同时也引导我们进入比较文学译介学中的一个重要问题——**“创造性叛逆”**。法国文学社会学家埃斯卡皮（Robert Escarpit）曾说：“翻译总是一种创造性的背叛。”[③]“创造性叛逆”在埃斯卡皮那里意味着在文本在翻译过程中为了适应译语的文化语境而发生的“变异”，在这一过程中，译者知其原意却刻意改写，以便其更易于被他国之审美习惯接受。而根据近年相关研究的进展，国内部分翻译研究的学者可能夸大了埃斯卡皮的这一概念，因为后者实际上并不承认“创造性叛逆”具有意义的增殖。[④] 就此角度而言，以“创作性偏离”来对译埃斯卡皮的翻译思想有其合理性。因为如果过于强调“创造性叛逆”，容易导致翻译研究在一定程度上背离文学翻译的初衷，让学者的翻译研究逐渐“叛逆”成为一种甚至连作者和译者都无法理解的陌生的他者。实际上，引起各方热议的“创造性叛逆”正说明了翻译研究的复杂性与跨界性。这样的“创造性叛逆”究竟是翻译还是创作？

这种“创造性叛逆”在林纾的笔下体现得相当典型。林译小说中出现的误译、漏译、删改和增补，部分是他无意为之，而更多的情况下是他主动对原小说进行润色和改写，以达到他自己所预期的效果，由此，这种改写尽管对原文的表达有所偏离，但也使之更好地为其时的中国读者所接受。当然，这些局限和不足也与林纾本人不懂外文有关，他翻译小说时往往先请通外语的学者用中文将原著的意思口述出来，他再进行加工笔录，且其翻译速度极快，如此一来，译本对原著的忠实性不免要打折扣。

此外，林纾在翻译活动中也对中外文学进行了比较分析。在诗集《闽中新乐府》的序

---

① 钱钟书，等．林纾的翻译．北京：商务印书馆，1981：25.

② 同①26.

③ 埃斯卡皮．文学社会学．王美华，于沛，译．合肥：安徽文艺出版社，1987：137.

④ 谢天振．“创造性叛逆”：本意与误释：兼与王向远教授商榷．中国社会科学评价，2019（2）：4－13；范若恩．从“创造性叛逆”到“创作性偏离”：读译埃斯卡皮《文学读解的关键词：创作性偏离》杂感．中国社会科学评价，2020（1）：148－156.

言中，林纾从中西教育比较的角度肯定了西方歌诀的优点；在部分译著的序文中，林纾从内容、主题、结构、描写技巧等多个方面对中外作品做了比较，大部分属于无实际影响关系的平行研究。比如，林纾将《孝女耐儿传》与《石头记》进行对比，将《孝女耐儿传》与《史记》中的内容进行比较。林纾推崇西方小说对于下层社会的描写，渴望通过小说揭露黑暗现实，这与林纾对中国小说的认识以及当时的社会语境密切相关。在他看来，中国古代小说共有的诗情画意的浪漫情调和偏重表达上层社会的基本主题是无法发挥救国救民的作用的，而狄更斯“专为下等社会写照”的现实主义精神则恰恰能引发民众的思考，将文学的政治功用发挥到极致。林纾还曾在《黑奴吁天录》《撒克逊劫后英雄略》《块肉余生述》等翻译作品的例言或序言中提到“开场”“伏脉”“接榫”“结穴”等古文“义法”，从中西小说手法比较的角度对狄更斯小说技巧予以高度肯定。

总而言之，林纾的翻译展现了中国文学与西方文学最初接触时产生的一种特殊文化现象，为比较文学译介学研究提供了经典案例。林译小说中的先进文学观念影响了一代学者，也初步体现了文学比较的自觉意识，虽尚未形成成熟的比较文学理论体系，但为比较文学学科的起步做出了卓越贡献。

严复（1854—1921），字几道，曾用名宗光，字又陵，后改名为复，福建人。严复1871年毕业于福建船政学堂，1879年毕业于英国格林威治皇家海军学院。严复曾任职北洋水师学堂，后又担任京师大学堂译局总办、上海复旦公学校长、清朝学部审定名词馆总纂等等。他积极地参与各种社会、文化活动，创办了《国闻报》，介绍了西方的尤以英国方面为主的社会科学理论，包括社会学、政治学、法学、经济学等，同时也为变革时期的中国吹来了自然科学之风。在严复的译著中，最广为人知的是他对英国生物学家赫胥黎（Thomas Henry Huxley）《进化与伦理学》（*Evolution and Ethics and other Essays*，严复译为《天演论》）的翻译。

严复在译介理论和翻译实践方面成果丰硕，对后世产生了重大影响。严复首次提出了“信达雅”的翻译标准，是我国“严格意义上译介理论的发端”[①]。

案例三

《天演论·译例言》与“信达雅”

在《天演论·译例言》中，严复开篇就说：“译事三难：信、达、雅。求其信已大难矣，顾信矣不达，虽译犹不译也，则达尚焉。”[②] 严复直接指出翻译的三大难点就是准确、通畅与典雅，并且翻译的文字光准确不行，还必须要晓畅通顺，只有两者兼顾才能让读者明晰地把握译文的意思。严复继续说明，其时的西学译著能符合这一标准的并不多，原

① 徐扬尚．中国比较文学源流．郑州：中州古籍出版社，1998：76.

② 赫胥黎．天演论．严复，译．北京：北京理工大学出版社，2010：5.

因就在于译者并没有对原文的意思了然于胸，故而在翻译中难免牵强附会。不仅如此，在"译例言"中，严复还谈及了他翻译过程中的一些心得体会，现在看来仍然很有参考价值。在翻译中，他深刻感受到了汉字与西方字母文字在句法结构上的不同：英文句子或长或短又常套用从句，想要词意通达地翻译为汉语句子颇有难度。尤其面对一些艰深著作，译者不仅要理解原文之意，还要在表达句式上下功夫——"前后引衬，以显其意。凡此经营，皆以为达"。①

严复的翻译观念中也有一些值得再斟酌、讨论的地方，而这些有争议之处恰恰又表现出其思想内在的复杂性。首先，严复的译文有一种"功利性"：其目的是富国强民，那么所有的译文内容都需要为这一目的让步。因此，这种以"意译"为主的方式是否如实、准确地传达了原文的意思有时候是值得探讨的。一方面，为求文辞典雅，他会刻意对原文进行增删，另一方面，严复又往往习惯通过自己领会的关于原本的主旨思路去转换词句，这样，有时候和他领会之意不太符合的词句反而会被他有意识地避开。正如严复自己在"译例言"中所说，具体的翻译工作与其时的特殊背景有关，他也承认自己的一些方式也许不能被后来者照搬。

其次，与其行文在内容方面的功利性相对应的却是语言上的古典性，这确实是严复翻译思想中颇为特殊的一点。严复十分看重译文的"雅"，在《天演论》的翻译中，严复还认为只有古文言的词句才能更好地体现出这种"雅"。他认为汉之前的古文言更能表达精深之意，近世的俚俗文字反而难以求得文字通达。严复的这种译法显然受到了桐城派文风影响，后者行文尤为注重在晓畅达意的同时保持文辞的典雅，在"译例言"中严复也特意提及了其宗法桐城派的友人吴汝纶。但是，这种追求雅译的路子就与近代中国日渐兴起的"启蒙大众"的呼声相矛盾了。严复翻译的目标读者更多还是小圈子里的知识分子，甚至连梁启超在阅读严复翻译的《原富》(*The Wealth of Nations*，现多译为《国富论》)时都抱怨这些译文非饱读古书之人不能解②。所以，只有把握到其翻译理论中的内在复杂性，即"功利目的-古典表达"双重导向，才可以明白，为何在新文化运动时期，曾经领时代风气之先的严复会表现出保守的姿态，对白话文运动与文学革命持否定的态度。

除了在翻译理论与实践当中的成就，严复关于中西文化比较的思考也对比较文学的研究颇具参考价值，这里也同样体现其思想的复杂性，既有对旧学精华的留恋，又有对富国强邦的现实考量。

具体而言，一是严复具有会通中西的眼光。严复在年少时受过较为系统的旧学教育，他一生都保持着对中国传统思想精华的坚守。同时，严复留学英国、翻译西文的经历也让

① 赫胥黎．天演论．严复，译．北京：北京理工大学出版社，2010：5.

② 史华兹．寻求富强：严复与西方．叶凤美，译．南京：江苏人民出版社，2010：62.

他能进入西方思想的深处。东西方文化在严复这里并没有以一种强烈对立的方式表现，而是能够互为促进。国内也有学者注意到，在《天演论》的翻译中，严复新用的一些名词、说法往往可从中国古籍中找到出处[①]。这就说明严复认识到东方的词句同样也能够传达西方的思想。严复相信中西思想在某种程度上是具有共性、能够互释的，如美国学者本杰明·史华兹对严复思想的解读："研究近代西方思想实际上反而会使中国古代思想更显得更清楚明白……西方的归纳和演绎的逻辑范畴使《易传》和司马迁《史记》中的某些难以理解的段落变得一清二楚了。"[②] 严复为中国学人展现了一种立足于中国传统、会通四海之学的思路，如此较为温和的思想改良之法也深得此后"学衡派"文人的赞赏。

二是严复的思想也体现了跨学科的视野。如上文所述，其治学并非纯粹学术性的，而是与近代中国文化圈迫切的救亡背景有着密切联系，为此，严译常常不拘泥于某单一学科的知识。严复真正关注的不是社会、人文甚至自然科学的学科之分，而是它能否助益于国富民强的思想理论。严复总是挂在嘴边的文明"进化"其实就是把生物学的物种演化转接到社会科学领域，并借西方"圣人"之口将之理论化。以今天的眼光回看，"社会达尔文主义"当然早已广受批判且不再有市场，但此种观念在遭受民族危机的近代中国却无疑产生了深入而广泛的影响，甚至此后胡适将之运用到文学史写作中，客观上说明它也迎合了当时新派文人中普遍存在的欲大破大立的思想倾向。

此外，1895 年严复发表《论世变之亟》时正值清朝甲午战败一年之后，这篇文章花了诸多笔墨分析、比较了中西社会文化的差异，试图找到中国衰而西方盛之原因。同年发表的《原强》出于同样的目的，文中严复援引达尔文、斯宾塞的观点，同时借中国典籍、历史典故为喻，又谈到了西方自然科学的治学方法，内容所涉学科可谓眼花缭乱，但严复的这些论述都旨在一个主题，那就是如何让中国富强。另外，严复还翻译了一本文学理论著作《美术通诠》，近年《美术通诠》英文底本的发现也引发了学界对此书严译本的关注。有学人指出，此书"以'美术'译'literature'，其实是严复文学观的一种表达：文学是一种美的艺术"，并且"将中国文论中的'修辞立诚'与黑格尔为代表的西方美学相沟通……参与了现代中国纯文学观念的塑造"[③]。

综上，在近代中国社会转型、思想变革的过程中，严复发挥了重要的作用。在这个时期，"新民""新人""新小说"成为时髦，而推动此种文化转型的文人学者就相应成为"新文人"，林纾、严复身上体现出"旧文人"向"新文人"转型的典型性**过渡特征**。由"贯天人"到"赅中西"，转型期的特征在"严林"身上有着鲜明的体现。对于林纾而言，"贯天人"仍然是本位，"赅中西"是误入的歧途并与"贯天人"体现为一对激烈的矛盾；而对于严复而言，这样的矛盾尽管仍然存在并且在严复的晚年甚至还有所反复，但已经张扬为"物竞天择"的时代呐喊，作为维新精神导师的严复也风云际会地成为"贯天人"到

---

① 王克非．论严复《天演论》的翻译．中国翻译，1992（3）：6－10.

② 史华兹．寻求富强：严复与西方．叶凤美，译．南京：江苏人民出版社，2010：66.

③ 狄霞晨，朱恬骅．严复与中国文学观念的现代转型：以新见《美术通诠》底本为中心．复旦学报（社会科学版），2021（1）：26－36.

"贼中西"转型期承前启后的枢纽性、代表性人物，启发与直接影响了以梁启超、王国维、鲁迅等为代表的"新文人"。

第四节
爱生自觉："梁王鲁"与"发生转型论"

关 键 词

梁启超　《论小说与群治之关系》　王国维　阐发研究　《〈红楼梦〉评论》　鲁迅　《摩罗诗力说》

作为承前启后的枢纽性人物严复，他以其著名的"严译"对**梁启超**、**王国维**、**鲁迅**等人产生了不同程度的重要影响。1897年，梁启超在回复严复的信中说道："幼陵先生：二月间读赐书二十一纸，循环往复诵十数过，不忍释手，甚为感佩，乃至不可思议。今而知天下之爱我者，舍父师之外，无如严先生。天下之知我而能教我者，舍父师之外，无如严先生。"[①] 不仅仅是梁启超，当时在江南水师学堂读书的鲁迅，用自己三个月的津贴，"星期日跑到城南去买了来，白纸石印的一厚本"，"一有闲空，就照例地吃侉饼、花生米、辣椒，看《天演论》"[②]，"佩服严又陵究竟是'做'过赫胥黎《天演论》的，的确与众不同：是一个十九世纪末年中国感觉锐敏的人"[③]。

除了严复对此二人的影响，严复与王国维两人思想之间的关系也是发人深思的。应该说严、王两人的关系是以遭遇西学时的立场分歧而体现出来的。严复是引进英美哲学经验论的第一人，王国维是引进大陆哲学唯理论的第一人。在"物竞天择，适者生存"八个大字席卷中国的时候，王国维却清醒地认识到"顾严氏所奉者，英吉利之功利论及进化论之哲学耳，其兴味之所存，不存于纯粹哲学，而存于哲学之各分科。如经济、社会等学，其所最好者也"。直指严复引介的并不是纯粹的哲学，其在引进英国哲学时是用实用眼光去寻求真理的，把英国哲学仅仅当作了求富强的工具，其他一概视而不见[④]；即使看见了，也会硬把它们塞进求富强这个套路中去，这也就是上文所提及的严复的"功利性"。尤其是王国维"故严氏之学风，非哲学的，而宁科学的也"之论断可谓振聋发聩，实为日后新文化运动"科学与民主"两条道路冲突分裂的先声。

---

① 梁启超．与严幼陵先生书//梁启超全集．北京：北京出版社，1999：71.

② 鲁迅．琐记//鲁迅全集：第二卷．北京：人民文学出版社，2005：306.

③ 鲁迅．随感录二十五//鲁迅全集：第一卷．北京：人民文学出版社，2005：311.

④ 周国平．中国人缺少什么：西方哲学接受史上两个案例之研究．上海：上海人民出版社，2018：60－66.

梁启超《东归感怀》曰“极目中原暮色深，蹉跎负尽百年心”[①]，而从严复往后看，“梁王鲁”三人的思想路径是有亲缘性的。他们都和近邻日本有着千丝万缕的联系和复杂情感，并且三人皆以启蒙新民为自己治学为文的根本目的，又分别以自己独一无二的学术成就和人格力量在近代文化转型的过程中成为中国比较文学“百年心”的领军学者。

梁启超（1873—1929），字卓如，号任公，又号饮冰室主人，广东新会人，中国近代著名思想家、政治家和文学家，资产阶级维新派的代表人物。梁启超为比较文学学科所做出的贡献最重要的可归于两项：在翻译方面，他大量译介西方社会科学和文学著作，积极介绍西方文学理论和文学流派进入中国；在研究方法上，梁启超具有广阔的学术视域，虽然他的大部分翻译和创作主要是为其政治理念服务的，但其中有很多内容涉及中西文化及文学比较，比较研究是他进行学术实践的常用方法之一。

若具体谈及梁启超在这一时期比较文学方面的学术成就，首先体现在他对“小说”的提倡：他极为看重小说这一文体的作用，在梁启超看来，小说作为政宣和启蒙的有效工具，能够承载新的政治理念来推动社会变革，而梁启超的这些文字往往是在比较视野中得以成立的。同时，梁启超这种对政治小说功能性的重视无疑也体现了这一时期文化界的学术工作与“启蒙、救亡”之类的社会功利性有不可分割的关系。《译印政治小说序》（1898）与**《论小说与群治之关系》**（1902）正是梁启超倡议“小说界革命”的两篇气势雄健之文。

在《译印政治小说序》一文中他一再强调翻译政治小说的重要性：“在昔欧洲各国变革之始，其魁儒硕学，仁人志士，往往以其身之所经历，及胸中所怀政治之议论，一寄之于小说”[②]。并且梁启超特别指出政治小说对外部社会的促进作用：“彼美、英、德、法、奥、意、日本各国政界之日进，则政治小说为功最高焉。”[③] 因此，梁启超要“特采外国名儒所撰述，而有关切于今日中国时局者，次第译之”[④]，希望“爱国之士，或庶览焉”[⑤]。其文中的理论出发点是小说文体的社会功能性，进而阐发政治小说在当下之作用并以国外的情况辅以论证。此种关于“小说文体”的思考在数年后的《论小说与群治之关系》一文中更完整地予以表述，梁启超上来就大声疾呼：“欲新一国之民，不可不先新一国之小说……何以故？小说有不可思议之力支配人道故。”梁启超借佛教禅宗术语，提出小说“熏、浸、刺、提”四种对读者的影响作用，进而分析并阐发小说与国民文化的关系；小说的写作、流传、阅读就不单单是纯文艺领域的事，而是与社会变革、与启蒙救亡之大任相关联。小说在梁启超口中近乎成了转变社会风气所必需的灵丹妙药，梁启超的“小说界革命”鲜明地体现了那一时代文人、知识分子急于凭借自己的知识才学变革旧社会的迫切愿望。

---

① 梁启超．东归感怀//梁启超全集．北京：北京出版社，1999：5420.

② 梁启超．译印政治小说序//梁启超全集．北京：北京出版社，1999：172.

③ 同②.

④ 同②.

⑤ 同②.

其次，在中国近代翻译文学发展过程中，梁启超的贡献举足轻重。早在 1897 年，梁启超便发出了“译书为强国第一义”[①] 的号召，但彼时他还没将文学类书籍视为翻译的重要内容。维新变法时期，梁启超在其起草的《代总理衙门奏拟京师大学堂章程》中提出“一曰中西并重，观其会通，无得偏废；二曰以西文为学堂之一门，不以西文为学堂之全体，以西文为西学发凡，不以西文为西学究竟”[②] 的办学方针。在翻译实践方面，梁启超对卢梭、培根、笛卡尔、达尔文和亚当·斯密等西方学者的理论思想都进行了系统的翻译介绍，并译介了东海散士、儒勒·凡尔纳、佛琳玛利安（即 Nicolas Flammarion，1842—1925，今译作“弗拉马里翁”，法国著名天文学家和科普作家）等人的小说。

梁启超以其发表的《论译书》《译印政治小说序》等文章，探讨翻译文学对于救亡图存的重要性，认为必须发展翻译事业、培养翻译人才和统一翻译术语。梁启超还是我国翻译西方诗歌的先驱，是我国译介拜伦的第一人；他对佛经翻译也颇有研究，写过《翻译文学与佛典》《佛典之翻译》等重要文章[③]。在《翻译文学与佛典》中，梁启超认为“我国近代之纯文学——若小说，若歌曲，皆与佛典之翻译文学有密切关系”[④]。梁启超认为虽无法证实佛教教理和后世很多中国文学作品之间存在直接影响的链条，但佛教实际上在传入中国之后已经作为一种集体无意识沉淀在中国的民族文化和民族心理中，后世诗人们在进行文学创作时不知不觉间便会受其影响。有学者认为这篇文章是中国近代第一篇讨论外来文化对中国文学风俗、情趣影响的著作。[⑤]

再次，梁启超在比较诗学上也有所建树。

案例四

梁启超对“浪漫派”与“写实派”的划分

梁启超是我国最早提出浪漫主义概念的学者，对中国浪漫派和写实派的划分实自梁启超始。在《论小说与群治之关系》中，梁启超使用“理想派”和“写实派”两个西方文论术语来区分小说流派；在《欧游心影录》中，他再次对 19 世纪西方文学中的“浪漫派”和“自然派”做了专门讨论；而在《中国韵文里头所表现的情感》的第九节中，他进一步将自己的认识发展为“三百篇可以说代表诸夏民族平实的性质，凡涉及空想的一切没有。我们文学含有浪漫性的自楚辞始”[⑥]。梁启超对西方浪漫派的重视与借鉴，在鲁迅那里有进一步的发展。

---

① 梁启超．变法通议//梁启超全集．北京：北京出版社，1999：45.

② 梁启超．代总理衙门奏拟京师大学堂章程//饮冰室合集：集外文：上．夏晓虹，辑．北京：北京大学出版社，2005：35.

③ 马祖毅．中国翻译简史：“五四”以前部分．增订版．北京：中国对外翻译出版公司，1998：384－386.

④ 梁启超．梁启超佛学文选．武汉：武汉大学出版社，2011：175.

⑤ 徐志啸．中国比较文学简史．武汉：湖北教育出版社，1996：33.

⑥ 梁启超．中国韵文里头所表现的情感//梁启超全集．北京：北京出版社，1999：3948.

梁启超1922年在清华大学任教时，曾根据其授课讲义整理成《中国韵文里头所表现的情感》一文，该文是梁启超在比较诗学方向研究的代表作，在对中国古代文学进行点评的时候，梁启超虽大多时候仍未脱离中国传统的诗学批评模式，但有时也会涉及西方文论术语。梁启超先是将表情法按照表现方式分为“迸进的表情法”“回荡的表情法”“蕴藉的表情法”等多种，后又按不同的文学派别对表情法进行分类①。在梁启超看来，“迸进的表情法”在中国文学史中实属罕见，“向来写情感的，多半是以含蓄蕴藉为原则，像那弹琴的弦外之音，像吃橄榄的那点回甘味儿，是我们中国文学家所最乐道”。② 他举出文学中不同门类的多个例子，表明中国文学中虽偶有情感的迸发，但仍远少于西洋文学。除此之外，梁启超将中西文学中的情感表达方式进行对比，将屈原《招魂》与歌德《浮士德》、卢玉川《月蚀诗》与希腊神话相提并论，涉及比较文学中的平行研究思路。

此外，在《论中国学术思想变迁之大势》（1902）中，他专列一节“先秦学派与希腊印度学派之比较”，正面指出先秦学派较之当时西欧的学术研究所存在的优点和缺陷；他认为唯有比较才能真正发现“己之所短”和“彼之所长”，进而“采择补正”，以实现救亡图存的使命。

总之，梁启超积极引进西方学说，开启学界新风，并以独到新颖的眼光进行中西文学文化比较，其具有创新性和启发性的研究方法及研究成果对于今天中国比较文学学科的方法论建构的重要意义是显而易见的。

王国维（1877—1927），字静安（庵），号观堂，浙江海宁人，中国近现代一位享有世界盛誉的学术大师，也是中国比较文学的先驱之一。王国维学贯中西，研究内容遍及文学、历史和哲学等领域。其对于中国比较文学的主要贡献在于引入西方哲学、美学思想，将西方文艺理论与中国文论或经典作品进行单向或双向的阐发，开创了崭新的中国文学批评模式。文学评论家吴文祺对于王国维的研究给予了极高的评价，称其为“以西洋文学的原理来批评中国旧文学的第一人”③。

作为中国比较文学的先驱，率先援引西方文学理论来批评中国文学作品的学者，王国维大量学术著作有西方文艺思想的影子，他的许多文艺观念也正是在中西文学的观照比较中受到启发而得出的。历来为中国文人所轻视的小说戏曲却极大地吸引了王国维，他摆脱传统偏见，在自己的研究中为小说和戏曲正名，取得了丰硕的成果。④ 其中**《〈红楼梦〉评论》**的比较文学研究色彩最为浓厚，是开中国比较文学史上“阐发研究”之先河的作品。他抛弃了索隐、考据等中国传统的文学批评方法，创造性地运用西方哲学、美学观点，重新解读《红楼梦》的题旨并发掘其在美学、伦理学方面的重要价值。

---

① 诸如“象征派的表情法”“浪漫派的表情法”“写实派的表情法”。

② 梁启超．中国韵文里头所表现的情感//梁启超全集．北京：北京出版社，1999：3922.

③ 吴文祺．文学革命的先驱者：王静庵先生//郑振铎．中国文学研究：下册．上海：商务印书馆，1927：13.

④ 1904—1912年这段时间是王国维一生文学研究著作最为丰厚的阶段，在此期间他发表了一系列重要的论文、论著，诸如《〈红楼梦〉评论》（1904）、《屈子文学之精神》（1906）、《人间词话》（1908—1909）和《宋元戏曲考》（1912）等，这些著作大多涉及比较文学的研究范畴。

1904年，王国维的《〈红楼梦〉评论》发表于《教育世界》，这是一篇运用西方理论研究中国文学的开山之作。文中王国维认为中国历史上多数文学作品并没能发挥使人从欲望中解脱的重要功能，无法直接回答人欲问题。[①] 而《红楼梦》的特殊正是在此。王国维指出《红楼梦》开篇即提出人欲这一问题。借女娲补天神话，小说阐明主人公贾宝玉之来历：传说女娲炼石补天时剩下一块石头未用，“谁知此石自经锻炼之后，灵性已通……因见众石俱得补天，独自己无才，不得入选，遂自怨自艾，日夜悲哀”[②]。王国维借以说明人生之欲望早已先于人的存在，人生不过是发现人生之欲并在其中或挣扎或沉沦或寻求解脱的过程；而解脱之道存于出世，真正衡量解脱的标准在于是否还存有生活之欲。故而在《红楼梦》中“金钏之堕井也，司棋之触墙也，尤三姐、潘又安之自刎也，非解脱也，求偿其欲而不得者也。彼等之所不欲者，其特别之生活，而对生活之为物，则固欲之而不疑也。故此书中真正之解脱，仅贾宝玉、惜春、紫鹃三人耳”。[③] 前者仍往往是求偿生活之欲而不得因此自杀或出家，而后者或如宝玉观他人之苦痛，或如惜春、紫鹃亲历人生之苦痛，皆为一种不带欲念的彻底解脱。贾宝玉冷眼体察世情，他的解脱之道，带有一种近乎超脱世俗的宗教式的彻悟，达到了洗涤心灵的作用，这与亚里士多德悲剧“净化说”[④] 相类似。故而道出《红楼梦》为何以宝玉为中心线索人物而非他人，且此设定提升了《红楼梦》的立意深度和美学价值：“前者平和的也；后者悲感的也，壮美的也，故文学的也，诗歌的也，小说的也。此《红楼梦》之主人公所以非惜春、紫鹃，而为贾宝玉者也。”[⑤]

案例五

贾宝玉与浮士德

除了与《红楼梦》中的角色进行对比，王国维还将贾宝玉与诞生于亚欧大陆另一端但几乎是同时代的作品《法斯德》（今译为《浮士德》）中的法斯德（即浮士德）博士进行比较，讨论二者解脱之道的异同。在《浮士德》中，自身的情欲和超脱情欲的崇高之间的矛盾时时困扰着浮士德，他与少女玛甘泪、美人海伦的情感纠葛，在名利场中的来回游走，都催发他不断觉醒进而走向解脱；而贾宝玉生于官宦之家，目睹官场、商场中利欲熏心的众生相，又在与众少女的交往中，感受到命运的残酷性与自身的无力感，最后转向渴求生命的解脱。王国维在探讨贾宝玉和浮士德探索超越与解脱之路的相似性后，进而指出二者的差异，虽

---

① 王国维．王国维文学论著三种．北京：商务印书馆，2017：6.

② 同①7.

③ 同①8.

④ 即悲剧艺术引发怜悯或恐惧等情感，使人得到情绪的疏泄和心灵的净化，进而认识到人生痛苦的本质，从而放弃意志，到达解脱。

⑤ 同①9.

然在精神追求和心灵解脱上二者殊途同归，但二者所经历的痛苦却大有不同："且法斯德之苦痛，天才之苦痛；宝玉之苦痛，人人所有之苦痛也。"[①]《红楼梦》之悲哀正由于其缘起于平凡生活中的平凡之事，是人人之遭遇，是无法躲避的不幸，由此被视为"悲剧之悲剧"。王国维从比较文学视角出发，将《红楼梦》与《浮士德》中的人物形象与美学精神进行平行对比，体现了其自觉的比较意识。

在谈及《红楼梦》在美学上的价值时，受叔本华悲剧理论影响，王国维阐述了悲剧的三种类型：一为恶人肇祸，二是盲目的命运，而第三种是"但由普通之人物、普通之境遇，逼之不得不如是"[②]。叔本华将诗歌视作美术的顶点，将悲剧又置于诗歌的顶点，在悲剧之中特别看重第三种，它揭露的并非一人一时一地的悲哀，而是整体人生的悲哀本质。由此，第三种悲剧的感人程度远胜于前两者。而《红楼梦》正是第三种悲剧，是"与一切喜剧相反，彻头彻尾之悲剧也"[③]。在王国维看来，"吾国人之精神，世间的也，乐天的也"，而《红楼梦》"此书之精神"却恰恰大悖于"吾国人之性质"。值得一提的是，王国维的论说也引发了后世对于中国是否存在悲剧的讨论。[④]

在论述中，他并未对叔本华之理论照单全收，而是反复地推敲并就某些问题质疑。在解析《红楼梦》时，他所用的理论并非叔本华一家之言，也融进了中国哲学观念。总之，《〈红楼梦〉评论》首次援引西方文论系统地阐释中国文学，开"阐发研究"风气之先，在中国文学批评史和中国比较文学史上占有独特地位。

鲁迅（1881—1936），原名周树人，字豫才，浙江绍兴人。纵观鲁迅的学术生涯，他积极倡导西学，翻译介绍了许多外国文学作品进入中国，以期"外之既不后于世界之思潮，内之仍弗失固有之血脉，取今复古，别立新宗"[⑤]。鲁迅赴日留学正处于日本明治时代的晚期，彼时日本西学昌盛，鲁迅借此接触了西方的科学和哲学思想，受到了西方哲学（特别是尼采的"超人学说"）以及西方浪漫派的影响。西方浪漫主义精神中的自由平等的信念、强烈的反抗精神和对个性解放的要求，深深地吸引着鲁迅。由此，鲁迅成为第一个把欧洲浪漫主义运动及其作家介绍到中国并借其反抗精神参与到当时政治文化思想斗争中去的爱国学者。

在鲁迅早期的创作中，其文言文创作是相当值得关注的。鲁迅曾师从章太炎，其古文笔法得魏晋之风，雅致简古又内蕴非凡之气势；这些早期文言文作品既富有深远的文学价值，也较为清楚地阐明了鲁迅其时的思想观点，其中多有以比较之法评析中西方思想理论

① 王国维．王国维文学论著三种．北京：商务印书馆，2017：9-10.
② 同①12.
③ 同①11.
④ 同①10.
⑤ 鲁迅．文化偏至论//鲁迅全集：第一卷．北京：人民文学出版社，2005：57.

与文学的作品。具体来说，收录在《坟》里的几篇长论文，包括《人之历史》《科学史教篇》《文化偏至论》**《摩罗诗力说》**都是文言文，《集外集拾遗补编》中的《破恶声论》也是。《人之历史》借德国生物学家黑格尔（E. Haeckel，今译作“海克尔”）的种族发生学理论概述了进化论学说的主要观点，鲁迅借黑格尔之口比较了中国女娲造人的故事和西方《创世记》中上帝七日造人的说法，认为它们都属于借神话来代替科学，随后综述了西方物种/生物学的一些重要学者，以科学分析法诠释了进化论观点；《破恶声论》和《文化偏至论》则主要阐明了他的社会政治思想和文化观点。文学译文与文学写作方面，《域外小说集》是用文言文翻译的，他的第一篇小说《怀旧》[①] 也是用文言文写的。除此以外，鲁迅的文言文作品还有《〈淑姿的信〉序》，是鲁迅在1932年用骈文写成的。研究著作方面，《中国小说史略》与《汉文学史纲要》，都是用文言文写的研究著作。

在这些作品中，1908年在《河南》杂志上发表的《文化偏至论》一文很能体现此时鲁迅的思想。鲁迅强调中国“生存两间，角逐列国”的出路是“首在立人，人立而后凡事举；若其道术，乃必尊个性而张精神”。[②] 进而明确呼吁“诚若为今立计，所当稽求既往，相度方来，掊物质而张灵明，任个人而排众数。人既发扬踔厉矣，则邦国亦以兴起”[③]。所谓“掊物质而张灵明，任个人而排众数”，其中“掊”为多音字，读作 póu 或 pǒu，根据《辞海》的解释，前一读音意思是“用手扒土”或“聚敛”；后者意思是“破，剖”或“抨击”。[④] 这里应取 pǒu 音之意，即扬弃对物质文明的一味追求，从而对应接下来“张扬扩大”（人们）对道德良知的渴望；听凭（尊重）个人的精神独立与思想自由，而排斥（把每个不一样的人）变为无差异的、无意识的大多数。鲁迅意识到，当时中国唯有发扬个性、追求精神文明才可富国图强。

《摩罗诗力说》一文较为集中地体现了鲁迅的文艺思想与美学观点，成为中国现代比较文学研究开端的标志性研究之一。[⑤] 在此文中，鲁迅将梵语中的 mara（魔鬼）一词翻译成汉语“摩罗”，“摩罗诗派”也就是“恶魔诗派”。在鲁迅看来，浪漫派诗人所具有的反抗激情和不为世俗所容的特点正和印度的“摩罗”以及欧洲的“撒旦”一样，因此以“摩罗诗派”指代之。那么，这篇开辟比较文学新天地的著作如何体现出鲁迅自己的比较文学观和比较文学方法呢？

首先，文中对于拜伦以及拜伦对其他欧洲浪漫派诗人影响的论述，堪称比较文学研究的范例。拜伦是英国著名的浪漫派诗人，也是一位民族主义者和自由主义者。他歌颂平等，为独立自由而斗争，渴望冲破压抑个体发展的种种束缚，这在他笔下“拜伦式英雄”

---

① 学界一般认为《怀旧》是鲁迅创作的第一篇小说，发表于1913年4月《小说月报》，但也有部分学者认为鲁迅于1903年6月发表于《浙江潮》的《斯巴达之魂》是其第一篇小说。争议之处主要在于《斯巴达之魂》属于鲁迅的译作还是创作的问题。这里采用鲁迅本人的倾向性看法。详见：符杰祥．鲁迅早期文章的译/作问题与近代翻译的文学政治：从《斯巴达之魂》“第一篇”疑案说起//董炳月，邵宁宁．鲁迅与现代中国文艺复兴思潮．北京：人民教育出版社，2023：156-179.

② 鲁迅．文化偏至论//鲁迅全集：第一卷．北京：人民文学出版社，2005：58.

③ 同②47.

④ 夏征农，陈至立．辞海．第六版．上海：上海辞书出版社，2009：1752.

⑤ 徐志啸．中国比较文学简史．武汉：湖北教育出版社，1996：35.

的形象中体现得十分明显。鲁迅对拜伦的精神十分钦佩，给予他极高的评价："迨有裴伦，乃超脱古范，直抒所信，其文章无不函刚健抗拒破坏挑战之声。"① 拜伦的诗中充满反抗的声音，在鲁迅看来这是击碎旧道德、旧传统的时代最强音。拜伦作品中所表达出的高昂革命斗志和反抗激情影响了当时欧洲的一批浪漫派诗人，其中有雪莱、普希金、莱蒙托夫、密茨凯维支、斯洛伐斯基、克拉辛斯基和裴多菲等人。浪漫派的主体精神散入欧洲各地，召唤着一位又一位"精神界之战士"与当时的封建势力抗争。

其次，鲁迅从中西方的思想文化模式方面展开比较，对学界所固有的"厚古薄今""厚此薄彼"的观念和道家消极的处世原则展开批判。在他看来，西方的哲学家们始终直面生活的斗争，将美好愿景寄托在未来。中国哲人却与西士不同，对尧舜禹时代心驰神往，而对现世的污浊避而不谈。在鲁迅看来，这种手段让群众头脑愚昧，心灵松弛，而诗人存在的重要作用正是在于用作品触动人的心灵。在中国传统的儒家诗教观念中，诗人的"异声"或"新声"永远被束缚在"诗言志""思无邪"以及"文以载道"的框架之下。即使是中国浪漫派文学的第一位代表诗人——屈原，也是如此。可以说，面对社会转型，鲁迅成为对从"贯天人"到"赅中西"的嬗变有着深刻认识的思想者和行动派。

再次，鲁迅在文章中提出文学艺术的本质和功能问题。从纯文学的观点来说，文学是无用之用，它的目的是非功利的，其最为重要的功用在于从精神上拯救人，涵养人之神思，"大势如是，而文章之用益神，所以者何？以能涵养吾人之神思耳。涵养人之神思，即文章之职与用也"②。除此之外，文学还有教化作用，能够揭示人生的本质和事实真理；文学教育又不同于一般教育，能够催发人们自觉上进的精神。鲁迅极力反对根据社会学的观点来研究诗歌，也反对将文学与道德联系起来；他指出，正因为在西方同样存在文学理应为旧宗教、旧道德服务等见解，当拜伦、雪莱等诗人站起来反抗传统时，所谓爱好"和平"的人便竭力攻击他们，并称之为"撒旦"。拜伦等诗人的诗性/诗力恰恰就是那充满生命力的反抗精神。由此，鲁迅的最终目的就在于借对异国文学的评论，赞扬摩罗派诗人的刚健不挠、抱诚守真，以此来热切呼唤中国"精神界之战士"的觉醒，以文学的新声洗涤旧社会的腐朽与罪恶。

《摩罗诗力说》对比较文学方法的自觉运用标志着鲁迅比较文学观的成熟，文中认为"意者欲扬宗邦之真大，首在审己，亦必知人，比较既周，爰生自觉"③，这就是说，若要弘扬祖国之真正精神，需认识自己，也了解他者，经过周详的比较才能产生自觉。这句话深刻地凸显出鲁迅所具有的自觉的比较意识和世界文学的理念。由此，《摩罗诗力说》为后世比较文学学者树立了典范，推动中国比较文学步入一个新的历史阶段。

一言以蔽之，"梁王鲁"三人之中，鲁迅将"贯天人"到"赅中西"的转变贯彻得最为坚决与彻底。如果我们将林纾、严复、梁启超、王国维、鲁迅五人在直面"比较文学发

---

① 鲁迅．鲁迅全集：第一卷．北京：人民文学出版社，2005：75.

② 同①74.

③ 同①67.

生与近代文化转型”——本章的核心问题“发生转型论”的时代挑战——的应对之道予以简单化线性处理的话，不难感受到这批“百年心”的文化巨人们以滚烫的赤子之心，做苦痛的灵魂拷问，于古今中外间不停地摸索探求、前仆后继的种种努力和艰辛。

本章小结

近代中国比较文学呈现出的重要特质，一方面是因为这一时期西学的大量涌入，对中国传统的文学理念造成极大冲击；另一方面，这也是中国比较文学自身发展的结果，在这一背景下的文人、知识分子无不或主动或被动地卷入这一时代洪流。严复和林纾曾同在京师大学堂出任译书局正副总办，纵观二人生平，林纾在戊戌年间自然有其愿意接受改良的一面，然而旧文人心态也让他不可避免地成为新文化运动中保守一方的代表而受到钱玄同、鲁迅、蔡元培等人的严厉批驳。而严复到底是喝过“洋墨水”的，通过对西学（尤其是英国自然、社会科学理论）的翻译与引介而因缘际会地成为领时代风气的人物；但也因为时局的变化以及他与旧学剪不断理还乱的关系，严复也渐渐无法跟上文化革新尤其是其后新文化运动大踏步跃进前行的步伐。

仔细爬梳“梁王鲁”三人在近代文化转型的历程中比较文学的成就，不难发现三人既受到近代文化转型前期代表人物林纾、严复的影响，又在这场由“贯天人”到“赅中西”的嬗变道路上前进得更远。无论是梁启超的“新小说”，还是王国维的“阐发研究”，抑或鲁迅的“摩罗诗力说”，都以其深刻的比较文学创见引领着我国比较文学的发生发展与近代文化的转型。

总体而言，“梁王鲁”三人与“发生转型论”的密切联系主要体现在两个方面。一方面，“梁王鲁”三人在“贯天人”到“赅中西”的转变中表现得更为执着，“首在审己，亦必知人”，对于“赅中西”的认识也更为理性化与体系化，所谓“比较既周，爰生自觉”，此正是中国比较文学的发生与近代文化转型之间关系的具体体现与主要特征。另一方面，与“严林”身上所体现出来转型期的鲜明矛盾与挣扎不同，“梁王鲁”三人与新文化运动的关系也更为直接，梁启超和鲁迅自不必说，两人都是新文化运动当中旗手领军型的人物，即便“老实到像火腿一般”[①] 看起来相对保守的王国维，也同新文化运动当中另外一面的“学衡派”有着千丝万缕的复杂联系。

也正是从上述的文人学者那里，我们看到了西方舶来的所谓“保守主义”“自由主义”与“激进主义”思想在“中国比较文学的发生与近代文化转型”进程中的渗透与萌发，为“新文化运动”和“学衡派”的产生都埋下了伏笔。同时，这些思想的渗透与萌发也表现出近代中国文化转型期四个方面的时代与地域特征：外部压迫的反应、民族救亡的热情、社会变革的要求、西方弊病的反思。[②] 也正是这一时期，中国比较文学学科虽仍处于萌芽

① 鲁迅．谈所谓“大内档案”//鲁迅全集：第三卷．北京：人民文学出版社，2015：585.

② 乐黛云，王向远．比较文学研究．福州：福建人民出版社，2006：58-59.

阶段，但就是这样多方面坚持不懈地探索，为下一阶段比较文学学科的形成与初兴夯实了基础。[①] 而更进一步观察与检视此种由“贯天人”到“赅中西”“发生转型论”之启蒙性与完成度，对于今日走向世界文学的国际比较文学中国学派方法论建构必然意义深远。[②]

思考与练习

1. 中国近代人文知识的转型在文学研究上有何特点？与中国近代比较文学的发生有何关联？
2. 在文化转型背景下，中国近代比较文学研究有什么特点？
3. 钱锺书是如何评价“林译小说”的？
4. 什么是翻译过程中的“创造性叛逆”？这在林纾的翻译中如何体现？
5. 谈谈你对严复翻译理论的理解。
6. 梁启超为什么在诸文体中首推小说且重视政治小说的翻译？这与当时中国的社会文化环境有什么关联？
7. 简述梁启超在中西诗学比较研究方面的成果。
8. 王国维是如何借助西方理论去研究《红楼梦》的？
9. 王国维的《〈红楼梦〉评论》是如何比较贾宝玉与浮士德的？
10. 鲁迅的《摩罗诗力说》具有怎样的比较文学价值？

拓展阅读

1. 爱克曼．歌德谈话录．朱光潜，译．北京：人民文学出版社，1978.
2. 陈季同．中国人自画像．段映红，译．桂林：广西师范大学出版社，2006.
3. 赫胥黎．天演论．严复，译．李珍，评注．北京：华夏出版社，2002.
4. 林纾．林纾译著经典．上海：上海辞书出版社，2013.
5. 钱钟书，等．林纾的翻译．北京：商务印书馆，1981.
6. 薛绥之，张俊才．林纾研究资料．北京：知识产权出版社，2010.
7. 梁启超．梁启超全集：第二卷．北京：北京出版社，1999.
8. 章炳麟．訄书．胡伟希，选注．沈阳：辽宁人民出版社，1994.
9. 王国维．王国维文学论著三种．北京：商务印书馆，2017.
10. 鲁迅．鲁迅选集：杂感Ⅰ．林贤治，评注．桂林：广西师范大学出版社 ，2018.

① 纪建勋．中国比较文学的初兴与诗学范式之争．国际比较文学（中英文），2023（3）：51－74.
② 关于新文化运动与中国比较文学，材料繁复，问题庞杂，本书另以专章探讨之。

第三章
中国现代比较文学
——中国比较文学的初兴与诗学范式之争

本章要点

1919—1949 年是中国文学快速发展时期，这一时期一批有意识地从事比较文学研究的学者涌现出来，其论著相较于以往的研究在广度和深度上都有所发展，比较文学真正作为一门学科出现在中国。从五四运动到中华人民共和国成立前这三十年可谓中国比较文学的初兴期。初兴期的中国比较文学在前期自发的文学比较和分散的理论随感的基础上，随着中外文学交往范围的扩大，文学创作者和研究者学术意识的发展，比较文学研究者的反思性、理论性大大增强，比较文学课程体系在大学教育中确立并展开，比较文学的方法被有意识地运用在文学研究中，比较文学研究者形成了一定规模的学术团体，比较文学的研究视野和治学方法影响了中国文学破旧立新的探索和发展进程。初兴期比较文学的诗学范式之争在中国比较文学史上影响深远，成为今天比较文学学科理论体系建构的出发点。

第一节
比较文学真正作为一门学科出现在中国

关 键 词

中国比较文学　学科化　吴宓

这一时期的**中国比较文学**最重要的一个“事件”就是其在大学的**学科化**，这使得中国比较文学在此时明确了自身的研究对象并在一定研究领域生成了专门知识。比较文学真正作为一门学科出现在中国，以国外比较文学著作的**译介**、比较文学课程的开设，以及比较文学教材的产生三个方面作为标志。

首先，在这期间西方的比较文学理论专著被译介到了中国。1931 年，傅东华翻译出版了法国学者洛里哀的**《比较文学史》**，此书系统地介绍了从史前期到 20 世纪比较文学的历史，是中国翻译的第一本外国比较文学研究的专著，在中国比较文学史上有开创意义。

在译序中傅东华先是援引波斯奈特的观点说明比较文学的宗旨是“指出社会进化上某种稍为固定的原则，藉以综合文学上兴衰进退的事实”，并自出机杼地认为“所谓比较文学，就是由系统的——或统合的——方法见出的文学”，这与后世莫尔顿“所谓‘世界文学’名虽不同，实际则一”。[①] 可见傅东华在翻译这本书的 1930 年就已经敏锐地觉察到了比较文学与世界文学之间的紧密联系。

以今天的眼光来看，尽管傅东华未能更进一步厘清“比较文学”和“世界文学”二者之间的差别，也没有为比较文学下一个更加“准确”的定义。但傅东华“所谓比较文学，就是由系统的——或统合的——方法见出的文学，其与世界文学名虽不同实际则一”的观点却深刻把握住了比较文学在“民族文学”和“外国文学”之间经“比较文学之桥”通达“世界文学”的理想。回望傅东华由一个简短的定义而能揭橥我们学科里“民族文学”“外国文学”“比较文学”“世界文学”四个元概念之间彼此交叉、混融共生的复杂关系，今天我们认识到的在增强国家文化软实力进程的道路上比较文学与世界文学学科所具有的揭示世界文化多样性与交流互鉴的使命，可谓由傅东华这个要言不烦的概念给一言以蔽之了。

1937 年 2 月，商务印书馆出版了戴望舒翻译的法国学者保罗·梵·第根（Paul Van Tieghem，又译作“提格亨”“梵第根”）的**《比较文学论》**，这本著作本应成为推动 1930 年代中国比较文学繁荣兴盛的一个重要助力。但非常不幸的是，由于 1937 年 7 月日本发动全面侵华战争，包括比较文学在内的中国大学学科的建设和正常教学惨遭破坏，戴望舒翻译的《比较文学论》也受战乱波及未能产生应有的影响，殊为遗憾。

其次，中国比较文学研究在这一时期搭建起了专门从事教学科研工作的人才队伍，众多与比较文学有关的课程得以设置并陆续开展起卓有成效的教研活动。20 世纪 20 年代以来，许多留洋海外的学子学成后归国任教，他们本身往往国学基础雄厚，学贯中西，在大学课堂讲授文学、历史和哲学等内容时自觉地进行了中外文化的比较，东南大学、清华大学、北京大学和北平高等师范学校等院校陆续有意识地开设了比较文学讲座和比较文学课程，比较文学作为一门正式课程在中国高等教育中正式出现。

比较文学真正作为一门学科出现在中国，**吴宓**有首创之功。第一，吴宓早年留学哈佛

---

① 傅东华．译序//洛里哀．比较文学史．傅东华，译．上海：上海社会科学院出版社，2017：1.

大学比较文学系，师从“新人文主义”领袖白璧德（Irving Babbitt），获硕士学位后于1921年回国。比较文学科班出身的吴宓辗转在东南大学、东北大学、清华大学、西南联大、武汉大学和西南师范学院等高校任教，在国内率先开设“世界文学史”“中西诗之比较”“文学与人生”等多种比较文学课程与讲座，积极倡导比较文学。

第二，吴宓还是“学衡派”的主要发起者和参与者。1922年，由梅光迪、吴宓、胡先骕、刘伯明、柳诒徵等七人，在当时的东南大学发起创办《学衡》杂志。“学衡派”基于《学衡》杂志而产生，该团体许多学者的研究具有比较文学性质。

案例一

吴宓的比较文学实践

吴宓的主要论著有《希腊文学史》（1929）与《吴宓诗集》（1935）等。在《诗学总论》一文中，吴宓阐述了他的诗学观点。吴宓比较了英国华兹华斯与阿诺德的诗论，认为诗歌即有切挚而高妙笔法、有韵律、表达情思的文学。① 同时，吴宓的很多思想还体现于他的授课中，30年代他在清华大学“文学与人生”课程提纲中说：“吴宓是一个具有诗意的想象力的现实的道德家（或道德的现实主义者）。”② 这就体现出吴宓思想的复杂特点，即既有倾慕古典的保守的一面，也有向西方开放的改良的一面。

第三，1925年吴宓转任新成立的清华大学国学研究院主任，力邀梁启超、王国维、陈寅恪、赵元任等人为导师，一手打造了在中国比较文学史上影响深远的国学研究院。1931年吴宓开始担任清华大学外文系教授兼系主任，他仿照哈佛大学的办学方案，亲自参与了外文系课程计划和人才培养方案的编排设置，使得清华大学的中文系和外文系皆形成了东西方文学与文化训练并重的浓厚氛围，为我们国家培养出了诸如钱锺书、李赋宁、季羡林、李健吾、杨业治等一大批享誉海内外的比较文学大家，为中国比较文学学科的建立奠定了基础。从这个角度来说，吴宓当得上“中国比较文学之父”的殊荣。

从20世纪20年代中期开始，清华大学中文系和外文系即开设了多种比较文学课程。影响较大的有吴宓的“中西诗之比较”“文学与人生”，温德的“文艺复兴时期的文学”，王文显的“戏剧概要”“莎士比亚”，陈寅恪的“佛教经典各种文字译本之比较研究”“中国文学中的印度故事研究”“西人之东方学目录学”，朱光潜的“文艺心理学”，另外还有“近代中国文学之西洋背景”“比较文学专题”“法国文学专题”“近代德国戏剧”“近代文学专题”等专题研究课程。

最后，特别需要指出的是，1929—1931年，新批评派主将、英国剑桥大学教授瑞恰

① 吴宓．吴宓诗话．北京：商务印书馆，2005：63－66.

② 吴宓．文学与人生．北京：清华大学出版社，1993：98.

兹（Ivor A. Richards）在清华任教期间开设了“比较文学”“文学批评”两门课程。后来翟孟生（R. D. Jameson）根据瑞恰兹的观点和讲稿写成了《比较文学》一书，这是中国大学第一本正式的比较文学教材。

受益于高等教育的飞速发展，之后的30、40年代北京大学、中山大学、复旦大学等高校的中文系和外文系也陆续开设了比较文学相关课程，培养了一批从事比较文学的专业人才，为后来比较文学的崛起奠定了坚实的基础。

总之，以上三个方面象征着比较文学真正作为一门学科在中国出现，尽管后来比较文学受战争等因素影响在中国的发展一度陷入停滞，但作为一门学科的比较文学已经在中国的学术土地上落地生根。值得注意的是，中国比较文学学科虽脱胎于西方，但在来到中国后，同中国学术传统尤其是和中国古代文学的因子和方法论相结合，走出了具有中国特色的道路，实现了比较文学的本土化。这成为今天我们建设国际比较文学第三阶段中国比较文学跨文化研究再出发的根基。

比较文学在中国的出现与发展对中国乃至整个世界的文学研究都有着十分重要的意义。首先，对于中国的文学研究而言，比较文学观念与方法的引入，使得中国传统学术视野中很多被忽视的领域得到了重视。其次，近代以来，许多学者援引西方的理论，重新解读中国文学，得到许多具有创新性的观点与理论，充分挖掘了中国文学的潜力，开创了具有中国特色的阐发研究，为中国学派的形成打下了坚实的基础。以异质理论阐释中国文学也为理论的科学性做了必要的佐证。最后，对于世界范围内的比较文学而言，中国比较文学的崛起拓展了比较文学的研究领域与研究对象，使它不再仅仅局限于欧洲几个近亲国家之间的影响研究，或是囿于欧美中心的平行研究，而是将东方各国以及东西方之间的文学文化交流纳入了比较文学的研究范围，使比较文学成为一门真正具有国际性、世界性和前沿性的学科。

第二节
初兴期研究特点之表征

关键词

初兴期　学术性　研究主体　体系化

1919—1949年是中国比较文学的**初兴期**，从其学科发展的社会文化背景来看，它依然处于中国建构现代民族性与文化现代性的过程中。也就是说，中国现代比较文学是在近代比较文学的基础上继续发展的阶段性结果，它同样是近现代中国人文知识转型在文学研究领域发展状况的具体表征。于是，比较文学在中国的学科化也就折射出在这一时期人文知识转型过程中的新特点。我们不妨先迂回地看看整体人文学科在这一时期对中学与西学的比较研究状况，由此可以在对比中更好地理解此时中国比较文学的定位。

在广义的人文学科领域，此时对西学的态度淡化了此前几十年那种迫切的功利性（即多以社会功用之目的拿来“西学”），而多了一些学术上的沉淀与反思。在中西思想的研究中，代表性的人文学者有梁漱溟、熊十力与冯友兰。梁漱溟“第一次把中国文化纳入世界文化架构中来平等地加以讨论”[①]。梁氏 1921 年的著作《东西文化及其哲学》通过一种意志论的思路，将“意欲”（will）作为文化的动力因，认为正是这一动力因造就了不同民族的生活之样态——遇到问题意欲改变外部的西洋文明相对于意欲改造自身（古典中国）或取消问题（印度）的东方文明。这样，文化之间的区别乃是“意欲”选择的不同，而非好坏优劣的价值判断；西洋文明立足当前，中国文明可以放眼未来。熊十力则认为梁氏根据“意欲”之不同划分文明的说法实际上割裂了中西文化，熊氏的方法是重新阐述“中体西用”使二者融合，即以儒学心性精神为体，吸收西学之大用以自广，由此在本体论高度上思考中西文化关系。此外，冯友兰 20 世纪 30 年代出版的《中国哲学史》亦是借助西方学科范式“以西释中”的经典之作。

从上述可见，这一时期中西文化关系研究的**学术性**与思辨性要高于此前几十年，中国比较文学自诞生伊始就有跨学科的综合性与跨文化的开放性，故其他人文学科的特征也体现在这一时期的比较文学学科特点上。

首先，与比较文学学科在大学的出现同时发生的是，从事比较文学的研究主体开始以高校的**职业学者**为主。此前几十年间，当然也有部分重要的学人、成果来自大学，但还是社会上那些依托报刊、出版机构的“文士/知识分子”居大多数。通过新文化运动，就可以看到中国文化运动处于大学/社会的交互影响状态，《新青年》杂志的主要阵地是北京大学，而这些知识分子、学者撰文的目的是针砭其时社会问题与文化问题，中西文学的比较是作为一种方法被介绍的。随着 20 世纪 20 年代比较文学学科在中国大学的设立，以比较文学学科化为表征，体现了比较文学研究从社会阵地向大学阵地的转变。但在 20 年代这种转变还未完全完成，正如有学者指出，此时讲演的倡导效用确实要远好于大学的课程教学[②]。直到 30 年代，比较文学课程在高校的教学更为成熟，同时这一时期出现了一批学术意义上的比较文学大家，比较文学向大学的阵营转变才基本完成。

其次，随着大学学者成为比较文学研究的主要群体，以政治、功利性目的为主导转向以学术目的为导向。这一时期，一批比较文学大家产出了诸多极有分量的研究成果，在中印文学方面有胡适、陈寅恪、季羡林，中英文学方面有方重、钱锺书、范存忠，比较诗学

---

① 方克立．现代新儒学与中国现代化．长春：长春出版社，2008：58.

② 徐扬尚．中国比较文学源流．郑州：中州古籍出版社，1998：180.

方面有朱光潜、梁宗岱，等等。这些研究者本身就是学贯中西的大家，且大都受过国内、国外的良好教育与系统的学术训练，研究成果包含了影响研究、平行研究、阐发研究、跨学科研究等等具有规范性的完整的比较文学方法，我们之后在比较文学发展历史上所能见到的研究方法都在这一时期有所呈现。

最后，这一时期的比较文学在研究内容与方法上都有长足发展，这体现为其研究不再如前几十年的零散无章，愈来愈**方法化、系统化、具体化**。这就呈现出以下几个特点。第一，研究涉及的地理范围广，涉及印度、西欧、苏联等多个与中国有文化交流的地区或国家。第二，研究涉及的历史时期长，当时的研究者对从中古时期到近代以来的文学交流均有所涉猎。第三，比较文学的基本类型（影响研究、平行研究、阐发研究以及跨学科研究）在这一时期均得到了不同程度的发展，正如上文我们已经提及的那样，诸多专业学者在大学发表的重要成果都表明了中国现代比较文学在方法上的成熟与专业化。第四，不同研究方式的融会贯通，呈现出平行研究与影响研究融合、跨学科研究与影响研究并举等多种研究方式的交叉。比如，学者在以影响研究为基础对中国与其他国家之间的文学交流进行梳理时，往往倾向于引入比较文学的其他研究方法。我国比较文学学者在进行比较文学相关研究时，往往不拘泥于某一种研究方法，也不拘泥于某一个研究领域，这同比较文学“打通”的宗旨有所契合，但也为比较文学具体的分类造成了困难。

第三节
初兴期影响研究与平行研究之考察

关键词

影响研究　中外文学关系　平行研究　民间文学　诗论

一、影响研究

关于西方文学对中国新文学的影响，当时学者在这方面的研究成果多为评论文章而较少文学专著。茅盾在主持《小说月报》时期发表了多篇文章研究写实主义、新浪漫主义、自然主义和唯美主义等西方文艺思潮对中国新文学的影响，这些文章大多具有比较文学研究的专业特点。梁实秋于1926年发表了《现代中国文学之浪漫的趋势》一文，他在这篇文章中提出了一个非常重要的观点“文学并无新旧可分，只有中外可辨”[①]，同时，在文中，他讨论了外国文学对中国新文化运动的一些诱发因素，也指出整个新文化运动看上去是“浪漫的混乱”。[②] 这个评价虽带有作者本人的主观色彩，但也在一定程度上反映了当时文学界的状态。李广田在关于新诗内容、形式和理论等方面研究的合集《诗的艺术》中，通过中西比较，以极强的责任感和创新意识对中国新诗创作现状进行文艺评论。陈子展的《中国近代文学之变迁》主要分析的是西洋文学对中国近代文学文化的影响，他在书中以专节点出翻译是外来文学影响中国文学的主要途径，可见，陈子展的研究具有鲜明的比较文学特质，且在近代文学的发生问题等相关研究领域都颇有参考意义。

在散文研究方面，王统照基于美国文学理论家韩德的论文，写成《散文的分类》一文。在文中，王统照将散文分成历史类的散文、描写的散文、演说类的散文、教训的散文与时代的散文，并援引中西文学名著论证散文的五种类型。此时也出现了对影响研究与其他方法的交叉使用，例如李健吾（笔名刘西渭）在《咀华集》(1936）和《咀华二集》(1942）中把比较文学的观念与方法运用于现代文学评论，他善于在阐发时借用西方文论，并注重平行研究与影响研究的有机结合，在文章中常将中国现代作家作品与西方近代作家作品相比较，尤为强调西方近现代作家对中国现代作家的影响。

影响研究在学术上的重镇还有“中外文学关系”研究。作为一种发现和呈现事实资料，并将史实知识化、系统化的科学研究，比较文学在我国肇始于20世纪20—40年代，并首先在中国和印度文学研究领域中开花结果。这一时期在中印文学影响研究方面的学者主要有胡适、陈寅恪、许地山和季羡林等人。

在影响研究方面重要的学者不得不提及胡适。胡适留洋多年，且在美国师从杜威，接受了专业系统的学术训练。同时，胡适受清代乾嘉学术传统的影响颇深，极为重视对历史材料的考据，这种“历史癖”也体现在其所谓“整理国故”的研究过程中。于是，胡适的治学也体现出了一种复杂性：一方面是勇于对经学传统进行质疑和改变，另一方面却在方法论上受到其巨大影响。

案例二

胡适的中外文学关系研究

胡适于1921年12月作《〈西游记〉序》，次年因对前者不满意又作《〈西游记〉考证》。他先引鲁迅的说法，阐述了《西游记》的创作可能与中国无支祁（又写作“巫枝祇”“巫支祁”）神话有关联，但胡适进一步分析可能“无支祁的神话也是受了印度影响而仿造的”。胡适自言他循着

① 梁实秋．梁实秋文集：第一卷．厦门：鹭江出版社，2002：35.

② 同①40.

汉学家钢和泰的思路，印度最古纪事诗《拉麻传》（即《罗摩衍那》）中的哈奴曼（Hanuman）“大概可以算是齐天大圣的背影了”。①

1935 年胡适还写了《魔合罗》一文，考证《元曲选》辛集下所录《魔合罗》一剧中的泥塑“魔合罗”之来历。胡适先指出这泥像当是很俊俏的女像，随后对显教、密教中“大黑天/大黑神”的说法来源进行考察，最后认为魔合罗是源于印度，是“早就流行中国的食厨大黑神演变出来的”②。

许地山也对印度文化颇有研究，加之他曾先后在美国和英国受到过系统的比较方法的熏染，因而成为较早从事比较文学研究的学者之一。尽管没有系统的比较文学专著，但“比较”的原则始终贯穿于他的著作之中，他的论文《古代印度哲学与古代希腊哲学之比较》《宗教底妇女观》《猫乘》都是古今中外旁征博引相为比较阐发。他于 1927 年发表的《梵剧体例及其在汉剧上底点点滴滴》，考察了印度的文学、宗教、哲学、艺术对中国戏曲多方面的影响，是研究中印文学关系的开山作品之一。此外，季羡林在这一时期也有关于中印文学中寓言、童话、民间故事系列的文章，如《木师与画师的故事》《梵文〈五卷书〉——一部征服了世界的寓言童话集》《“猫名”寓言的演变》《从比较文学的观点上看寓言和童话》；霍世休的《唐代传奇文与印度故事》和刘铭恕的《唐代文艺起源于印度之点滴》《再论中印传说文学之关涉》等也都从实证的角度探讨了印度文学对我国文学艺术的影响。

在中德文学关系研究方面，柳无忌在《少年歌德与新中国》中，从文学与社会的关系角度，通过对歌德代表作《少年维特之烦恼》的分析，论述了“少年歌德”与“中国”的密切关系。在 20 世纪二三十年代，歌德的作品被大量译介到中国，甚至有部分作品出现了多种译本，鲁迅、宗白华和郭沫若等都曾对歌德的作品进行过评论。

在中法文学研究方面，一些文教机构的成立推动了两国文化的交流。基于庚子赔款设立的中法教育基金委员会支持并推动了许多翻译和研究中法文学作品的著作出版。曾于 1930 年赴法留学后任北京大学教授的吴达元编著的《法国文学史》便是中法教育基金委员会丛书中的一部，该书序言中说：“20 世纪是东西文化交流合并的时代，在中国对欧洲文学发生兴趣的人一天比一天多。”③ 该委员会还曾资助里昂中法大学培育精通中法文的人才，该校学生敬隐渔、徐仲年等人即通过自己的翻译和研究为中法文学交流搭建了桥梁。

在中英文学关系研究方面也出现了许多研究成果。方重在《18 世纪的英国文学与中国》中自马可·波罗游记写起，论述了英国文学里“用中国做材料”的情况；范存忠的

① 胡适．胡适古典文学研究论集：下册．上海：上海古籍出版社，2013：740.

② 胡适．胡适古典文学研究论集：上册．上海：上海古籍出版社，2013：519.

③ 吴达元．法国文学史．上海：商务印书馆，1946：1.

《十七、十八世纪英国流行的中国戏》和《十七、十八世纪英国流行的中国思想》特别着眼于启蒙运动时期的中英文学关系考诠；张沅长的论文《英国十六、十七世纪文学中之“契丹人”》则直面当时西方学者对中国的误读和曲解。

在中苏（俄）文学方面，伴随着中国人对革命道路的探索，也产生了许多与之相应的研究成果。冯雪峰在《鲁迅和俄罗斯文学的关系及鲁迅创作的独立特色》中指出“世界文学影响现代中国文学最大的，是近代俄罗斯文学和现代苏联文学”①。周作人于 1920 年发表的《文学上的俄国与中国》也指出俄国与中国在国情与文学两个方面的诸多相似之处。1936 年后还出现了大量研究中国与俄苏之间文学、文化关系的文章，较为集中的论题有中国文学与俄苏文学之间的交流译介情况、鲁迅与高尔基的专题研究（包括高尔基与中国文学、鲁迅与俄苏文学）等。郭沫若的《中苏文化之交流》《再谈中苏文化之交流》从宏观的角度介绍了中国与苏联的文学文化交流情况。欧阳山的《高尔基与中国文学》着重梳理了高尔基对中国文学的影响。此时，中国与苏联文学的比较研究领域还有另一股不可忽视的潮流——鲁迅与苏联（俄国）文学关系研究，相关的探讨连绵不绝一直延续至今。1949 年《人民文学》期刊发表了冯雪峰的《鲁迅创作的独立特色和他受俄罗斯文学的影响》一文，该文指出俄罗斯文学对鲁迅思想的深刻影响，但同时他也认为鲁迅的创作有自己独立的特色，在吸收俄罗斯文学精华的基础上进行了本土化的创新。

二、平行研究

第一，初兴期比较文学的平行研究在中外戏剧比较的研究实践方面做出了可贵的探索。

案例三

中外戏剧比较的研究实践

1926 年冰心在《晨报副刊》发表名为《中西戏剧之比较》的文章，该文章是中国较早探讨“悲剧”之概念、历史及要点的文章，她在文中对悲剧与惨剧做了区分，并指出真正的悲剧必是描写心灵的冲突，必有悲剧的发动力。五四以后，“自我”意识开始觉醒，悲剧的作用就相应地更加凸显出来，因此冰心在文章的最后号召国人创作悲剧。

尧子在 1935 年发表了两篇论文《读〈西厢记〉与 Romeo and Juliet 之一——中西戏剧基本观念之不同》《读〈西厢记〉与 Romeo and Juliet 之二——元曲作者描写方法与 Shakespearian Method 之根本不同》，择取了中西经典剧作进行平行研究。

① 李宗英，张梦阳．六十年来鲁迅研究论文选：上．北京：知识产权出版社，2010：568.

赵景深的《汤显祖与莎士比亚》探讨了中外两大戏剧创作者汤显祖与莎士比亚在生活时代、戏曲界地位、戏曲取材、创作手法和作品情感色彩等方面的相似之处。

除去中西戏剧比较外，中国与印度之间的戏剧比较也有着相应的成果。李桂满1934年发表了《〈沙贡特拉〉和“赵贞女型”的戏剧》，文章行文流畅，观点明确，结构合理，选取了中国与印度两个典型的戏剧类型进行比较，材料翔实，但对二者间是否存在影响关系的问题，作者仅是在平行研究的基础上给出了自己的推测而没有实际的材料进行佐证，可以说是一大缺憾。

第二，民间文学与神话比较研究。在这一时期，民间文学与神话比较研究也是中外平行比较研究领域的重要内容。民间文学是民众口头创作和流传的文学形式，其历史悠久，具体表现形式多种多样，在流传的过程中变异现象鲜明。早在文学革命之前，周氏兄弟的研究便对民间文学有所涉及，如周作人的《童话略论》《童话研究》和《三辰神话》等，鲁迅的《破恶声论》也有所讨论。五四以后，更多的中国学者开始对中外神话进行研究，并翻译了多本外国神话研究的著作，许多杂志也纷纷刊载神话研究的文章。20世纪20—30年代，北京大学出现了研究民俗学、民间歌谣和民间故事的热潮。1918年，北京大学开展了民谣征集活动；1922年，经过五年的筹备，北大歌谣研究会创立了刊物《歌谣》，发刊词对搜集歌谣的两个目的进行了解释：一方面是在学术上为民俗研究积累材料，另一方面是通过文艺批评为“民族的诗”的创作倡先声。发刊词还呼吁大家秉持开阔的视野踊跃投稿，并申明广泛搜集材料对于比较研究的重要性。

胡适在这一方面也有相关成果。1922年胡适发表的名为《歌谣的比较的研究法的一个例》一文中指出研究歌谣可以使用“比较的研究法”，他认为许多歌谣的“母题”（motif）大致是相似的，只是在流传的过程中添加了不同的细节。在研究时，使用“比较的研究”方法对歌谣进行抽丝剥茧式的解读，即使是不同的故事也可能具有相同的本旨。周刊《歌谣》中整理收录了全国各地大量的民俗资料和研究论文，其中关于孟姜女传说的研究非常具有代表性。同时，历史学家顾颉刚以孟姜女为主题发表了一系列文章，结合历史地理背景，在研究中将各种形态的传说进行了比较分析，体现出了跨地域、跨民族、跨文本乃至跨学科的特点，在中国比较文学史的民俗文学研究领域具有开创性意义。

此外，北大的民谣征集活动也带动了一批学者进行民间文学的资料搜集和研究活动，特别是五四以后，中国民间文学研究呈现出研究者众多、研究对象类型丰富并且地域分布广的特点，其中许多研究内容具有鲜明的比较文学特征。查士元的《中日神话之比较》，程憬的《中国的羿与希腊的赫克利斯》，钟敬文的《中国印欧民间故事之相似》等都是专门的中外民间文学比较的论文。郑振铎的《中山狼故事之变异》，赵景深的《太阳神话研究》，容肇祖的《熊人故事比较表》，叶德均的《猴娃娘型故事略论》，二令的《歇后语的母体》，钟敬文的《呆女婿故事探讨》《中国的水灾传说》《中国的天鹅处女故事》等论文，及围绕孟姜女、王昭君、梁祝、紫姑神、牛郎织女和《山海经》传说等进行的大量研究，都属比较文学主题学研究之列。

在进行民间文学理论建设和具体的民间文学研究中，外国民间文学研究的相关理论是中国学者的重要参照。20世纪20—30年代，茅盾运用欧洲人类学派理论，发表了《中国神话研究》《中国神话研究ABC》《神话杂论》和《北欧神话ABC》等神话研究成果，借鉴英国人类学派神话学的理念和方法，梳理和研究上古神话，探讨原始先民的神话宇宙观，对仅存零星的中国神话系统进行“再造”（重构），且在开天辟地神话的研究方面做出了巨大贡献。1936年，钟敬文在《民间文艺学的建设》中首提创建民间文艺学的理论主张，即推动民间文学的系统化、学科化；钟敬文引述、比较了孔德、埃尔马亭迦（Emil Ermatinger）和莫尼哀（R. Maunier）的学科方法论观点，并认为在一定程度上借鉴莫尼哀的观点，在文化科学上倡导自然科学的客观方法，有利于民间文学的学科建设。

民间文学包含的内容十分丰富，既有神话、故事、歌谣、谚语、俗语等传说故事，还有格言、歇后语、俏皮话和谜语等形式，可统称为“俗文学”，除此以外像戏曲、变文、弹词等先在民间广为流传、后付诸书面文本的题材也应属此类。在中国的民间文艺史上曾出现过多个流派，其中以郑振铎、赵景深为代表的“俗文学派”活跃于20世纪30年代到40年代末，该流派的确立是以郑振铎所著的《中国俗文学史》的出版为标志的。顾名思义，“俗文学”就是通俗的文学、大众的文学。换句话说，俗文学就是不登大雅之堂，往往不为文人学士所重视，而流行于民间，受大众喜爱的东西。[①]“俗文学派”在研究方法上采用比较研究与类型研究的方法，早期吸收了西方人类学派民俗学的研究方法，后来部分抛弃或修正了西方的方法，而以文学的比较考证和内容的社会分析为特色。[②]

郑振铎是我国最早对民间文学进行系统研究的学者，“俗文学派”的形成中，郑振铎的贡献可谓厥功甚伟，他的《中山狼故事之变异》《民间故事的巧合与转变》《汤祷篇》等都是运用西方理论研究中国俗文学的重要成果。同时，郑振铎在《研究中国文学的新途径》中倡导以西方的理论方法进行中国文学的相关研究工作，指出要重视中外文学关系和外国文学对中国文学的影响。

赵景深是“俗文学派”的另一位代表人物，他打破当时国内外学者把神话、传说、故事混为一谈的非学术倾向，厘清了神话、传说、故事的概念和界限，为故事学的科学化奠定了基石。[③]

---

① 北京师范大学中文系55级学生．中国民间文学史：初稿：上册．北京：人民文学出版社，1958：17.

② 刘锡诚．中国民间文艺学史上的俗文学派：郑振铎、赵景深及其他俗文学派学者论．广西师范学院学报（哲学社会科学版），2004（2）：47-53.

③ 段宝林．赵景深先生与民间文学．新文学史料，2002（1）：43-53.

案例四

钟敬文的民间故事研究

这一时期，著名民间文学研究者钟敬文亦有《中国印欧民间故事之相似》《采女婿故事探讨》等中外民间故事的比较文学论文。在《中国印欧民间故事之相似》中，钟敬文将民间故事类似的缘由分为六个——偶然说、假借说、历史说、印度发源说、阿利安种说、心理说，并认为其中比较圆满可靠的是“心理说”（这一学说认为相同的偶然事件或境遇的存在，可用人类的思想、经验及感情来求解释）。他在文章的后半部分列举了几种中国与印欧相同或相似的故事范式，例如：“‘天鹅处女式’与《西游记》的情节相似；‘杜松树式’与曹植《令禽恶鸟论》中所述伯奇化鸟故事相似”①。遗憾的是，作者在文章中仅止于举例，并没有做深入的比较分析。1946 年，钟敬文还发表了《略论格言式的文体》，着眼于中外格言的比较。

第三，**平行研究**还有一个重要的方向是中西诗歌比较研究。在这一领域必须要提及的是郭沫若。

案例五

郭沫若对西学的接受

郭沫若无论是作为创作者还是批评者都受到了西方的巨大影响，东方的泰戈尔，西方的歌德、拜伦、雪莱、惠特曼等都是他思想、诗作上的“导师”。郭沫若思想中对“个人本位”的推崇让他与西方的浪漫主义思潮、尼采的思想有天然的亲近，同时，在这种对“自我”的推崇上，郭沫若对这些国外思想的接受往往也是取其能“为我所用”之处，例如郭沫若就把“泛神论”根据自己的需要理解成“泛神便是无神。一切的自然只是神底表现，我也只是神底表现，我即是神，一切自然都是我的表现”②。

由此，郭沫若并非一心导向西方的学者，他自身的民族情结、深厚的中国文学传统与对左翼思潮的接受都使他的文学、文论思想表现出独特性与复杂性。郭沫若试图借助西学，在“表现社会”与“凸显自我”之间建构一种二元论的诗学理论，在 20 年代他以多篇文章和讲演诸如《生活的艺术化》《文艺之社会的使命》《文学的本质》等阐述这种思想。

---

① 徐志啸．中国比较文学简史．武汉：湖北教育出版社，1996：55.

② 郭沫若．《少年维特之烦恼》序引//文艺论集．上海：光华书局，1925：290.

在《生活的艺术化》中，郭沫若以《庄子》中“巧匠梓庆”的故事与歌德的诗歌《歌者》为例，说明在无我之境中方能达到艺术的天才。在《文艺之社会的使命》中郭沫若将他“个人本位”的浪漫主义投入社会功用的领域，试图说明被他视为文学之本的诗歌也能发挥“提高个人精神，使生活美化”之功能。

除了郭沫若的研究，学界还另有一些在诗论方面的研究成果。1926 年，诗人王独清在《再谭诗》中表达了自己对诗歌性质的理解以及关于诗歌创作的观点。在与法国文学的比较中，他分析了中国语言音节的不足，认为中国新诗应向法国诗歌取长补短。戏剧家余上沅在 1926 年的《论诗剧》一文中认为中外诗剧中都存在韵脚，特别是单音的中国字，必须用韵脚才能充分表现出诗的节奏。1929 年，诗人于赓虞在《诗之艺术》中通过中外诗歌的比较，分析了我国古代诗歌特点，并由此论述了诗歌在表达情感与文字之关系时的艺术价值。

在 30—40 年代，现代诗派的形成引发了许多学者对“新诗”的讨论。1934 年，诗人林庚在文章《诗与自由诗》中论述了传统的诗与自由诗的关系，他认为中国新诗坛正在经历从以传统的英国诗为典范到推崇自由诗的转向。1937 年，金克木在《论中国新诗的新途径》一文中，通过对中西诗歌的理论比较，较为系统地论述了何为新诗。1943 年，针对新诗创作散文化的倾向，李广田在《论新诗的内容和形式》中引用多位西方文学理论家的观点，论证分析了诗歌内容与形式的辩证关系。同年，朱自清《诗的趋势》介绍了美国诗人麦克里希（A. Macleish）《诗与公众世界》一文，强调了诗的个人经验与公共生活具有一致性之关系，并由此批评抗战以来的诗歌创作过于侧重群众的心而忽略了个人的心。1948 年，袁可嘉针对新诗创作存在的说教和伤感的倾向，写作了《新诗戏剧化》，并在文章的开头提醒创作者不可将新诗的现代化等同于新诗西洋化。

在这一阶段，较为突出的大家有朱光潜、梁宗岱。朱光潜一生致力于美学研究，理论著作等身，有专著《文艺心理学》《悲剧心理学》《谈美》《诗论》《谈文学》《西方美学史》等几十余部，又有《歌德谈话录》、柏拉图的《文艺对话集》、莱辛的《拉奥孔》、黑格尔的《美学》等多部译著。朱氏既是著名的美学家，也是中西诗歌平行研究的集大成者，在阐发研究上亦有成就，对中国比较文学发展出自己的研究特色做出了重要贡献。朱氏不仅以平行研究的方法积极开展中西诗歌比较，而且较早地运用西方理论阐释、分析中国的作品，为阐发研究成为比较文学的重要方法之一奠定了坚实的学理基础。1934 年，朱光潜发表了《长篇诗在中国何以不发达》和《中西诗在情趣上的比较》两篇论文，从中西诗歌美学各自的特征切入，比较分析了人伦、自然和宗教与哲学等中西人文背景对中西文学异质的内在影响。

朱光潜谈诗善于从哲学与美学的角度，将中西诗歌的特征形成与哲学的、文化学的、心理学的根源相联系，已经远远超出“诗论”的范围，是一种比较的艺术哲学，即比较诗学。自 1925—1933 年，他在留学海外期间先后完成了博士论文《悲剧心理学》，写出了《文艺心理学》和《变态心理学》等著作，运用西方心理学理论阐释中西文学创作，剖析中西文学现象，分析作品的主旨和人物形象，其对中国比较文学发展的促进不亚于鲁迅、茅盾、吴宓等人。朱光潜的著作《诗论》在中西文学尤其是中西诗歌的比较上更接近典型的比较文学论著，书中既有中西诗歌理论的阐述，又有跨学科比较——诗歌与音乐、绘画等艺术形式的比较。

梁宗岱带着诗人的热情和体验进行中西诗歌的比较研究。在 1931 年发表的《论诗》中，通过对中外诗歌的比较分析，强调中西文学未来的方向在于融会贯通；1934 和 1935 年则分别发表了《诗与真》和《诗与真二集》。梁宗岱的研究并非简单的评述，而是采取了主动比较的策略。例如在《李白与歌德》中，他提出了“自然联想”的问题，认为在进行中西诗人或诗歌的比较之时，应当自然而然地联想，但经过对其时代、地位、生活和思想与风格进行全方位的比较，会发现他们之间并不是“一时偶然的幻想”，引出关于比较文学对象的探讨也即“可比性”这一关乎比较文学原理的深层次问题。

第四节 初兴期跨学科研究与翻译研究之考察

关 键 词

跨学科研究　翻译研究

一、跨学科研究

“跨学科研究”指的是研究音乐、美术、哲学、宗教等人文社会科学甚至自然科学等非文学因素对文学的影响。1919—1949 年中国比较文学的跨学科研究已经起步，主要的成果集中于宗教与文学、美术与文学和音乐与文学三个方面，其中又以宗教与文学的关系研究成就最高。

首先，关于宗教与文学的关系，在中印文化关系研究中就有所涉及，主要探讨的是印度佛教对中国的影响。此外，关于基督教与中国文学的关系，周作人于 1921 年发表的《圣书与中国文学》将基督教的圣书和中国的经书做了对比，提出了宗教与文学在起源上相似、在情感上一致；同时，作者还希望借助对圣书的研究衍出新的文体助推中国的新兴文学更好地发展，此观点同当时提倡的白话文运动不无关系。

朱维之也于1941年出版了专著《基督教与文学》，之后又陆续发表了讨论文艺与宗教问题的论文数十篇，在1951年汇成《文艺宗教论集》，由青年书局出版。这两本书的出版展示了他在文学与基督教比较研究上的卓越才华，为中国比较文学研究开辟了跨学科研究的崭新领域，在比较文学学术史上有着十分重要的意义，现在国内的《圣经文学研究》集刊就是对其开拓的比较文学研究疆域的继承和发展壮大。

在文学与佛教比较研究方面，张长弓的专著《中国僧伽之诗生活》对中国古代文学中“诗僧”的文学活动和文学作品进行了梳理和研究；高观如的《中国佛教文学与美术》分文学与美术两部分论述了自后汉至明清中国佛教文学与美术的发展情况；老舍在重庆汉藏教理院做了题为《灵的文学与佛教》的演讲，通过中西文学作品的比较提出“灵的文学”的问题，并在全民抗战的背景下将灵的文学的重要性与国家未来联系起来。

在文学与伊斯兰教研究方面，伴随着新文化运动的开展以及各种报刊涌现，汉语伊斯兰教文学向现代化转型，而诸多版本的汉译《古兰经》也展现了文化交流的面向，学者马坚的译经活动即起于这一时期。

除了文学与宗教关系比较，文学与绘画、音乐等艺术形式的跨学科比较研究也在此时期登堂入室。

案例六

宗白华对“文学与美术”的跨学科研究

宗白华的《中西画法所表现的空间意识》《论中西画法之渊源与基础》《介绍两本关于中国画学的书并论中国的绘画》从中西画法的不同入手，总结出中西空间意识的差异，并进一步探讨了空间意识与一个民族的宇宙观、哲学观以及文化心理的密切关系。宗白华总结道：“空间感的不同，表现着一个民族、一个时代、一个阶级在不同的经济基础上、社会条件里不同的世界观和对生活最深的体会。”[①] 宗白华认为西方绘画起源于古希腊的建筑与雕塑，而古希腊的建筑与雕塑是一种团块造型，因而西方绘画以圆描为主体和灵魂，特别重视光与影。他们以数学和科学的眼光经营光与影的位置，营构审美的空间，以达到对事物的描述。而中国绘画以书法为基础，其空间意识基于中国特有的书法艺术的空间表现力，不凭借光影的烘托，借助的是抽象的笔墨表现，具有形线之美。西方人的空间意识指的是他们以追寻的、控制的、冒险的、探索的态度，对待

① 宗白华．宗白华全集．合肥：安徽教育出版社，1996：411.

无穷的空间，是对空间的秩序、和谐之静止的意识；中国人对于无尽空间的态度，却如古人所说的“高山仰止，景行行止，虽不能至，而心向往之”[①]，用心灵俯仰的眼睛来看空间万象，其空间意识是对大自然整体节奏流动的意识。西洋人追求无穷，而中国人却是吸引无穷于自我之中，让深广无穷的宇宙来亲近我。

1934年，朱谦之在专著《中国音乐文学史》中着重探讨了音乐与文学的关系。该书主要的探讨对象是中国文学与音乐的相互渗透，从科际整合的角度对文学和艺术做了整体的比较，是早期跨学科研究的拓荒之作。他提出“真正的诗，在显著的意义上，都是音乐的”[②]，并试图在“音乐即文学的基础上”建立中国文学的新历史谱系。

案例七

朱谦之对“文学与音乐”的跨学科研究

朱谦之如何积极调用中西文化的思想渊源以阐明音乐与文学之间的内在关联？首先，《中国音乐文学史》开篇以莎士比亚对音乐的评论引入，随后用庄子《天运篇》与毕达哥拉斯的思想在宇宙论的高度上点出我们的世界作为“真情之流”的体现是浩然一片的音乐世界。随后作者在具体论述诗、画、音乐不同艺术的关系时又征引了大量西方诗人、评论家的例子，点明诗与音乐的亲缘。朱氏借德国诗人勃伦纳尔举例，认为后者奇异的诗歌“Augo Laina”在处理尾音时极为巧妙——“由高亢下坠成为哜嘈的滚走的流水之音，然后以半浮半沉的和谐，渐渐消失去了”[③]，这正是因为诗人对于其音调节奏的重视。爱伦·坡音调铿锵的《钟》也是同理，让声音成为表现的源发之处，且只有内在的“心耳”才能听见这种象征化的美。

二、翻译研究

在初兴期取得较大发展的研究领域还有翻译研究，包括翻译学理论、翻译史与翻译方法在内的各个翻译研究的主要方向都成绩斐然。翻译活动本身就是一种文化交流行为，自

① 林映梅．关于宗白华空间意识比较研究的研究．南华大学学报（社会科学版），2007（5）：92－93，104.
② 朱谦之．中国音乐文学史．上海：上海人民出版社，2006：27.
③ 同②.

林纾的大规模小说翻译和严复"信达雅"的翻译理论提出以后，中国的文学翻译作品越来越丰富，许多译者和文学研究者对翻译活动进行了理论化的总结和思考。

这一时期对翻译理论的思考往往伴随着对中国古代翻译史的反思而展开。学者对于翻译理论的论述往往始于对中国古代佛教翻译、严复"信达雅"观点等译学史的回顾与评价。1927年，蒋翼振编写了《翻译学通论》教材，在书中首提"翻译学"的学术名称。在导言中，他考察比较了中西语言中"翻译"一词的词源。该书可以分为两部分，前为名篇读本，整理节选了梁启超、吴汝纶、严复、胡以鲁、容挺公、章士钊、胡适、傅斯年和何炳松、程瀛章等人有关翻译的论述，后为蒋翼振自己撰写的概论。

关于翻译的价值，一些学者认为翻译外国作品有助于本国文学作品的创新。胡适在1918年发表的《建设的文学革命论》以创造中国新文学为目标，通过列举分析中西文学作品，指出中国的文学创新需要向外寻求方法上的预备，"如果我们真要研究文学的方法，不可不赶紧翻译西洋的文学名著做我们的模范"[①]。在1919年《论译戏剧——答 T. F. C 等》一文中，胡适总结了翻译戏剧的四个理由，其中有两大宗旨为"借戏剧输入这些戏剧里的思想"和"输入（文学）范本"。宗白华和张闻天等都认为翻译欧美名家的作品对于中国学术的发展提供了基础性的文化资源，因此他们强调应当严格选取翻译的内容。

鲁迅在1933年发表的《关于翻译》一文中也认为翻译可以促进本国文学作品的创作，"注重翻译，以作借镜，其实也就是催进和鼓励着创作"[②]。瞿秋白在1931年写给鲁迅的信中，认为翻译"除去能够介绍原本的内容给中国读者外——还有一个很重要的作用：就是帮助我们创造出新的中国的现代的语言"[③]。

郭沫若尊重翻译事业，但他同时反对把翻译看得过重。在他的《论诗三札》中，郭沫若把翻译比作"媒婆"，把创作和研究比作"处子"，强调翻译的真正价值应为促进中国本土作品的创造。"翻译事业于我国青黄不接的现代颇有急切的必要，虽身居海外，亦略能审识。不过只能作为一种附属的事业，总不宜使其凌越创造、研究之上，而狂振其暴威……所以翻译事业只在能满足人占有冲动，或诱发人创造冲动，其自身别无若何积极的价值。"[④]

郑振铎等人于上述观点更进深了一步。郑氏从翻译的性质本身来评估翻译的价值："近来有许多人，以为介绍世界文学只是为创造中国新文学的准备……不过视翻译的东西为媒婆，却未免把翻译看得太轻了。翻译的性质，固然有些像媒婆，但翻译的大功用却不在此……翻译一个文学作品，就如同创造了一个文学作品一样；他们对于人们的最高精神上的作用是一样的。"[⑤] 茅盾则在1921年发表的《新文学研究者的责任与努力》中认为介绍西洋文学的目的有两个："一半果是欲介绍他们的文学艺术来，一半也为的是欲介绍世

---

① 胡适．胡适文集．段雅，校注．北京：北京燕山出版社，2019：1045.

② 朱志瑜，张旭，黄立波．中国传统译论文献汇编．北京：商务印书馆，2020：2525.

③ 同②2317.

④ 罗新璋，陈应年．翻译论集．北京：商务印书馆，2009：399－400.

⑤ 郑振铎．郑振铎全集：第三卷．石家庄：花山文艺出版社，1998：487.

界的现代思想——而且这应是更注意些的目的。”[①] 茅盾在文中肯定了文学作品的艺术特质，并指出在译介中最重要的是传神：“文学作品虽然不同纯艺术品，然而艺术的要素一定是很具备的。介绍时一定不能只顾着这作品内所含的思想而把艺术的要素不顾，这是当然的。文学作品最重要的艺术色就是该作品的神韵。”[②]

关于翻译的方式，主要集中于是用白话文还是文言文进行翻译、是直译还是意译两个问题。前一个问题与中国现代文学史上的“文白之争”密切相关，而林纾的翻译由于其鲜明的文言风格和巨大影响成了一个讨论的焦点。在《建设的文学革命论》中，胡适结合对林纾等翻译的批判，主张全用白话文进行翻译。国学大师钱基博则给林纾的翻译方式以较高的评价，在 1933 年出版的《现代中国文学史》中，他认为林纾“初年能以古文辞译欧美小说，风动一时；信足为中国文学别辟蹊径！”[③] 周作人肯定林纾的译述工作“一方面打破了中国人的西洋无学问的旧见，一方面也可打破了桐城派的‘古文之体忌小说’的主张”[④]，但同时指出林纾等人的基本观念“载道”与新文学“言志”的目的有本质上的区别。后一个问题，则与前文所述对于翻译价值的认识紧密相关。

鲁迅不仅是一位作家，同时也是一位翻译家。鲁迅在翻译方式的选择和翻译的选材上，与他对于通过译介外国文学作品来唤醒中国同胞的革命意识这一目的密切相关。在翻译方式上，鲁迅早期为了方便国人理解，采用了意译方法。但是在 1909 年发表的《〈域外小说集〉略例》中，鲁迅则表明自己在翻译时采用了严格的“宁信不顺”直译风格。在和瞿秋白关于翻译的通信中，鲁迅言明了自己提倡直译的目的。他在信中指出，语言与思想直接相关，语法的精密影响着思路的精密性。鲁迅认为，通过直译向汉语中输入严谨的欧化语法，可以起到训练读者思维逻辑的作用。值得注意的是，鲁迅对于直译的提倡和实践，是以对读者接受能力的考量为前提的，他的直译译本是为受教育程度较高的读者提供的。

另有一些学者从翻译的艺术价值这个角度出发，试图在理论层面避免将直译和意译视为对立的两个极端。在语言的翻译转换过程中，基于不同的考虑，进行直译和意译往往是不可避免的无奈之举。林语堂在《论翻译》一文中以忠实于原文为译者的第一责任，从译文对原文的忠实程度这一角度出发把翻译分为“直译、死译、意译、胡译”四等，并提出翻译上的新标准“字译”和“句译”。在林语堂的分类中，死译和胡译分别是直译和意译的极端结果。林语堂认为，词语只有在句子中才具有生命，译者在进行译述活动时应以“传神达意”为目的，即在绝对忠实之不可能的客观事实下，尽量做到在语言转换中保持和传递原文的艺术价值。学贯中西的哲学家贺麟在 1940 年发表的《论翻译》一文中论述了翻译包含的哲学原理，并将这一原理总结表述为“意与言或道与文是体与用、一与多的

---

① 赵家璧．中国新文学大系：第二集．上海：上海良友图书印刷公司，1935：146.

② 同①147.

③ 薛绥之，张俊才．林纾研究资料．北京：知识产权出版社，2010：165.

④ 周作人．中国新文学的源流．北京：北京出版社，2020：57.

关系”[①]。贺麟认为翻译是以多种语言传达同一种意思或真理，因此主张翻译应以原书的义理和著者的意旨为体，注重意译。

第五节
初兴期隐含的诗学范式之争及其意义

关 键 词

范式之争　陈寅恪　钱锺书

以上从“影响与平行”“跨学科与翻译”两个方向对初兴期比较文学的研究领域做了分疏与较为翔实的考察。本节将在此基础上进一步思考初兴期隐含的诗学范式之争及其意义，主要是针对**“学派之争”“范式之争”**这两种在中国比较文学史上长期以来聚讼纷纭、悬而未决的论争。

关于“学派之争”，首先让我们从比较文学的研究类型问题谈起。研究类型的划分在比较文学里面是一个复杂而困难的事情，复杂是因为比较文学归根结底是一门研究型学科，这就决定了比较文学的开放性，其学科边界是模糊而变动不居的，比较文学的研究门类一直在不断增多，相应地，中国比较文学学会的研究分会也在稳步壮大。困难是因为前沿的研究类型，其方法的归属往往具有典型的跨学科属性，很多时候将某种前沿的学问归入某一类比较文学研究类型很难做到契合妥帖。

譬如最近一些年颇为流行的科幻文学、数字人文相关的研究，就具有典型的跨学科研究的特点。2021 年 11 月 27 日，中国比较文学学会跨学科研究分会在南方科技大学成立，这也是中国比较文学学会正式接纳的第九个研究分会，而该分会的属性即具有很强的科幻文学与数字人文色彩。

本章在前面的论述中将初兴期中国比较文学的研究类型分为影响、平行、跨学科、翻译四种来进行考察，考虑到翻译之于影响研究的基础性，跨学科之于平行研究的前沿性，比较文学真正原生性的研究类型就只有影响研究和平行研究两种。质言之，从类属划分的逻辑自洽性而言，根据“如无必要，勿增实体”的原则，比较文学的研究类型已经可以由影响研究、平行研究两种完全统辖了，其他研究门类应该分置于影响研究和平行研究这两种一级类型下面作为二级的子类更为合理。[②]

---

① 朱志瑜，张旭，黄立波．中国传统译论文献汇编．北京：商务印书馆，2020：3351.

② 纪建勋．中国比较文学复兴四十年学科方法论整体观．学术月刊，2018（10）：140－149.

比较文学这种研究类型划分上之所以“复杂而困难”还有历史的原因。因为在国际比较文学的发展历史上，大家习以为常地将影响研究、平行研究和法国学派、美国学派对应起来。这种对应，在比较文学学科史上有其学理上的合法性和背后的意识形态之争等政治因素的考量。虽然二者还不能完全画等号，因为法国学派后期也强调美学上的批评，美国学派后期也意识到平行研究无限膨胀后产生了“学科危机”和“合法性”问题。无论如何，法国学派和美国学派已经是纳入了学科历史供比较文学界参考与省思的两个概念。

然而，就此出发的“中国学派”却引起了学界的广泛讨论。拥护者对于改革开放以来中国比较文学复兴40年的繁荣感同身受，本着在国际人文社科舞台上为祖国发声与争取话语权的愿望，认为“中国学派”已经建立起来了，为中国比较文学的明天积极鼓与呼，这一做法可以理解；反对者却针锋相对地指出中国比较文学的现状虽然热闹喧嚣，却仍然缺乏学派成立所必需的为国际学界所广泛认可的理论体系和学术公信力，尤其是未能凸显出学派成立在理论建构和社会效应上足够的创新性、相对的普适性和深刻的影响力。

本章通过对现代比较文学学科史的梳理，尝试对“学派之争”做出回应。如果我们把法国学派、美国学派作为比较文学在全球发展的不同阶段，那么在此意义上“中国学派”就有了立足之地。毕竟，考虑到比较文学最早之所以诞生在欧洲，尤其是法国，是因为欧洲之文学作为共同体内部的主体是自然而然发生发展的结果，对于这一点，我们只要从勃兰兑斯的那本影响力迄今不衰的《19世纪文学主流》即可窥见一斑。所谓文学主流，勃兰兑斯目光所及，理所当然地仅限于欧洲，不会有新兴的美洲，更不会有东方的中国，这无疑是历史的局限。后来，比较文学的重心之所以转移到美国，固然有韦勒克《比较文学的危机》中所攻讦的“影响研究”把比较文学狭隘地变成了“贸易往来”的“账簿”的缘故①，因而学界呼吁比较文学更应该注重新批评派所主张的以文本细读和美学批评为主要特征的“平行研究”，但我们也同样不能否认“美国学派”得以成立的“合法性”是国际经济和政治的重心已经由欧洲转移到美国的实际情况。换句话说，现实决定了“法国学派”和“美国学派”此消彼长的那种微妙的张力和平衡。

要注意的是，“中国学派”立足的合法性并不在于中国要在经济、政治和文化各个方面成为新的世界“霸主”，而是恰恰相反，新时期国际比较文学的发展趋势只能是并且已经逐渐出现了“中心发散，多元竞艳”的新格局。② 这个新格局的形成也是打破比较文学欧美中心论神话的关键，这也与当下比较文学学科的核心利益“世界文化的多样性与交流互鉴”密切相关且如影随形。一个多极化的世界需要中国故事，正如同一个“多元竞艳”的国际比较文学舞台需要“中国学派”一样。因此，就国际比较文学历史发展角度而言，比较文学“中国学派”的建立有其学科发展上的必要性。

---

① 韦勒克．比较文学的危机．黄源深，译//干永昌，廖鸿钧，倪蕊琴．比较文学研究译文集．上海：上海译文出版社，1985：122-129.

② 纪建勋．现代中国比较文学研究．北京：社会科学文献出版社，2021：绪论.

再进一步，比较文学“中国学派”的建立还有其学理依据上的必然性。“阐发研究”首倡于中国台湾，一度被认为是比较文学“中国派”的代表。[①] 无论是以西释中的阐发之法，还是以中释西的阐发之法，说到底揭示的是国际比较文学发展第三阶段的“跨文化性”。一个同“球”共济的世界需要中国，正如同一个“世界文学联合国”需要“中国学派”所代表的东方文学与文化一样。质言之，国际比较文学发展的第三阶段具有鲜明的“跨文化”特质，以跨越东西方文化的比较研究为安身立命主要特征的“中国学派”大有可为。

关于“范式之争”，让我们从**陈寅恪**和**钱锺书**两人的比较文学研究谈起。陈寅恪是初兴期中国比较文学影响研究的集大成者，他受到了近代欧洲实证主义科学研究的影响，又继承了晚清朴学重考证、重史料的优良学风，注重对资料文献的考据，用史料为言，不喜空论。30年代，陈寅恪发表了《敦煌本维摩诘经文殊师利问疾品演义跋》《〈三国志〉曹冲华佗传与佛教故事》《〈西游记〉玄奘弟子故事之演变》等论文，分析概括了这些故事的演变与流传情况，考证其源流关系，考察佛教故事在中国的流传与演变，又长于现代史学所标举的“以小见大”，往往可以经由个别的影响研究上升到对文学影响与传播中的一般性规律的总结。

案例八

陈寅恪与比较文学

例如，陈寅恪发现在华佗的故事中有“破头出虫”为人治病的描述，这显然带有相当的神话色彩，而在佛教《㮈女耆域因缘经》中同样有神医“披破其头，悉出诸虫”[②] 治病的说法；同时，陈寅恪还考证“华佗”与天竺语“agada”（阿迦陀，意为“药”）的关系，认为“华佗”即为药神。由此，陈寅恪认为《三国志》的华佗传中有大量印度佛教故事杂糅其中，实为文化交互的结果，从这个案例也可看出陈寅恪重视史实、治学极为严谨，又善于自小处出发，步步展开，以见大局。

值得一提的是，陈寅恪在这一时期《〈西游记〉玄奘弟子故事之演变》一文也对《西游记》故事予以考证，认为孙悟空的原型确来源于《罗摩衍那》，但同时也受到了中国传统的影响，即孙悟空是中印文化交流的产物。

与此同时，对比较文学平行研究，陈寅恪也提出了自己的看法：陈寅恪担忧平行研究容易导致“穿凿附会，怪诞百出，莫可追诘”[③] 的现

① 古添洪，陈慧桦．《比较文学的垦拓在台湾》序//黄维樑．中国比较文学学科理论的垦拓：台湾学者论文选．北京：北京大学出版社，1998：178.

② 陈寅恪．寒柳堂集．北京：生活·读书·新知三联书店，2001：179.

③ 陈寅恪．金明馆丛稿二编．北京：生活·读书·新知三联书店，2001：252.

象，但他并不反对有根据、有创意的平行研究，其长篇论著《论〈再生缘〉》具体表达了他在平行研究方法上的思考。

再来看钱锺书，其在学术上以宏观的世界性视野考察中国文学，旁征博引，沟通中西。《管锥编》《谈艺录》《七缀集》等学术著作今已成为公认的比较文学经典之作。除早期发表的几篇文章之外，钱锺书在1949年前的比较文学学术成就主要集中于以品评中国诗歌为中心的随笔札记集《谈艺录》中。《谈艺录》是一部中国传统诗话形式的著作，对唐代以降的诗人、诗派、风格、轶闻趣事等加以点评，结构相对松散。全书采用文言文写作而成，间或夹杂英文引文，非专业读者在研读上或有困难。钱锺书在探讨某一中国诗话时常以西人相近、相似的材料作为佐证，凸显出他在比较文学研究上一贯主张的“东海西海，心理攸同；南学北学，道术未裂”① 的世界文学整体观。他长于从具体的文学现象的鉴赏入手，通过平行比较考察中西诗学的创作心理、接受心理、艺术手法和风格意境等不同的方面，挖掘其中隐含的共同文心。这部作品体现了钱锺书广博的学识、敏锐的前沿意识，正如有学者所说，“他为中国比较文学学者比较中西古代文论立下了一块不可动摇的碑石”②。

案例九

钱锺书与比较文学

1935年，钱锺书以英文在《天下》月刊发表的《中国古代戏剧中的悲剧》是一篇力作。文章详述了中欧之间对“悲剧”的不同理解，将莎士比亚《安东尼与克利奥帕特拉》、德莱顿《爱是一切》与白朴《梧桐雨》、洪昇《长生殿》对比后，总结出其间的相似之处。钱氏指出，中国戏剧在读者体验上缺少西方那种超越性的“崇高”，且这些戏剧的结构也强化了自身给读者的印象。同时，恰恰也因为中国戏剧自身的独特价值让其在西方获得追捧。钱氏的文章既阐明了中西文化理论上互补的可能性，也为中西文学、文化在现实中的交流铺平了一条可以践行的道路——“比较文学的修习者如果能将中国古典文学纳入研究视野，他们将会发现许多新的研究资料……为了充实我们的某些审美经验，我们必须走向外国文学；为了充实我们的另一些审美经验，我们必须回归自身。”③

胡晓明的论文《陈寅恪与钱钟书：一个隐含的诗学范式之争》，创造性地揭示出陈、

① 钱钟书．谈艺录．北京：中华书局，1993：1.
② 徐志啸．中国比较文学简史．武汉：湖北教育出版社，1996：99.
③ 钱钟书．中国古代戏剧中的悲剧//龚刚．钱钟书 爱智者的逍遥．北京：文津出版社，2005：248.

钱两人研究路向上隐含的范式之争，点出了20世纪学术史上“诗史派与理论派互为消长、主导潮流的关系，以及两派形成各自诗学范式及其互补的可能性”，并认为这场“公案”，“其意义绝无半点流俗恩怨”，实则“包含着本世纪诗学研究史中学术方法与趋向的重大信息”①，可谓的论。

当然，胡文的关注兴趣在于传统文论尤其是古典诗歌理论方面，其文中“诗学”的含义与今天比较文学领域里“诗学”尤其是“比较诗学”的概念并不完全一致。如果我们把胡文“诗学范式之争”扩展为比较文学语境里的“比较诗学范式之争”，则更能体现出胡文的高瞻远瞩及其对于当下比较文学方法论建构的启迪意义。

陈寅恪是公认的史学大家，晚年却兜兜转转回归文学研究，不仅欲自验史家所学，更是温旧梦以寄文学遐思。他在《柳如是别传》缘起部分尝言：“自来诂释诗章，可别为二。一为考证本事，一为解释辞句。质言之，前者乃考今典，即当时之事实。后者乃释古典，即旧籍之出处。”② 其提出的“古典今典说”当然是中国诗学研究一个极为重要的奥秘。然而当我们再参照陈寅恪解释自己何以在衰颓之晚年醉心于弹词甚至钱谦益、柳如是两人的感情戏，“斯乃效《再生缘》之例，非仿《花月痕》之体也”③，“钱柳因缘诗，不仅注重今典、古典，还需注意两人酬和诸作的微妙互动，以求真实体会真实描述”④，不难发现“古典今典”实即“古典今情”，“影响研究”往前再走一步即是“平行研究”，两者如影随形，文史不分家。

钱锺书曾发出一个天才般的断言：“考据只断定已然，而艺术可以想象当然和测度所以然”⑤。这正是国际比较文学发展历史上始终纠缠不休的“范式之争”的根本性问题。实际上，“已然”“当然”和“所以然”真正揭示的不仅仅是每一个比较文学学者的灵魂之问“究竟是先做史学家，还是先做批评家”⑥，即“考据”“艺术”同样不可或缺，“影响研究”“平行研究”两者不可偏废；更重要的是钱锺书的这个断言还天才般地预言了“昨天”“今天”“明天”在国际比较文学学科史上相应的时空发展序列，即“昨天”“已然”之“法国学派”的“影响研究”，“今天”“当然”之“美国学派”的“平行研究”，“明天”“所以然”之“中国学派”的“跨文化研究”。胡晓明把陈、钱两人的研究区分为“才子的范式与学士的范式”⑦，可谓通透。

文史不分家是中国传统，不能轻弃。中国的人文社科研究理论热了几十年，自己的理论建构却一直难产，可谓丢了西瓜，捡起芝麻。影响研究是比较文学的重中之重，平行研究是比较文学的高进之阶，跨文化研究是比较文学的主流方向。离了影响研究，传统文化

---

① 胡晓明：陈寅恪与钱钟书：一个隐含的诗学范式之争．华东师范大学学报（哲学社会科学版），1998（1）：67－73.

② 陈寅恪．柳如是别传：上．北京：生活·读书·新知三联书店，2001：7.

③ 同②4.

④ 关爱和．陈寅恪的古典今典说．光明日报，2002－06－25.

⑤ 钱锺书．宋诗选注．北京：人民文学出版社，2001：4.

⑥ 孙景尧．简明比较文学教程．南京：江苏教育出版社，2007：227.

⑦ 同①.

就会断裂开来；离了平行研究，跨文化研究就失去了意义。陈寅恪比较方法上的影响研究是史学家、宗教家般的不忘初心，钱锺书比较方法上的平行研究却是文学家、艺术家般的打通文心，比较文学的两种相向而行的方法论，终将综合在国际比较文学第三阶段的跨文化研究里。

展望国际比较文学第三阶段主要特征“跨文化研究”，它应该消弭诗史派和理论派的分歧，强调影响研究和平行研究的和合，真正建设起一种跨越东方和西方、超越史学与美学的“新文科研究”，唯有如此，叶舒宪所期望的作为新文科探索先驱的中国比较文学才能真正走深做实，担负起弘扬世界文化多样性与交流互鉴的时代使命。①

本章小结

比较文学在中国的出现与发展对中国乃至整个世界的文学研究都有着十分重要的意义。对于中国的文学研究而言，比较文学观念与方法的引入，使得中国传统学术视野中很多被忽视的领域得到了重视。近代以来，许多学者援引西方的理论，重新解读中国文学，得到许多具有创新性的观点与理论，充分挖掘了中国文学的潜力，开创了具有中国特色的阐发研究，为中国学派的形成打下了坚实的基础。以异质理论阐释中国文学也为理论的科学性做了必要的佐证。对于世界范围内的比较文学而言，中国比较文学的崛起拓展了比较文学的研究领域与研究对象，使它不再仅仅局限于欧洲几个近亲国家之间的影响研究，而是将东方各国以及东西方之间的文学文化交流纳入了比较文学的研究范围，使比较文学成为一门真正具有国际性、世界性和前沿性的学科。

思考与练习

1. 中国现代比较文学的学科化有哪些标志性的特点？
2. 吴宓对比较文学学科的建立与发展有何贡献？
3. 中国比较文学初兴期的发展有什么特点？
4. 简述中国比较文学初兴期在中印文学关系方面的研究成果。
5. 简述中国比较文学初兴期的平行研究中关于民间文学的研究成果。
6. 郭沫若是如何在对西方文学、思想的接受中建立自己的诗学理论的？
7. 宗白华和朱谦之是如何开展比较文学的跨学科研究的？他们有哪些成果？
8. 简述中国比较文学初兴期学者在翻译方式上的“文白之争”与“意译与直译”之争。
9. 陈寅恪在影响研究方面有哪些成就？
10. 如何理解钱锺书与陈寅恪在治学方法上的“范式之争”？

---

① 叶舒宪．变：作为新文科探索先驱的中国比较文学．中国比较文学，2022（1）：79－90．

拓展阅读

1. 洛里哀．比较文学史．傅东华，译．上海：上海社会科学院出版社，2017.
2. 梵第根．比较文学论．戴望舒，译．长春：吉林出版集团有限责任公司，2009.
3. 赵景深．童话学 ABC. 上海：ABC 丛书社，1929.
4. 柳无忌．西洋文学的研究．上海：大东书局，1946.
5. 茅盾．神话杂论．上海：世界书局，1929.
6. 陈铨．中德文学研究．上海：商务印书馆，1936.
7. 朱维之．基督教与文学．长春：吉林出版集团，2010.
8. 张长弓．中国僧伽之诗生活．北京：知识产权出版社，2013.
9. 朱谦之．中国音乐文学史．上海：上海人民出版社，2006.
10. 钱锺书．谈艺录．北京：生活·读书·新知三联书店，2007.

第四章

五四新文化运动与中国比较文学

本章要点

作为中国近现代史上最重要的事件之一，从广义角度而言，五四新文化运动①的影响和带给今人的思想资源在一定程度上可以媲美春秋战国时代百家争鸣、百花齐放的诸子百家。正所谓“未完的‘五四’与复调的‘新文化’”，我们今天对于五四新文化运动的反思也还在进行中。比较文学真正作为一门学科出现在中国以及中国比较文学的初兴，都与这场运动密切相关。五四新文化运动时期的文学实践与学术活动为中国比较文学研究引入了古今、中西的双重比较维度；中国比较文学的原理方法与学术话语也影响了中国近代知识转型的过程，有力推动了此后的中国文化发展。

第一节 “一个指标”：大写的五四新文化运动

关 键 词

五四运动　新文化运动　一个指标　五四新文化运动

① 为方便讨论，本书用“五四新文化运动”指代“新文化运动”与“五四运动”逐渐合流、相互影响，最终成为席卷整个社会的思想界革命这一历史事实，即广义的五四运动。

20 世纪是一个波诡云谲的时代，在 20 世纪初期，世界格局即发生翻天覆地的变化。经历了两次工业革命，在资本积累的过程中，西方国家作为现代化的“先觉者”占领了先机。在列强的炮火下，古老的中国“节节败退”，中华民族被迫走上救亡图存的道路。从洋务运动到戊戌变法，中华民族的仁人志士试图从器物、制度等多个层面制夷自强，囿于封建统治和殖民者的阻碍，这些努力最终付诸东流。山重水复疑无路之际，一场声势浩大的思想革命悄然孕育。这场宛如星星之火的思想革命便是**五四新文化运动**。

作为中国近代史上最重要的事件之一，学界对五四新文化运动的研究尚在进行之中，甚至对于五四新文化运动的定义在认识上也并不一致，其中的一个主要原因就是五四运动和新文化运动严格来讲是两个不同的事件。

从狭义上说，**五四运动**指的是 1919 年 5 月 4 日，发生在北京的一场以青年学生为主，广大群众、市民、工商人士等阶层共同参与，通过示威游行、请愿、罢工等方式进行的一系列反对帝国主义、封建主义的爱国运动。因此，就狭义而言，关于“五四运动”的定义各方面的认识应该是可以统一起来的。问题的关键和难点，就在于如何看待“五四运动”和“**新文化运动**”两者的关系。

今人陈平原的观点颇有代表性：“今天很多人谈‘五四’，经常把新文化运动和五四运动两个混为一谈。其实，‘新文化运动’跟‘五四’有关系，但‘五四’不等于‘新文化运动’，就看你怎么来谈。做学术研究的话，如果讲新文化运动我们会从晚清讲起，如果讲五四运动，我会讲到后面的 100 年。换句话说，一个讲的是文化的生成，一个讲的是政治的余波荡漾。”① 陈平原的观点抓住了“五四运动”和“新文化运动”两者间的根本区别。

确实如此，在中国近代史上，再没有任何主要事件像五四运动这样，在学界甚而在社会范围内引起各种争论，对部分中国人而言，五四运动是中国新生和解放的标志；而另一些人却把它看成是全盘西化、全盘反传统、“打孔家店”②、“断裂论”等彻底否定中华民族传统文化之激进主义的象征。数千年来屹立不倒的中华传统文明，因为这场运动成为被抨击与质疑的对象，孔夫子的圣人形象亦在此时被推下神坛。

随着时间的推进，学界对于五四运动尤其是五四运动和新文化运动两者间关系的认识也在不断演变。其中，李长之的“一个指标”说最具有理论上的概括性与解释力：“‘五四’运动当然不只指一九一九年五月四号这一天的运动，乃是指自中国接触了西洋文化所孕育的一段文化历程，‘五四’不过是这历程中的一个指标。”③

---

① 陈平原．未完的“五四”与复调的“新文化”．名作欣赏，2023（25）：40.

② “打孔家店”是胡适在五四新文化运动期间的说法，于 1921 年 6 月在《〈吴虞文录〉序》一文中提出。而“打倒孔家店”则是 20 世纪 30 年代陈伯达在《哲学的国防动员》一文中对“打孔家店”的加工改造，其目的是需要与“五四时代一批思想界的人物，如‘打倒孔家店’的一切老战士合作”。王东．五四精神新论．北京：中国青年出版社，2009：9.

③ 李长之．迎中国的文艺复兴．北京：商务印书馆，2013：27.

狭义的“五四运动”属于“新文化运动”的**“一个指标”**，是“新文化运动”乃至近代文化转型的一个有机组成部分。“一个指标”说将五四运动放置于中国文化的动态发展历程中来考察，五四运动有其相对的独立性，其意义和贡献在于作为近代中国的启蒙运动，在成功维护中华民族生存与独立的基础上，又将努力的方向与思想解放结合起来，用西方现代文明的两大武器科学与民主来重估传统。与此同时，“一个指标”说又运用整体史观将五四运动和新文化运动乃至1840年以来的近代文化转型看成一个**连续的整体**，洋务运动、戊戌变法、辛亥革命、五四运动、新文化运动、文化转型都是中国文化进化道路上的一个个指标与里程碑，各有自己的特色、使命和时代印记。冯友兰已经在《中国现代民族运动之总动向》中将具有这种关系的五四新文化运动在近代中国文化进化之路上的着重点揭示得很清楚了：

> 现在我们的主张，既与清末人的主张（编者按：即曾国藩、李鸿章、张之洞等人倡导的洋务运动）有些相同，那么五四不是枉费了吗？其实不然。我们的主张虽与清末人的主张似同，其实大不相同。他们是以为西洋只有物质文明，至于精神文明，还是中国的好；故有“中学为体，西学为用”之主张。到了五四，认为西洋不只有物质文明，而且精神文明亦高，而且精神文明是基本，故须从精神文明下手。①

宽泛而言，洋务运动主要还是器物上的学习，戊戌变法已经开始了制度上的借鉴，而到了五四新文化运动则终于意识到包括思想上的全面变革的意义。专治近代思想史的历史学家张灏，在其自选集里面即明确认为五四运动有狭义和广义两种含义。“狭义的五四，主要是指民族主义运动，也就是指从1919年5月4日开始，在中国城市里所展开的一连串爱国主义示威运动。广义的五四，也就是这里所讨论的五四，是指1919年前后几年，由中国知识分子所发起的新文化运动。”②

自清末开始，西方文明对中国的影响日深。受制于封建的传统与闭塞的言路，清末的中国学界只能对此做出零星的回应。在长期的耳濡目染下，西方学说终于在部分知识分子心中生根发芽。1915年，陈独秀在上海创办《青年杂志》，此举标志着新文化运动的发端。在其后的若干年内，中国学界就“中西文明孰优孰劣”问题展开旷日持久的争辩，各个思想阵营彼此批驳，形成“百家争鸣”的学术局面。在此历程中，中西文明开始互渗互阐，中国比较文学自此发轫，继而勃兴。五四运动这场爱国运动也在后期与1915年开始孕育的新文化运动逐渐合流、互相影响，最终成为席卷整个社会的思想界革命，这是广义的五四运动，也就是五四新文化运动。

因此，从广义角度而言，五四新文化运动是连续的、一体的③；就意义价值而言，五四新文化运动是包括政治上求独立、社会上求公正、思想上求解放的一场古今中西大论战、近代文化大转型。本章正是在此“大写的”意义上来考论“五四新文化运动”与中国

---

① 冯友兰．中国现代民族运动之总动向//三松堂全集：第14卷．郑州：河南人民出版社，2001：269－270.

② 张灏．转型时代与幽暗意识：张灏自选集．上海：上海人民出版社，2018：268.

③ 王汎森．启蒙是连续的吗?：从晚清到五四．近代史研究，2019（5）：5－20.

比较文学的关系。我们将沿此时间线索，对五四新文化运动时期的各种思潮及其对后来中国学界尤其是比较文学的影响展开分析。

第二节
中西比较维度下的启蒙：五四新文化运动时期的中国比较文学

关键词

启蒙　陈独秀　《新青年》　胡适　鲁迅　学衡派　吴宓

从某种程度上来说，五四运动可被视为青年学子对“二十一条”对日屈辱条约的回应与反击。“二十一条”标志着中国对西方、对邻国日本态度变化的分水岭，昔日的东邻已不再是近代中国学习的对象，而成为西方帝国主义殖民者阵营中的一员。这种身份的变化使“抗日救亡”成为这一时期鲜明的时代主题。与西方肇始于学院讲坛的“比较文学”不同，中国比较文学乃是在“革新自救”的背景下生发的，自诞生之初便更多地侧重“内省”与“实务”。此时期“中西比较”的“先行者”们，在其比较观背后或多或少地以思想政治变革为依托，而方法选择的差异就使得知识分子在“中西比较”的实际运用中获得了不同的出路：有的导向西方，有的犹疑不决，有的则试图保存古典。这使得中国比较文学从开始就与西方相异，形成一种独特的中国比较文学景观。五四新文化运动时期，国内知识分子围绕中国传统与西方文明开展了一系列文学比较与学术论争，这些文学活动不仅**启蒙**了身处世纪之交的中国知识界，也有力推动了中国近代文化向现代转型。

1916年，**陈独秀**将《青年杂志》正式更名为**《新青年》**，这本旨在引入“德赛两先生”（民主与科学）以改造青年的月刊对中国近现代文学的发展产生了深远的影响。自清末便已开始酝酿的“新文化运动”也在《新青年》同人的推动下，逐渐赢得国内知识界广泛的注意。新文化运动的支持者大多具有海外留学经历，可分为留欧、留美、留日三派。新文化运动推行者中的留欧学子以蔡元培等为代表，他们都或多或少地受到1789年法国大革命的影响。最初在国内引进法国大革命思想的是梁启超，在其译著的影响下，拉马克、克鲁泡特金等当时以道德、学术闻名于世的思想家的主张也先后在蔡元培等的助推下广泛传播起来。

1916年12月26日，蔡元培被任命为北京大学校长。在人才培养方面，他提倡“输入欧化”，并号召“以科学方法，揭国粹之真相”。[1] 在蔡元培的罗致下，陈独秀、胡适、钱玄同、刘半农等人陆续受邀加入北大。1918 年，李大钊接任北大图书馆主任并兼任北大教授；1920 年，鲁迅担任北京大学讲师。至此，国内最富于才情与激情的一批年轻知识分子群集于蔡元培治下的北京大学。原先被视为传统守旧代名词的北京大学开始吹入“思想自由”之新风，北京大学也因此成为新文化运动的主要阵地。

《新青年》主编陈独秀虽然不曾留法，其思想却深受法国的影响。在流亡日本时期，陈独秀还曾在一个名为“雅典娜”的法语学校学习法语。具体到文学领域，思想上“宗法”的陈独秀与“宗美”的胡适此时在革新文学方面达成了一定的共识，两人可谓新文化运动最早且最具热情的发起者。作为新文化运动的旗手，陈独秀极力推崇西方现代科学文化知识，并在引介西方现代文化思想的同时反观自身文明的弊病。以此为契机，有关中西文化的比较在五四新文化运动期间屡见不鲜。陈独秀就曾撰文讨论东西思想文化差异，他认为东西方文化的根本差异在于西方以实利为本位，而东方以虚文为本位，要改变今时今日的中国，则必须在教育中强调“实利主义”。西方看重个人，中国重视家族，因而中国制度欠缺独立意识与个体人格，人的个性自由被严重贬抑。[2] 因此，陈独秀格外强调以教育唤醒中国青年思想进而推翻腐朽传统的重要性。在《敬告青年》中，陈独秀提出了青年行动的六大原则，即“自主的而非奴隶的”“进步的而非保守的”“进取的而非退隐的”“世界的而非锁国的”“实利的而非虚文的”“科学的而非想象的”[3]，期望以此来启蒙中国的青年一代。

作为留美学子的代表之一，**胡适**在五四新文化运动时期的各种号召与主张都与其留美经历息息相关。

案例一

《文学改良刍议》《文学革命论》中的“中西比较”因素

在留美时期，胡适遭逢的正是 20 世纪 20 年代“诗歌文艺复兴”之中的美国，他从诗人庞德“几个不”（A Few Don'ts）的文学观念中获得启发，进而提出“八不主义”的说法。随后，胡适于 1916 年致函陈独秀与之讨论，后者对此大为赞同。胡适文章于《新青年》2 卷 2 号发表，并于 1917 年 1 月进一步阐发为《文学改良刍议》，发表于《新青年》2 卷 5 号。

在 1917 年 2 月的《新青年》2 卷 6 号，陈独秀撰写《文学革命论》，以之为胡适声援，补充并发挥胡适的主张，力图继续扩大其革新文学之观念的社会影响。陈独秀在该文中大力倡导“国民文学”“写实文学”

---

① 蔡元培．附录：北京大学月刊发刊词．新教育，1919，1（3）：124-126.
② 陈独秀．东西民族根本思想之差异．青年杂志，1915，1（4）：10-13.
③ 陈独秀．敬告青年．青年杂志，1915，1（1）：13-18.

"社会文学"，并认为文学革命乃是政治革新之先导，具有重要的作用。陈独秀在抨击旧文学之弊病后，又以欧洲文学作为他所期盼的中国文学之榜样与参照。在陈独秀看来，欧洲的科学政治进步与其当下的文学成就是分不开的，于是，雨果、左拉、狄更斯等作家既是陈独秀敬爱的对象，又成为其改良中国文学的目标。这也说明陈独秀对东方文化的认识乃是建立在将其与西方并置比较的基础上，对于欧洲文学尤其是法国文学的研究促成了陈独秀中国文学革命理论的生成。

除了"文学革命"的号召，倡导白话文、借西学针砭时弊也是胡适在中西文化比较维度的显赫功绩。受美国"新诗运动"的启发，胡适在国内掀起了"白话新诗"的创作热潮，1920 年《尝试集》的出版或可看作胡适在新文学推广道路上的一颗硕果。同时，胡适也从西方作品中汲取有利于新文化运动开展的学说，在这方面得到胡适关注的是易卜生（Henrik Ibsen）的戏剧。易卜生作品里用于攻击资本社会之旧俗的内容，经过胡适的化用，成为攻击儒家观念与家庭制度的武器。胡适由盛赞易卜生对个性的张扬生发出对儒学传统文化的扬弃。胡适批驳的根基在于"怀疑"一切已存文化之精神，他之后走向"整理国故"的道路，也或多或少地与这种怀疑精神有关。

作为深受西方实验主义影响的知识分子，胡适自身便浸润在"中西文化比较"之中。其《我们对于西洋近代文明的态度》认为东西方的差异来自所信奉的原则之区别，东方看重"安命、安贫、乐天、知足"，而西方的气质却是"不安分、不安贫、不肯吃亏、努力奋斗、继续改善现成的境地"①。对信奉进化论的胡适而言，中国的这些特质使它只能被动地沦为被剥削的一方。故胡适将这种特质视为国民性中的罪恶而非美德，并将之追溯至儒家纲常伦理观——潜藏于"安命"背后的对"求知"的漠然。于是"推倒一切偶像"也成为新文化运动的另一行动指南。

作为受西学影响较重的一代，深重的国耻感令新文化运动的推行者们强烈地意识到社会转变的需要。弱势文明对强势文明的屈从似乎是文化交流初期难以避免的现象，也引发了诸多的思考。在这场由文学、文化主导的"狂飙运动"中，鲁迅是绕不开的重要人物。

1917 年前后，**鲁迅**经钱玄同引荐加入《新青年》杂志，共同参与当时的改革运动。身为留日学子，鲁迅较早便经由日本接触了西方的观点理论，也企图借西学革新国人的思想。在 1907 年的《摩罗诗力说》中，鲁迅开篇就将意大利与俄国进行对比：意大利因有但丁、有意语，虽"分崩矣，然实一统也"；俄国虽有兵刃炮火，但"无声兆"，不过"终支离而已"②，表现出鲁迅对"国家文化"的重视。而后，鲁迅又借拜伦、雪莱等诗人之创作风格、个人经历的论述，揭示"反抗意识"的重要性。全文看似是对文艺观的阐述，实

① 胡适．我们对于西洋近代文明的态度．现代评论，1926，4（83）：5.

② 鲁迅．摩罗诗力说//鲁迅全集：第一卷．北京：人民文学出版社，2005：66.

为鲁迅对旧文化的批判，斡旋于两者之间的则是鲁迅秉持的比较思想，即“审己知人”，唯有如此，方能产生清醒之“自觉”。鲁迅的比较视域自文学领域生发，而后向文化乃至国运等更大的方向拓展，在此过程中，鲁迅也自觉地突破“中西对比”的藩篱，将文化研究推进到“西西比较”的领域。

案例二

鲁迅的《狂人日记》

在文化比较的过程中，由西方现代思想所带来的启蒙意识也逐渐渗透到鲁迅学术生活的方方面面，并在他本人的小说创作中得到深刻的彰显。1918 年 4 月，鲁迅完成第一篇短篇白话文小说《狂人日记》。这篇小说取法于俄国作家果戈理的同名作品，在经过鲁迅创造性地变异与再生后，因“表现的深切和格式的特别”而取得“比果戈理的忧愤深广”的艺术效果，因而“显示了‘文学革命’的实绩”。[①] 作为鲁迅受外国思想与文化影响下的文学表达，《狂人日记》在传统与现代思想的交汇混杂中，初步展现出西方现代主义、存在主义的文学特质。[②] 它不仅是中国比较文学中一个极佳的影响研究案例，也为跨文化的文学关系研究提供了民族性的审视维度。鲁迅的《狂人日记》既是对文学革命的理论实践，也是对“拿来主义”的现实应用。

如何在接受西方文化的同时避免陷入“文化偏至”的泥沼？鲁迅有言：“洞达世界之大势，权衡校量，去其偏颇，得其神明，施之国中，翕合无间。外之既不后于世界之思潮，内之仍弗失固有之血脉”[③]。《狂人日记》的诞生可被视作鲁迅在《文化偏至论》中观点的具体实践。鲁迅的《狂人日记》在果戈理的泪痕悲色之外，又增添一层社会改造与民族寓言的深意，真正做到了“得其神明，施之国中”[④]，揭示出中西文化在彼此影响后生发出蓬勃创造力与再生性的可能。

北京大学是各种思想学说的汇聚地，新文化运动时期在北大任职的教授既有守旧的复古论者，又有信仰社会主义等西方学说的“新文化”派。就在新式知识分子逐渐形成联合的同时，反对的力量也在无形中纠集。他们围绕中西文化问题展开激烈的辩驳，并由此牵发出一系列文化论争。这些论争既为新文化运动留下灿烂珍贵的思想资源，又在无形中推动着中国比较文学进一步趋向成熟。

---

① 鲁迅．《中国新文学大系》小说二集序//鲁迅全集：第六卷．北京：人民文学出版社，2005：242.

② 王志耕，段守新．不同结构的“为人生”：两篇《狂人日记》的文化解读．南京大学学报（哲学·人文科学·社会科学版），2009，45（1）：136.

③ 鲁迅．文化偏至论//鲁迅全集：第一卷．北京：人民文学出版社，2005：57.

④ 同③.

最先与五四时期的新式知识分子产生冲突的，是曾被钱玄同斥为“桐城谬种”“选学妖孽”的桐城派、文选派士人，包括刘师培、黄侃、辜鸿铭等。他们通过《国故》杂志向公众倡导拥护文言文、儒家和旧伦理，同时对新文化运动所提倡的白话文主张予以批驳。在这些对新文化运动持保守观点的文人中，因译介西方小说而居功甚伟的林纾也赫然在列。他与新式知识分子们开展的文学论争，在当时引起广泛的社会关注，也因此具有较强的代表性。

新文化运动初期，胡适与陈独秀有关“文学革命”的讨论，一度引起不少新式知识分子注意。为了进一步扩大文学革命的影响，钱玄同与刘半农曾以“双簧信”的方式，向提倡儒家旧伦理的学者发起攻击[①]，引起部分守旧派的不满。1919 年，林纾先后在《新申报》上发表《荆生》[②]《妖梦》[③] 二文，以浙人金心异、皖人田其美和狄莫影射钱玄同、陈独秀、胡适，借“伟丈夫”荆生之口，痛斥以钱玄同、蔡元培为首的助长西学之风者。然而，此举却招致学界的集体批判。时任北大校长的蔡元培以一篇题为《致〈公言报〉函并答林琴南函》[④] 的长信回复，反驳林纾的旧文学观点，并为新思潮辩护。最终，这场与新式知识分子的论战以林纾的道歉收尾，以林纾为代表的早期反对派也随着新文化运动的开展逐渐偃旗息鼓，直到新文化运动后期学衡派出现。

1914 年，西方爆发了第一次世界大战。战争不仅带来千万生灵肉体的伤残，还造成人类精神世界的失落：西方一直以来秉持的理性之光在炮火中如流星般陨落，以至一直以来高举科学与民主大旗、主张西化的五四新文化运动也因“一战”的余波而备受质疑。梁启超、张君劢等 7 人曾在“一战”后前往欧洲考察，梁启超将自己的见闻与反思记录在《欧游心影录》中。在考察途中，梁启超发现战后的欧洲社会已然处在崩溃边缘，曾经统治西方的理性观念此刻摇摇欲坠。进化论曾经带给世界光明和希望，而当它进一步发展为雄霸世界的野心时，光明便隐入了黑暗，“科学万能之梦”与“人类自由意志”最终让人们物欲横流和精神荒芜。随行的张君劢也发出警示，他将西方的胜利归结为粗鄙的物质主义胜利，认为西方的堕落在于对“精神文明”的忽视，倘若草率追随主张武力统治的西方，那将是“国家前途最大之危险”。

梁、张的文章很快在国内引发反思热潮，在此过程中，“中西文化如何取舍”的问题也被再一次提上议程，继而发展为中西文化的进一步比较乃至重估中西文化的导火索。继承白璧德的新人文主义思想，在中西论战的问题上持文化守成主义立场的学衡派文人于此时登场。学衡派知识分子以留美学生为主，普遍受过良好教育。他们对新文化运动中醉心西化的风潮发起强有力的抨击，使五四运动期间中国知识界偏向西方的天秤潜移默化地回正。

在中西比较问题上，**学衡派**主张在会通二者精华的同时，独立发展民族的传统文化，并以此超越西方的现代性。学衡派对新文化运动的诟病主要在于新文化派一味贬斥传统而

① 钱玄同，刘半农．文学革命之反响：王敬轩君来信．新青年，1918，4（3）：84－104.

② 林纾．荆生//赵家璧．中国新文学大系：第一集．上海：上海良友图书印刷公司，1935：174－175.

③ 林纾．妖梦//赵家璧．中国新文学大系：第三集．上海：上海良友图书印刷公司，1935：431－433.

④ 蔡元培．附录：蔡校长致《公言报》函并答林琴南函．新潮，1919，1（4）：164－173.

弘扬西学的态度。在吴宓等人看来，《新青年》同人在中西文化问题上往往存有主观的“傲慢与偏见”。其“傲慢”在于对西方文化不无偏颇地采用，新文化运动的推行者所倡导的“西学”实则仅为“西学”之一隅，并未触及包括希腊和基督教传统在内的“西学”的真正底色；其“偏见”则在于对中国传统文化不假思索地贬斥。在批判新文化派的中西文化观之余，他们也以《学衡》杂志为据点，传播有益于补正以上种种“傲慢”与“偏见”的中西比较观。

《学衡》杂志是1922年1月由东南大学教授吴宓、梅光迪等人在副校长刘伯明的支持下创办的一份刊物。吴宓、梅光迪、胡先骕、陈寅恪、王国维等大家都曾为这本刊物撰稿。在创始之初，《学衡》便言简意赅地亮明创刊宗旨，即“论究学术，阐求真理，昌明国粹，融化新知，以中正之眼光，行批评之职事。无偏无党，不激不随”。在五四新文化运动期间，《学衡》的办刊宗旨作为一种思想代表，与新文化运动“重估一切价值”的口号相颉颃。

不同于林纾等早期文化保守主义者，学衡派在拒斥西学与全盘西化之间另辟一条“不偏不倚”的“中道”，试图以比较的视域调和两种异质文明，让中西文学文化于比较激荡之中互相阐发。在这方面，曾为《学衡》撰稿的王国维可谓发“中西文化互阐”之先声。虽然王国维并不将自己定位为“学衡派”的一员，但在对待中西文化的态度上，他却与学衡派不谋而合。王国维的代表作《〈红楼梦〉评论》集中展现出他在融贯中西文论方面的突破性成就。王国维用叔本华的唯意志论哲学透视《红楼梦》，不仅成为吴文祺口中“以西洋文学的原理来批评中国旧文学的第一人”①，也为此后的中国比较文学开阐发研究之先河。

作为真正科班出身的比较文学硕士，**吴宓**在五四新文化运动时期的中西文化比较相较前人体现出更为深入、完善和专业的特点，其研究涉猎比较文学的多个方面。除了文学流派的比较外，他对中西诗学、中西小说亦有鞭辟入里的对比研究。在吴宓看来，诗歌作为中国传统文学的代表，对国民有着焕发精神的重要作用。因此在《诗学总论》中，吴宓就对希腊拉丁诗歌、英国诗歌与中国古典诗歌的格律节奏加以比较，强调格律与形式在诗歌创作中的重要作用。② 吴宓的《希腊文学史》中亦设有对荷马史诗与中国弹词进行比较的专章研究。③

案例三

吴宓对《钮康氏家传》与《红楼梦》的比较研究

在中西小说比较研究方面，吴宓对英国作家萨克雷（W. M. Thackeray）的《钮康氏家传》（*The Newcomes*）与《红楼梦》的比较研究值得关注。由于故事内容与风格的相近，吴宓创造性地采用《红楼梦》的文体翻译

① 吴文祺．文学革命的先驱者：王静庵先生//郑振铎．中国文学研究：下册．上海：商务印书馆，1927：13.

② 吴宓．通论：诗学总论．学衡，1922（9）：18－37.

③ 朱徽．论吴宓的比较文学观．四川大学学报（哲学社会科学版），1999（2）：42－47.

《钮康氏家传》①，此举可视作对晚清译介西方小说之风的继承。在陷入西化狂潮的新文化运动时期，新式知识分子们在介绍现代西方文学时通常选择采用“异化”的翻译策略，令译文的语法和风格展现出明显的欧洲语言特色。吴宓却反其道而行，主动用“归化”的方式翻译《钮康氏家传》，一方面展现出其对传统文化的坚守，另一方面也反映出吴宓意欲以此促进异质文化与本土文化交流乃至共鸣的跨文化比较视域。

从中西比较维度层面而言，五四新文化运动是20世纪初中国知识界“学西思潮”的一大高峰，在对中西文化的比较中，中国知识分子经由现代的启蒙走向对传统的反省乃至反动，对推动中国近代知识转型有着重要的意义。然而，作为一场旨在推翻旧有封建伦理的现代化革命，五四新文化运动时期的中西文化比较中难免夹杂着对传统的主观偏见。这一时期部分学者“全盘西化”的号召，如今看来更是有矫枉过正之嫌。陈独秀就曾以“讨价还价”说解释五四期间改革者的偏激心态，认为：“改新的主张十分，社会惰性当初只能够承认三分，最后自然的结果是五分，若是照调和论者的意见，自始就主张五分，最后自然的结果只有二分五。如此社会进化上所受二分五的损失，岂不是调和论的罪恶吗?”②

20世纪初的中国知识分子身处中国现代化转型的风口浪尖，不同于西方肇始于学院讲坛的比较文学研究，中国知识分子的文化比较本身即是西方资本主义、帝国主义、殖民主义重重包围下的历史产物，在运动初期也难免落入西方中心主义的泥淖。尽管中西维度的比较视野在五四新文化运动时期已然出现，但其呈现出来的内容在客观性上难免受其影响。因此，关于五四新文化运动与中国比较文学关系的进一步考察，如何摆脱后殖民主义带来的话语霸权，廓清“西方中心主义”带来的研究误区，建立并深化文化比较中的主体性，遂成为中国现代化转型道路上的关键。此问题的进一步解答需要仰赖中国文化在古今维度上的重建与复兴。

第三节 古今比较维度下的复兴：五四新文化运动与中国比较文学

关键词

《中国小说史略》　“整理国故”　“昌明国粹，融化新知”

---

① 朱徽．论吴宓的比较文学观．四川大学学报（哲学社会科学版），1999（2）：45.

② 陈独秀．随感录（七一）：调和论与旧道德．新青年，1919，7（1）：133.

巴黎和会的结果令国人体会到痛感与耻感并置的挫败，陈独秀与胡适之间“二十年不谈政治”[①] 的约定也因五四运动的爆发而无奈作废，新文化运动的走向因此发生转变。曾在北大形成联合的新型知识分子在寻觅救国良方的过程中再次面临参差的选择。有的发扬新文化运动中“民主”的一面，企图从政治入手再造文明；有的则继承新文化运动中“科学”的一面，希冀从学术的角度复兴中国。新文化运动后期在“民主”与“科学”两个方向上的张力赋予这场运动鲜明的“复调”性质。

以精神改造与文化教育为重的新式知识分子，在新文化运动后期依然以宣传西方学说、重估传统价值为重心。相较于五四运动前期，该时期知识分子在文化研究中逐渐从对传统的批判走向对传统的重建，初步展现出文艺复兴的理想。其中值得注意的是鲁迅和胡适在这一时期的学术活动。他们吸取西方的文学材料与理论学说，将之应用到自己的研究中，不仅对中国学术的现代化转型做出重要贡献，也为“中国的文艺复兴”提供了从**古今维度**探源的可能。

鲁迅在该时期的一大成就当数**《中国小说史略》**。鲁迅将比较视域应用到中国小说的整理研究中，以传统国学的校勘考据为基础，通过西方学理透视中国古代小说，推动了中国古代小说学术研究的现代化转型。

鲁迅对中国古代小说的研究，一方面受到晚清以来梁启超“小说界革命”与新文化运动“文学革命”的影响，另一方面则是西方实证主义与科学精神启蒙的结果，是对西方科学实证学术体系的“本土化”实践。晚清之前，根据中国古代的传统观念，“小说不算文学，做小说的也决不能称为文学家”[②]。直到梁启超在《论小说与群治之关系》中发出“欲新一国之民，不可不先新一国之小说”[③] 的有力号召，中国知识分子才逐渐意识到小说的重要意义。陈独秀、胡适之的“文学革命”为小说创作提供了全新的土壤，鲁迅也以自己的白话小说创作推动中国小说的发展。五四运动之后，鲁迅敏锐地捕捉到小说研究在中国文学史上的空白，继而开始从学术研究角度考察中国古代小说的演进。他吸纳西方的“进化论”观点，以其作为结构小说史的基本线索，同时将小说发展过程中的“反复”“羼杂”现象列入研究的重点，以严密的考证来细密梳理、审视中国小说复杂、曲折的发展进程。[④]

鲁迅对古代小说的考据研究在很大程度上也受到乾嘉学派的影响。在前期构思与执笔撰写《中国小说史略》的过程中，鲁迅对中国古代小说做了大量的校勘考证工作，主要体现在《古小说钩沉》《小说旧闻钞》《唐宋传奇集》这三本与《中国小说史略》相关联的作品中。在校勘考证工作以外，鲁迅还将其在日本读到的勃兰兑斯之文艺批评理论运用到《中国小说史略》的创作中。在考察19世纪西方文学创作时，勃兰兑斯往往将作家作品纳入整个时代历史的大背景下进行观照，重点关注社会现实、思想文化、时代背景、作家心态对文学创作的影响。鲁迅效仿勃兰兑斯的研究方法，将中国古代小说视为一个完整序

---

① 胡适．陈独秀与文学革命//陈东晓．民国丛书第一编：陈独秀评论．上海：上海书店出版社，1989：51.

② 鲁迅．我怎么做起小说来//鲁迅全集：第五卷．北京：人民文学出版社，2005：106.

③ 梁启超．论小说与群治之关系//饮冰室合集：第二册．北京：中华书局，1994：6.

④ 孙尧天．现代学术转型视野中的《中国小说史略》．烟台大学学报（哲学社会科学版），2019，32（1）：72-73.

列，从其与内、外部因素的交互影响中考察小说发展的兴衰变化。[①] 此外，鲁迅还将自己的分析评述纳入小说史的学术研究中，使《中国小说史略》在严谨的考据论证之外更兼具文学批评的审美色彩。[②]

概而言之，《中国小说史略》是鲁迅之比较意识在学术领域的研究成果，是其在《文化偏至论》中所提出的“取今复古，别立新宗”[③] 观点在现实中的比较实践。鲁迅采用中西互补的研究视角，以科学实证的方法对中国古代小说的发展源流进行梳理，划清小说史的研究对象、研究范畴与研究边界，初步构建起小说研究的系统性，推动中国小说研究向现代学术转型。[④]《中国小说史略》是西方科学思想与中国传统文化有机结合的学术典范，为中国现代比较文学建设提供了值得借鉴的研究范式，是五四新文化运动时期利用文化比较视域重建中国文化古今维度的经典案例。作为鲁迅意图融合并超越中西文化之设想的载体，《中国小说史略》在完成传统文化的创造性转化之余，也体现出鲁迅“比较既周，爰生自觉”的文化比较观。

鲁迅对中国古代小说史的研究与胡适在新文化运动后期所提倡的**“整理国故”**运动有颇多相似之处。新文化运动虽激烈批判传统经学，但当时国内的学术研究却仍以康梁研治经学的路数为指归。五四运动后，专心治学的胡适开始将注意力转向中国学术体系的构建。以王国维、鲁迅、陈寅恪、胡适等为代表的学人，试图以西方的学术系统为参考，填补中国知识体系在经学解体后的巨大空白，从而“一方面吸收输入外来之学说，一方面不忘本来民族之地位”[⑤]。对中国古典小说名著，如《红楼梦》《水浒传》《西游记》等的校勘考证是胡适在“整理国故”运动中的一大功绩。其中，胡适对《红楼梦》的研究尤为关键，它集中体现了胡适在“整理国故”运动中所提倡的治学精神与学术方法。胡适旁征博引了大量资料，通过对作者曹雪芹经历与家世的考证，揭示《红楼梦》情节背后的自传性质；在分析对比正本、程甲本、程乙本等作品版本后，得出《红楼梦》的后四十回乃高鹗续作的结论。《〈红楼梦〉考证》的成书在现代中国红学研究中有里程碑式的意义，胡适也因而成为新红学的开山祖师。

早在1919年撰写《新思潮的意义》时，胡适便提出“研究问题”“输入学理”“整理国故”“再造文明”[⑥] 的口号。1923年1月，北京大学创办《国学季刊》，胡适在为其起草的“宣言”中，提出“整理国故”的三大策略，即“用历史的眼光来扩大国学研究的范围”“用系统的整理来部勒国学研究的资料”“用比较的研究来帮助国学的材料的整理与解释”[⑦]。由此可见，“整理国故”运动从一开始，便是在比较的视域下展开的学术研究活动。

---

① 郭玲．于无声处听惊雷：从《中国小说史略》看鲁迅的研究方法．太原大学教育学院学报，2009，27（3）：42.

② 孙尧天．现代学术转型视野中的《中国小说史略》．烟台大学学报（哲学社会科学版），2019，32（1）：76.

③ 鲁迅．文化偏至论//鲁迅全集：第一卷．北京：人民文学出版社，2005：57.

④ 刘东方．鲁迅对现代学术文化的贡献：以《中国小说史略》为例．鲁迅研究月刊，2015（9）：15.

⑤ 陈寅恪．冯友兰中国哲学史下册审查报告//金明馆丛稿二编．北京：生活·读书·新知三联书店，2001：284-285.

⑥ 胡适．新思潮的意义．新青年，1919，7（1）：12.

⑦ 胡适．《国学季刊》发刊宣言//胡适文存二集．合肥：黄山书社，1996：13.

在《国学季刊》的发刊宣言中，胡适号召国内知识分子在治国学时打破闭关孤立的态度，存比较研究的虚心[①]。具体而言，这种“比较的虚心”可从两个方向上展开。[②]

首先是方法论，胡适的“整理国故”运动是杜威实验主义与历史进化论观念的混合产物。[③] 杜威的实验主义思想让胡适产生以“怀疑论”为根基的批判精神，他将自己的这套批判研究方法概括为“大胆地假设，小心地求证”[④]。对胡适而言，求证不仅为了去伪存真，更在于从“伪”中寻出演变的因果线索。这种进化的理论观点为胡适提供了“历史的态度（the genetic method）”[⑤]，推动他研究事物如何发生，怎样来的，又怎样变到现在的样子[⑥]。正是在这双重的意义上，胡适将自己相关的考证实践视为对赫胥黎、杜威思想方法的实际应用。[⑦]

其次，比较的虚心还体现在胡适对研究材料的博采上。自明清以来，受到西学东渐与新文化运动的影响，欧美、日本的思潮、著述广泛地传入中国，为中国的文化研究吹入理论的新风。这些异质文化中的新旧学说构成了区别于传统汉学的一大学术思想源头，从内容、思想、方法等多个角度，对中国学术研究产生镜鉴的意义。胡适号召中国的学者在研究时，将外国的新材料与中国传统的学术研究有机结合，用比较的思维，博采众长。

胡适所提倡的“比较的虚心”一度在中国比较语言学的研究领域产生显著的影响。[⑧]《国学季刊》第1卷第1号发表了钢和泰的《音译梵书与中国古音》[⑨] 研究。此文由胡适翻译，从比较语言学的视角切入，采用梵文原文与音译对照的方法，对古代中国的汉字读音予以考察。国外学者的比较语言学研究为国内的传统语音研究带来了全新的考察视角，引发了有关古音学研究的大辩论。此后，《国学季刊》上又刊登了若干从比较语言学角度考察中国古音变化的文章，使得原本的“旧学”在“重估”后被进一步更新。[⑩] 在“比较的虚心”下，西洋语音语言学输入了中国学术界，为国内的语言学研究开辟了新路径。

概言之，“整理国故”运动本质上是五四新文化运动中“重估一切价值”口号的延伸。它将中国传统文化置于比较的视域下，以科学实证的西洋学理作为方法论，以比较的虚心博采古今中外的学理材料，从而更新中国学术研究的范式，建构起学术研究的新体系，推动传统学术向现代化转型。在此过程中，西洋的理论学说为传统文化提供了比较的视域与全新的阐释视角，使中国的传统文化得以在西学的透视下更新并复兴，继而达到“外之既不后于世界之思潮，内之仍弗失固有之血脉”[⑪] 的效果。

从表面上看，整理国故运动是对西方实证主义与科学精神的拿来应用，但也有研究者

---

① 胡适．《国学季刊》发刊宣言//胡适文存二集．合肥：黄山书社，1996：12.

② 同①.

③ 卢毅．“整理国故运动”的西学渊源探析．安徽史学，2005（1）：98.

④ 胡适．胡适口述自传．唐德刚，译注．上海：华东师范大学出版社，1993：97.

⑤ 胡适．实验主义//胡适文存一集．合肥：黄山书社，1996：216.

⑥ 同⑤.

⑦ 同⑤452－453.

⑧ 同③99.

⑨ 钢和泰．音译梵书与中国古音．胡适，译．国学季刊，1923，1（1）：47－56.

⑩ 同③99.

⑪ 鲁迅．文化偏至论//鲁迅全集：第一卷．北京：人民文学出版社，2005：57.

认为，“整理国故”的方法“不是西洋科学的渡海东来，而是乾嘉考据的变相复兴”①。以今天的眼光来看，对西学的“拿来”和对朴学的“复兴”，两者共同构成研究中国传统小说的方法论，合力推动着中国古代小说知识体系向现代转型。正如西方经由文艺复兴、宗教改革、启蒙运动而终于完成了现代化转型之路，中国传统文化之迈入现代，也需在与异质文明的交流中经历“创造性转化”的过程。“整理国故”运动显示出比较意识在古今维度的应用，其本身即可被视作文明“创造性转化”的一种实践思路。就此意义上说，鲁迅、胡适在该时期的研究既体现出他们身为开拓者的先觉性，又为五四运动后期新文化运动向传统文化的复归埋下伏笔。

中西与古今虽为两重不同的审视角度，但其二者在传统的创造性转化实践中却并非如楚河汉界般泾渭分明，而往往盘根错节，可兼而采之。20 世纪 80 年代，拉美魔幻现实主义小说被引入我国，在中国当代作家中引发研讨借鉴的热潮。这种舶来的魔幻现实主义与传统的巫文化相结合，在西方的文艺形式中注入中国独特的传统情怀，继而形成后来的寻根文学。作为一种故土想象，“巫文化”在魔幻的背后又为中国当代小说注入现代的诗意，展现出对古代中国的神魔小说叙事的继承与超越。2012 年，莫言获得诺贝尔文学奖。在瑞典学院的演讲中，他称自己的创作是继承了中国古典小说传统又借鉴了西方小说技术的混合文本。② 莫言的获奖或许可被视为中国传统文化在融贯古今中西后于新时代迎来“复兴”的经典案例。

尽管学衡派看起来与新文化运动的主流在“五四”期间处于意见相左的对立阵营，但在现代学术建设方面，两者却存在相似性与趋同性。学衡派**“昌明国粹，融化新知”**的办刊宗旨即彰明其意欲使中西启蒙与古今复兴相融合的治学态度。和胡适、鲁迅一样，学衡派知识分子也对中国现代学术转型给予高度关注。五四新文化运动以来，中外文学的频繁接触为中国比较文学学科的诞生提供了充足的养料。在哈佛大学跟随西方“新人文主义”领军人物白璧德的学习经历，成为吴宓、梅光迪、梁实秋、汤用彤等提倡古典主义的开端，保存与发扬传统文化成为其研究的核心问题。与顽固保守派不同，以学衡派为代表的这一批学人对中国文化的维护不只意在传承发扬中华文明的精华，更重要的是通过对西方浪漫主义的扬弃、对作为西方精神真正基石的“两希”文明的标举，进而以一种中西启蒙与古今复兴相融合的“中道”来完成中国现代转型的时代使命。

案例四

吴宓对“七星诗社”与“白话新文学运动”的比较研究

作为学衡派领袖的吴宓于 1928 年写下《马勒尔白逝世三百周年纪念》，这是关于中西文学文化比较的重要论文，吴宓在文中将法国“七星诗社”与中国的“白话新文学运动”进行比较研究。首先，吴宓指出一国文学的发展趋势，即在文字流于枯燥平淡时解放发扬，而文字流为粗

① 周质平．评胡适的提倡科学与整理国故．近代史研究，1992（1）：160.

② 莫言．讲故事的人//盛典：诺奖之行．武汉：长江文艺出版社，2013：81.

犷散漫时整理收束，两者相辅相成，方能使一国文学永葆活力。在此基础上，吴宓对白话新文学运动主持者自比为七星诗社的观点予以反驳。

吴宓认为，提倡学习希腊罗马文学的七星诗社之主张本质是“复古”的整理收束之运动，其目的在于提高文学标准。而白话新文学则是“革新”的解放发扬之运动，其目的在于降低文学标准使其易于普及，因此七星诗社更适合与韩愈和桐城派进行类比。其次，从历史角度说，七星诗社成立时法国是近世新兴之国家，其文化渊源不深，故而七星诗社希望以希腊罗马文学来培育法国文学。而中国文化数千年来绵延一线，中文亦在此过程中不断流变，文言与白话的差距并不悬殊。更何况，七星诗社代表人物之创作的性质也与中国白话新文学迥然相异。以七星诗社的成功来验证白话文运动的可行性是不成立的。吴宓认为出于用中国文字表达西洋思想的需求，文字、文体的变革解放是必要的，然而“最终需解放至何种程度”却亦是一个值得深思与难以把握的中道之“度”的问题。五四的文学革新运动反而因为新旧各派作者采用的书写标准不一而使文学趋于“支离破碎”。[①]

《马勒尔白逝世三百周年纪念》的发表展现出学衡派比较视野在前人基础上的推进。在吴宓笔下，比较的对象已不限制于文学作品或作家的范畴，对异质文化间文学的发生背景、风格流派的比较分析开始进入中国学者的研究视域。吴宓对七星诗社与白话文运动的对比，展现出中西、古今的双重维度，其本质在于借七星诗社梳理中国文化的渊源，反思进而重审白话文运动对中国传统文化的影响。

由于现代化程度的不同，20 世纪初的中国在与异质文明的交往中常被视为弱势的一方。以往的中西文化比较往往从“以西释中”的角度出发，然而吴宓却在比较文学实践中以中国文化为本位，走“以中释西”的道路。这主要体现在学衡派对儒学的态度上面。不同于新文化派对儒家的妖魔化与“打倒孔家店”的号召，学衡派对儒家文化大都给予肯定，并强调其在道德教化方面不可或缺的作用。在白璧德新人文主义的影响下，吴宓进一步将中国传统儒家的礼义观与新人文主义有机结合，视儒家文化为拯救西方精神危机的良药，主张以此解救西方物质文明下人的异化问题。他们将孔子视作中国文化的重要组成部分，认为“孔子生前数千年之道德经验，悉集成于孔子，而后来数千年之文化，皆因孔子而开”[②]。吴宓甚至将儒家文化作为拯救西方精神危机的良药：“礼者，适宜之谓。乃精神上行事做人之标准而非形式上步履饮食之规矩也。”[③] 在《学衡》创刊号的插图中，孔子与

① 吴宓．马勒尔白逝世三百周年纪念．学衡，1928（65）：109－123.

② 张其昀．中国与中道．学衡，1925（41）：64.

③ 吴宓．孔子之价值及孔教之精义．大公报（天津版），1927－09－22.

苏格拉底被并置在一起，可见学衡派对孔子的尊崇、对西学适宜的“中道”。

诚然，学衡派对新文化派的批驳忽视了五四时期的时代背景，因而站在了时代主流的对立面。但以今日之标准来考量，我们更不能忽视的是学衡派对于中国传统文化的维护乃是立足于世界性的视野之上的，为中西文化寻求互补、调和的良方。新文化运动的倡导者关注的是如何摆脱儒家封建礼教带来的束缚，而学衡派看重的却是儒家文化数千年来维系中国社会文化的道德基础。以此观之，学衡派对新文化派的批评确有其独到之处，其本质是以一种更稳健的方式面对这场“重构”运动，展现出对“西方主义”至上倾向的回正。学衡派反对新文化运动中一元独断的反传统思维模式，试图以世界性的“中道”眼光统摄这场发生在20世纪初期的文化转型运动。[①]

1936年，胡先骕为南京高师20周年校庆撰文曰：“当五四运动前后，北方学派方以文学革命、整理国故相标榜，立言务求恢诡，抨击不厌吹求，而南雍师生乃以继往开来融贯中西为职志……自学衡杂志出，而学术界之视听以正。人文主义乃得与实验主义分庭而抗礼。五四以后，江河日下之学风，至近年乃大有转进，未始非学衡杂志潜移默化之功也。”[②] 文章虽不免带有个人感情色彩的评价，但学衡派的主张及其实践对过激的新文化运动无疑起到了补偏救弊的历史作用[③]，这一点在今天看来尤其珍贵。学衡派在五四时期全盘反传统主义的冲击下，依然对中西文化关系持辩证态度，关注中国传统文化中的道德价值，重视中西文化的双向互阐，而不盲从于时代主流。学衡派的思想对重建乃至深化中国比较文学在中西维度上的比较范式有指导性的意义。中国传统文化能在西方现代文明冲击下依然保有回心性，离不开这代知识分子对于传统的回护。

第四节 “迎中国的文艺复兴”：“发扬非其时”，“而在四五十年后”

关键词

文艺复兴　启蒙运动　马克思主义

---

① 胡先骕．中国今日救亡所需之新文化运动．国风，1932，1（9）：29－32.

② 胡先骕．朴学之精神．国风，1936，8（1）：15.

③ 郑师渠．在欧化与国粹之间：学衡派文化思想研究．北京：北京师范大学出版社，2001：406.

吴宓在1963年曾婉拒时人邀他评价学衡派的问题，曰：“《学衡》社的是非功过，澄清之日不在现今，而在四五十年后”[①]。今日看来，学衡派在五四期间的主张与实践，尤其是他们对于东西方文化的态度，大有值得借鉴之处。学衡派对新文化运动的批判为这场现代文化转型运动引入了“反省现代性”的视角，不仅在中西比较维度的深入探究达到了与新文化派相互制衡的效果，还为儒学等传统文化在古今比较维度的真正复兴做出了积极有益的探索与铺垫。

五四时期，在中国内部对这场运动褒贬不一的知识分子展开激烈的“古今之辩”。而在传统的外部，白璧德的新人文主义、杜威的实验主义等现代西方思想经由中国知识分子的继承，也于该时期登上中国舞台，使五四成为西方反观自身的一条途径。发生在20世纪初期的这场中国思想改革运动堪称举世瞩目，对该运动的评价也众说纷纭，而最值得注意的是胡适的“文艺复兴”论与陈独秀的“启蒙运动”说。

文艺复兴（Renaissance）是指发生在14世纪到16世纪的一场欧洲思想解放运动，它最先兴起于意大利，而后拓展到西欧各国。文艺复兴运动旨在破除中世纪黑暗时代的宗教束缚，还文艺以古希腊、罗马时的活力，故称“文艺复兴”。文艺复兴运动反映了欧洲新兴资产阶级反封建的需求，使文艺、科学、思想得到蓬勃的发展，欧洲就此登上近代舞台。而发生在欧洲17—18世纪的启蒙运动以“理性崇拜”为核心，宣扬自由、民主、平等的思想，在自然科学、哲学、政治学、经济学、文学等方面均产生巨大影响，对封建专制主义予以深刻打击。启蒙运动最后甚至导向了欧美的资产阶级革命。

五四新文化运动的“文艺复兴”论可在一定程度上视为清末“古学复兴”说的延伸与发展。早在1902年，梁启超便提出清朝的学术发展实际为“取前此二千年之学术，倒影而缫演之”[②]。他将清朝两百余年间的学术运动命名为“古学复兴”，并将其与欧洲的文艺复兴运动对比，认为清朝“古学复兴”时期的学术发展与欧洲的文艺复兴运动一样，存在一种复古向后的运动趋势。由此可见，“古学复兴”虽涉及与欧洲文艺复兴运动的平行比较，但梁启超的“古学复兴”说在此时仅是一种基于古今维度而生发的概念，其中并不涉及对中西文化的交流互阐。1915年，一位名叫黄远庸的记者在论及新文化运动时率先提出“中国的文艺复兴”（Chinese Renaissance）这一说法。随着运动的逐步推进，这种说法得到越来越多知识分子的应和。1918年，准备创刊的《新潮》杂志即采用“The Renaissance”作为英文刊名；到了1919年，蒋梦麟更是直接将五四运动与欧洲文艺复兴类比，并将“五四”定义为一场解放运动。

持五四新文化运动“文艺复兴”论观点最具代表性的人物是胡适。胡适所指涉的“文艺复兴”包含多重面向。首先，五四新文化运动时期所宣传的人文观念是欧洲文艺复兴运动的直接产物，因“解放”而造就的文艺、思想、科学的蓬勃发展也具有欧洲文艺复兴时期的特色。其次，通过对比胡适的白话新诗运动与20世纪20年代美国的新诗运动，便可

① 华麓农．吴雨僧先生遗事//黄世坦．回忆吴宓先生．西安：陕西人民出版社，1990：58.

② 梁启超．论中国学术思想变迁之大势．上海：上海古籍出版社，2001：133-134.

发现胡适在诗界革命中的理论生成与1912—1919年美国诗歌的文艺复兴期（Poetic Renaissance）息息相关。该时期的美国诗歌摆脱了传统创作中惯用的浮夸辞藻，选择以自然口语创作，从而开启了美国诗歌创作的新纪元[①]；将俗语运用到诗歌与文学创作领域也正是胡适在文学革命时期最鲜明的主张之一。此外，胡适的"文艺复兴"论也受到梁启超"古学复兴"论的影响。胡适将自己在新文化运动后期发起的"整理国故"运动视为"文艺复兴"的重要一环。在《中国的文艺复兴》中，胡适指出五四新文化运动是"由既了解他们自己的文化遗产，又力图用现代新的、历史地批判与探索方法去研究他们的文化遗产的人领导"的人文主义运动，它"以理性对传统、以自由对权威、以张扬生命和人的价值对压制生命和人的价值"，"以活的语言创作的新文学取代用旧的语言创作的古文学"。[②]

由此可见，胡适的"文艺复兴"论是欧洲文艺复兴、美国新诗运动、清末古学复兴共同影响的结果。它将中西文化间的交流影响纳入考察范围，使"中国的文艺复兴"不仅包含古今维度上的古学复兴，亦囊括西方理性思想对五四时期知识分子的人文启蒙，从而取得了双重比较的研究维度。五四新文化运动"文艺复兴"论的观点也遭到一些学者反对。白璧德认为五四时期的中国一味效仿西方，忽视了自身文明之精华，直到"五四"后期，该倾向才因学衡派等新传统主义者的出现而得到抑制。

学界对五四新文化运动的另一种评价以陈独秀为代表，他们将五四新文化运动与欧洲的启蒙运动相比附，强调五四新文化运动中鲜明的启蒙性质。陈独秀正是在法国大革命的影响下创办了《青年杂志》。启蒙思想家笛卡尔的怀疑论更是五四新文化运动强有力的思想根基。欧洲启蒙运动时期所推崇的"理性"观念亦成为五四新文化运动时期最主要的思想潮流。"启蒙"成为研究五四新文化运动的另一个重要维度。

然而，当代学界却有观点认为五四后期"救亡"压倒了"启蒙"，继而导致启蒙的中断。汪晖将启蒙中断的原因归结为两点：其一是国内学界风靡的各种思想间缺乏历史同一性，中西不同的文化背景又加剧了理论与现实的适配难题以致无法兼容；其二是五四启蒙运动自身的危机，即以"救国"作为内生动力的五四运动在马克思主义传入中国后不可避免地发生启蒙的转向。[③] 高旭东将这种转向概括为"启蒙主体与启蒙对象的颠倒的重大变化"[④]，他以"恶魔""天帝"与"民众"之间的关系演绎启蒙话语在五四新文化运动前后的转变。"天帝"是封建体制下维护传统文化的权威统治者；"民众"是"众数"，是被启蒙的对象；而"恶魔"则是少数反叛传统的"战士"。"恶魔"处于"天帝"与"民众"之间，在五四新文化运动时期，"恶魔"希望通过启蒙"民众"，来达到反对"天帝"的效果。而五四新文化运动之后，马克思主义的降临宣告了集体对个人的胜利，启蒙的主、客体在此过程中发生颠倒，"恶魔"成为启蒙体系中的格格不入者，这一次则轮到"民众"来教化"恶魔"。正是在此种意义上，五四新文化运动的启蒙被中断。

---

① 周策纵．五四运动史．陈永明，译．长沙：岳麓书社，1999：34-35.

② 胡适．中国的文艺复兴．上海：外语教学与研究出版社，2001：44.

③ 汪晖．预言与危机（上篇）：中国现代历史中的"五四"启蒙运动．文学评论，1989（3）：17-25.

④ 高旭东．走向民间：二十世纪中国文学启蒙精神的流变．山东社会科学，2001（6）：97.

诚然，政治上求独立本就是五四新文化运动的一重面向。从另一个维度来看，如果说马克思主义的引入推动了救亡并带来了启蒙的转向，那么马克思主义在中国接续的创新性发展则为“五四”以来的启蒙提供了全新的突破口，令五四新文化运动在西方文艺复兴与启蒙运动的基础上展现出中国的自身特色并在历史关口做出了时代的选择。就此意义而言，“五四”后期向马克思主义的转向是对五四新文化运动“一个指标”说的进一步发展。

俄国十月革命后，马克思主义在国内学界掀起一场革命的旋风，极大地动摇了“五四”前期所宣扬的西方资本主义思想。从陈独秀到李大钊，视救国为己任的知识分子们在“五四”后以马克思主义学说为理论工具，将俄国十月革命作为参考的蓝本，在文化比较的基础上进一步对马克思主义理论作创造性转化，展现出鲜明的比较意识，继而对中国近代文化的转型与发展产生了根本性的影响。

案例五

李大钊与比较文学

1918年，李大钊发表《法俄革命之比较观》。这篇文章从比较的视域出发，将1789年的法国大革命与1917年的俄国十月革命并置对比。在这篇文章中，李大钊从地理文化的角度切入，认为俄国文化或有调和东西方文明的力量，并将俄国十月革命视为“世界新文明之曙光”①。

此后，李大钊发表《庶民的胜利》《布尔什维主义的胜利》，热情讴歌十月革命，并在《新青年》第6卷第5号、第6号发表《我的马克思主义观》介绍马克思主义思想学说。很快，国内知识界便掀起了马克思主义热潮，无政府主义者、民主主义知识分子、中国国民党人纷纷加入宣传马克思主义的阵营，其中也包括新文化运动的旗手陈独秀。

随着国内知识分子对马克思主义学说与社会主义思想的引介，中国的现代化转型迈入一个崭新的阶段，开始踏上文化自觉的征程。在五四新文化运动前期，中国的新式知识分子主要以资产阶级民主主义思想及相关理论学说作为依据，向传统封建礼教文化发起攻击，希冀以“新”学说代替“旧”观念。无论是文学革命对“旧”文学的批驳，还是“新”文化运动对“旧”伦理的反叛，“古/今”“东/西”相互对立比较的二元视野始终贯穿着该时期的思想与实践。在文化问题上，大家普遍采取以西为新，以东为旧的态度。

第一次世界大战后，西学的“新”衣因战火而缺损，露出了内里贫瘠的精神世界，“东/西”之间西新东旧的二元对立结构也因此被打破，中华民族的转型之路面临着前所未有的复杂性。马克思主义的横空出世让陈独秀、李大钊等人意识到中国只有得到某种可以

① 李大钊．法俄革命之比较观//中国李大钊研究会．李大钊全集：第二集．北京：人民文学出版社，2006：228.

与西方相抗衡的力量，才能完成对西方的克服与超越。“对于中国的知识分子来说，既要否定中国过去的传统，又要否定西方对中国现在的统治，因而出路只能是成为马克思主义者。”[①] 中国跳过了资本主义发展阶段，直接走上了社会主义道路，一定程度上受到此种观念影响。五四新文化运动以来的民主启蒙就此在政治革命的道路上继续延伸，以马克思主义为指导思想的中国共产党应运而生。

马克思主义学说在国内的盛行也在知识界引起质变：社会主义取代了资本主义，唯物史观取代了进化史观，在新文化运动前期被奉为圭臬的西方资产阶级民主主义思想如今与中国的传统礼教一样，成为被批判的对象。自清末师夷以来的文化认同危机在马克思主义理论的介入下被化解。

一部分人在五四新文化运动后继承了陈独秀与李大钊的革命思想，尝试用马克思理论开拓中国文化发展的新道路。五四新文化运动中“政治求独立”的目标被进一步强化，并逐渐从五四新文化运动时的文化领域朝政治领域发展，形成了文学活动与政治革命密切相关的革命文学。

从本质上说，革命文学是对苏维埃文化的直接模仿和移植，它强调无产阶级的文化创造与文化生活，并期待以这种方式将革命精神植入民间文化与民间话语之中。[②] 马克思主义在中国的理论实践加强了文学与政治的联系。1928 年 1 月，倡导革命文学的太阳社创办了《太阳月刊》，由蒋光慈、钱杏邨主持。两年后，中国左翼作家联盟（简称“左联”）于上海成立。[③] 随着对民间传统文化的逐渐重视，新文化运动初期所主张的个人的文艺逐渐被无产阶级文艺取代，权力话语开始借助民间形式启蒙民众。[④] 在与民众的深度交往中，五四时期对传统文化的处理走向一个新的方向，过去被批判的传统文化在马克思主义带来的文化转型下逐渐去除糟粕，以一种迂回的方式复归，并建立起自己的现代身份。新文化运动初期，“打倒孔家店”的号召虽推翻了旧有的儒家伦理，却未能及时建立起新的秩序。大量西方学说的引入与套用导致中华文化一味依附西方理论，陷入失语困境。马克思主义的引入与革命文学的发展推动着中国理论界寻求自己的话语体系，并逐渐形成乡土文学、寻根文学等独特的中国文学景观。中国在与异质文化的交流中也逐渐展现出独具中国特色的理论构建逻辑，呈现出一种既有别于西方思潮又能从传统中返本开新的新面貌。

马克思主义虽是一种由外部而来，经后天“习得”的学说，但却对 20 世纪以来的中国社会产生了决定性的影响。这种把外来理论借用于中国社会的现象本身就是比较视域下的产物。马克思主义理论在中国的实践与发展打通了五四新文化运动时期文化比较“古今”与“中西”的双重维度，将单向、线性的“启蒙”与“复兴”发展成一种平行的双向互动：一方面借鉴西方的现代思想与理论资源为己所用；另一方面结合中国的社会现实，在融合与创新中做出更适宜当下国情的文化选择。五四新文化运动时期一度被掩盖的民族

---

① 迈斯纳．毛泽东的中国及后毛泽东的中国．杜蒲，李玉玲，译．成都：四川人民出版社，1989：23.

② 王文兵．马克思主义中国化的文化自觉历程．湖南社会科学，2019（2）：4.

③ 钱理群，温儒敏，吴福辉．中国现代文学三十年．修订本．北京：北京大学出版社，2018：163.

④ 高旭东．走向民间：二十世纪中国文学启蒙精神的流变．山东社会科学，2001（6）：97.

性维度因而得到复现。

从整体史观的角度来看，五四新文化运动时期不仅有对传统的颠覆，也有对传统的复兴。五四新文化运动后期的转向实际是在延续先前启蒙的基础上，进一步将复兴纳入发展蓝图，继而使得五四新文化运动成为中国文艺复兴道路上的一个重要的里程碑。马克思主义理论中国化的过程展现出一代知识分子对近代以来学界古今中西大论战的反思："从人类文明轴心期的假定来看，致力于评判、反思、创造的现代启蒙运动，不仅体现了朝向未来无限发展、进步的意识，而且亦是反身对于人类文明原点的永恒复归。"[①] 五四新文化运动作为中国接触西洋文化过程中的"一个指标"，其本身即蕴含着一代知识分子对国家未来命运的多重想象。从围绕五四新文化运动名目繁多的诸种阐释与评价中，我们或许可以得到这样的启示。五四以来的启蒙理想赓续至今，当下的任务在于更进一步地努力，以迎接中国的文艺复兴。

自五四新文化运动以来，"中国的文艺复兴"成为一个包含中西维度启蒙与古今维度复兴的复合体，共同构成20世纪中国现代化进程中重要的一环。作为中西文化交流中的"一个指标"，五四新文化运动确实将中国的文艺复兴之路向前推进了一大步，然而在国家生死存亡的危机面前，五四新文化运动时期的复兴"发扬非其时"，迈向真正的文艺复兴尚且路漫漫其修远兮。1946年，李长之出版一系列探讨中国文艺走向的文章集，并将其命名为《迎中国的文艺复兴》。自那之后，中国文化又在曲折中蜿蜒前行了近80年。五四新文化运动悠长的余韵至今仍影响着中国学界，在21世纪的今天，我们或许可以说中国的文艺复兴之路将要步入，或应该步入下一个阶段，即吴宓所谓的"四五十年后"。整理五四新文化运动时期的思想遗产、重新评判五四新文化运动的功过得失、迎中国的文艺复兴等时代之问成为当下学界不能回避的任务。如果说鲁迅、胡适、学衡派等所代表的新式知识分子在五四新文化运动后期对传统的复归是为传统的复兴埋下伏笔，那么在融合古今、会通中西的前提下，对中国传统文化做创造性转化与创新性发展，就是我们如今需要迎接的真正的文艺复兴。

如胡适所言，文明不是笼统地全盘造出来的，而是一点一滴地造成的。[②] 自五四新文化运动以来，中国的传统文化就一直在西方学说的影响下经历文明的递嬗再造。改造的第一步是解放，只有思想脱离了封建的桎梏，文化才能迎来新的生机。经过五四新文化运动的启蒙，如今我们业已走上民族解放之路，而文艺的复兴仍在进行之中。复兴中国传统文化，一方面是为了接续传统在五四新文化运动时期的"断裂"；另一方面则是为了更好地向世界展示并贡献中国智慧，从而构建世界文学的新格局。欲建立此种新型关系，则需要存"比较的虚心"，一方面对本国的传统做细致的梳理与研究，传承并发扬传统文化中的精髓；另一方面积极吸收、采纳西方文化中的精华，并使其与中国文化有效地互动、结

① 韩琛．再造文明与复古革命：世界史上的"五四"．山东师范大学学报（人文社会科学版），2019，64（6）：7.

② 胡适．新思潮的意义．新青年，1919，7（1）：19.

合，在整合中西文化的基础上，为传统文化催生出活泼泼的养分，继而使之反哺世界文学。我们要在传统的创造性转化与创新性发展中，践行“昌明国粹，融化新知”的目标，继而造就中国文艺复兴的新风貌，即从偏枯的理智变为情感理智同样发展，从清浅鄙近变为深厚远大，从移植的变为本土的，从截取的变为根本的，从单单是自然科学的进步变为各方面的进步。① 唯其如此，中国文化才能在异质文化的挑战中时刻保有鲜活的生命力。

本章小结

五四新文化运动不仅是中国近现代史上一次重要的思想革命，它更标志着中国比较文学自萌芽到成熟的发展与近代人文知识的转型。五四新文化运动时期的文学实践与学术活动为中国的文艺复兴引入了古今、中西双重比较的维度。承续“五四”以来的启蒙之光，在全球化大潮里，学界更应采取世界性的眼光，立足比较视域，重视传统的创造性转化与创新性发展，以迎接中国的文艺复兴。

囿于篇幅，本章对“中国的文艺复兴”的考察追溯到清末鸦片战争时期。但事实上，“复兴”的源头还可进一步向上探求，胡适就曾认为文艺复兴运动在中国唐代、宋元、清初三个时期都有所昭显②。相应地把视野打开来看，在早期全球化时代，明清时期以天主教为代表的西方文化来华与中国文化展开的大冲撞，能够丰富“中国的文艺复兴”的全面性及其深远意义。在西学东渐时期，徐光启、李之藻、杨廷筠、利玛窦、汤若望、艾儒略、南怀仁等东西方学人就曾以语言文字学、版本目录学、历史学等方法，对“六经”与“两希”文明的经典展开古今中西会通的比较研究。其考证方法，与本书中所提及的胡适、鲁迅对中国传统小说知识体系的建构在许多方面有相通之处。从古今比较维度上说，它把王德威“没有晚清，何来五四”的观点进一步上溯到“没有晚明，何来晚清”的精神拷问；从中西比较维度而言，它将本章论及的“中国的文艺复兴”进一步上升拓展到“古今中西双重文艺复兴”的比较视域。对其展开更进一步的专题研究在思想史和现实价值等多方面无疑具有重要而紧迫的意义。

思考与练习

1. 请概述五四新文化运动的定义并分析为何要在整体视角中看待这一运动。
2. 五四新文化运动时期的中国比较文学研究有哪些特点？
3. 陈独秀与胡适是如何在比较视域中提出对旧文学进行变革的？
4. 如何看待新文化运动中学衡派对新文化派的批评？
5. 简要概括鲁迅在比较视域中的中国古典文学研究成果。

---

① 李长之．迎中国的文艺复兴．北京：商务印书馆，2013：47.

② 胡适．中国的文艺复兴．上海：外语教学与研究出版社，2001.

6. 如何理解胡适在整理国故运动中所说的“比较的虚心”？
7. 如何理解和评价五四新文化运动是“文艺复兴”的说法？
8. 如何理解和评价五四新文化运动是“启蒙运动”的说法？
9. 如何理解马克思主义与五四启蒙之间的关系？

拓展阅读

1. 李长之．迎中国的文艺复兴．北京：商务印书馆，2013.
2. 胡适．中国的文艺复兴．上海：外语教学与研究出版社，2001.
3. 周策纵．五四运动史．陈永明，译．长沙：岳麓书社，1999.
4. 郑师渠．在欧化与国粹之间：学衡派文化思想研究．北京：北京师范大学出版社，2001.
5. 张灏．转型时代与幽暗意识：张灏自选集．上海：上海人民出版社，2018.
6. 梁启超．论中国学术思想变迁之大势．上海：上海古籍出版社，2001.
7. 胡适．胡适文存二集：卷一．合肥：黄山书社，1996.
8. 胡适．胡适文存二集：卷二．合肥：黄山书社，1996.
9. 格里德．胡适与中国的文艺复兴．鲁奇，译．南京：江苏人民出版社，1989.
10. 何干之．中国启蒙运动史．上海：生活书店，1947.

第五章

新中国成立三十年的中国比较文学

本章要点

1949 年中华人民共和国成立，至 1978 年党的十一届三中全会召开，这三十年往往被视作中国比较文学研究相对薄弱的时期，乐黛云、王向远、徐志啸、徐扬尚等将其定义为中国比较文学的“沉潜期”“滞缓期”甚至“沉寂期”。“赤子孤独了，会创造一个世界，创造许多心灵的朋友”，在这个特殊时期，依旧有部分学者以赤子之心在孤独中负重前行，为中国比较文学的赓续做出了贡献，创造了一个个独特的“世界”。因此，在所谓“沉潜期”内进行的研究即使带有鲜明的时代印记，也不应被忽略。处于“沉潜期”的中国比较文学，整体而言缺少系统论著，但在中印乃至东方各国文学文化关系这一研究领域，以季羡林、吴晓铃、常任侠为代表的学者及其论著，在一定程度上对这一缺陷有所弥补；而本时期港台地区的学者极力推动比较文学复兴与发展，积极将中国比较文学纳入与国际比较文学的对话与互动中；本时期内中苏（俄）文学文化的交流也值得重视，尤其鲁迅与俄苏文学的专题研究产出了有分量的研究成果；同时在翻译领域，傅雷和钱锺书等人在翻译研究方法论上的创新，成为这一时期比较文学一抹令人惊艳的亮色。这一个个独特的“世界”，值得我们今天在推进国际比较文学方法论体系建设的工作中予以好好发掘与借鉴。

第一节
中国比较文学“沉潜期”的成因与特征

关键词

沉潜期　苏联比较文学　意识形态

从中华人民共和国成立到党的十一届三中全会召开，这一时期比较文学研究的发展相对“**沉潜**”或“滞缓”。总体而言，本时期中国比较文学研究受内部因素与外部因素的双重影响，并且由于历史原因，在内地和港台两个地域表现出发展上的差异。

从内部因素来看，这一时期比较文学未能得到足够重视。许多从事过比较文学研究的学者在这一时期纷纷淡出了该研究领域，或转向政坛，如茅盾、郑振铎等；或开始借助马克思主义唯物论等相关理论改造自己原先的学术思想以展开新的研究，如美学研究者朱光潜；或退出学术圈，如李广田。然而在这样的学术环境下，仍然有一批学者克服重重阻力与困难，在比较文学研究中不断开拓，如季羡林先生在20世纪50年代的中期出版了非常难得的严格意义上的比较文学论著《中印文化关系史论丛》，傅雷于20世纪50年代初期在茅盾、陈西滢等学者之“神似”主张的基础上，在文学翻译领域提出了自己的“神似”理论并不断细化总结等。

从外部因素而言，20世纪50年代中国全方位学习苏联。而此时的苏联对以美国为中心的比较文学持否定态度，在一定程度上影响了同时期中国的比较文学。50年代末至60年代，随着政治风向的转变，比较文学在苏联逐渐复苏。1960年由苏联科学院世界文学研究所展开的“民族文学的相互联系与相互影响”学术研讨会极力强调其本土研究方法的正确性与优越性，批判西方资本主义国家的研究方法，彰显**苏联比较文学**研究的特色。与此同时，中国开始译介苏联的比较文学研究成果，《现代文艺理论译丛》（人民文学出版社，1962）便收录了日尔蒙斯基、康拉德、古德济、萨马林等学者的相关作品。

此外，从地区差异看，1949—1979年的中国比较文学在内地与港台地区呈现出不平衡的发展趋势。内地的比较文学研究更多受到内外因素影响，发展较为迟缓，相对而言成果数量、丰富度不及其他时期。而由于历史原因，中国港台地区与英美等西方国家有较多接触，学术研究方面也多受其影响。从60年代起，香港、台湾地区的比较文学研究先后开始崛起，学术研究平台日益丰富。港台地区比较文学研究者中许多曾在英美等西方国家留学，对于西方（以英美为主）文化及学术思想有更多的了解，受到“美国学派”的影响、启发也较大。与此同时，研究者也肯定、强调了中国本土的研究理论，以“中国学派”的立场开拓新的研究领域。这三十年间内地和港台地区比较文学的发展进程呈现出不平衡的特质，在意识形态、研究条件、理论方法上都具有一定差异，但这绝非意味着两者的“分裂”或对立，这是以不同的视角、研究方法共同发展“中国学派”、传播中国的学术声音。

由此可见，在内外部与地区差异的多重因素作用下，1949—1978 年的中国比较文学研究处于总体“沉潜”、局部地区（港台）渐渐崛起的状态。但从内地的情况来看，在上述内因与外因的影响下，于 1840 年开始的“中国近现代人文知识的转型”面临中断。中国近现代人文知识的转型是在“西学”影响下重构自身民族性与文化现代性，以近现代中国比较文学学科的发展为表征，可以看到这一过程在知识领域渐趋学术化和专门化，在多个研究方向诞生出诸多有分量的成果，这些比较文学研究成果涉及了广泛的地理范围与时间跨度。而新中国成立后“人文知识转型”面临中断的说法和对此时处于比较文学“沉潜期”的判断，实际是对比上一时期的研究情况而给予的判定。如果说这种知识转型在新中国成立后就“突然结束”是不准确的，应该说，这种转型被局限性地定位在过于单一的**意识形态**——马列主义与阶级斗争语境中。并且在此时的意识形态影响下，私人性的欧美人文学术研究噤若寒蝉，以比较文学学科为例，即使有这方面的研究出现，其研究对象也往往局限在那些受主流意识形态赞赏而有“保障”的作家作品；而顺应时代的要求，中苏（俄）文学文化研究、中国与第三世界国家文学文化研究成为这一时期主要的研究对象。

在这样的背景下，我们可以总结出中国比较文学在“沉潜期”所呈现的几个特征。

首先，成果的数量与质量，都远不及中国比较文学发展的其他各时期，尤其缺乏成体系的比较文学论著。根据《中国比较文学年鉴》（1987）的统计，新中国成立后，前 17 年比较文学的相关文章只有 140 多篇，“文革”时期则是一片空白。质量方面，除了季羡林、戈宝权、范存忠等少数学者的文章以外，其余的文章往往有不够深入（流于表面化）、缺乏系统性等缺点，徐扬尚甚至直接批评道：“或作应景文章，或相互抄袭。”[①] 从今天的学术眼光来看，这一时期的不少文章因为时代的严重局限，确实已经失去了参考价值。

其次，研究对象的范围比起此前几十年较为狭窄，且在方法上侧重于影响研究。此时比较文学论题主要集中在以下几个方面。一是在中外文化交流史方面，60 年代以前除了与周边国家（印度、朝鲜）的文化交流与研究外，学者尤其重视中国与苏联之间的文学文化关系研究，其中鲁迅与俄罗斯文学的影响研究更是一大热点，其他则大多是得到过马列等肯定或者具有革命民主主义色彩的作家作品。二是文学翻译在 50 年代呈现出繁荣的面

① 徐扬尚．中国比较文学源流．郑州：中州古籍出版社，1998：180.

貌，与此对应的是文学翻译、翻译文学也成为1949—1966年较为活跃的研究，由此也出现了关于翻译学理论的讨论文章及相关成果。三是在跨学科研究方面，所涉及学科和题材多集中在艺术相关领域，除了钱锺书、杨绛等结合西方绘画、戏剧所做的论文，还有沈从文、王孖等对中国服饰文化进行了较为系统化的整理。以上三个方面若从方法上看，影响研究是这一时期中外文学关系、鲁迅专题研究等领域的主要方法，而具有平行研究性质的成果则主要体现在钱锺书、杨绛的相关论著上。

最后，从国内不同地区（内地与港台）的比较文学发展来看，两者的研究受到不同的指导思想和意识形态影响，而前者的许多研究往往受到"教条主义的影响和束缚"[①]。这一时期绝大多数比较文学文章的立论从政治立场出发，有意识地将证明马列主义的绝对正确、普遍有效性作为学术目的，难免失之偏颇。这主要体现在一方面对符合意识形态的作家作品过分拔高，另一方面又对许多持不同政治思想的文学作品完全否定，失去了学术研究应有的实事求是的态度。这一特征也体现在文艺政策方面，新中国成立后的文艺政策延续了毛泽东《在延安文艺座谈会上的讲话》中的指导原则，文学艺术继续承担凝聚国家民族政治和情感认同的重要功能，文学的政治功能成为首要的功能，被提高到了决定性的地位。同时，由于意识形态挂帅，新中国成立后出现了多次批判运动，文学处于政治的附属地位，深受各种政治运动的影响。

第二节
"沉潜期"的中外文学关系研究

关键词

中苏（俄）文学文化关系　中西文学文化关系　中印文学文化关系　鲁迅与俄苏文学

一、中苏（俄）文学文化关系研究

新中国成立之后，中国政治经济文化诸多方面学习苏联，俄苏文学对中国的影响进一

① 王向远．中国比较文学百年史．银川：宁夏人民出版社，2007：69.

步加深，由于意识形态等方面的影响，苏联文学成了当时外国文学领域内的“老大哥”。据研究者统计，“人民文学出版社、上海文艺出版社和少儿出版社等当时几家主要的出版机构在近十年的时间里，各出版了三四百种俄苏文学作品，各家印数均在一二千万册；而从 1949 年 10 月至 1958 年 12 月，中国共译出俄苏文学作品达 3 526 种（不计报刊上所载的作品），印数达 8 200 万册以上，它们分别约占同时期全部外国文学作品译介总数的三分之二和印数的四分之三”①。俄苏文学对中国的影响可见一斑，即使中苏交恶之后，中国对“苏修”的文艺作品开始抵制，但是已有的影响却是极深的。

我们以“社会主义现实主义”的创作方法为例。“社会主义现实主义”的文艺创作方法在 30 年代便从苏联传到中国，对中国现代文学的发展产生了重要影响，甚至在新中国成立后至“文革”前后定为一尊，成为新中国文学创作的指导思想。尤其是“十七年文学”中的经典作品，研究界有“三红一创，青山保林”② 之说。这一时期的作品深受苏联“社会主义现实主义”的创作方法的影响，在题材和内容上又有着鲜明的苏联经典作品的影子。比如诗人郭小川的政治抒情诗是对马雅可夫斯基“楼梯体”形式的模仿，他也被称为“中国的马雅可夫斯基”。肖洛霍夫《被开垦的处女地》这部小说的背景是苏联农业集体化运动，与中国之前进行的解放区的土改运动和新中国成立后的农业合作化运动类似，都是在农村进行的社会主义改造，中国很多作家在进行相关创作时对这部作品进行了不同程度的借鉴。代表性的有描写解放区土改运动的周立波的《暴风骤雨》和丁玲的《太阳照在桑干河上》，以及反映新中国成立后农业合作化运动的周立波的《山乡巨变》和柳青的《创业史》等。这些作品在人物设置、情节走向、矛盾冲突的描写上都与《被开垦的处女地》一书有着相似或相同的地方，甚至一些作品的某些细节之处也如出一辙。

这种巨大影响也体现在了其时的中国比较文学研究当中，新中国成立后（尤其 50 年代），**中苏（俄）文学文化关系**的研究占据了相当大的比重，从文章数量而言占当时整体研究的三分之一。俄苏文学翻译家曹靖华在 50 年代发表了一系列关于中苏文学文化关系的文章，文中带有强烈的政治宣传意味，表达了对苏联“老大哥”的赞美和高度评价。如《苏联文学——我们的鼓舞者，感谢你！》（1957），强调应学习苏联文学中的革命价值观，肯定了苏联文学对中国文学、中国革命的重大影响，也反映出当时中苏关系鲜明的意识形态倾向。

而本时期在中苏（俄）文学文化关系研究中做出最大贡献的，当数戈宝权，其生活与研究经历始终与俄苏密切相关。新中国成立前，戈宝权曾作为记者访苏，新中国成立后则一度担任驻苏外交官，并于 1957 年起在中国科学院任职，专门研究苏联文学。其论作主要以作家作品为中心展开，具有代表性的论作有《陀思妥耶夫斯基的作品在中国》（1956）、《高尔基和中国》（1958）、《普希金和中国》（1959）、《托尔斯泰的作品在中国》（1960）、《契诃夫和中国》（1960）、《冈察洛夫和中国》（1962）等，这一系列以“俄苏作

---

① 陈建华．二十世纪中俄文学关系．北京：高等教育出版社，2002：159.

② “三红一创，青山保林”，即吴强的《红日》，罗广斌、杨益言的《红岩》，梁斌的《红旗谱》，柳青的《创业史》，杨沫的《青春之歌》，周立波的《山乡巨变》，杜鹏程的《保卫延安》，曲波的《林海雪原》。

家作品在中国”为主题展开的研究，从时间上形成了连续的历史脉络，多篇文章不仅细致考察了这些作家作品在中国的译介、流传与影响，也介绍了部分俄苏作家与中国的关联，由点及面地构建出成体系的中苏、中俄文学关系图谱。例如1959年的《普希金和中国》一文，戈宝权先介绍了普希金的生平，梳理了中俄文学文化交流的历史，点出普希金对中国具有相当的认识，并曾积极地想访问中国。[①] 至于中国对普希金的接受方面，早在1903年戢翼翚就从日文翻译了普希金的《上尉的女儿》（时译《俄国情史·斯密士玛利传》，又译作《花心蝶梦录》），1907年鲁迅在《摩罗诗力说》中介绍了普希金（鲁迅译为“普式庚”）的生平，五四运动后，普希金作品则被广泛地翻译到中国。

此外，在中苏（俄）文学文化关系研究方面有所贡献的，还有葛一虹、叶水夫、冯至等。葛一虹的《俄罗斯、苏联戏剧在中国传播三十年（1919—1949）》（1957）以文献史料入手，梳理并总结了俄苏戏剧在中国的译介、传播，介绍了首先翻译俄苏戏剧的学者、成规模编译俄苏戏剧的情况（耿济之、郑振铎等《俄国戏曲集》），以及俄苏戏剧在中国的演出与对中国的影响。1959年，叶水夫发表的《苏联和人民民主国家的文学在中国》同样以丰富的史料佐证，并得出了具体的数据（如截至1958年底中国的俄苏文学译本种类数量、印刷数量等）。与前者选题相近的还有冯至等人合写的《五四时期俄罗斯文学和其他欧洲国家文学的翻译介绍》，在五四时期中国对外国文学译介研究的基础上展开了进一步的史实梳理，但该文也具有强烈的时代色彩。

二、中西文学文化关系研究

本时期进行**中西文学文化关系**研究的主要有钱杏邨（阿英）和袁可嘉等。钱杏邨于1956、1961与1962年分别发表了《易卜生作品在中国》《关于〈巴黎茶花女遗事〉》《赫尔岑在中国》，也是以作家作品为中心介绍论述了多位西方作家的作品在中国的译介、传播情况。袁可嘉的《欧美文学在中国》是以实证考据的研究方法，较大范围地介绍和讨论了西方多国文学在国内的翻译、流传与影响。

在中英文学文化关系研究方面，40年代范存忠的《十七、十八世纪英国流行的中国戏》便以中国文学在英国的情况为主题展开研究，此后在该问题的基础上继续推进，于1957年发表了《〈赵氏孤儿〉杂剧在启蒙时期的英国》。这篇论文在比较文学研究领域中称得上是本时期“出现的为数寥寥的高水平的比较文学研究论文，从整个比较文学学术史的角度看，也是难得的富有学术生命力和创新性的论文”[②]。全文将严谨的实证考据与细致分析的影响研究相结合，与当时许多偏重实证史料描述而鲜少谈及“影响”的文章相比，显得极为可贵。

本时期中英文学文化关系研究的一个热点是莎士比亚及其作品在中国的译介、传播研

---

① 戈宝权．中外文学因缘：戈宝权比较文学论文集．上海：华东师范大学出版社，2013：32－33.

② 王向远．中国比较文学百年史．银川：宁夏人民出版社，2007：76.

究。莎士比亚作为英国乃至欧洲最重要、杰出的作家之一，其作品是欧洲古典文艺最高水准的代表，同时他也是被马克思、恩格斯等极力推崇的作家，因而其与中国文学文化的联系、在中国的译介流传成为当时颇受重视的研究，这一方面的代表有曹未风和赵铭彝。1954 年，曹未风在《文艺月报》（1954 年 4 月号）发表了《莎士比亚在中国——纪念莎士比亚诞生三百九十周年》。该文以三部分组成，并在最后附有一份罗列了七十多种译本的“莎士比亚作品译本表”。文中有些观点受到当时政治局势的强烈影响，如因政治倾向对梁实秋的译本进行了全盘否定，难免有失公允。赵铭彝发表于《上海戏剧学院学报》（1957 年第 6 期）的《莎士比亚戏剧在中国舞台上》同样论述了 1957 年以前中国对莎剧的翻译改编、演出的情况，也具有相当的史料价值。[①]

三、中印文学文化关系研究

处于“沉潜期”的中国比较文学，整体而言缺少系统论著，但在中印乃至东方各国文学文化关系这一研究领域，以季羡林、吴晓铃、常任侠为代表的学者及其论著在一定程度上对这一缺陷有所弥补。

20 世纪 20、30 年代，梁启超、胡适、许地山和陈寅恪等学者为**中印文学关系**研究开辟了先河。进入 50 年代后，季羡林先后发表了《中国纸和造纸法输入印度的时间和地点问题》（1954）、《中印文化交流》（1954）、《吐火罗语的发现与考释及其在中印文化交流中的作用》（1955）、《原始佛教的语言问题》（1957）、《印度文学在中国》（1958）、《印度寓言和童话的世界“旅行”》（1959）、《泰戈尔与中国》（1961）等多篇论文，其中有多篇被收录进 1957 年由人民出版社出版的《中印文化关系史论丛》。

从具体的比较研究视角、方法来看，季羡林的研究受到了国内外印度研究的思路影响，以本时期极具代表性的作品《印度文学在中国》为例，该文先大致梳理了先前的有关文章、归纳观点并在此基础上进一步补充。

案例一

季羡林的《印度文学在中国》

该文借助中国文学从古代至近现代的发展过程中的大量史料案例作为佐证，指出中国早期的文学作品、神话传说中已有印度文化传入的色彩。例如针对“月中之兔”这个极具浪漫色彩并且在中国神话与古典诗歌中常见的说法，季羡林考证后指出，它其实来自印度。季羡林先说明，在我国的文学中，先秦时期楚国诗人屈原的《天问》中有“而顾菟在腹”

① 王向远．中国比较文学百年史．银川：宁夏人民出版社，2007：79.

之句，至于“顾菟”的释义，尽管有学者解读为“蟾蜍”，但自汉代以来传统的解释指的就是月亮上的兔子。由此，季羡林继续分析并阐明印度人对此提及得要更早，他们早就认为月亮当中有“兔子”，在公元前一千多年的《梨俱吠陀》中就存在月亮中有兔子的传说；同时，梵文词汇里也渗透了印度人的古老观念，“许多表示月亮的文字都有兔子的构成成分”①。不仅如此，季羡林还指出，印度的神话寓言里也有“月亮与兔子”相关联的说法，包括巴利文的《佛本生经》第三一六个故事、中译本佛经《六度集经》二一的《兔王本生》、《菩萨本缘经》六的《兔品》等等，都对此有所提及。

随后，在《印度文学在中国》中季羡林继续提到，六朝以后的中国古代文学受到印度文化的影响更为显著，如志怪小说、传奇、变文中的因果报应观念、阴间地狱概念，具有明显的佛教文化色彩，中国本土虽然原有较为模糊的“阴间”概念，但佛教的传入使得相关的概念更加具象化。该文不仅罗列了印度文化传入中国文学的痕迹，季羡林还详细分析了印度故事、文化在译介、传播过程中的“中国化”。季羡林指出印度文学不仅影响到中国古代文学的形式（文体），更深刻与复杂地影响了文学的内容等多个方面。中国本土文学中目连救母的题材、龙王龙女的概念、与《五卷书》第四卷第七个故事相近的《黔之驴》的故事情节类型、《西游记》中的孙悟空和白龙马（“心猿意马”）形象都与印度文学有渊源关系，中国古代文学从多个方面与角度表现出印度文学文化的深厚影响。在印度文学对中国近现代文学的影响方面，季羡林的《泰戈尔与中国》一文详细介绍了泰戈尔的生平经历、文学作品与主要思想，提及了泰戈尔作品（诗歌、戏剧等）在中国的译介与流行情况，并延展至泰戈尔对中国文学、中印关系的论述。总体而言，季羡林的《中印文化关系史论丛》以实证考据的方式、严谨细致的治学态度，从多方面展开了印度文化影响中国的论证，但也呈现出过于强调印度对中国的单方面影响，而忽视两者之间的双向交流，其中部分论点有待商榷②。

在本时期，印度学学者吴晓铃也发表了多篇极具价值的中印文学文化比较研究论文。《〈西游记〉和〈罗摩延书〉》（1958）一文表达的论点与季羡林的观点相左，更倾向于鲁迅《中国小说的历史变迁》中的观点，认为《西游记》的故事是土生土长的中国产物，其生成不可能受到释典翻译文学中经过删改的印度故事影响。1957 年发表的《印度戏剧的起源分类和角色》也值得注意，该文论述了“神启仙造”“吠陀祭仪”“史诗轨范”和“希腊影响”四种不同的印度古代戏剧起源观念，其中第四种观念从比较文学的视角来看是值得深入探究的。吴晓铃认为侵略过印度的希腊在战争中将戏剧文化带去了印度，侵略大约发

① 徐志啸．中国比较文学简史．武汉：湖北教育出版社，1996：120.

② 譬如关于月亮中有兔子的传说是否一定来自印度，80 年代台湾学者糜文开在其《中印文学关系举例》中就得出了与季羡林观点迥异的结论，认为印度佛教故事实乃吸收中国月中白兔传说。

生在公元前2世纪，而公元1世纪左右印度的古典戏剧逐渐开始兴盛。此外，吴晓铃又从多方面详细地分析了印度戏剧和希腊戏剧的相似性，如都存在序幕这一结构用以交代剧目的大致信息，所用布景都较为简洁，没有修饰，希腊戏剧中的“英雄戏剧”与印度戏剧中的“那吒伽”拥有类似的剧情结构，两者都使用雅俗两种语言，且印度戏剧在发展初期极度符合亚里士多德的“三一律”。总体而言，该文既吸收了国外大量梵文学者的研究经验与观念，也在此基础上展开新的思考，虽然比较研究的对象并不是中印之间的文学文化关系，但同为东方文明古国，该文以东西方戏剧文化的比较研究为切入点，为中国古典戏剧与外国戏剧的比较研究提供了珍贵的参考。

四、作为专题进行的“鲁迅与外国文学关系”的研究

鲁迅在新中国成立后被推崇至极高的地位，这为本时期的鲁迅研究奠定了基础。在特殊历史时期，鲁迅更是被视作伟大的马克思主义者、共产主义战士，其作品、语录常常被不断引用[①]。在这样的氛围里，鲁迅研究被视作极富价值的学术研究主题，其与外国文学文化关系的研究也成为中外比较文学研究中的热点。曹未风的《鲁迅先生和外国文学》(《学术月刊》1957年第1期）就将鲁迅对外国文学的译介活动做了梳理概括，以时间段为标准划分出鲁迅译介外国文学的三个时期：在日留学的青年时期、五四运动至1928年的中年时期与1928年至去世的晚年时期[②]。该文同时也指出鲁迅对外国文学持“拿来主义”态度，对外国思潮的认识也经历了不断进步的过程，从进化论和人道主义到阶级论与革命论，可见其创作中的爱国主义思想服务于现实社会的文艺观念。

虽然鲁迅学识广博，接受过多个国家的影响，但本时期鲁迅与外国文学文化关系研究的重点，主要集中于**鲁迅与俄苏文学文化关系**的研究，尤其重视其与如高尔基、契诃夫、果戈理、托尔斯泰等具有批判现实主义倾向的作家的关联。在这一时期对鲁迅与俄苏文学的比较研究中，冯雪峰和韩长经都留下了有价值的文章，而这些文章都关注到了鲁迅在对俄苏文学的接受过程中的两个方面：一是受俄苏文学的影响，二是鲁迅的创作有自身的独特性。我们知道，一个伟大的作家、思想家绝非闭门造车的短见者，也不会对外来思想照单全收，搞出邯郸学步的笑话；从鲁迅对俄苏文学的接受上，我们就能很好地以小见大，思考究竟该如何处理“传统-外来”文学的关系。

冯雪峰在新中国成立后开鲁迅与外国文学比较研究风气之先，两篇代表性的论文是《鲁迅创作的独立特色和他受俄罗斯文学的影响》(1949)[③]，以及《鲁迅和果戈理》(1952)。冯雪峰在50年代早期的这些论文，材料翔实，分析细致严谨，虽然带有时局烙

---

① 王向远．中国比较文学百年史．银川：宁夏人民出版社，2007：83.

② 徐志啸．中国比较文学简史．武汉：湖北教育出版社，1996：135.

③ 这篇文章于1949年4月完成，时间虽在新中国成立前不久，但仍体现了“三十年”时期的研究特点，故纳入本章考察与讨论的范围。

印，部分观点有待进一步讨论，但仍然展现出极高的学术素养。

那么，冯雪峰是如何具体展开鲁迅和俄苏文学的比较研究，又如何回应上述问题的呢？在《鲁迅创作的独立特色和他受俄罗斯文学的影响》中，冯雪峰指出，尽管鲁迅精通中国古典文学，但仅仅如此显然无法塑造一个思想上的文学巨人。鲁迅能够成为中国近现代伟大的作家、思想家，当然离不开世界文学、俄苏文学的影响，因为鲁迅从俄苏文学中吸收了民族救亡、打破被压迫的困境并走向觉醒的方法。正是通过对世界民主革命思想与文学的积极研究，鲁迅对民主革命的认识才不是片面和狭隘的，鲁迅才能使自己高于当时中国思想界的水平。同时，具体在其文学创作与思想倾向中，鲁迅创作中现实主义风格的一面含有强烈的爱国主义，作品体现了传统中国文士尤其是浙东文人身上的斗争的骨气与家国情怀；而另一面"和俄罗斯文学在精神上非常相通的，就是他的深厚的人民爱"[①]——鲁迅对阿Q主义的无情揭露与对闰土的关怀、悲悯都凝结着他对其时青年的关爱。这也说明，鲁迅身上，不仅有"洋墨水"的痕迹，也有中国的传统遗风，譬如冯雪峰就特地提到了鲁迅一生保持着对其师章太炎不屈之精神的继承。同时，鲁迅对俄苏文学的改造还表现在诗歌上，冯雪峰以散文诗集《野草》为例，鲁迅从安德烈夫那里借来了阴冷的文风色彩，但没有照搬后者的虚无主义，而是保持着健康的战斗精神。最后，在这篇长文的结尾，冯雪峰借鲁迅与俄苏文学的关系，为中外文学的交往提供了建议："他给我们留下一种关于怎样做才能有益地接受世界文学影响的模范的态度。"[②]

不妨在具体创作文本中看看鲁迅这种对俄苏文学既有接受也有创新的特点。

案例二

两部《狂人日记》的比较研究

冯雪峰《鲁迅和果戈理》(1952)这篇文章是对鲁迅与果戈理的专门研究。冯雪峰阐明，鲁迅是中国最早接受果戈理文学影响的代表人物。且鲁迅与果戈理有同名的作品《狂人日记》，两者是"求同存异"的。冯雪峰分析了两者之间的同与异。两者在体裁与以尖锐的讽刺艺术揭示剖析社会中的黑暗等方面有相似性，鲁迅从果戈理身上学习了精妙犀利的讽刺艺术以剖析社会现实中的黑暗并加以批判；在差异上，鲁迅作品在主题内容和思想风格上具有独创性与鲜明的民族特色。

无独有偶，学者韩长经也有《鲁迅与果戈理》[③]一文，同样论及了鲁迅如何受果戈理影响又表现自身独创性。韩氏认为，两部《狂人日记》的相同之处在于都创造了有血有肉的反叛者形象、都借狗喻人、结尾都

---

① 冯雪峰．冯雪峰选集：论文编．北京：人民文学出版社，2003：267.

② 同①280.

③ 韩长经在这一时期写的《鲁迅与果戈理》一文并未发表，在作者逝世后被收录于《鲁迅与俄罗斯古典文学》(1981)出版。

发出了救救孩子的呼声这三个方面。而就差异而言，韩氏点出果戈理的“狂人”是因不能升官发财而疯，是个人痛苦而揭露黑暗现实的形象。但鲁迅“狂人”的独特性在于他是一个反封建的斗士形象，是基于其时的中国社会环境而产出的文学形象。同时鲁迅的“救救孩子”不只是对某个体的同情，更是对其时中国无数青少年的关怀，是对千年来“吃人”礼教的愤怒。正如鲁迅自己的评价，他的《狂人日记》要比果戈理的“忧愤深广”①。

这样，通过两位学者对鲁迅与果戈理同名的《狂人日记》之分析，我们可以看到，鲁迅的伟大正在于他既博采众长，又有自身的鲜明特点。

此外应当补充的是，韩长经还有不少关于鲁迅的研究文章。自1958年起，他开始陆续发表鲁迅与俄苏文学文化关系研究的文章，主题既有鲁迅与具体作家作品的研究，如1958年的《鲁迅与契诃夫》《鲁迅论列夫·托尔斯泰》，1962年的《鲁迅前期是否有过虚无主义思想——从鲁迅和阿尔志跋绥夫的关系谈起》，也有鲁迅所受整体的俄苏文学影响研究，如《鲁迅与俄罗斯苏维埃文学的关系》（1959）和《鲁迅早期思想所受俄国古典文学的影响》（1963），1981年出版的《鲁迅与俄罗斯古典文学》一书收录了上述作品。其中《鲁迅与俄罗斯苏维埃文学的关系》肯定并强调了俄苏文学对于鲁迅的综合影响远胜于其他外国文学或个别作家作品，深刻影响了鲁迅的爱国主义思想、民主革命倾向与文学服务于社会的现实主义文艺观点。韩长经的一系列论文大多以俄罗斯文学译本为切入点来探讨鲁迅与俄苏文学文化的关系，在一定程度上反映了50、60年代国内对鲁迅与俄苏文学、外国文学文化关系的研究状况。

第三节 “沉潜期”的跨学科研究与翻译研究

关 键 词

跨学科比较研究　翻译文学　翻译理论　“神似”论

① 韩长经．鲁迅与俄罗斯古典文学．上海：上海文艺出版社，1981：132.

一、跨学科比较研究

“文学与其他艺术之间存在着天然的亲缘关系”①。在**跨学科比较研究**方面，1949—1979 年的中国比较文学有许多突出的成果，代表人物有钱锺书、杨绛、宗白华、常任侠、沈从文与王孖等。钱锺书、杨绛、宗白华主要以中西文学与美学为切入点进行跨学科平行研究，常任侠、沈从文与王孖则从其他艺术形式如建筑、皮影戏、中国服饰等展开。

钱锺书于 1962 年发表了《论通感》和《读〈拉奥孔〉》两篇文章。前者结合了美学、心理学与语言学的相关理论来论述中西文学中普遍存在的“通感”现象。文章开头直接指出“通感”这一修辞手法没能被中国古代批评家、修辞学者完全清晰地理解与认识，随后以大量中国古典诗歌为例，介绍了多种类型的通感现象，又指出西方文论中亚里士多德对声音以“钝重”“尖锐”作为标准的分类法，以及中国古代“听声类形”说，旁征博引地借助中西诗歌、文论中大量案例，打通了中西古今的界限，使“通感”在比较文学的视域里得到更清晰、丰富的学术性展现。

美学研究者宗白华的论文集《美学散步》虽然于 1981 年正式出版，其中却也收录了多篇“沉潜期”所做的论文随笔，其中《美学散步》（《新建设》1959 年第 7 期）一文用极大篇幅探讨了诗与画的分界，同样以雕塑拉奥孔、莱辛的《拉奥孔》为案例，加入了古今中外的文艺大家的观点，如苏东坡对王维诗作的讨论、王安石的《明妃曲》、达·芬奇的画作、温克尔曼关于希腊雕刻的论述、王国维的“无我之境”、门采尔的油画，最终得出诗与画之间可互相补充表达效果、丰富加深情绪体验的结论。此外，《中国艺术表现里的虚和实》（《文艺报》1961 年第 5 期）、《中国诗画中所表现的空间意识》（1949）、《中国书法里的美学思想》（《哲学研究》1962 年第 1 期）等多篇美学文章都凭借丰厚扎实的材料、论述结构的严谨、较为轻松随笔式样的文风，以融贯古今中西的比较视野为文学与多种艺术的比较研究贡献了价值。

作为艺术史研究者的常任侠，在 1955 年出版了他的论文集《中印艺术因缘》（上海出版社），于内容提要中写道：“本书对于中国和印度、印度尼西亚等在古代和现代的文化艺术交流上，作了细致而深入的介绍……内容涉及中、印古代美术的伟大成就，如麦积山石窟与阿旃陀石窟艺术，我国的杂技、傀儡戏和皮影戏艺术，古代中印间象棋与骰子的交流关系，以及印度尼西亚艺术团和印度文化代表团演奏的舞蹈与音乐等”。可见本文集的涉猎范围之广，无论是艺术种类还是相关国家，除了摘要中主要讲述的东南亚国家，还有周边国家朝鲜，在关于“傀儡”这一概念的传播翻译的研究中又提及了日本、俄国，具有广阔的国际视野和比较研究意识。

沈从文在中国服饰史研究中具有开山地位，“早在 1964 年，周恩来总理希望有一部追

① 陈惇，孙景尧，谢天振．比较文学．北京：高等教育出版社，1997：253.

溯辉煌的中国服饰史书，任务就交给了沈从文先生。历经多年多种磨难——尤其十年‘文革’劫难，周总理的愿望终于变成了1981年由香港出版的《中国古代服饰研究》”[①]。该书约二十五万字，分一百六十多个章节，运用关于服饰的文献、图像、实物三重证据法，图文并茂地考据介绍了从旧石器时代到清初的中国服饰文化。为文化史研究提供了珍贵的材料，其将文献理论与实际作品相结合的研究方法在比较文学研究中也值得借鉴。最早出版的《中国古代服饰研究》制作精美、装帧厚重，但难以进行社会面上的推广，再加上《中国大百科全书》中服装学科相关内容与《中国古代服饰研究》增订本的编纂需要，《中国服饰史》应运而生。该书主要由沈从文口述，王孖执笔以及王晓梵整理完成，相较《中国古代服饰研究》更为精简，但同样对“中国古代服饰制度的沿革及其与当时社会物质生活、意识形态的关系，做了广泛深入的探讨”[②]。

二、翻译文学及其理论研究

新中国成立之后，党和政府便对翻译活动给予高度重视，1954年的全国翻译工作会议中，茅盾强调了有组织、有计划、高质量地将世界古今名著翻译到我国的重要性，并指出翻译批评与研究加强的必要性，因而到60年代中期以前，国内**翻译文学研究**与**翻译文学理论**处于相对活跃的状态，从如今的眼光来看，这是作为比较文学研究中值得重视的一大组成部分。

本时期的翻译文学研究主要集中在对1920—1940年的部分基本理论问题的探讨。随着外国的现代语言学理论进入中国，50年代的一些学者开始强调翻译实践的科学性，追求翻译的精确性与规律性，试图在两种语言中找到转换的规律，也引发了关于“翻译是科学还是艺术”的讨论。唐人的《翻译是艺术》（1950）认为不应把翻译看作单纯的技术，翻译是类似绘画的艺术，以朱生豪、傅雷为代表的大部分学者都支持这一观点。而董秋斯认为“翻译是一种科学”（《论翻译理论的建设》，原载于《翻译通报》1951年第2卷第4期），并主张将翻译独立设作一门学科来看待，建设“翻译学”，并进行“中国翻译史”与“中国翻译学”的书写创作，他的观点在当时得到的响应甚微，但在今天看来却是极具建设性的提案，该主张也对80、90年代的中国翻译界产生了深远的影响。

水天同于1951年发表的《培根论说文集·译例》对“直译”与“意译”的对立表达了否定，认为从两者之间选取其一是没有意义的，这一观点得到林汉达、茅盾、巴金、焦菊隐等学者的支持，林汉达也在其《英汉翻译原则方法实例》（1953）提出了同样的观点，点明两者反对的应是胡译、曲译、呆译与死译的现象，而应将“正确的翻译”与“错误的翻译”作为实践标准。1954年，郭沫若在《谈文学翻译工作》中对严复提出的“信达雅”

---

① 王晓梵．关乎《中国服饰史》的故人故事//沈从文，王孖．中国服饰史．北京：中信出版社，2018：161.

② 同①163.

原则表示了肯定，并尤其强调第三点的重要性；而陈殿兴对“信达雅”表达了全盘否定，认为应当根据具体文本的性质来决定翻译标准（《信达雅与翻译准确性的标准》，《俄文教学》1955 年第 5 期）。

50 年代的学界继续探讨了 20—40 年代已有的文学作品是否可译的问题，此前林语堂、朱光潜等学者都秉持文学作品不可译的观点。周煦良在 1959 年发表的《翻译与理解》中强调了翻译过程中“理解”的重要性，并将文体是否可译的侧重点转移至“风格”是否可译的讨论（其认为“风格”是不可译的）。反对“风格不可译”的一方认为对风格的模仿如同对人的走路风格的模仿，它是可以被模仿得相似的；赞成“风格不可译”的张中楹以韩愈、苏东坡、英国的麦考莱和贝德的文章为例，提出“中外有多少人学得像上述的大家”这一问题，认为风格如人心，是难以模仿的。针对这一问题的争鸣也在 80 年代得到了进一步深入。

本时期对翻译理论的构建做出突出贡献的，主要有傅雷的“**神似**”论与钱锺书的“**化境**”论。傅雷的“神似”论与钱锺书的“化境”论都在“形似”的基础上追求“神似”，以本土语言、文化为立足点对原文进行创造性转化，且如“信达雅”一般是中国本土的概念表述，具有独创性与鲜明的中国特色，为日后的翻译理论发展提供了有力参考，产生了深远的影响。

案例三

钱锺书的“化境”论

钱锺书的《林纾的翻译》发表于 1964 年，是本时期翻译文学及理论研究领域中极具价值的作品。该论文从林纾的翻译出发，论述翻译理论及其中一系列本质问题，再提出了“化境”论。钱氏从“译”字的训诂开始讲起，认为许慎在解释“译”字的过程中，“把翻译能起的作用（‘诱’）、难于避免的毛病（‘讹’）、所向往的最高境界（‘化’），仿佛一一透示出来了”[①]。因而提出文学翻译的最高理想是“化”这一观点——“把作品从一国文字转变成另一国文字，既能不因语文习惯的差异而露出生硬牵强的痕迹，又能完全保存原作的风味，那就算得入于‘化境’”[②]。该观点与傅雷的“神似”理论极为相近，作为同一意义的不同表达，都指翻译过程中“立足于本土语言文化对原文的创造性转化”[③]，并认为这是对翻译而言极高的理想标准。

钱锺书在“化境”论的基础上进一步探讨了译本与原文的关系，从林纾具体的翻译作品展开，批评了林纾的漏译、误译，强调了坏的译本

① 钱锺书．林纾的翻译//七缀集．北京：生活·读书·新知三联书店，2002：77.

② 同①.

③ 王向远．中国比较文学百年史．银川：宁夏人民出版社，2007：96.

也会给原作带来负面影响，反之好的译本则引发读者对原作甚至原作语言的好感，然而最理想的翻译因趋向于无限接近“无我”又必将消灭自身的存在而抹杀翻译文学的独立价值。按照钱锺书“化境”论翻译的理想标准，林纾的翻译显然不是可入化境的“好”翻译，然而林纾在翻译能起的作用“媒”和“诱”的方面可谓做到了极致，在翻译“难于避免的毛病”“讹”的方面更是俯拾皆是。无怪乎在指出了林纾翻译的语法、意义等多方面的讹误缺漏的同时，钱锺书也坦率地表达了与原作相比对林译本的偏爱，“宁愿读林纾的译文，不乐意读哈葛德的原文”。这正是林纾的翻译最为迷人与独特之处，也是林纾的翻译之于比较文学史的意义。

案例四

傅雷的“神似”论

与“化境”论类似的另一个重要成果是傅雷的“神似”论。“化境”论是翻译不易达致的理想境界，而“神似”论更具有方法论层面的延展性。“神似”的概念最早来源于中国传统的文论与画论，与之相对的概念为“形似”。在翻译领域中，“神似”不仅是单纯的“相似”，因为在一种语言到另一种语言的转变过程中，不同语种间语言形式与文化差异使“完全字句等同”的翻译几乎是不可能的；“神似”指的就是从效果上看，追求传神地表达原文之意的翻译。在20世纪20年代，茅盾最早在他的《新文学研究者的责任与努力》提及、论述了翻译中的“形”“神”问题，之后闻一多、郭沫若等人强调诗歌翻译中“风韵译”的重要性。1929年，陈西滢在《论翻译》中将翻译家类比为雕刻家与画家，表达了“神似”是文学翻译水平的最高境界的观点，林语堂也在其《论翻译》(1933)中强调了文学翻译应当做到“传神”。

到了1951年，傅雷正式在先前论述的基础上推进并提出了自己的“神似”主张。他在《巴尔扎克〈高老头〉重译本序》中写道：“以效果而论，翻译应当像临画一样，所求的不在形似而在神似……即使是最优秀的译文，其韵味较之原文乃不免过或不及。翻译时只能尽量缩短这个距离……”[①] 对此，傅雷还提及了一个关于《哈姆雷特》翻译的著名例子：英文版的《哈姆雷特》第一幕第一场中有一句“Not a mouse stirring”，这是借没有一只老鼠走动的字面义表明环境的寂静；但是，在法

① 傅雷．巴尔扎克《高老头》重译本序//傅敏．傅雷谈艺录．增订本．北京：生活·读书·新知三联书店，2016：143-144.

文版的翻译中，这句话变成了“pas un chat”，即没有一只猫。这当然不是因为法国的莎翁翻译者不知道 mouse 的意思，而是译者根据法国人的生活和文化习惯，选择更贴近法国文化的说法。在傅雷看来，这就是表现“神似”，即不能照字面死译最显著的一个例子。

“神似”论另一个方面重要的理论主张还包括需要恰当处理好原文与译文之间“神似”与“形似”的关系问题。当然，傅雷也不是说为了“神似”，原文的句法之“形似”就可以完全放任无视了，按照傅雷的观点，应该说是在把握译文“神似”的基础上最大限度保持与原文的“形似”。在致林以亮的书函中，傅雷就提出翻译一方面要把原文的“神韵”把握住了，另一方面也要“最大限度”保持原文的句法。这样翻译理论意义上的“神似”论就有了更深刻的意义。通过将外文之神韵以中文表达，从而塑造一种独到的中文语言，正如老舍文学语言的独特在于采用西洋长句而仍不失为中文。在此思路的基础之上，傅雷于 1963 年又在前有思路上做了进一步补充论述，强调了中西方思想方式的差异，如前者重含蓄后者重详细清晰，认为只有将“原作（连同思想、感情、气氛、情调等等）化为我有”[①] 的同时不放弃对“形似”的追求，才能传达出原文的真精神。

本章小结

1949 年中华人民共和国成立，至 1978 年党的十一届三中全会召开，这三十年往往被视作中国比较文学研究的薄弱时期，乐黛云、王向远、徐志啸等将其定义为中国比较文学的“沉潜期”“滞缓期”甚至“沉寂期”。毋庸讳言，这一时期中国比较文学受到内部外部多重因素的影响，研究受到较大阻力，与五四以来的发展期以及 1978 年以来的复兴期相比，“沉潜期”三十年间的学术成果在数量与质量上都不能与这两个阶段相提并论。但这并不意味着此三十年间中国比较文学完全停滞，而是仍然处于顽强坚持、曲折缓慢地前行的阶段。

“赤子孤独了，会创造一个世界，创造许多心灵的朋友”[②]，在这个特殊时期，依旧有部分学者以赤子之心在孤独中负重前行，为本学科的赓续做出了贡献，创造了一个个独特的世界。因此，在所谓“沉潜期”内进行的研究即使带有鲜明的时代印记，也不应被忽略。这一个个独特的世界，譬如季羡林、范存忠、戈宝权、钱锺书等大家在努力克服重重

① 傅雷．论文学翻译书//罗新璋，陈应年．翻译论集．北京：商务印书馆，1984：694－695.
② 傅雷．傅雷家书．增补本．北京：生活·读书·新知三联书店，1990：60.

困难吸收前人的研究经验、进一步生发新的成果；而虽然处于不同的地理位置、受到不同的政治制度影响，港台地区的学者也极力复兴发展比较文学学科，引起了国际学界的注意与重视，积极将中国比较文学纳入与国际比较文学的对话与互动中；本时期内中苏（俄）文学文化的交流也值得重视，尤其鲁迅与俄苏文学的专题研究产出了有分量的研究成果；同时在翻译领域，傅雷和钱锺书等人在翻译研究方法论上的创新成为这一时期比较文学一抹令人惊艳的亮色。

“沉潜”包含着“飞跃”，《易经》用“潜龙勿用”“见龙在田”“飞龙在天”等一系列卦爻辞来描绘事物的这种发展变化规律。从逻辑上来讲，身处“沉潜期”，比较文学的前辈们在深深孤独中创造的这“一个个世界”、在漫漫长夜中觅到的这“许多心灵的朋友”，也必然为80年代开始的中国比较文学“复兴期”做了积蓄与储备，值得我们今天在推进国际比较文学方法论体系建设的工作中予以发掘与借鉴。

思考与练习

1. 有哪些因素促成了中国比较文学研究的“沉潜期”?
2. 中国比较文学研究的“沉潜期”具有哪些特征?
3. 请举例说明中国比较文学的“沉潜期”的“中俄文学相似性”。
4. 简述中国比较文学的“沉潜期”在中苏（俄）文学关系研究方面的成果。
5. 结合实例谈谈在我国比较文学的“沉潜期”，季羡林就中印文学关系研究方面取得了哪些成果。
6. 冯雪峰和韩长经是如何对鲁迅、果戈理的《狂人日记》进行比较研究的?
7. 简述中国比较文学“沉潜期”在跨学科研究领域方面的成果。
8. 简要阐述钱锺书的“化境”论。
9. 简要阐述傅雷的“神似”论。

拓展阅读

1. 王向远．中国比较文学百年史．银川：宁夏人民出版社，2007.
2. 乐黛云，王向远．比较文学研究．福州：福建人民出版社，2006.
3. 陈惇，孙景尧，谢天振．比较文学．北京：高等教育出版社，1997.
4. 徐志啸．中国比较文学简史．武汉：湖北教育出版社，1996.
5. 季羡林．中印文化关系史论丛．北京：人民出版社，1957.
6. 冯雪峰．冯雪峰选集：论文编．北京：人民文学出版社，2003.
7. 韩长经．鲁迅与俄罗斯古典文学．上海：上海文艺出版社，1981.

8. 宗白华．美学散步．上海：上海人民出版社，1981.

9. 沈从文．中国古代服饰研究．北京：商务印书馆，2011.

10. 叶维廉．寻求跨中西文化的共同文学规律：叶维廉比较文学论文选．北京：北京大学出版社，1987.

11. 裴普贤．中印文学关系研究．台北：台湾商务印书馆，1968.

12. 罗新璋，陈应年．翻译论集．北京：商务印书馆，1984.

第六章

中国比较文学复兴四十年学科方法论整体观

本章要点

中国比较文学学科自1978年起逐步复兴，四十余年间已取得长足进展，但也出现了一些值得注意的现象和偏失。本章先结合西方比较文学学科史与国内比较文学研究新趋势，归纳与中国比较文学发展相生相伴的两种不良倾向：影响研究难免影响解读的囿限，造成所谓“影响研究的神话化”；而注意文学理论和文学作品美学品格共时研究的平行研究，也因选题随意、不注重可比性原则、失去文学性底线等原因而被“妖魔化”了，影响研究和平行研究有被对立起来的趋势。进而在梳理影响研究与平行研究两者间辩证关系的基础上，对比较文学的几种主要研究类型进行综合论述，重新界定了比较文学的“可比性”与“知识装备”两个重要概念；最后则尝试展望国际比较文学第三阶段的样态与特点，表明中国比较文学历经四十余年跨越式发展，相对于比较文学教学和研究实践的蓬勃发展而言，我国学界在比较文学方法论建构上依然任重道远。

2018年是中国改革开放四十周年，也是中国比较文学复兴四十周年。毋庸置疑，复兴四十年来中国比较文学学科已经取得了很大成绩和长足发展，然而也存在一些值得关注的问题。我们在梳理、总结中国比较文学历年的研究成果与进展的过程中，在与国内外众多比较文学专家学者分享资讯、交流切磋的过程中发现，有关比较文学中“影响的神话化”与“平行的妖魔化”这两者的讨论甚至争论是我们频繁遭遇的问题。①

① 所谓“影响的神话化”与“平行的妖魔化”，在本文中实质上就是“影响研究的神话化”与“平行研究的妖魔化”之缩略语。之所以如此，主要是因为学界已有“影响的神话”这一说法，如罗钢、刘凯的论文《影响的神话：关于“田冈岭云文论对王国维‘意境说’的影响”之辨析》[清华大学学报（哲学社会科学版），2015（4）：14－28]，罗钢的论著《传统的幻象：跨文化语境中的王国维诗学》（人民文学出版社，2015）第十章“学说的神话”。因此，本文将“影响的神话化”与“平行的妖魔化”一起缩略对举使用。

第一节
从“影响研究的神话化”与“平行研究的妖魔化”谈起

关 键 词

影响研究的神话化　平行研究的妖魔化

近些年，国内的比较文学界存在把影响研究和平行研究两者对立起来的趋势。如果说前者难以避免影响解读的囿限，造成所谓“**影响研究的神话化**”，那么**平行研究**则更是已经被严重地“**妖魔化**”了。

对于“影响研究的神话化”可以做如下解释。

首先，受西方近代科学对实验方法的重视以及实证风气的影响，法国学派把比较文学研究一度限定为“国际文学关系史”，把文学研究发展成了不同国家民族间影响的“外贸账”与“功劳簿”①，其实质是“拼凑实证主义的杂碎”②。其次，接受美学和读者反应理论的兴起更进一步表明影响研究过于以“影响者”为中心而忽略了审美与批评的观照，尤其是忽略了体贴“接受者”个性与创造的“接受效果”③。在一定程度上，美国学派对法国学派的批评准确地找到了影响研究的软肋。再次，回望国际比较文学研究的整个发展态势，它始终以“世界文学”的视野与“全球化”浪潮裹挟在一起，它在20世纪进展迅猛；而伴随着文学研究向文化研究的转向，比较文学研究难免沾染上一层后殖民主义色彩。即使是在更加强调实证的比较文学影响研究领域，此种现象的泛滥也概莫能免。这就需要研究者注意规避后殖民理论的种种话语霸权，在进行比较文学研究尤其是做跨文化诠释的时候，特别留神在“西方中心”或“民族主义”的夹缝间小心游走。

综上，研究者必须清醒地意识到影响研究中所谓“影响”的因果关系未必成立，既要考虑到有“影响之因”未必有“影响之果”，更要考虑到“有之不必然”与“无之必不然”在因果两端诠释上的巨大张力，避免由主观倾向及喜好捏造所谓“影响的神话化”。因此，比较文学影响研究的难度，不仅在于历史研究中需要厘清真相的复杂性，而且在于影响研

---

① 韦勒克．比较文学的危机．黄源深，译//干永昌，廖鸿钧，倪蕊琴．比较文学研究译文集．上海：上海译文出版社，1985：129，138.

② Wellek. The Concept of Comparative Literature. Yearbook of Comparative and General Literature，1953（2）：3.

③ Weisstein. Comparative Literature and Literary Theory：Survey and Introduction. Bloomington：Indiana University Press，1973：48.

究在公信力的层级上有自身无法摆脱的局限性。这是比较文学影响研究的囿限。

案例一

对王国维研究的分歧

王国维的文学研究以《〈红楼梦〉评论》《人间词话》等为代表，把德国古典美学内化用来解读中国文学，王国维被学界视为融通中西后把传统文论光大推进的第一人。然而围绕王国维的治学方法及其成就的讨论却一直纷争不断。譬如罗钢用影响研究的方法仔细梳理“意境说”的域外渊源，挑战长期以来围绕王国维诗学所谓“影响的神话化”就引起了不小的争议。这里，围绕王国维研究所存在的不可调和的分歧集中表现为：作为王国维诗学理论核心的“意境说”究竟是对中国传统文论的发扬还是“断裂”？究竟是对西方哲学尤其是德国美学的激发砥砺还是“横向移植”？[①] 由于“以中释王”“以西释王”“以原理释王”等等阐释立场的不同[②]，影响研究的结论存在天壤之别！

案例二

“莱布尼茨的二进制发明与中国八卦图”的关系研究

中国学界对莱布尼茨的二进制发明与中国八卦图的关系研究，大致可以划分为三个阶段。

先是第一阶段“古已有之”的爱国主义教育立场，简单判断二进制的发明是源于八卦图的智慧；再到第二阶段学界在中国科技史的研究中开始理性正视历史却受限于视野与材料，认为莱布尼茨的发现是在他接触到传教士介绍的《周易》知识之前，八卦图于二进制的发明只是起到了“旁证确认型”的补充作用；再到第三阶段学界逐渐摆脱以上两方面局限，转入判断影响类型属于“启发生成型”，并由“影响之争”逐渐转为“优先权之争”。这一研究可以作为一个“影响研究的神话化”变迁的典型案例。

异质文明交往中“影响”的巨大作用还可以在17—18世纪的欧洲尤其是法国找到，因为其时的中西交流特别是传教士中国游记与研究带来的“中国热”，使当时几乎所有的文化巨匠都多少受到了中国思想文化的影响。其中的典型者如蒙田、魁奈、伏尔泰、孟德

---

① 罗钢．传统的幻象：跨文化语境中的王国维诗学．北京：人民文学出版社，2015：284－310.

② 刘锋杰，赵言领．是“幻象”还是“真象”：以罗钢教授论“隔与不隔”为中心的商榷．学术月刊，2016(6).

斯鸠、马勒伯朗士、培尔、圣西门、莱布尼茨等人，无一不从中国思想中汲取养料形成自己的哲思体系，甚至包括帕斯卡尔的“上帝之赌”。[①] 但是，这些思想家在其中所受异质文化的熏染与影响的程度，就不是很容易论定的了。一不小心，就会再造成“影响的神话化”。“但愿人们不要说，我并没有说出什么新东西：题材的处理就是新的；在我们打网球的时候，双方打的只是同一个球，但总有一个人打得更好些”[②]。帕斯卡尔的这句话也提醒今天的影响研究，在把握“度”与衡量接受者创造性两方面存在不小的张力。

对于“平行研究的妖魔化”可以做如下解释。

由于影响研究自身存在的问题，再加上美国学派对法国学派的批评，比较文学的研究范畴从存有事实影响的不同民族文学间的历时关系研究，扩展到未必存有实际联系的不同文学间的美学批评，并且也将跨学科研究囊括了进来。“平行研究”注重文学理论和文学作品美学品格共时研究的做法无疑是先进的，也是合理的。自 20 世纪 70 年代法、美学派论争之后，平行研究得到了普遍认可与发扬，一个又一个接续不断的学术浪潮使其后的平行研究迎来了跨越式发展，也出现了很多问题。

第一，西方文化的强势与中国传统文化的断裂两种局面互相助长。长期以来国内比较文学研究者“知识装备”上的先天不足与相应学识学养的严重匮乏，使大量选题随心、材料随意、结论随性的“文学比较”像思想荒原上的野草一般，种种将中外文学生吞活剥的“乱比”“硬比”层出不穷，使我国平行研究的信用问题一直饱受质疑与诟病，曾经为一门“显学”的比较文学学科逐渐失去了本该拥有的尊重。第二，平行研究热衷于“玩”理论，比较文学所要求的跨国家、跨民族、跨语言或者跨学科，四个跨越至少必居其一，平行研究的发展使传统上约束比较文学研究是否有效的“可比性”原则失去了约束力，“比较”逐渐成为累赘，原有比较文学定义的合法性地位遭到损害。第三，从超越有实质影响的文学关系研究开始，平行研究与新文论、女权主义、后殖民理论以及文化研究等时髦理论和思潮结合，其范围不断扩大，由空、玄之境直至漫无边际，原先作为底线的“文学性”这一“遮羞布”，也早已经名存实亡，当“比较”已经沦陷，“文学”开始迷失，“比较文学”也就彻底失去了意义，变得不再像是一门学科。正是以上三个问题导致今天的比较文学平行研究在我国已经被严重地“妖魔化”了。

以上是与四十余年来中国比较文学发展相生相伴的两种不良倾向，其中又以“平行研究的妖魔化”现象更为根本和严重，迫切需要学界的认识并予以拨乱反正。因为比较文学的影响研究一贯建立在严谨的历史考证之上，研究被“神话化”大都由于后天研究者的主观倾向与阐释立场出现了缺失或偏差，其信用根基相对牢靠；而平行研究则不然，我们忽略了（严格来讲是做不到或者不具备）开展扎实的平行研究所必需的对异质文化的深刻领悟与体认，从根本上造成了今日比较文学研究信用饱受质疑的局面。质言之，克服比较文学的“信用危机”，其要在于摆脱“神话化”与“妖魔化”两种不良倾向，而“平行研究

---

① 纪建勋．谁的“上帝之赌”?：帕斯卡尔与中国．华东师范大学学报（哲学社会科学版），2018（4）.

② 帕斯卡尔．思想录．何兆武，译．北京：商务印书馆，2017：14.

的妖魔化”则为亟须纠偏的问题。

必须看到，比较文学是一门具有广阔国际视野和鲜明开放特征的学科，这门学科自诞生之初，就一直没有摆脱过“危机之争”。实际上，比较文学的学科史表明每一次“危机”被最终克服，都是比较文学下一轮发展的新机遇与突破自我的更新之路。在西方，从争夺学科合法性地位的“片甲不留之战”，到法、美学派之争，再到西方比较文学界耸人听闻的“学科之死”，围绕在这门学科身边的争议不断，从来没有真正消歇过。在国内，比较文学的种种现状表明中国的比较文学研究正在遭受一场“信用危机”：影响研究的“神话化”与平行研究的“妖魔化”极大地败坏了比较文学研究的学科声誉，使中国比较文学研究日益偏离正常的学科轨道。因此，如何彻底克服信用危机，获取比较文学研究应有的学术公信力是推动中国比较文学继续健康、蓬勃发展的当务之急。而重新梳理影响研究与平行研究两者间的关系，并对比较文学的几种主要研究类型进行综合论述，可以极大地帮助我们解决四十年来中国比较文学发展脉络中深刻存在的“信用危机”。

第二节 影响研究与平行研究关系新论

关键词

二元对立 系统性 跨文化对话 可比性 知识装备 “兼通世界学术”

国际比较文学界在20世纪50年代开始了持续十年之久的“比较文学危机”，接踵而至的是美国学派的兴起。现在来看半个多世纪前的这场法、美学派大战，论争的结果是平行研究从被认可到获得长足发展，以及后来比较文学研究类型中影响研究、平行研究的人为划分。危机的解决在很大程度上可以看成是法国学界与美国学界权力博弈与话语权过渡的结果。争论的“暴风雨”之后，终究出现了象征“学术界和平的彩虹”[①]。比较文学研究类型上的这种**二分法**本身即西方二元思维模式的体现，也是后来影响研究与平行研究两种研究类型疏离现象背后更深层的原因。也有学者注意到比较文学的影响研究与平行研究没能摆脱“中西”“古今”的**二元对立**魔咒，主张从A与B的线性比较发展为跨文化的环形

① Weisinger，Joyaux. Foreword//Etiemble. The Crisis in Comparative Literature. East Lansing：Michigan State University Press，1966：ix.

之旅。[①]

实际上，当学派之争硝烟散尽，冷静下来的法、美学界都意识到了单一比较文学研究范式上存在不可避免的弊端，原先对立的双方最终打破了学派之间的囿限，出现了两种类型间取长补短、互相融合的局面。可惜的是，其后法国学派针对“影响研究”所进行的反思与革新，美国学派针对“平行研究”所做出的调适与修正，并没有得到中国比较文学界的足够重视，造成中国今日比较文学之影响研究和平行研究截然二分、愈加泾渭分明的局面。而两种类型间天然存有的那种你中有我、我中有你的彼此增益、互补互证的有机共生关系，被研究者严重漠视以致抛弃殆尽。因此，中国的比较文学研究唯有超越学派之争，不人为设限，在实际的研究中把两种类型有机结合在一起，方能摆脱影响研究和平行研究在独立操作中不易避免的“神话化”与“妖魔化”两种不良倾向，克服信用危机。

而对于两者关系的思考，一个最常见的追问是：我们的比较文学研究者究竟是先做“史学家”还是先做“理论家”？而以往我们对此问题的若干回应也表明中国比较文学界长期以来受到了西方二分思维的深刻影响，习惯于把影响研究和平行研究二者对立起来看，实际上不然。

具体而言，两者间的关系应该包括以下几个方面。

其一，从平行研究开始之前来看。

真正的平行研究需要研究者对平行双方的体认各自建立在一种**系统性**的理解之上。而研究者对异质文化系统性体认的获得，需要受到另一方很深的影响。这也在客观上造成了，一方面平行研究门槛太高，另一方面则是大量选题随心、材料随意、结论随性的“三随”式“文学比较”的泛滥，因为这两个向度间的张力，平行研究被“妖魔化”也就不足为奇了。

对于两种类型间的这层关系，简单来说就是必须先有真正深刻的影响，才会有真正有信用的平行研究。纵观五四运动百年来中国比较文学发展史上公认较好的平行研究，譬如朱光潜的《诗论》、钱锺书的《管锥编》等等，无不具有此一明显特征。另外，更重要的是，就现在的中西交流的普遍与深入程度而言，可以说，没有一个领域不存在互相的影响，今天的中西文学文化相互影响有着前所未有的广泛性。现实情况下，在严格意义上已经很难找到彼此间毫无前在影响的平行双方。正因如此，那种凌空蹈虚的平行研究不应该再有市场，建立在影响研究基础之上的平行研究，应该成为未来比较文学研究的主旋律。

其二，从平行研究开展之中来看。

一旦展开平行研究，就意味着研究者在立足本土文化的基础上，开始了一段奇妙的异

① 李庆本．跨文化阐释的多维模式．北京：北京大学出版社，2014：29－62，155－163.

质文明探险之旅。就此角度而言，平行研究开展的过程实际就是平行的双方互相影响的历程。

案例三

钱锺书的《谈艺录》

以钱锺书《谈艺录》为例，该书标榜谈艺衡文，以打通中西为指归。钱氏在《谈艺录》初版序中曾经明确交代他著此书的路数及用意为“凡所考论，颇采二西之书，以供三隅之反”①。这里，“考”是考据以“勘定事实”，是影响研究的方法；“论”是论述以“寻求解释”，是平行研究的路子；“二西”是耶稣基督之欧美文化与释迦佛教之印度文化；“三隅之反”是借“外来之观念和材料与本国之观念与材料互相参证”以达到“举一反三”的目的。这一过程，正是平行研究借“南学北学”，泛“东海西海”，双方互相影响，以“交互映发”出异质文化在深处“道术未裂”，具备“心理攸同”的“文心”。②

从复兴以来中国比较文学的发展脉络来看，有实质关系的中西文学文化间的影响研究较之平行研究不遑多让。然而在当今全球化的背景下，建基在中西两种异质文明间的**跨文化对话**使得中国比较文学的主要特征必然在于它是跨越两种截然不同的异质文明的比较研究。平行研究也就不可避免地成为中国比较文学的主要任务。中国比较文学在接下来的发展中必须勇于接受平行研究的挑战，正视学界中普遍存有的一种直面平行研究时的畏难情绪，彻底摆脱“妖魔化”的倾向，为平行研究正名。

我们究竟需要一种什么样的平行研究？中国的迅猛发展，迫切需要现在的比较文学为着更新传统文化，努力做好一种有信用的平行研究。这种去“妖魔化”后的平行研究，绝不是一种欧化或者“自我东方化”立场转移后的“全球化”研究。③ 我们在学西方的道路上已经摸索了百年，中国学者相应的知识装备和学识学养的提高固然已经可以向浅陋的“三随式”“文学比较”说不，但更重要的是要坚信中国比较文学界已经具备能力去做好一种真正有助于彼此间通透理解、互资镜鉴的平行研究，一种在全面复兴与文化自信的时代大潮中互相“照亮”与双向阐发的平行研究。质言之，去“妖魔化”以后的比较文学研究就是积极开展建立在互相影响基础之上的平行研究。

其三，从平行研究“**可比性**”来看。

1932 年陈寅恪在《与刘文典教授论国文试题书》一文中曾经说过：

盖此种比较研究方法，必须具有历史演变及系统异同之观念。否则古今中外，人

① 钱钟书．谈艺录．北京：中华书局，1993：序．

② 乐黛云，王向远．比较文学研究．福州：福建人民出版社，2006：95－98.

③ 傅修延．中西叙事传统比较论纲．学术论坛，2017（2）．

天龙鬼，无一不可取以相与比较。荷马可比屈原，孔子可比歌德，穿凿附会，怪诞百出，莫可追诘，更无所谓研究之可言矣。[①]

陈寅恪仿佛已经天才般地预见到了今日的平行研究如不“具有历史演变及系统异同之观念”，就必然导致“穿凿附会，怪诞百出，莫可追诘，更无所谓研究之可言”的“妖魔化”局面。吾辈深感今日平行研究非“妖魔化”的呼吁与比较文学可比性原则的建立，完全是一件“本来具足，不假外求”的任务。只是多年来，陈寅恪的忠告一直被我们选择性遗忘了。

辨明影响研究与平行研究两者间的联系，就是要认识到两种研究在具体的比较文学研究的开展中必然密不可分，两者互为君臣，相与佐使。传统上把比较文学研究得以成立的约束条件定义为“可比性”原则。但何为“可比性”，虽然有不少的定义，如强调比较文学跨越性视野方面有“跨国界或族界、语言界、文化界四者必居其一”可比性，强调比较文学历时的影响研究方面有“基于同源性因果事实联系”可比性，强调比较文学共时的平行研究方面有“基于功能性规律理论认识”可比性，强调比较文学科际整合的跨学科研究方面有“基于互渗性阐发的交汇互动”可比性，等等，具体如何操作，却往往语焉不详。更重要的是，比较文学研究范围的极大拓展已经使得以上种种“可比性”名存实亡。当“可比性”不再具有实际约束力时，“妖魔化”滋生泛滥也就不足为奇。

因此，这里提出重建比较文学可比性的问题。特别是呼吁建立一种摆脱“神话化”与“妖魔化”两种不良倾向，从影响研究和平行研究辩证关系的认识中，合理有效地开展比较文学研究的“可比性”原则。有鉴于此，“比较研究方法，必须具有历史演变及系统异同之观念”，这就是今日摆脱“神话化”与“妖魔化”等不良倾向以合理有效地开展比较文学研究的可比性原则。

作为一个史学家，陈寅恪的观点如“即以今日中国文学系之中外文学比较一类之课程言，亦只能就白乐天等在中国及日本之文学上，或佛教故事在印度及中国文学上之影响及演变等问题，互相比较研究，方符合比较研究之真谛”等，固然是从影响的角度来强调比较文学的研究范畴，但更主要的本意在于严厉批评动辄泛比、乱比的“文学比较”。陈氏本人历史学家的治学路径使得其研究或更加偏重历史学的实证方法，但他对于“有根据、有创意的平行研究”也“并不反对”，如《论〈再生缘〉》所涉对于中外文学的比较考察，甚至对于阐发研究的双向诠释范式还有所推动。[②] 今天学界对陈寅恪之比较文学研究思想的解读还需要深入。实际上，“比较研究方法，必须具有历史演变及系统异同之观念”这一原则，也完全可以将影响研究和平行研究两种类型融合于可比性一身而自洽。因为陈寅恪的这一观点与本章所强调的有信用的平行研究的两方面特征相当契合，即研究者需要预先受到平行的另一方很深的影响，进而达致对异质文化“系统异同之观念”有相当的体认；平行研究开始后的过程实际上也就是平行的双方产生实质影响后迈入“历史演变”的历程。

其四，从比较文学工作者的**“知识装备”**看。

---

① 陈寅恪．与刘文典教授论国文试题书//陈寅恪先生全集．台北：里仁书局，1979：1369.

② 乐黛云，王向远．比较文学研究．福州：福建人民出版社，2006：87－90.

我们一直在苦苦寻求的夯实比较文学信用根基的解决之道，其实不需要外求，陈寅恪与王国维两人在研究上的前瞻性与国际性至今还值得比较文学研究者好好学习借鉴。国内的比较文学通行教材中，把“知识装备”一语纳入方法论体系进行专门论述的唯见孙景尧主编的《简明比较文学教程》。从四十年来中国比较文学发展的实际来看，这个“知识装备”问题被严重忽视了。在中外交流与对话不可避免地愈加频繁的大前提下，比较文学无疑是一门“显学”；但更严格来说，这个大前提也决定了从事比较文学的准入标准非常之高，比较文学无疑更是一门“险学”。这一点，读者仅需对比较文学那些屡被诟病的“妖魔化”研究稍加留心，自会明白。在《简明比较文学教程》一书中，孙景尧在法国汉学家艾琼伯对处于最理想状态比较学者知识架构的期望的基础上，把中国的比较文学工作者开展研究必须具备的基本“知识装备”分为三个依次递进的层面：本学科的知识（含外语要求），跨学科的知识，尽可能多的文明、文化背景知识。[①] 这一分类颇为精当，但失之概括性力有不逮。今引用王国维的一句话予以进一步申明：

> 异日发明光大我国之学术者，必在兼通世界学术之人，而不在一孔之陋儒固可决也。[②]

唯有“**兼通世界学术**”，才是今日的学者从事比较文学研究最扎实有效的“知识装备”，也只有佩戴了此装备的比较文学，方能“发明光大我国之学术”，最终从比较文学实践走向一种开放性的世界文学。[③] 按照王国维的本意，今日的研究者必须对包括哲学在内的中、西方思想文化都有系统性学习与掌握，方能做到“兼通”，今日学者从事平行研究必须受到异质文化的另一方的深刻影响，且有真切的感悟与触动，方能成就有信用的比较文学研究。王国维的悲剧精神与天才情结与叔本华的悲观主义哲学的契合，才成就了一部里程碑式的红学研究著作《〈红楼梦〉评论》。一言以蔽之，今日之比较文学研究者，如不能做到至少在某一方面“兼通世界学术”，还是难以避免“妖魔化”研究。另外，王国维的“世界学术”理念相较“世界文学”概念，更值得中国比较文学界大力倡导。如果说，“世界文学”是比较文学学科的美好愿景，更是一个迄今争议不断的命题，难免中心主义与民族主义的纠葛牵绊；那么“世界学术”则不然[④]，它更为贴近比较文学的研究实践，更具有可操作性，它是比较文学工作者的“知识装备”，更是今日众多有着比较情怀的学者念兹在兹、不懈耕耘的学术沃土。

案例四

《学衡》与王国维的思想转变

1925 年吴宓就任清华大学国学研究院主任，受其影响，陈寅恪、王国维、梁启超等也成为《学衡》的撰稿人，尤其是王国维，短短几年内在

① 孙景尧．简明比较文学教程．南京：江苏教育出版社，2007：91－102.

② 王国维．奏定经学科大学文学科大学章程书后//王国维全集：第十四卷．杭州：浙江教育出版社，2009：36.

③ 方维规．何谓世界文学？．文艺研究，2017（1）.

④ Prendergast. Debating World Literature. London：Verso，2004.

《学衡》刊文即达20篇之多。[①] 过去学界一般为“学衡派”贴上保守主义的标签，近些年学界已经逐渐意识到这一结论过于武断。但对于“学衡派”之于中国比较文学萌蘖期的意义，则仍然认识不足。别的不说，吴宓作为我国比较文学学科的奠基人之一，他的一贯主张“今欲造成中国之新文化，自当兼取中西文明之精华，而熔铸之，贯通之”，与“学衡派”的宗旨“昌明国粹，融化新知”之间的关联与认识，我们就没有透彻理解。在当时新文化运动的大潮中，激进派与保守派等各路主张，都是在处理如何面对西方文化的根本性问题，都参与了这场启蒙运动，其差异在本质上只是学术进路的不同，不能截然两分。

以此角度而言，王国维从前期“俨然一今之新人物”180度大转弯为后期“思想言论，粹然一轨于正”就不难得到较为合理的解释。[②]“学衡”诸人批评新文化运动诸位干将一味“模仿西人，仅得糟粕”，与“昌明国粹，融化新知”之间存有明显的张力。可以这样理解：在比较文学研究中一味模仿西方，不是中国文化的出路，更难免“妖魔化”倾向，唯有把平行研究扎根在影响研究的沃野之上，方能“融化新知”，进而“昌明国粹”。其背后凸显的正是每一个比较文学工作者应有的“知识装备”问题与影响研究和平行研究两种类型间的辩证关系问题。

概言之，以上所辨明的两种类型间关系有四个方面：第一，影响研究是基础，严肃的平行研究离不了影响研究；第二，平行研究是比较文学的新挑战与高级阶段，有着自身诉求和远大理想的中国比较文学必然要直面东西方异质文明间的对话与沟通；第三，“比较研究方法，必须具有历史演变及系统异同之观念”，是具体判断某一项比较文学研究是否有信用的可比性原则；第四，更进一步，“兼通世界学术”，是今日比较文学工作者应有的较为理想的“知识装备”。

第三节
迈向国际比较文学第三阶段

关键词

比较文学研究类型　学派之争　中国学派　国际比较文学第三阶段

---

① 乐黛云，王向远．比较文学研究．福州：福建人民出版社，2006：54.

② 纪建勋．王国维与比较文学．中国比较文学，2018（1）：59－69.

国际比较文学学会的每一届年会素有比较文学“奥运会”之称。2019年在澳门召开的国际比较文学学会第22届年会，表明国际比较文学发展已呈现“中心发散”趋势，成为中国比较文学真正复兴并深度参与世界比较文学“多元竞艳”的标志性事件之一。如何及时从学科方法论上进行回顾与展望，这是中国比较文学复兴四十余年来必须面对的问题，也是未来中国学派推卸不掉的责任。

需要注意的是，学界对**比较文学研究类型**方面的研究长期以来一直缺少关注，少有专门的论著来讨论“研究类型”问题。仅见的一本还是在1993年出版、由赵毅衡和周发祥两人所主编的《比较文学研究类型》①。研究上的严重匮乏与国内比较文学研究类型划分上的极度混乱形成了鲜明对比。由乐黛云等人所著的《比较文学原理新编》（简称《新编》）单独开辟一节“研究类型的建构与流变”，来专门论述比较文学学科长期以来在学科方法论尤其是研究类型划分上的“麻烦”：

> 就学科理论建设而言，在研究类型的规范化和系统化方面，却碰到了不易解决的困难。相当长的一个时期以来，比较文学研究者们都在试图借助某种分类标准，将各种研究类型纳入一个完整统一的研究框架，建构一个具有可操作性的有机系统。但结果总是不尽如人意。②

翻阅通行的比较文学概论性教材，大体上都是把影响研究和平行研究作为并列对举的一级。如孙景尧主编的《简明比较文学教程》就把比较文学研究划分为影响研究、平行研究、跨学科研究与新专题研究四个大类。陈惇、孙景尧、谢天振主编的《比较文学》分为“文学范围内的比较研究”“跨学科的比较研究”“当代文化理论与比较研究”这三个大类，把影响研究和平行研究置于“文学范围内的比较研究”这一大类下予以讨论，然后在两者之下，再细分为渊源学、媒介学、流传学、文类学、主题学、比较诗学等次一级的分类，有时候要再加上形象学、文学人类学、国际汉学等等新兴的研究种类。教育部“马克思主义理论研究和建设工程”教材《比较文学概论》则把影响研究、平行研究与变异研究作为比较文学的三大研究领域。这里特别值得一提的是陈惇、刘象愚合著的《比较文学概论》，把影响研究、平行研究、阐发研究、接受研究定义为比较文学研究的四种基本类型，把其他研究种类作为上述基本类型在文学范围或跨学科范围的具体化表现。由杨乃乔主编的《比较文学概论》则直接通过一章“学派论”把影响研究、平行研究、历史诗学研究、阐发研究与各自背后的相应学派一一对应起来讨论。后两种教材对研究类型问题的独特处理值得我们思考与借鉴。

从积极的方面看，这些分类方法都与四十余年来中国比较文学的学科史结合在一起，将类型划分与学科的发展脉络结合起来，尽量做到把不断拓展的比较文学研究范围纳入比

---

① 赵毅衡，周发祥．比较文学研究类型．石家庄：花山文艺出版社，1993．

② 乐黛云，陈跃红，王宇根，等．比较文学原理新编．北京：北京大学出版社，1998：135-136．

较文学学科体系。然而，无论怎样操作，都难免比较文学研究类型划分上的困难与混乱。很多时候这些分类看起来让人非常困惑，造成这种分类困难或者说分类混乱的原因是什么？造成影响研究和平行研究两者疏离的这种划分标准，究竟是属于学派之分还是类型之分？《新编》给出的解释是，分类标准的多样性与按照某一条倾向性的标准硬性分类之间存有的逻辑矛盾是造成类型划分混乱的问题所在。《新编》还进一步建议，应和理解比较文学的定义一样，从“开放性、动态性、过程性”的原则来考虑将类型问题作为一个过程来看待，重点关注各种类型及其组合的“学术价值和生命力”，实际上是回避了比较文学的类型划分这个“麻烦”。① 但结合本章上一节的论述，我们或许应将此问题的讨论引向造成混乱背后的根源：影响研究和平行研究在类型划分中的地位问题。

对研究类型的划分背后潜藏着一个问题：学界把影响研究与平行研究并举讨论的时候，一般是把法国学派与美国学派放在同一个语境的。正如上文所述，从国际比较文学学科史来看，比较文学在研究类型上的这种二分更多的是法、美**学派之争**的结果。自 20 世纪 60 年代双方开始努力弥合分歧与修正自身不足起，横亘在影响研究和平行研究间的壁垒已经被打破，接受研究、形象学、比较诗学等新的研究相继兴起，就是两种研究类型互相结合的体现。这里仅以接受研究为例。因为“接受理论”和阐释学的兴起，自 20 世纪 60 年代末开始，有鉴于影响研究过于强调因果关联的机械考察或者过分重视不同民族作家或作品间的相互关系的发掘，而忽略了作家作品对跨越民族的广大读者的接受乃至参与作用的考察，有学者甚至倡导用比较文学的接受研究来替代受到批评的影响研究，或者把接受研究作为比较文学研究中的第四种类型。② 这种在影响研究的基础上运用接受美学的理论来阐释读者的创造性活动，凸显出来的正是接受研究连接影响研究和平行研究的间性特征。实际上，中国比较文学发展四十余年来的经验教训也提醒我们，不仅要注意考察影响研究和平行研究两者间的辩证关系，还需要重视考察比较文学研究的中国特色及其意义。这里以阐发研究为代表范式从四个方面予以说明。

第一，无疑，中西文化异质的现实决定了中国比较文学研究的主要内容应该是以跨文化研究为主要特征的阐发研究，它特别适合系统迥异的两种文明间的平行研究。

第二，无论是单向阐发还是双向阐发，这种跨越中西两大异质文明的比较研究很难讲是纯粹属于影响研究还是平行研究。它看起来更多是一种在发生了影响之后所进行的平行研究，本章上节的论述也证明了这一点。正是阐发研究的这种间性特征把影响研究和平行研究有效串联起来，体现了影响研究和平行研究两大研究类型之间不是截然二分而是紧密联系在一起的。

第三，阐发研究的包容性很强。长期以来，跨学科研究在比较文学研究类型的归属中处在一个不清不楚的位置上，有人认为跨学科研究属于平行研究，但也有很多人认为跨学科

---

① 乐黛云，陈跃红，王宇根，等．比较文学原理新编．北京：北京大学出版社，1998：137．

② 陈惇，刘象愚．比较文学概论．修订版．北京：北京师范大学出版社，2000：108－157．

研究是与影响研究、平行研究并列的科际整合研究，等等。而实际上，跨学科研究在本质上就是一种借助其他学科的理论来阐释文学现象的尝试，在学理性上归属于阐发研究无疑最为合理。

第四，对于阐发研究的定位，长期以来国内一直存在争议。争议主要围绕着是否可以把阐发研究作为可以与影响研究之于法国学派、平行研究之于美国学派鼎足而立的中国学派展开。这里不妨提醒大家注意反思阐发研究在我国比较文学研究中的尴尬地位：明明是中国比较文学的主流研究范式，却一直得不到应有的承认。其原因，正是“影响的神话化”尤其是“平行的妖魔化”等不良倾向，严重损害了阐发研究的信用，使不少学者不能勇于承认阐发研究在中国比较文学研究类型中的代表性地位，遑论为阐发研究所对应的跨文化研究之“中国学派”摇旗呐喊了。

以上四个方面的讨论看起来倾向于支持把阐发研究、跨学科研究抬高到与影响研究、平行研究并置的地位，也为中国学派的建立做好了铺垫。然而先不说学界反对“中国学派”急于“上位”的激烈批评之声。①

其一，从逻辑上来讲，比较文学研究分为两类就已经足够：存有事实关系的比较文学研究与不存有事实关系的比较文学研究，它们分别与影响研究和平行研究这两种类型相对应。阐发研究、跨学科研究等在本质上仍然可以纳入平行研究的范畴而自洽。因此，无论怎样操作，依据何种分类标准，影响研究与平行研究都应该是比较文学研究的根本范式与原始类型，其他新兴的研究类型只不过是这两者尤其是平行研究的理论变种或者有益补充。依据哲学上的“奥卡姆剃刀”原则：如无必要，勿增实体。它们都可以依据剃刀原则作为冗余剃掉，从而纳入比两者低一级的子类。

其二，未来的学派之分。目前比较文学在研究类型上的这种二分更多的是法、美学派之争的结果，其实质是学派之分。而今天的比较文学已经在强调影响研究和平行研究的互相结合，把众多新兴的比较文学研究分支强行二分，既非合理，更无必要。硬性安置、强行划分的结果必然是逻辑上的混乱。那么，我们就有理由期待具有中国特色与间性特征的阐发研究。它是中国比较文学跨文化研究的范式，非常有希望成长为未来的“中国学派”。本节谨慎支持未来比较文学研究类型的新格局将会出现影响研究、平行研究、阐发研究三足鼎立的局面。这种在学派之分上的三足鼎立，不是一种空间性的并列放置，而是一种时间性、研究上的先后演进，由“影响研究”到“平行研究”，再由“平行研究”到“阐发研究”。在此意义上，比较文学的“中国学派”是可以成立的。

然而学派的建立永远不会是自封的。中国比较文学的当务之急是把影响研究和平行研究的关系梳理清楚，超越影响研究和平行研究的人为藩篱，摆脱平行研究的“妖魔化”倾

---

① 比较文学界关于建构“中国学派”的努力及对其的激烈批评，从中国比较文学学科 1978 年复兴开始，从来就没有真正消歇过。新近较有影响的批评有方维规的论文［方维规．理不胜辞的“世界情怀”：世界文学的中国声音及其表达困境．探索与争鸣，2016 (11).］。

向。从此角度而言，阐发研究正是打通“影响”与“平行”两者悬隔的解决之道。此种研究在具有事实影响的畛域内具有很强的操作性，这一点已为中国比较文学的学科发展所证明。至于在没有事实影响的更大范围，近年国内比较文学研究的新趋势表明，国际汉学研究似乎是一种他山之石。中国学是一门海外研究中国的学问，它驱动中西之间建立起可靠的事实关联；国际汉学的兴起，吸引东西方学者运用各种平行研究的方法，双向阐发出可资借鉴的异域智慧。因此，它可以看成是一种建立在具备事实关联的互相影响之上的平行研究。

比较文学的开放性、跨越性表明不断敞开自身、超越自我的比较文学是最没有学科界限的。① 比较诗学、国际汉学、文学人类学等种种比较文学新生代研究类型的兴起，对于平行研究的意义即在于此。也正是在这一背景下，上海师范大学比较文学研究中心主办的《国际比较文学（中英文）》期刊应运而生了。② 它的办刊宗旨正在于主张扎实的文献实证与高深的美学思考相得益彰，引领比较文学走向影响研究与平行研究的和合。

近些年，严绍璗、曹顺庆等人一直在积极推动“变异学”研究（variation studies），并试图从学科方法论高度，并结合国内外比较文学史来消解“影响研究”和“平行研究”的二分。③ 这种努力的背后所体现的正是当今国际比较文学界在方法论上由“二分”到“和合”的发展趋势。在这个意义上，我们要迈向国际比较文学**第三阶段**。

此种“第三阶段”，不是从欧洲中心的“法国学派”，到美国中心的“美国学派”，再到今天很多人所想象与一厢情愿的中国中心的“中国学派”。比较文学与其说是危机重重，不如说更像是全球化时代裹挟着当下逆全球化潮流的一种研究范式。这种研究范式下的比较文学及其“世界文学”理念，已经逐渐意识到法美“学派之争”时期的比较文学研究需要“椭圆形折射”或“离心力”的牵引。④ 国际比较文学第三阶段应该如高利克（Marián Gálik）所期望的那样“偏向性”逐渐消隐，以确保能够“接纳全世界的比较文学研究实践”。⑤ 它姗姗来迟，也是在这个意义上，基于异质文明同情性的比较文学“跨文化研究”大有可为。⑥

---

① Spivak. Death of a Discipline. New York: Columbia University Press, 2003: 16.

② 2017年8月9日，由上海师范大学主办、国家重点学科——比较文学与世界文学研究中心承办的《国际比较文学（中英文）》（*International Comparative Literature*）杂志正式获得中华人民共和国期刊出版许可证和国家正式刊号，这也是2017年上半年全国创办的唯一一家人文学科期刊。《国际比较文学（中英文）》杂志的前身是国家重点学科前负责人孙景尧教授于20世纪80年代初创办的英文学刊《文贝：中国比较文学研究》。它以助力“中国文学走出去”为宗旨，把国内一流学者如钱锺书、季羡林、杨周翰等人的不少代表性论著译为英文，在国内外比较文学界享有盛名。《国际比较文学（中英文）》的办刊宗旨是：“向国外推介具有中国特色、中国风格、中国高度的文学与文化多学科整合研究之原创性论文。突出以文学为中心的跨文化、跨学科研究，推动比较文学学科发展，促进中外文化对话交流。”这表明国家对中国比较文学走向世界的支持，是新形势下中国比较文学的重大机遇。

③ 两人近些年的努力集中体现在以下一中一英两本著作中。严绍璗．比较文学与文化“变异体”研究．上海：复旦大学出版社，2011；曹顺庆．The Variation Theory of Comparative Literature. Heidelberg: Springer, 2013.

④ Damrosch. What is World Literature? . Princeton: The Princeton University Press, 2003: 281.

⑤ 方维规．何谓世界文学？．文艺研究，2017（1）.

⑥ 刘耘华．学术前沿：跨学科对话与平行研究的方法论建构．中国比较文学，2018（1）.

本章小结

本章主要梳理了中国比较文学自 1978 年学科复兴以来的一些重要的方法论、研究类型观念，对其进行了整体性的把握。本章先分析了当下学界存在的“影响研究的神话化”与“平行研究的妖魔化”问题，指出这与比较文学法国学派与美国学派的争论是分不开的。并从当下的比较文学学科危机出发，进一步思考影响研究与平行研究的关系：一方面，影响研究仍然在比较文学研究中具有基础性的作用；另一方面，平行研究要把握好本土文化与异质文化的关系，抓住其中的可比性，由此，研究者得以在扩充知识装备的基础上会通世界之学术。

同时，本章也思考了关于比较文学的“中国学派”问题，“中国学派”应当先厘清已有的比较文学研究类型，探明其关系，在此基础上突破旧有的束缚，走出一条自己的比较文学道路。只有如此，才能在迈向国际比较文学第三阶段这一时期使得中国比较文学有令人瞩目的发展。质言之，具有中国特色与间性特征的阐发研究，既是今天国际比较文学第三阶段“中国学派”的先声，又意味着明日基于异质文明同情性的比较文学“跨文化研究”必将蔚为大观。

思考与练习

1. 如何理解“影响研究的神话化”?
2. 如何理解“平行研究的妖魔化”?
3. 就“如何处理影响研究与平行研究的关系”谈谈你的看法。
4. 如何理解王国维与学衡派之间的思想关系?
5. 简述比较文学学科为何长期在研究类型划分上遇到“麻烦”。
6. 如何理解阐发研究在比较文学研究中的定位?
7. 对如何迈向“国际比较文学第三阶段”谈谈你的看法。

拓展阅读

1. 赵毅衡，周发祥．比较文学研究类型．石家庄：花山文艺出版社，1993.
2. 方维规．思想与方法：地方性与普世性之间的世界文学．北京：北京大学出版社，2017.
3. 纪建勋．王国维与比较文学．中国比较文学，2018 (1)：59 - 69.
4. 李庆本．跨文化阐释的多维模式．北京：北京大学出版社，2014.

5. 罗钢，刘凯．影响的神话：关于“田冈岭云文论对王国维‘意境说’的影响”之辨析．清华大学学报（哲学社会科学版），2015（4）：14－28.

6. 罗钢．传统的幻象：跨文化语境中的王国维诗学．北京：人民文学出版社，2015.

7. 王国维．王国维全集：第十四卷．杭州：浙江教育出版社，2009.

8. 陈寅恪．陈寅恪先生全集．台北：里仁书局，1979.

9. 严绍璗．比较文学与文化“变异体”研究．上海：复旦大学出版社，2011.

第七章

台港澳及海外华人的比较文学及其诗学传统

本章要点

本章主要讨论台港澳及海外华人的比较文学及其诗学传统。首先把中国内地作为一个比较的基点，聚焦中国台港澳地区比较文学的学科建设与发展、代表性研究成果及研究特点，展现台港澳地区比较文学发展状况；其次把海外华人尤其是中国比较文学学会旅美学者分会的比较文学研究作为第二个比较的基点，围绕跨文化视野中的中国文学研究、构建中西比较诗学理论体系的探索、中国抒情传统的开创和研寻三个层面，爬梳海外华人比较文学研究的成就及特色；最后在厘清以上两方面脉络的基础上，重点辨析台港澳及海外华人比较文学方法论，尤其是"比较文学中的'中国派'之于'中国学派'""'文学比较'之于'比较文学'""'中国抒情传统'之于'跨文化研究'"等重要议题，对国际比较文学发展第三阶段的方法论意义。

正如"港澳台侨"在我们国家政治、历史上具有的特别地位一样，本章所论"台港澳及海外华人的比较文学"在我国的比较文学史上也具有特别的意义。此种特殊意义，正如本章作者之一、美国印第安纳大学比较文学系教授、曾任美国比较文学学会主席暨国际比较文学学会跨文化研究委员会主席的欧阳桢（Eugene Eoyang），在论及中国比较文学学会旅美学者分会时所言："在总结并评述中国的比较文学时，如不将该学会包括在内将有失公允。"实际上，无论是台港澳还是海外华人，他们所对应的比较文学，对于我国的比较文学史而言都不可或缺，其重要性毋庸置疑；也正因为其特殊性，我们需要对较为模糊或容易引起歧义的表述稍加辨析。

第一，关于"港澳台侨"与"台港澳及海外华人"。这里主要集中于"侨""海外华人"两种说法在表述上的重叠与差异。在《辞海》（第六版）中，"华侨"指的是"侨居国外的中国公民”，公派出国人员或海外国籍者都不属于“华侨”[①]。而“海外华人”则是一个更为宽泛的概念，可对应英文“overseas Chinese”“Chinese overseas”，在牛津词典中，“Chinese”包含了“中国人、华裔、华人”[②]，由此，“海外华人”可统称中国本国以外的华人华侨。本章采用内涵更广、更具包容性的“海外华人”概念，并结合研究主题，将具体对象确定为“海外华人比较文学学者”。所谓“海外华人比较文学学者”，这里主要是指那些出生于中国，自幼深受中国文化熏陶，后求学异地并移居海外的学者。他们虽身处海外，却以自觉的比较意识和跨文化的宏观学术视野，在比较文学研究方面做出了种种努力和尝试，本章将首先以欧阳桢关于中国比较文学学会旅美分会的总结述评为基础，然后从概说、特征与诗学传统等方面展开论述，以彰显海外华人比较文学研究的重要贡献和独特价值。

第二，关于“港澳台”与“台港澳”。其中的区别主要在于澳门。综上所述，本章集中阐述台港澳地区比较文学学科发展和研究的整体状况，以及海外华人学者比较文学研究的开展情况。因台港两地之间的比较文学界一直保持着密切联系和互动，两地比较文学可以说相互影响、互为依存，因此并在一起考察其整体表征；而澳门的比较文学看起来“稍显薄弱”，实际上却另有特色，它属于比较文学在广义上的体现，即比较文化的范畴。由于澳门在中外交流历史上特殊的“桥头堡”地位，相应的中外文学文化关系研究富有深厚的历史底蕴，其特色与重要性均不容忽视。因此，我们不用一般说法中更为常见的“港澳台”，把具有更多联系的台湾和香港并置，与具有鲜明中西文化交流属性的澳门一起，称为“台港澳”。

第三，关于“中美比较文学双边讨论会”与“中国文学与比较文学学会”。有两个关于中美比较文学的学术平台于 20 世纪 80 年代创立，迄今还活跃在国际比较文学舞台上，对于中国比较文学的复兴与今日的繁荣发展发挥了重要的推手作用。一个是“中美比较文学双边讨论会”，首届讨论会由中美双方比较文学界各派 10 位代表性学者参加，由钱锺书、王佐良等中方学者牵头组织，于 1983 年在中国的北京、上海、成都三地举行。第二届则于 1987 年在美国的三地召开，此后的历届“中美比较文学双边讨论会”遂由中美双方轮流主办并一直持续至今。另一个是在美国成立的“中国文学与比较文学学会”。20 世纪 80 年代该学会由时任中国比较文学学会会长的乐黛云助推在美的华人比较文学学者成立，最初的设想是作为中国比较文学学会的一个分会，即“中国比较文学学会旅美学者分会”（The American Chinese Comparative Literature Association，ACCLA），后来该学会的名称改为更加中性的“中国文学与比较文学学会”（Association of Chinese and Comparative Literature，ACCL），并一直沿用至今。“中国文学与比较文学学会”年会大体上每两年举行一次，最新一次的双年会议于 2024 年 6 月在香港科技大学举行。

通过对以上三组概念的辨析，我们进一步明确了本章讨论的对象与研究主题。作为一

---

① 夏征农，陈至立. 辞海. 第六版. 上海：上海辞书出版社，2009：932.

② 霍恩比. 牛津高阶英汉双解词典. 第九版. 李旭影，邹晓玲，赵翠莲，等译. 北京：商务印书馆，2018：354.

门正式学科的比较文学是由欧美传入中国的，台港澳及海外华人的比较文学得风气之先，在充分学习借鉴的基础上，中国内地的比较文学迎来了自己的复兴与繁荣。

第一节 台港澳的比较文学

关键词

台湾比较文学　香港比较文学　澳门比较文学

一、台港澳比较文学学科的建设与发展

台湾地区比较文学学科的建设始于20世纪60年代末。1966年，台湾淡江文理学院英语系拟开设比较文学课程，但最终没有成功。1967年，剑桥大学的张心沧博士应邀来台湾大学担任硕士班客座教授，同时开设了比较文学这门课程。1968年，台湾大学（简称“台大”）文学院院长朱立民与外文系主任颜元叔开启了中文系和外文系合作创办比较文学博士班的筹划工作。1970年，台大比较文学博士班获批成立，并于翌年招生，要求申请者具有中国文学、外国文学、比较文学或语言学的硕士学位。该学位课程开设之初就体现了台湾比较文学的开放性，要求学生对中国文学、西方文学知识都有所把握，重视人文学科之间的跨学科交流以及外语学习。① 台大比较文学博士班的设立意味着比较文学专业在台湾的高等教育体制中拥有了一席之地，同时逐渐形成了一支强大的教学和科研队伍，对于比较文学学科的建设和发展具有深远意义。

台大的比较文学博士班在台湾地区独领风骚很多年，直到1994年辅仁大学成立比较文学研究所。此研究所是第一个以“比较文学”命名的研究所，强调跨领域研究。此后中正大学也于1999年成立比较文学研究所，东吴大学于2001年开设比较文学硕士班，东华大学于2005年开设比较文学博士班。这些比较文学研究所和硕博班的陆续创立，标志着比较文学的学科建设在台湾地区逐步走向成熟。

伴随着比较文学学科建设在台湾地区的逐步开展，比较文学研究论文也相继涌现，这

---

① 朱立民．比较文学的垦拓在台湾//古添洪，陈慧桦．比较文学的垦拓在台湾．台北：东大图书股份有限公司，1976：1-7.

些论文主要刊登在《淡江评论》和《中外文学》上，偶尔也散见于其他刊物。《淡江评论》是 1970 年由淡江文理学院出版的英文期刊，侧重于刊载比较文学研究的学术论文，是台湾地区较有影响的比较文学研究刊物。《中外文学》是台湾大学外文系于 1972 年创立的中文期刊，其首任主编胡耀恒在《发刊辞》中揭示了期刊的三大方向分别为文学创作、中外文学研究、外国文学译介。在三大方向中，中外文学研究扮演了领头羊的角色。1973 年 6 月，台湾比较文学学会成立，同时把《中外文学》作为学会会刊。相关活动与研究成果大都刊登于《中外文学》与《淡江评论》上，体现出台湾比较文学初兴期即已经具有的开放视野、本土意识、中国视角三个方面的鲜明特色。

香港比较文学研究的兴起要略早于台湾地区。香港两大校——香港大学和香港中文大学，对香港地区比较文学学科建设及比较文学研究的推进有筚路蓝缕之功。香港大学早在 1964 年就开设了比较文学课程，但课程内容主要侧重于欧洲各国文学，如法、德、俄等国文学之间的比较。自 1974 年起，课程开始转而重视中西文学比较。当时，从美国取得比较文学博士学位的黄德伟在港大开设东西比较文学课程，钟玲博士、梁秉钧博士也开设过有关中国现代主义诗歌以及翻译研究等专题的比较文学课程。香港大学在 70 年代成立比较文学研究所的基础上，于 1978 年开始招收比较文学专业的研究生。比较文学的课程最开始以西方文学的内容为主，后来逐渐加入了大量中国文学内容。

香港中文大学于 1974 年起开设比较文学课程，并邀请海内外知名学者前来讲授比较文学课程，其中有袁鹤翔、余光中、李达三、叶维廉、郑树森等人，这标志着比较文学在香港中文大学正式成为一门学科。1978 年，香港中文大学成立比较文学与翻译中心，其成员皆是中西比较文学或翻译学博士，该中心的比较文学组致力于中西比较文学研究，翻译组则主要负责出版中译英杂志《译丛》。在此基础之上，香港中文大学于 1984 年成立了单独的比较文学研究中心，周英雄、袁鹤翔和李达三都曾是该中心成员，他们对推动香港乃至整个中国比较文学的发展起到了重要作用。与之相应，香港中文大学分别于 1980 年和 1989 年设立了比较文学硕士班和比较文学博士班，招收来自海峡两岸及海外的学生。

香港并没有像台湾那样定期出版的比较文学专业期刊，比较文学相关的论文主要刊发在《译丛》《明报月刊》《香港文艺》等杂志上。《译丛》于 1973 年创刊，既刊登中译英的翻译作品，也发表比较文学的研究文章。

由香港大学、香港中文大学牵头，香港比较文学学会于 1978 年 1 月正式成立。香港比较文学学会通过组织、举办各种不同的大型会议、专题讨论、公开演讲及小组讨论会等活动，邀请众多国际学者参与其中，为中国比较文学的繁荣和发展做出了重要贡献。

最后要介绍的是**澳门比较文学**的情况。由于澳门地处中西文化的交汇点，澳门文化具有显著的跨文化特性。在广义的比较文学研究上，澳门有着无可替代的“桥头堡”的地位，可谓比较文化研究的重镇。

早在 1564 年，欧洲天主教耶稣会传教士就到达澳门，开启了中西文化交流的历史。中国历史上第一部英汉汉英字典《华英字典》和《圣经》的第一个汉语全译本《神天圣书》均在澳门出版，成为后世同类字典编纂和全本《圣经》翻译的滥觞。由于历史原因，澳门现居人口主要由华人、土生葡萄牙人以及侨居在澳门的葡萄牙人和东南亚人构成，因而在很大范围内通行“四语三文”，即粤语、葡萄牙语、普通话、英语（“四语”）和中文、葡文、英文（“三文”）。中西交流的历史背景和多语交流、多种文化并存的社会生态，使得澳门文化的跨文化性特别显著，也让澳门学界对于澳门的中西文化交流史及澳门当代的人文生态分外重视，对于狭义上的“比较文学”研究关注有所欠缺。澳门的大学并没有专门开设比较文学专业，比较文学研究也主要由学者独立开展，并未形成像台港地区那样的规模性和影响力。但自 21 世纪以来，澳门的比较文学研究开始赢得海内外越来越多学者的关注，不仅成立了澳门中国比较文学学会，而且各种学术交流活动和国际性会议也接踵而来，影响力在日渐扩大。

澳门中国比较文学学会于 2005 年 11 月创立，以“推进多元文化研究，提升澳门人文品质”为宗旨。学会成立之初，会员即达近百人。《澳门人文学刊》是澳门中国比较文学学会的会刊，以综合性人文学术刊物为定位，设有比较文学研究专栏。2019 年，澳门还承办了一场声势浩大、具有深远影响力的国际比较文学盛会，即“国际比较文学学会第 22 届年会”。

总之，澳门独特的地理位置、多语交流的社会生态和悠长的中西交流历史，使其具有开展比较文学研究的先天便利性。随着澳门的比较文学研究在 21 世纪迅速崛起并蓬勃发展，中国比较文学研究引起了越来越多国家的学者关注，这对于中国文学和文化走向世界、中西文化交流和文明互鉴都将起到积极的推动作用。

二、台港澳比较文学研究的开展及代表论著

20 世纪 80 年代，台湾东大图书公司出版了一套在台港地区颇具影响力的“比较文学丛书”[①]。在丛书总序中，叶维廉指出这套丛书的两个主要方向：一是寻求跨文化、跨国度的文学作品及理论之间的共同文学规律和美学据点，进而找出可能会通的线路；二是介绍和讨论近年来比较流行的西方文学理论，如结构主义、现象哲学、读者反应理论、符号学、诠释学等，并试探将它们应用到中国文学研究上的可行性及可能产生的危机。此外，叶维廉认为在中西比较文学的研究中，要寻求“共同的文学规律”“共同的美学据点”，要“藉异而识同，藉无而得有”[②]。

郑树森谙熟中西文学批评理论及文学作品，在台港地区比较文学界颇有影响力。他于

① 丛书由十一部论著组成，包括：叶维廉的《比较诗学》、张汉良的《比较文学理论与实践》、周英雄的《结构主义与中国文学》、郑树森主编的《中美文学因缘》、侯建的《中国小说比较研究》、王建元的《雄浑观念：东西美学立场的比较》、古添洪的《记号诗学》、周英雄的《乐府新探》、郑树森主编的《现象学与文学批评》、张汉良的《读者反应理论》和陈鹏翔主编的《主题学研究论文集》。这十一部论著是台湾比较文学早期学术研究成就的主要代表。

② 叶维廉．《比较文学丛书》总序//叶维廉．叶维廉文集：第一卷．合肥：安徽教育出版社，2003：15.

1982年出版的专著《文学理论与比较文学》由四篇文章和一篇附录构成。开篇《文学理论与比较文学》就比较文学在当时所发生的理论与观念之争进行探讨，尤其关注中国文学的比较研究，揭示了一些研究的方向与问题。《结构主义与中国文学研究》主要讨论了一些运用结构主义方法研究中国文学的论著，包括周英雄、浦安迪、张汉良、高友工与梅祖麟的作品。《现象学与当代美国文评》先述现象学之源流和诠释学之兴起，再介绍其在美国所产生的影响，最后兼及道家与现象学之比较。《欧洲三十年代的现代主义论辩》则是讨论卢卡契、布莱希特、阿登诺等人的观点。《文学因缘》是郑树森继《文学理论与比较文学》之后的又一部比较文学力作，收录了他以中文撰写的二十一篇论文，内容涉及对多位诺贝尔文学奖得主的论述，对于翻译与创作关系的探讨，还借助西方文学理论对叶维廉的《众树歌唱》、白先勇的《游园惊梦》及朱光潜美学思想进行阐发，并通过分析中日古典诗歌对于庞德及意象派的影响来追溯东西文学因缘。

周英雄自20世纪70年代初开始专攻结构主义，《结构主义与中国文学》和《比较文学与小说诠释》这两部著作皆是他将结构主义理论研究运用于批评实践的尝试。在《结构主义与中国文学》中，他主要借助结构主义的概念与方法，对以乐府辞为代表的民间诗歌和史传等叙事文学进行分析和解读。他的另一部代表作《比较文学与小说诠释》则是有关西方文学理论的介绍与评鉴，以及援用相应理论对传统小说和当代小说所展开的批评实践。周英雄借用了语用学、结构主义叙事、现象学、“新心理分析”等方法，分析这些作品的语言、结构、人物、叙事方式和深层意义及作者的创作心理。周英雄反对比较文学研究中对西方理论方法生搬硬套，他本人在运用西方文学理论阐释分析中国的文学作品时也会不时指出这些理论方法的局限所在。他更希望通过批评实践来寻求东西方文学“异体同型”的理论问题，渴求中西文学在理论方法上能互通有无，互为参考和借鉴。

郑树森和周英雄还合作出版了一部论文集《结构主义的理论与实践》，收录了他们二人以及程抱一、张汉良、纪秋郎、高友工与梅祖麟运用结构主义进行研究的论文，并且包含了一份结构主义的中文资料目录，可看作对这个时期台港地区结构主义研究的阶段性总结。

张汉良在比较文学理论、符号学及古代哲学典籍中的符号思想方面颇有建树。他的《比较文学理论与实践》一书分为五篇，涉及比较文学的基本概念界定、影响研究、文类研究、文学与艺术的关系研究及比较批评课题，还谈到了文学及比较文学的危机问题。全书涵盖了比较文学研究传统意义上的话题，重点放在影响研究与文类（尤其是叙述学）研究上，理论探讨与批评实践相结合。在《比较文学理论与实践》之后，张汉良主要致力于用语言符号学和生物符号学方法来研究文学，探讨比较文学与其他学科的关系。他的研究独树一帜，拓展了比较文学研究的疆域。

此外，在中印文学方面，台湾地区学者裴普贤的《中印文学关系研究》也是值得一提的研究，有学者称其为“梁启超、胡适以后祖国大陆以外中国学者研究这一课题用力最勤、考察最系统的一部作品”①。这部作品从回顾胡适、梁启超的中印文学研究工作开始，较为细致地梳理了佛教典籍的流传、翻译对中国文学的影响。

① 徐志啸．中国比较文学简史．武汉：湖北教育出版社，1996：230.

在香港地区，学者黄维樑多年来致力于中国文学和中西比较诗学的研究与实践，为中国古代文论的现代转化做了大量切实的工作。他分别于 1977 年和 1988 年出版了《中国诗学纵横论》和《中国文学纵横论》两部专著。“纵横”乃其研究方法的鲜明特征，对此黄维樑的解释是：“横的比较指拿中国古典文论和西方的文论比较；纵的继承指将中国古典文论应用于现代文学作品的批评，也就是让今人择善而从地继承中国古典文论的遗产。”[①]《文心雕龙》是黄维樑长期研究的一个专题。黄维樑以这本经典的中国文论为基础，同时以西方文论为参照，尝试建构一个古典现代中西合璧的“情采通变”的文论体系，并努力将理论应用于批评实践，以此来评析鉴赏古今中外的文学作品。2016 年，他又完成一部力作《文心雕龙：体系与应用》，同样是采用了纵横对比的学术方法对古今及中外不同文论进行了比较，打破了时空局限，体现了其新颖别致的现代学术视角，也为中国文化走向世界开拓了一条新的道路。

除了广义上中西文化交流的影响研究，目前澳门专门从事狭义上比较文学研究的较为知名的学者主要有澳门大学的朱寿桐、龚刚、张志庆等人。朱寿桐曾任教于境内外多所大学，2007 年受聘于澳门大学。朱寿桐的比较文学研究一方面着重中外文学关系“面”的系统建构（《中国现代主义文学史》和《中国现代浪漫主义文学史论》），另一方面则体现于对丹麦文艺批评家勃兰兑斯及其《十九世纪文学主流》的专题研究。他所撰写的《宽容的魔床——勃兰兑斯〈十九世纪文学主潮〉导引》一书，被认为是“迄今研究勃兰兑斯和其文学批评风格最权威的中文著作”[②]，同时也填补了比较文学研究在此领域的学术空白。

三、台港比较文学的总体特征

台港地区的比较文学学科建设及其研究经历了从垦拓到兴起，发展至今已有半个多世纪，不仅取得了令人瞩目的成绩，也培养出诸多从事比较文学研究的卓越人才，有其鲜明的特征。

第一，对台港地区来说，比较文学研究起步早，学者阵容强大。由于历史机缘和地缘优势，台湾和香港的比较文学研究起步于 60 年代，比内地比较文学研究的复兴要早了十余年。自发展初期，台港地区的比较文学队伍就有较强阵容。学者或有海外留学的经历，或在海外高校担任教职，他们普遍具有较强的外语能力，谙熟西方文学理论和文学作品，且接受过良好的学术训练，为台港地区比较文学的快速崛起和发展提供了保证。

第二，紧跟国际学术动态，重视理论的引进、译介与研究。海外求学的经历使得台港地区的研究者们普遍具有开阔的国际视野。他们从一开始便密切关注国际比较文学的动向并重视西方现当代文学理论与批评方法的引介，翻译了梵·第根、韦勒克、沃伦、雷马克、叔本华、尼采、弗洛伊德、荣格、萨特等著名学者的诸多论著。诸如台湾的《中外文学》和《淡

① 黄维樑．中国古典文论新探．北京：北京大学出版社，1996：165－166.

② 李寄．评朱寿桐先生比较文学研究的特色和贡献．文艺争鸣，2013（11）：75－83.

江评论》这样的刊物经常发表西方最新的比较文学论文。此外，有些学者还主动肩负起介绍西方最新文学理论的工作，如郑树森、周英雄、张汉良、古添洪等人通过著书或编书的方式来引介结构主义、现象学、符号学、接受美学、诠释学等西方文学理论。

第三，从本土立场出发，重视中西比较文学的理论与批评方法的探讨。台港地区比较文学研究者一直具有强烈的本土意识，在比较文学研究中始终坚持从中国文学立场出发的自觉性。他们往往既重视西方文学的传统，又立足于中国文学的实际，力图沟通中西，从整体上把握世界文学理论。如李达三所言："台湾学者最大的优点莫过于在多方的限制下，仍能保持中国的特质，并加以阐明……外国的枝可以接上中国文学的砧木上去，但若想接枝成功，那砧木一定要靠中国的土壤来培育。"①

第四，平行研究成果丰硕，偏重以西释中的实践研究。台港学者的研究成果中，平行研究占较大比重，且很多文章是通过运用各种西方文学理论对中国文学作品进行阐发研究的。精神分析、结构主义、原型批评等在当时较为前沿与热门的理论，都是台港学者常用的理论方法。

第五，研究类型多样，涉及诗歌、小说、戏剧等多种文学体裁。台港学者对于文学类型的研究多是在平行研究里开展的，既有相关理论的探讨，也有用理论来阐发作品的具体实践。在诗歌领域所取得的研究成果有叶维廉《中国古典诗和英美诗中山水美感意识的演变》、何冠骥的《中英诗中的时间观念》、钟玲《王红公英诗中的中国风味》、杨牧的《论一种英雄主义》等。有关小说的讨论有周英雄的《从语用谈小说的意义》、苏其康的《〈西游记〉韵文部分的修辞用法》、杨立宇的《西方的批评和比较方法在中国传统小说研究中的运用》等。中西戏剧方面的代表性论文有古添洪的《悲剧：感天动地窦娥冤》、张汉良的《关汉卿的窦娥冤：一部通俗剧》、周英雄的《〈懵教官〉与〈李尔王〉》等。

第二节
"中国比较文学学会旅美学者分会"的比较文学

关键词

美国的华人比较文学　中美比较文学双边讨论会　中国比较文学学会旅美学者分会

---

① 李达三．比较文学研究之新方向．增订本．台北：联经出版事业股份有限公司，1984：281.

如果不提及**美国的华人比较文学**学者的贡献，那么对于中国比较文学的描述将不完整。[①]

厄尔·迈纳在他的《比较诗学——文学理论的跨文化札记》（*Comparative Poetics: An Intercultural Essay on Theories of Literature*）（Princeton University Press，1990）的前言中承认，中西文学关系研究的先驱是印第安纳大学的比较文学研究中心，该研究中心由赫斯特·弗兰茨（Horst Frenz）教授于1949年创立，并由其担任中心主任25年。中国比较文学在美国的萌芽可以追溯到这个研究中心的华人研究先驱们，他们从1954年开始举办一系列东西方文学关系会议，每四年一次一直持续到1987年。陈颖（David Chen）是第一位在印第安纳大学获得比较文学博士学位的华人；他于1962年取得博士学位，毕业论文题为《李贺与济慈：两位诗人的比较研究》（*Li Ho and Keats: A Comparative Study of Two Poets*）。刘绍铭（Joseph S. M. Lau）紧随其后，于1966年完成论文《曹禺——契诃夫与奥尼尔的勉强弟子：文学影响研究》（*Cao Yu, the Reluctant Disciple of Chekhov and O'Neill: A Study in Literary Influence*）。1971年，欧阳桢以一篇题为《口口相传：变文中的口述故事》（*Word of Mouth: Oral Storytelling in the Pien-wen*）的论文获得学位。

1983年8月29日—8月31日，中国社会科学院外国文学研究所、文学研究所协同美中学术交流委员会在北京、成都和上海各举行了一次由10名美国学者和10名中国学者参加的**双边讨论会**[②]。美国代表团团长是专门研究日本文学的比较文学家厄尔·迈纳；美国代表团成员包括斯坦福大学的刘若愚（James J. Y. Liu），他于1962年出版了里程碑之作《中国诗学》（*The Art of Chinese Poetry*），在该领域具有开创性意义；哈佛大学的俄罗斯文学学者唐纳德·方格（Donald Fanger）；以及当时尚在明尼苏达大学的余宝琳（Pauline Yu），现在她是美国学术团体协会（American Council of Learned Societies，ACLS）理事会的负责人。中方的代表主要是一些德高望重的学者，如北京外国语学院的王佐良和北京大学的杨周翰。当时代表团中还有一名北大研究生张隆溪，现在他已是香港城市大学比较文学课程的讲座教授，也是国际比较文学学会主席。

四年后，也就是1987年，第二次双边讨论会在美国举行，分别在普林斯顿大学、印第安纳大学和加州大学洛杉矶分校举行。欧阳桢组织了那次印第安纳州之行。印第安纳大学的会议被安排在11月的第一个星期，欧阳桢在11月4日这一天带着团队去门罗湖（Lake Monroe）。代表团到达时太阳刚落山，月亮正升起。这需要一些勇气，因为11月印第安纳州可能会变冷。结果，那天天气很好，代表团乘坐印第安纳大学校友的船屋到门罗湖上游览。

门罗湖占地10 750英亩，是该州最大的湖泊，是美国陆军军需官兵团（U. S. Army

---

① 本节由曾任美国比较文学学会主席暨国际比较文学学会跨文化研究委员会主席的美国印第安纳大学比较文学系教授欧阳桢撰写。

② 姚望．中美比较文学双边讨论会//北京大学比较文学研究所《中国比较文学年鉴》编委会．中国比较文学年鉴：1986．北京：北京大学出版社，1987：361－365．

Quartermaster Corps）在20世纪60年代作为防洪措施，在印第安纳州南部景观中挖出来的人工湖。在游览之际船突然停了下来，代表团才发现船没油了。当时离海岸很近，并没有危险，于是派了一名服务员步行去找救援船。代表团点燃了蜡烛，看着太阳落下月亮升起，那一刻代表团突然发觉在当时美国的这一片湖上，居然听不见任何发动机的声音，也包括代表团自己船只的马达声，这是一种不可思议的体验。的确，这让人想起欧阳修写西湖之美的一首《采桑子》中的最后一句："人在舟中便是仙"。第二天，代表团去参观收藏有优质中国藏品的印第安纳波利斯艺术博物馆，在一幅夏圭的山水画前，有人听到杨周翰惊叫道："咦，这和昨晚的情景一模一样！"

欧阳桢在《中国比较文学家》（*The Chinese Comparatist*）（1998年1月第1卷第2期）的一篇关于研讨会的综述中记下了这次经历："……或许这次访问中最难忘的时刻发生在布卢明顿附近的一个大型人工湖上。中国代表团被悄悄带上一艘船屋，在那里观看了太阳落下和满月升起。接下来发生的事情出乎所有人的意料，当月亮升至最高点时，船上的汽油也耗尽了，湖面上一片骇人的寂静（11月的湖上没有船只穿行）。在救援到来之前的这段时间里，船屋在印第安纳州南部的一个沙洲附近搁浅着，我们这群人独享一整片湖和一轮明月。"

在20世纪80年代末至90年代，北京大学的中国文学学者乐黛云教授成为国际比较文学学会在世界各地会议上的常客（乐黛云教授曾长期担任中国比较文学学会会长）。在美国，乐教授与西北大学比较文学系研究生吴蓓玲（Wu Beiling）、印第安纳大学比较文学系博士生陈小眉（Chen Xiaomei，现为中文教授，曾任加州大学戴维斯分校东亚语言与文化系主任）共同创立了中国比较文学学会的"美国分部"，最初名为"中国比较文学旅美（学者）分会"，后被称为**"中国比较文学学会旅美学者分会"**，该协会于2009年更名为"中国文学与比较文学学会"并一直沿用至今。陈小眉为首任会长，吴蓓玲为副会长。已故的吴蓓玲被人追忆的成就中就包括：早年担任学会杂志《中国比较文学家》的编辑一职（该杂志在她去世后不久就停刊了，出版了3卷；此后以通讯形式发行至1999年）。刘康（Liu Kang，杜克大学）、鲁晓鹏（Sheldon Lu，当时在匹兹堡，现就职于加州大学戴维斯分校）、张英进（Zhang Yingjin，当时在印第安纳州，现就职于加州大学圣地亚哥分校）、Gloria Shen（当时在佐治亚州）、张诵圣（Yvonne Chang，当时及现在就职于得克萨斯州）和奚密（Michelle Yeh，当时及现在就职于加州大学戴维斯分校）先后担任过ACCL的会长。该学会于2009年在其网站上称："学会在全球拥有300多名会员，其中约三分之一目前在北美各大学担任学术职务。"

ACCL至少每两年举办一次会议，历届会议举办地点包括杜克大学（1990年）、加州大学洛杉矶分校（1992年）、印第安纳大学（1993年）、普林斯顿大学（1994年）、佐治亚大学（1996年）、墨西哥巴亚尔塔门（1997年）、得克萨斯大学奥斯汀分校（1998年）、维也纳大学和萨尔茨堡大学（1999年）、复旦大学（2001年）、伦敦大学亚非学院（2003年）、南京大学（2005年）、四川大学（2007年）。最近的会议分别在清华大学（2009年）、台湾"中央研究院"（2013年）、复旦大学（2015年）、香港中文大学（2017年）。

乐黛云教授在 20 世纪 80 年代后期帮助创立 ACCL 时，将其设想为中国比较文学学会的一个分部。因此，在总结并评述中国的比较文学时，如不将 ACCL 包括在内将有失公允。

第三节 海外华人的比较文学

关键词

海外华人的比较文学研究　跨文化中国文学研究　中西比较诗学　“中国抒情传统”

海外华人学者的比较文学研究散落全球各地，以北美地区最成气候，也最具影响力，著名学者包括美国的陈世骧、刘若愚、叶维廉、高友工、余宝琳、孙康宜、林顺夫、蔡宗齐和加拿大的叶嘉莹等。他们身处中西文化当中，深谙两种以上文学和思想传统，能娴熟运用东西方文学理论，以中西诗学对话为基础从事中西文学比较和诗学比较的研究。他们的论著往往别开生面，能成一家之言，引领后来者追随其后。整体而言，海外华人的比较文学按照逻辑线索可以归纳为以下三个方面的表征。

一、跨文化视野中的中国文学研究

海外华人的**跨文化中国文学研究**包括中国古典诗词研究和中国近现代文学研究。这些比较文学学者在这一方面形成了独特的研究体系和风格，为学界贡献了诸多有价值的成果。中国古典诗词研究是海外华人中西诗学研究者较为重视的一个领域，前文提到的海外华人学者的研究中均有论及古典诗歌或诗词的部分。

实际上，海外华人学者自身及其学术研究始终无法剥离的一个标签即“华人”，也正是因为如此，跨文化视野中的中国文学研究，也往往成为海外华人学者学术研究领域的一块天然的“自留地”。在研究上，以西方理论和作品为参照从事中国古典诗词研究和批评实践是主要进路，其中两位华裔女性学者在这一领域成就显著。

加拿大籍华人女学者叶嘉莹是国际知名的中国古典诗词研究专家。她在中国古典诗词曲的创作和古典诗词的理论与批评实践方面有许多建树，在比较诗学方面的主要著述包括《中国词学的现代观》《叶嘉莹说词》《我的诗词道路》《迦陵论诗丛稿》《王国维及其文学批评》《论词学中之困惑与花间词之女性叙写及其影响》等。

“兴发感动”是叶嘉莹诗词理论的核心，也是贯穿她研究始终的一个重要的诗学概念。在解读中国古典诗词、阐发古代诗论与词论时，叶嘉莹继承和采用了中国传统“兴”论的某些要素，提出了“兴发感动”说。她同时吸纳了西方文学批评中现象学、接受美学等方面的某些观念和术语，使“兴发感动”说成为一个具有中西融合特点的诗学概念。她从中国传统诗学发展的历史事实出发，指出中国传统文论需要借助西方的新理论来补足和扩展，同时对于西方文学理论要采取“求同存异”的态度，应“择其需要而取之”，采取融会结合的原则和方法。

案例一

叶嘉莹论王国维

我们以《中国词学的现代观》中的一个案例，来看看叶嘉莹是如何融会中西文学理论来分析王国维说词方式的。叶嘉莹先引入西方接受美学派依塞尔（Wolfgang Iser）的观点：文学作品具有两个极点：一方面是艺术的，是作者所创作的文本；另一方面是美学的，是阅读此一文本的读者。叶嘉莹认为王国维以“众芳芜秽美人迟暮之感”来说李璟的《山花子》词，主要是透过读者的感发赋予了作品一种新鲜的生趣，因此与接受美学和读者反应理论形成一种暗合。随后叶嘉莹又切换成中国诗论的视角来进行分析。中国传统诗论中特别重视“兴”的作用，既有作者“见物起兴”的感发，也有读者阅读时“诗可以兴”所引起的感发，由此叶嘉莹认为王氏说词深受“诗可以兴”的影响。再通过文本细读和语言结构分析，叶嘉莹进一步阐明王国维生发出“众芳芜秽美人迟暮之感”是因为文本本身蕴含了引发王氏感发的潜能。比如“菡萏香销翠叶残”中“菡萏”一词，虽和“荷花”同义，在文本中产生的作用和效果与之却大相径庭。因此她认为王国维感发说词的方式，表面看似一己读词偶发之联想，但实际上则是既可以为之找到西方理论的依据，也蕴含着中国传统诗论重视感发的深厚根基。

美籍华裔女学者余宝琳同样在中国古典诗歌、文学理论和比较诗学方面取得了令人瞩目的成就。余宝琳深谙中、英、德、法四国语言和思想传统，在中国诗学问题及古典诗词研究方面能够自觉采用多种批评方法，以中西诗学对话为指归，在比较互鉴中别开生面，自成一家之言。余宝琳的学术专长是中国古典诗歌研究，特别是唐诗的研究。她于 1980 年发表英文专著《王维的诗：新译及评论》，是对中国唐代诗人王维诗歌作品的英译、笺释和评论。她在评论中不时融入了西方象征主义诗学和现象学的理论方法，别具特色，在美国汉学界有十分不错的口碑。此外，余宝琳对于中西诗歌中的隐喻和讽喻现象也特别关注，其学术思想主要集中在《隐喻和中国诗》《讽喻、讽喻性和〈诗经〉》以及《中国诗歌传统中意象的读法》三篇英文著述中。特别值得一提的是《中国诗歌传统中意象的读法》一书，是余宝琳关于中国诗歌意象理论的主要著作，书中她对中国古典诗歌从《诗经》到屈原到《古诗十九首》再到唐诗的意象发展脉络进行了独到细致的梳理。

在中国近现代文学方面，美籍华裔学者张英进在中国近现代的都市文学、电影文化等领域耕耘多年。张英进20世纪90年代赴美国深造，获美国斯坦福大学文学博士学位，后于美国加州大学圣地亚哥分校文学系任职。《中国现代文学与电影中的城市》是研究中国现代文学的力作，英文版在1996年由美国斯坦福大学出版社出版，2007年则由江苏人民出版社出版中文版。该书以跨学科的视野，兼论近代中国文学与电影中的“城市形象”——描述小镇、古城、现代都市等文学空间和其中的人物形态，并以京派、海派作家作品为例，阐述了现代文学创作中城乡之间、中西之间的文化融合与矛盾。2008年由上海三联书店出版的《影像中国：当代中国电影的批评重构及跨国想象》则是以电影艺术为对象，立足于跨国文化的政治视野，讨论中国电影在文化生产、文化影响方面如何进行对中国城市的“本土-全球性”构建。

二、构建中西比较诗学理论体系的探索

20世纪中叶开始，西方学者逐渐意识到将视野局限于欧美文学体系内部研究的狭隘性，随后一些汉学家和华裔学者率先开始了**中西诗学的比较研究**，并从学理上探讨了这种比较研究的必要性以及可行的研究路径。其中，对中西比较诗学理论体系进行探索并产生较大影响的学者包括刘若愚、叶维廉和蔡宗齐。

首先，华裔中西比较诗学研究学者刘若愚以治中国古典文学及文艺理论享誉海外，对中国古典诗歌的研究尤其精湛。刘若愚于1962年出版了英文版《中国诗学》，在西方文学界备受推崇。书中刘若愚采用现代西方的观点和方法对中国古典诗歌语言进行了比较研究。虽然《中国诗学》里的某些观点尚不够成熟，但这是他在西方学术语境下研究中国传统诗学的一次大胆尝试，也为后来他创立中西比较诗学理论体系做了必要的前期铺垫。

1975年，刘若愚出版了英文专著《中国文学理论》，旨在向西方读者介绍中国文学理论，出版之后在海内外比较文学界产生了很大的影响。刘若愚在这部专著中对中国文学理论体系进行重新解读和建构。他借用并创造性地改造了艾布拉姆斯的“四要素”说，用以分析中国文学理论。刘若愚从文学本体的角度出发，将中国传统文论与西方相关理论进行系统比较，通过对中国传统文论进行现代阐释，试图为中西批评观的沟通和综合铺出一条道路。刘若愚开创了融合中西诗学以阐释中国文学及其批评理论的学术道路，他的比较诗学理论体系在西方汉学界产生了重大的影响，在推动中国文学理论走向国际方面功不可没。

其次，华裔学者叶维廉是美国普林斯顿大学比较文学专业的第一位博士，曾被美国著

名诗人吉龙·卢森堡（Jerome Rothenberg）称为“美国现代主义与中国诗艺传统的会通者”，他在中西比较诗学、道家美学、中国古典诗歌等领域深耕多年，成果丰硕。

案例二

叶维廉的中西比较诗学建构

叶维廉诗学建构的第一个重点是以“文化模子”为核心的比较诗学理论，在《中西比较文学中模子的应用》一文中，叶维廉基于语言学家沃尔夫（Benjamin Lee Whorf）的“文化模子”理论发展出叶氏模子理论。在此基础上，叶维廉又明确提出了寻求跨越中西的共同文学规律的设想。他指出中西比较文学研究的首要任务就是找出在东方西方两个文化美学传统里的“同”与“异”，并通过互照互对互比互识找出共同的美学据点，以及印证跨文化美学会通的可能。

此外，他的《寻求跨中西文化的共同文学规律》和《批评理论架构之思》等文[①]，都强调要从中西文学比较的角度去重新构筑批评理论的架构与基础，进而寻求跨越不同文化的共同文学规律。叶维廉的古典诗歌研究是以西方的现象学哲学为理论架构，从诗歌的语法分析入手，并援引中国古代的道家美学，对作品的具体意象和整体境界深入探究，试图会通中西诗学传统中的美感意识。

再次，华裔比较诗学研究者蔡宗齐的研究兴趣集中于中国文学理论、古典诗歌和中西比较诗学研究，他师从高友工专修中国古典文学，并一直致力于把中国诗学推介给西方学者[②]。蔡宗齐的比较文学研究善于运用跨文化视角，以西方文论为参照，通过深入研究早期有关文学的重要典籍来构建中国古代文论体系，并致力于寻找中西方诗学各自发展历史中的内在结构。其代表作《比较诗学结构：中西文论研究的三种视角》引入内文化的、跨文化的和超文化的三种视角，通过描述中国和西方主要文学观的概貌，提出和阐述中西诗学的系统性，同时还对中西方诗学的微观构造进行比较分析，论及对于中西方诗学发展至关重要的一系列具体理论。

此外，较有影响力的学者还有美籍华裔学者欧阳桢。欧阳桢于印第安纳大学获得比较文学博士学位，后在印第安纳大学任教。欧阳桢著作颇丰，在翻译理论、中西文学关系、

---

① 这些文章包括：《严羽与宋人诗论》（收入叶维廉的著作《中国诗学》中）、《语法与表现：中国古典诗与英美现代诗美学的汇通》、《中国古典诗和英美诗中山水美感意识的演变》、《语言与真实世界：中西美感基础的生成》（后三篇收入《叶维廉文集》中）等。

② 蔡宗齐出版了英文专著《比较诗学结构：中西文论研究的三种视角》《汉魏晋五言诗的演变：四种诗歌模式与自我呈现》，并主编英文世界第一部有关《文心雕龙》研究的论著 *Chinese Literary Mind: Culture, Creativity and Rhetoric in Wenxindiaolong*，以及 *Chinese Aesthetics: The Ordering of Literature, the Arts, and the Universe in the Six Dynasties* 等作品。

比较诗学领域都有所建树。1993年出版的英文著作《透明之眼：对翻译、中国文学和比较诗学的思考》提出翻译是理解那些具有跨文化影响的文学作品意义的中心要素。欧阳桢将中国文学作为这一理论的示例，阐明了文学翻译背后有着复杂的语义冲突，这种语言和价值观的差异正是双方文化身份的体现。该著作在此基础上为一种新的比较诗学打开了道路，这种诗学承认每种文化自身的独特性，同时为一种试图超越地方性的比较方法奠定了基础。此外，在文化研究和比较文学理论上，欧阳桢还著有《双向镜：全球本地化中的跨文化研究》《创造力的承诺和前提：比较文学为何重要》。

三、“中国抒情传统”的开创与研寻

20世纪50、60年代以来，随着国际比较文学强调跨文化研究的理论转向，一批海外华人学者以文类区分为媒介，以西方文学为镜，在比较的视野下试图从中国文化的历史脉络里对中国文学特质进行整体考察。在他们的努力之下形成了一个“中国抒情传统”的谱系，在西方汉学界独树一帜。“中国抒情传统”由陈世骧开创，经高友工理论建构，再由孙康宜和林顺夫继承并得以丰富和发展。

美籍华人陈世骧是研究中国古典文学和中西比较文学的知名学者。

案例三

陈世骧的中国文学研究

陈世骧于20世纪60年代率先提出以抒情传统概括中国文学的道统。在《中国的抒情传统》一文中，陈世骧指出中国文学的荣耀并不在史诗里，而在抒情传统里。在《中国“诗”字之原始观念试论》一文中，陈世骧经考证得出中国“诗”字成形并得其字义在公元前八九世纪。并且认为以《诗经》为代表的中国诗歌，以抒情的断章为主，而稀见叙事的长篇。

在陈世骧抒情传统言说中，《原兴：兼论中国文学特质》最具代表性。陈世骧认为亚里士多德《诗作》中所谓的“诗”带有抽象的“制作”意味，适合包容史诗和戏剧这两大文类。而中国人的“诗”字却专重对诗的艺术要素本质的表现，最典型的作品是《诗经》。“诗”字乃是“自然萌芽的实体……是早期诗艺创造冲动的流露，其敏感的意味，从本源、性格和含蕴上看来都是抒情的（lyrical）”[①]。作者继而从字源学和人类学角度考察了“诗”和“兴”的本义，认为“兴”乃是初民合群举物旋转

① 陈世骧．陈世骧文存．沈阳：辽宁教育出版社，1998：146－147.

时所发出的声音，是古代歌舞乐即“诗”的原始，“诗”后来成了中国韵文艺术的通名。“‘兴’保存在《诗经》作品里，代表初民天地孕育出的淳朴美术、音乐和歌舞不分，相生并行，糅合为原始时期撼人灵魂的抒情诗歌”①。

美籍华人学者高友工，曾任教于普林斯顿大学，是当代重要的美学家和中西比较诗学研究者。他将新批评、结构主义等批评方法引入中国古典诗歌研究中，不仅注重文学形式的研究，而且深入到文学形式之下的潜在美学。他提出的“抒情美学”的“美典”问题，对20世纪七八十年代的北美及台湾地区古典文学研究产生过重要影响。在1968—1978年，他与美籍华人语言学家梅祖麟合作完成了三篇讨论唐诗“诗学”的重要论文：《杜甫的〈秋兴〉：语言学批评的实践》《唐诗的句法、用字与意象》和《唐诗的语意、隐喻和典故》。这三篇文章都从语言学角度出发来讨论唐诗，其方法从最初的新批评之文本细读发展到后来的结构主义理论对深层结构的探究。1978年，高友工回到母校台湾大学客座讲学一年，在此期间连续发表三篇文章：《文学研究的理论基础：试论“知”与“言”》《文学研究的美学问题（上）：美感经验的定义与结构》《文学研究的美学问题（下）：经验材料的意义与解释》，奠定了“抒情传统”的理论基础，并引发了当地媒体所谓的“高友工旋风”。此后，高友工围绕抒情美典理论体系展开全面而系统的研究：《中国文化史中的抒情传统》以时间为序梳理了中国文学艺术史上的抒情美典；《律诗的美学》《小令在诗传统中的地位》《词体之美典》《中国叙述传统中的抒情境界：〈红楼梦〉与〈儒林外史〉读法》等文，则讨论了律诗、词、小说等文体的抒情美典意义。至此，高友工完成了有关“中国抒情传统”各代、各体抒情美典理论体系的构建。

华裔学者孙康宜在普林斯顿大学攻读博士学位期间师从高友工、牟复礼、蒲安迪等学者。其有关抒情传统的代表作有《抒情与描写：六朝诗歌概论》和《晚唐迄北宋词体演进与词人风格》。在《抒情与描写：六朝诗歌概论》中，孙康宜以陶渊明、谢灵运、鲍照、谢朓、庾信的诗歌为研究对象，把“表现”和“描写”用作两个既对立又互补的观念来加以讨论，认为中国古典诗歌正是在“表现”与“描写”的互动中发展成一种绵密又丰富的抒情文学。《晚唐迄北宋词体演进与词人风格》同样从温庭筠、韦庄、李煜、柳永、苏轼五位词人的个案研究入手，结合词作分析、展现文人词在晚唐至北宋期间的演进轨迹，其中涉及对具体词作的抒情性探讨和对词人抒情心理的分析。

高友工的另一位学生华裔学者林顺夫主攻中国古典文学、中国文化史和现代英美文学文论。林顺夫的《中国抒情传统的转变：姜夔与南宋词》分别从“创作背景与创作行为”“情感的进程”“对物的关注”三个方面讨论姜夔词的特色，以及其在中国抒情传统中的意义。论述遵循由外而内、由表及里的逻辑结构展开。从律体到词体，从小令到长调，林顺

① 陈世骧．陈世骧文存．沈阳：辽宁教育出版社，1998：159.

夫借用西方文艺批评理论对南宋词进行“现代”阐发，不仅在形式美学上重新评价了南宋词，而且敏锐捕捉到了“中国抒情传统之转变”这一议题，拓展并深化了高友工的抒情传统思想。

第四节
台港澳及海外华人比较文学方法论的三个问题

关 键 词

中国学派　“合‘理性’”与“‘合理’性”　“文学比较”与“比较文学”　“中国抒情传统”与“跨文化研究”

本节将重点辨析台港澳及海外华人比较文学的方法论的问题，尤其是“比较文学中的‘中国派’之于‘中国学派’”“‘文学比较’之于‘比较文学’”“‘中国抒情传统’之于‘跨文化研究’”等重要议题对国际比较文学发展第三阶段的方法论意义。

一、比较文学中的“中国派”之于“中国学派”的“合‘理性’”

早在1976年，由古添洪、陈慧桦编著的《比较文学的垦拓在台湾》一书即于台湾出版。作为台湾地区的第一本比较文学论文集，《比较文学的垦拓在台湾》集中展现了台湾地区比较文学学者所做的拓荒工作。全书收录十四篇论文，既有对台湾比较文学垦拓情况的客观介绍，也有关于比较文学的定义、原理、中西文学理论及批评方法的比较研究，以及援用西方文学理论与方法来研究中国文学的批评实践。

古添洪、陈慧桦在该书序言中说：“我们不妨大胆宣言说，这援用西方文学理论与方法并加以考验、调整以用之于中国文学的研究，是比较文学中的中国派。本论文集所搜集论文，其重心即放于此中国派上，其目的即展示此中国派的比较文学的面貌及其成就，以供进一步发展的参考。”[①] “我们寄望以后的论文能以中国文学研究作试验场，对西方的理

① 古添洪，陈慧桦．比较文学的垦拓在台湾．台北：东大图书股份有限公司，1976：2.

论与方法有所修订，并寄望能以中国的文学观点，如神韵、肌理、风骨等，对西方文学作一重估。这就是本书所要揭张的比较文学中的中国派。"① 这是比较文学史上"**中国派**"这一提法的首次正式亮相。

继而，李达三在《比较文学中国学派》一文中对"中国学派"的意涵提出了自己的看法，他认为：

> 所谓中国学派，如果改称为"中庸"学派，也许更为恰当。不过，法国学派与美国学派已经奠定了以国名为命名的形式，为了配合起见，本文乃采用中国学派这一名称。受到中国古代哲学的启示，中国学派采取的是不偏不倚的态度。它是针对目前盛行的两种比较文学学派——法国学派和美国学派——而起的一种变通之道。中国学派对于比较文学在西方发展的历史具有充分的了解，因此它不独承认上述两种学派所拥有的优点，并且加以吸收与利用。但在另一方面，它要设法避免两派既有的偏失，以东方特有的折中精神，中国学派循着中庸之道前进。②

关于"中国学派"在比较文学方法上的讨论，曾任教于香港中文大学的学者袁鹤翔的《中西比较文学定义的探讨》也颇具代表性。袁氏在文中首先指出，所谓法国学派、美国学派和中间派三者间对比较文学定义的争论，实际上是对研究对象的取舍问题。法国学派（以伽列、基亚为代表）的问题在于过于看重诸如作者生平之类的事实性关系，拘泥于材料收集而忽视了作品本身的审美价值。至于美国学者韦勒克和沃伦，则将比较文学研究内容分为：口述文学（民俗故事），关系研究（两种或两种以上的文学关系研究），文学整体研究。袁氏认为前两个说法在定义上有些狭隘，第三个又过于宽泛。

随后，袁氏对美国学者威士坦因的说法予以了一定的肯定，即比较文学研究是以文学为中心对象的跨学科研究，不应如法国学派的定义那样狭隘，也不能像美国学派的定义那样放任。对袁氏来说，这些考察真正的目的并非要在美国学派或是法国学派中择一而选，而是要通过这些梳理来重新审视"中西比较文学"，是要为"中国学派"打开道路："中西比较文学是一门专门学问……其目的不在'求同'也不在'求异'，而是把中西文学作品当作整个人类思想演进史中不可少的一部分来看……"③

可以说，"中国学派"的提出，表明台港学者的民族意识和中国立场，希望比较文学能突破法国学派和美国学派所在的西方文化圈，成为真正意义上世界性的比较文学，具有深远意义；学者所表现的折中态度也体现出中国文学和文化的包容性，淡化学派差异，以开放的心态对各派理论加以吸收、利用和改造。由此，在研究方法上注重对中西文学理论和批评方法的融会贯通，注重阐发研究。以西释中的阐发法在台港地区的诸多研究成果中有充分体现，成为台港学者半个世纪以来最具特色的研究方法，产生广泛

① 古添洪，陈慧桦．比较文学的垦拓在台湾．台北：东大图书股份有限公司，1976：4.

② 李达三．比较文学中国学派//李达三，罗刚．中外比较文学的里程碑．北京：人民文学出版社，1997：4.

③ 袁鹤翔．中西比较文学定义的探讨//中国社会科学院文学研究所科研处，《文学研究动态》编辑组．比较文学论文选集．北京：中国社会科学院文学研究所，1982：30.

影响。

最后，也应当指出的是，关于建立比较文学“中国学派”的说法，也有一些学者表达了疑虑，对这些学者来说，“中国学派”更多还是一种叙事策略和权宜之计。如苏其康认为比较文学中国学派的说法在性质和价值方面都过于模糊，张汉良则提出以带有诠释者立场的“中国化”来代替“中国派”。这些讨论涉及的问题并不是要不要建立“某学派”的命名问题，而是立足于对比较文学自身的学科性质与价值问题（是否中性），以及它在中国如何萌发、发展的历史问题的思考，对我们当下的比较文学研究者而言仍然具有一定的参考意义。我们应放眼整部比较文学史，在国际比较文学发展第三阶段，凸显出“中国学派”的**“合‘理性’”**。

质言之，“中国学派”是“合‘理性’”的存在，尽管在学派建立尤其是方法论建构上还非**“‘合理’性”**。

“中国学派”“合‘理性’”的存在，一方面是因为法国学派注重的影响研究、美国学派标举的平行研究，从比较文学历史上来看还主要属于欧美文化内部的比较，在一定程度上忽略了对于异质文化的关注，他们的视野里还很少有东方尤其是中国。

另一方面，影响研究、平行研究的关系可以类比于两条直线的位置关系，有事实关系的历史考证如同两条相交直线，没有事实关系的美学批评如同两条平行直线。两个文学事件要么是曾经互有联系与影响的相交线，要么是不曾有过交道的平行线。从学理上说，按照“奥卡姆剃刀”原则，诚然“如无必要，勿增实体”①；但是，人与人、一种文学与另一种文学在地球上的关系，正如同空间中两条直线的位置关系一样，除了有无交集的相交与平行之外，还存在一种完全是“异面直线”的可能。全球化的今天，分属两种异质文化的人与人、一种文学与另一种文学，本质上仍然处在“异面直线”般“老死不相往来”的隔膜状态，跨文化交流仅有的进展处在后殖民理论所谓“想象的他者/东方/西方”。试问，国际比较文学第三阶段的发展，人类在方法论上应该如何建构，以应对这种人与人之间由于两种异质文明完全隔膜所带来的不可通约性？毋宁说，这正是“中国学派”“合‘理性’”存在的根本意义与终极挑战。

此外，“中国学派”是“合‘理性’”的。尽管还非“‘合理’性”的，是因为法国学派、美国学派之争不仅仅是研究范式之争，还具有意识形态之争的特点。国际比较文学发展现状已经不可避免地出现了“中心发散，多元竞艳”的特点，以“跨文化”“跨学科”“多样性”“相互性”为主要研究特征的国际比较文学第三阶段称其为“中国学派”在某种程度上是“合‘理性’”的。尽管目前看来，“中国学派”的成立还属于非“‘合理’性”的状况，因为“中国学派”的方法论建构还未完成，甚至在一定程度上还任重而道远。其中，强调“多样性”的“跨文化研究”是国际比较文学第三阶段“中国学派”的最根本特征。

① 纪建勋．中国比较文学复兴四十年学科方法论整体观．学术月刊，2018（10）：140-149.

二、“文学比较”之于“比较文学”的“必要性”

在一般的比较文学教材里，**“文学比较”**被认为是比较文学学科名实不符现象的表现形态[①]，“文学比较”之于“比较文学”似乎具有天生的“劣根性”，是伴随“比较文学”而生的稗草。然而在长期的比较文学教学实践中，在梳理比较文学史发展的线索与脉络时，不免产生一个困惑：“文学比较”之于“比较文学”真的十恶不赦、必须赶尽杀绝而后快吗？实则不然。因为劣质的“文学比较”，固然带来了比较文学的污名化，而优质的“文学比较”，却带来了比较文学的新视野。应该为“文学比较”正名，需要正确对待之，不应将其简单污名化。

首先，实际上，从台港澳及海外华人的比较文学史来看，“文学比较”恰是其中不可或缺的一种比较文学研究实践，而考虑到台港澳及海外华人身处跨文化交流的前沿，“文学比较”已经成为国际比较文学发展第二阶段“平行研究”、第三阶段“跨文化研究”的常见研究方法。作为第一位在印第安纳大学获得比较文学博士学位的华人，陈颖在 1962 年以《李贺与济慈：两位诗人的比较研究》作为毕业论文获得博士学位，那么平心而论，陈颖的研究是否属于纯正的“文学比较”？而台湾比较文学的招牌方法“阐发研究”在本质上也属于“文学比较”的范畴。

案例四

颜元叔的《〈白蛇传〉与〈蕾米亚〉：一个比较文学的课题》

我们以颜元叔的《〈白蛇传〉与〈蕾米亚〉：一个比较文学的课题》为例，来看台港学者如何运用西方理论来分析和阐释中西文学作品以开展“文学比较”。文章开始，颜元叔先引入神话原型批评理论，该理论认为古今中外的文学作品借助原始类型的意象来表达人类的文化观点或精神价值。在诸多原始类型中，蛇女与青年男子恋爱却结局悲惨便是其中之一。他先对西洋神话《蕾米亚》进行细致入微的文本剖析，揭示出济慈笔下《蕾米亚》的象征结构：蕾米亚与李西亚斯代表情感，阿波罗尼亚斯代表理智；蕾米亚的离去与李西亚斯的以身殉情象征情感终究被理智扼杀。

颜元叔认为正是济慈的处理，让《蕾米亚》的象征意义跃然纸上，在此启发之下他试图对《白蛇传》进行解读，发掘其潜在的象征意义。他发现《白蛇传》的象征结构与主题与《蕾米亚》极为相似：许仙是李

① 孙景尧．简明比较文学教程．南京：江苏教育出版社，2007：9－12.

西亚斯，白素贞是蕾米亚，法海和尚则是阿波罗尼亚斯；许白的姻缘源于情感，法海则代表了冷酷的理智。悲剧性的结局同样象征着理智最终扼杀了情感。因此，中西方不同的民间传说或神话故事里，人蛇之恋最终都指向了同样的主题，即理智与情感的对立与冲突。在此基础之上，颜元叔甚至将《白蛇传》里理智与情感的矛盾推衍至理性人与自然的原始冲突关系层面，以及科学工业文明给人类带来的危机，并认为其中“水漫金山”情节正是这种对立关系的暗示。也正是此种“文学比较”，使在中国本属于“二三流小说”[①] 之列的《白蛇传》，有了媲美东西方原典的价值高度。因此，不是“文学比较”是稗草，是“文学比较”没有做好。

其次，“文学比较”之于“比较文学”是必要的。一般说来，不合格的“文学比较”有以下两个特点：一是选题往往只是以中外文学之间表层的“雷同”或“对比”现象为依据，忽视了不同文学的文化深层差异，因而论题缺乏真正的可比性；二是学术功底和素养不够，论述观点时所用的证明材料不具备足够的原典性和可靠性，不能真正体现中外文学的内在性质。[②] 而判断某种“文学比较”是否可行的唯一标准，实际上就是判定某一篇论文是否具有创新性的标准。看起来，“文学比较”与“比较文学”这一组概念似乎是在玩文字游戏，我们不应该把简单的问题搞复杂，把比较文学“玄学化”。

最后，“文学比较”之于“比较文学”具有“劣根性”的根本原因，是部分“拉郎配式”简单粗暴的“比较文学”败坏了比较文学的声誉与信用。“文学比较”当然是合理的也是必要的，只是在比较文学史上，“文学比较”莫名成了种种简单粗暴“比较文学”的“背锅侠”。从宏观的方面讲，这是中国近代知识转型阶段的阵痛与必经之路；从具体的方面讲，这是国内比较文学在发生发展阶段的不成熟所决定的，这种不成熟是任何一门学科在从无到有、从混乱嘈杂到欣欣向荣的发展道路上无法避免的、需要理性对待的。因此，不应该否定严肃认真、创新深入的“文学比较”，正如不应该否定“比较文学”在当下全球化时代的重要性一样，不能因噎废食，“倒洗澡水时把孩子也一起倒掉”。因此，很有必要为“文学比较”正名，并积极呼吁“中国派”的“文学比较”，推动国际比较文学第三阶段发展，倡导以“跨文化、跨学科、多样性、相互性”为主要特征的“中国学派”，为引领“世界文化多样性与文明互鉴”服务。

---

① 颜元叔．《白蛇传》与《蕾米亚》：一个比较文学的课题//温儒敏．中西比较文学论集．北京：北京大学出版社，1988：214.

② 孙景尧．简明比较文学教程．南京：江苏教育出版社，2007：12－13.

三、“中国抒情传统”之于“跨文化研究”的“必然性”

从比较文学史的发展脉络来讲，台湾学界提出的“比较文学中的中国派”强调“援用西方文学理论与方法并加以考验、调整以用之于中国文学的研究”，有其创新性的一面。

一方面，它深刻意识到了中国古典文论的断裂与无力，主张援用西方文学理论与方法来给出中国文学研究的新解释，开出比较文学的“中国派”来应对法国学派、美国学派在范式接续性上的紧张，以更好地融入国际比较文学的发展趋势，与国际学界积极开展对话。

另一方面，此“中国派”在方法论上“以西释中”的单向度也暴露了中国近代自遭遇知识转型以来在理论建构上的困境与尴尬。尽管后来李达三、袁鹤翔等人又从“中庸学派”“以中释西”，甚至“中西互释”“双向阐释”，或者“比较文学的中国化”等多个层面对“中国派”理论进行了发展和完善。然而，在国际比较文学第三阶段，无论是“合‘理性’”的创新抑或是“‘合理’性”的考量，比较文学的中国学派都亟须建构自己的方法论来为中国比较文学“正名”。从这个维度出发，海外华人比较文学对“中国抒情传统”的诗学建构可谓久旱逢甘霖，生逢其时。

接下来的问题是**“中国抒情传统”**可否够得上作为中西比较诗学的基点，如果可以，以此为“中国学派”发展的基石，“中国抒情传统”对于国际比较文学第三阶段方法论建构的意义主要体现在哪些方面？无疑，“中国抒情传统”之于东西方跨文化研究具有双向的“预流”意义。这一方面是海外华人群体处于会通中西的前沿所决定的，另一方面，“预流”还并未成为“主流”，中国比较文学有责任与海外华人比较文学一道，发扬“中国抒情传统”，以充分开展国际比较文学第三阶段的“跨文化研究”，让跨文化、跨学科、多样性、相互性成为克服“异面直线”所表征的异质文化间无法通约的有效进路。

本章小结

总而言之，中国台湾地区、香港地区和澳门地区的比较文学研究各有其发展的脉络和特点，也都在其耕耘的领域为中国比较文学的整体发展发挥作用。同时，海外华人学者（尤其是中国比较文学学会旅美学者）在跨文化的中国文学研究、中西比较诗学研究以及对“中国抒情传统”的研究方面做出了突出的贡献。这些学者的研究也带出了关于比较文学“中国学派”的思考，使得我们进一步把握“比较文学”学科的具体方法在东西方文学文化关系等领域的关键性作用。正是循着前人的成果，后辈学者得以从更高的基点出发，探索中国比较文学新的道路。

思考与练习

1. 简要说明“海外华人比较文学学者”的概念。
2. 简要说明“中美比较文学双边讨论会”的概念。
3. 简述台港比较文学的总体特征。
4. 叶嘉莹是如何在跨文化视野中评论王国维的说词方式的?
5. 简述海外华人学者在建构“中西比较诗学理论体系”方面的成果。
6. 简述海外华人“中国抒情传统”研究的谱系与发展。
7. 讨论比较文学“中国学派”的“合‘理性’”与“‘合理’性”。
8. 从台港澳及海外华人的具体研究出发,分析“文学比较”与“比较文学”的关系。
9. 为何“中国抒情传统”研究之于“跨文化研究”具有必然性?

拓展阅读

1. 北京大学比较文学研究所《中国比较文学年鉴》编委会.中国比较文学年鉴:1986.北京:北京大学出版社,1987.
2. 陈世骧.陈世骧文存.沈阳:辽宁教育出版社,1998.
3. 古添洪,陈慧桦.比较文学的垦拓在台湾.台北:东大图书股份有限公司,1976.
4. 李达三,罗刚.中外比较文学的里程碑.北京:人民文学出版社,1997.
5. 温儒敏.中西比较文学论集.北京:北京大学出版社,1988.
6. 李达三.台湾比较文学发展简史:回顾与展望.兰州大学学报(社会科学版),2007(6):14-23.
7. 龚刚.钱锺书与文艺的西潮.天津:南开大学出版社,2014.
8. 叶维廉.叶维廉文集:第一卷.合肥:安徽教育出版社,2003.

第八章
世界比较文学史概述

本章要点

早在1980年代，中国比较文学界就共同建立起了一种以“学派”和相应方法的更迭为线索的学科史叙事，讲述比较文学作为一个“学科”从在欧洲萌芽、在法国确立、在美国发展到在中国繁荣的过程。这一叙事具有体系严明、逻辑清晰、板块完整和易于教学的特点，并作为“基本概论”而沿用至今。然而，由于其局限在“学科”框架之内和过于简明整齐，这种学科史实际上离真实历史和研究实践相去甚远，成为只在课堂和考试中存活的“可爱而不可信”的知识。我们真正需要的，是能够放置到大历史中进行解释的以问题为核心的学术史，而非局限在预设的“体系”和“理论”之内的学科现象史。比较文学的萌芽生发自18—19世纪欧洲民族国家与民族文学双重发现的历史过程中，此后，随着不同时空中的学者对于“民族国家”“文学”“学术”这三要素的不同理解，比较文学表现出极大的形态差异。在19—20世纪上半叶的法国，通过跨越民族国家界限和确认历史学与文学史的“科学”地位，比较文学在文学关系史基础上呈现出跨国界和历史学研究的特征。到了20世纪中叶的美国，通过继承和突破文学关系和文学史学，比较文学从地方性和边缘性的学术领域转型成为西方的文学学术共同体，呈现出超越国界和文学中心的特征。1980年代以来，通过全球地方化和理论化的发展，比较文学成为一种后国家和超文学的人文学术实践。从民族国家、文学与学术这三要素来描述世界比较文学的历史脉络，既能清晰地看到比较文学作为一种跨界人文学术的多元形态，也能深入体认不同国家的比较文学实践与大历史的动态关联，从而为更好地理解中国比较文学的历史与未来打开通路。

重视历史是中国比较文学界的优良传统。自1980年代初比较文学在中国复兴以来，几乎每一部教材中都有专门的学术史章节，而且还出现了多种专门的学术史著作，共同建立起了一种相对稳固的历史叙事。概括起来，这一叙事以“学派”和相应方法的更迭为内在线索，记载了比较文学作为一个“学科”从在欧洲萌芽、在法国确立、在美国发展到在中国繁荣的过程，具有体系严明、逻辑清晰、板块完整和易于教学的特点。由于这种学术史格外强调“学科”的身份，并且也主要是在“学科”内部进行历史叙述，因此可以被称为“学科史”。可以说，学科史已经成为中国比较文学“基本概论”中最“基本”的知识。然而，也正是因为其“基本概论”的身份，学科史研究在近十年来陷入了停滞状态。的确，经过40年的累积，尤其是在已有几部学科“通史”之后，“基本概论”已基本无须再论，即便再论，也不可能成为“前沿问题”。在既有的模式之下，继续开拓的空间不大，能够做的也主要是填充细节和续写新时段，很难做出具有突出的问题意识和学术价值的成果。

但实际上，这种学科史模式存在很多问题。

首先，既有的学科史叙事十分简略，很多教材和专著中的学科史内容存在大量简单重复和转引转述的现象，结果，尽管学界对于学科史上关键节点、代表性学者及其代表性观点早已烂熟于胸，但对除此之外更多的学术观念与实践了解并不多。

其次，由于缺乏足够的历史信息作为依据和语境，学界对代表性学者及其代表性观点的理解存在着不少的误读或误会。

再次，这种学科史往往有意无意地割裂了学科与社会文化语境之间的联系，也导致了对真实历史的忽视或误读。

最后，或许最为根本的问题还在于“学科”本身是一种在学术史上迟来的建构之物，并且比较文学是否能够以及在何种意义上可以构成一个学科，还是悬而未决也不可能解决的问题，因此以“学科”为框架来框定学术史就带有浓重的理念先行和目的论的色彩。[①] 借用王国维“可爱者不可信，可信者不可爱”一语来说，这种简明整齐的学科史成为只在课堂和考试中存活的“可爱而不可信”的知识——它固然易于讲解和考察，但与真实的研

① 我们可以以“美国学派”的学科史叙事来说明这些问题。首先，既有学科史将勒内·韦勒克和亨利·雷马克视为“美国学派”的代表性学者，但对于除他们之外的美国比较文学学者还着墨不多。例如，我们知道韦勒克在1958年国际比较文学学会第二届会议上发表了《比较文学的危机》一文，向“法国学派”发难，同时也宣告了“美国学派”的崛起。然而，我们很少关心这次会议的全貌，仿佛它只是韦勒克的个人舞台；我们对于会议的组织者、美国比较文学最重要的推动者维尔纳·弗里德里希（Werner Friederich）所知甚少，甚至连一篇专门讨论他的论文都没有。其次，既有学科史往往将“平行研究”视为“美国学派”的方法论，然而，无论是韦勒克等所谓的“代表性学者”，还是其他未被纳入“基本概论”的学者，均未专门提倡过这种方法，国外的比较文学学术史著作也未有“美国学派/学者提出了‘平行研究’”这样的说法。实际上，这一说法产生于20世纪70年代的中国台湾。再次，我们将“美国学派”视为一个定义清晰、可以进行总体性判断的“学派”，忽视了美国作为一个复杂多元的移民国家的基本事实，也忽视了美国社会不同时期的剧烈变革与包括比较文学在内的人文学术之间的复杂关联，这使得“美国学派”被塑造为一种超历史的知识产物。关于学科史知识中“美国学派”和“平行研究”相关问题的详细讨论，请参阅：姚孟泽．以国之名：比较文学学派知识的旅行．中外文学，2021，50（4）：11－42；姚孟泽．比较文学平行研究概念之谜．文艺理论研究，2022（3）：110－119.

究实践日益疏远，更无法为学科未来发展提供借鉴。

作为更大的学术研究的一部分，比较文学所依傍的文学观念和学术意识处于不断互动和变化之中，作为实践者的学者也并非生活在“学科”之中的人，而是具有多样的文化经验和政治意识的“社会人”。因此，我们需要的不是人为建构起来的线性的学科现象史，而是将实际的学术观念与实践归置到大历史中去综合理解的“超学科”的学术史，是更加关注细节和深度（而非体系与理论）的问题史，以及更加关注知识背后之社会动因及知识之社会影响的知识社会史。本章在上述思路的基础上，将比较文学放置到不断变幻的社会历史文化和学术语境之中，以比较文学与民族国家、文学、学术这三种要素持续地协商互动为入口，为理解比较文学学术史提供更为开放和有效的描述方式，以利于进一步的讨论和研究。

第一节
民族国家与民族文学的双重发现：18—19世纪文学比较意识的萌发

关键词

民族国家　民族文学

对比较文学学术史而言，回到那个“**民族国家**”和“**民族文学**”（国别文学）被发现的历史时刻是至关重要的。这是因为，人们有意识地进行“文学比较”，是从普遍意识到不同的民族文学均存在价值开始的。今人已经习惯把“民族文学”当成自古有之的天然之物，而且是“世界文学”的前提和基础。但从观念史的角度看，这恐怕只是现代人以今视古所导致的视差效应之一。对于中世纪的欧洲人来说，用拉丁文写成的文学就是普世的文学（universal literature）；对于17—18世纪的欧洲人来说，法语文学成了新的普世文学。德国学者诺贝特·埃利亚斯（Norbert Elias）在其《文明的进程》（*Über den Prozeß der Zivilisation*，1939）中提到，在17—18世纪的德意志，上层人士普遍认为德语是僵硬笨拙的，以至于说法语被当成“有教养”的标志，甚至就连普鲁士的国王腓特烈大帝（Friedrich Ⅱ，又称腓特烈二世，1740—1786年在位）都认为，德语是“半开化的语言”，深受德意志下层百姓喜爱的莎士比亚戏剧是野蛮低下的，只有法语和法语文学才是高尚的典范。[①] 这里有两个关键

① 埃利亚斯．文明的进程：文明的社会发生和心理发生的研究．王佩莉，袁志英，译．上海：上海译文出版社，2013：8-13.

点需要稍加解释。第一点，和我们今天所理解的文学（也就是小说、诗歌、戏剧和散文等带有艺术特性和可供审美的作品）相比，当时西方所谓的文学含义要宽泛得多，还包括学术研究、历史、神学甚至是自然科学的文本，以及关于文本的学术研究和知识。[①] 第二点，腓特烈大帝对德语的贬低和焦虑表明，民族意识和不同民族间的比较意识正在萌发——这在比较文学学术史上非常关键。

腓特烈大帝在此将我们带向了比较意识萌发的历史时刻，也就是 18—19 世纪之交的法国大革命和拿破仑战争前后。实际上，在 18 世纪的法国文学之外，英语文学和德语文学实际上都逐渐发展起来了，而且正在逐渐被英、德之外的知识阶层看到。

案例一

伏尔泰的《哲学通信》以及德意志文学的影响

例如，在 1726—1729 年，伏尔泰流亡英国时，观察到英国与法国在政治制度与社会状况上的巨大差异，写作了一系列关于英国政治、宗教、哲学和艺术的文章，并于 1733 年以英文、1734 年以法文结集为《哲学通信》（*Letters Concerning the English Nation*）出版，使法国人第一次系统看到了英国社会和文学文化，对法国启蒙运动影响巨大。

另外，在腓特烈大帝时期的德意志地区，也出现了诸如康德、莱辛、歌德和席勒等文化巨匠。其中，歌德的《少年维特之烦恼》（*Die Leiden des jungen Werthers*，1774）还在法国引发了“维特热”。

与此同时，在德语中，一个崭新的概念出现了，那就是民族/国家文学（Nationallitteratur）。雷蒙德·威廉斯（Raymond Williams）在《关键词》（*Keywords：A Vocabulary of Culture and Society*，1976）中谈论这一概念的起源时说：“Nationallitteratur（国家文学）的概念从 1770 年代开始在德国发展出来。……‘一个国家’拥有‘一种文学’，这种意涵标示出一个重要的社会、文化发展，也许也标示出一个重要的政治发展。”[②]

这里所说的社会、文化和政治的发展，主要就是民族国家的生成、民族意识的发展和不同民族文化界限的显影。“民族”和“民族国家”作为今天国际社会（国际，international，也就是“民族/国家之间的”）的基本单位，已经主宰了我们认识现实和历史的方式。但仍需明确的是，在很长的历史时期内，人们并不是主要按照民族来认识自身和区分彼此的。加拿大历史学家玛格丽特·麦克米伦（Margaret MacMillan）在其《历史的运用与滥用》（*The Uses and Abuses of History*，2008）中说道：“民族主义在人类历史上确实出现得非常晚。许多世纪以来，大多数欧洲人都不认为自己是英国人（也不是英格兰人、

---

① 关于西方“文学”含义的演变，可以参看韦勒克《比较文学的名称与实质》中的相关讨论。（韦勒克．辨异：续《批评的诸种概念》．刘象愚，杨德友，译．上海：上海人民出版社，2015：7－37.）

② 威廉斯．关键词：文化与社会的词汇．刘建基，译．北京：生活·读书·新知三联书店，2005：317.

苏格兰人或威尔士人）、法国人或德国人，而习惯认为自己属于某个特定家庭、宗族、地区、宗教或行会。有时他们会以他们的领主来划分自己的身份界限，无论标准是当地的男爵还是君主。后来，当他们开始称自己为德国人或法国人时，他们不仅认为这个身份是一种政治差异，更看重其文化上对不同民族的区分。”[①] 正是在这种“文化区分”的意义上，普遍的民族间文学比较意识开始萌发，关于不同民族文学的讨论在欧洲大量出现。在德国，施莱格尔兄弟和莱辛等作家都在自己的作品中进行了不同民族（如英法）和文化（如古希腊、古罗马和现代法国）文学的比较。

案例二

斯达尔夫人与赫尔德论民族文学

在法国，最为著名的就是斯达尔夫人（Germaine de Staël）的代表作《论文学》（*De la littérature*，1800）和《论德国》（*De l'Allemagne*，1810/1813）。

例如，在《论文学》中，斯达尔夫人关注不同民族文学的特色，对自古希腊以来的各种文学进行了对比，并探讨了差异背后的地理、文化、种族和时代精神等方面的成因，对后来法国比较文学的出现产生的影响。[②] 她还特别强调了语言文化是民族文化与精神的载体这一观点。

与斯达尔夫人类似的观点也曾经出现在德国学者赫尔德（Johann Gottfried Herder）的《论语言的起源》（*Abhandlung über den Ursprung der Sprache*，1772）之中。赫尔德通过论证民族语言与民族精神的内在关系，强调了各个民族文化和文学的特色，以及诸如神话、传说、民歌和民族史诗等文学样式的独特价值。[③] 不过，尽管斯达尔夫人和赫尔德都强调民族语言、民族文学和民族特色，并在此基础上进行了初步的文学比较，但双方由于位置不同，双方的意图有根本性的差异：在斯达尔夫人那里，比较意识被用来消解法国文学的普世性和优越性；而在赫尔德那里，比较意识最终将导向对自身民族优越性的肯定。

赫尔德并非狭隘的民族主义者。在他看来，各个民族都有自己的文化特色。然而，在赫尔德身后，在法国大革命和拿破仑战争的冲击下，类似的呼喊最终朝着更加狭隘的民族主义的方向发展了。前面说过，在 18 世纪，法语和法语文学被德国上层社会视为典范。因此，在法国大革命初期，德国知识分子对于大革命和催生大革命的启蒙思想主要持欢迎

---

① 麦克米伦．历史的运用与滥用．孙唯瀚，译．桂林：广西师范大学出版社，2021：108－109.

② 斯达尔夫人．论文学．徐继曾，译．北京：人民文学出版社，1986.

③ 赫尔德．论语言的起源．姚小平，译．北京：商务印书馆，2009.

态度。然而，随着大革命而来的拿破仑战争改变了一切。美籍德裔历史学家格奥尔格·G. 伊格尔斯（Georg G. Iggers）指出，法国大革命和拿破仑战争引发了德意志民族主义的崛起，具体表现为三点。第一，启蒙运动对普遍适用的道德与政治价值的信仰被完全打碎："德国受过教育者的观点都同意一切价值和权利都是有历史和民族根源的，外国制度不能被移植到德国土壤中"。第二，民族概念已发生了根本变化：在"1812—1813 年冬恩斯特·莫里茨·阿恩特（德国历史学家——引者注）对战争的充满诗意的界定中，德意志祖国将被发现是在那些'每一个法国人被称作敌人，而每一个德意志人被叫作朋友的地方'"。第三，国家占有了一个非常不同的地位："赫尔德在 1784 年写道：'无法理解人是为了国家而形成的。'……1792 年洪堡（德国历史学家——引者注）以非常类似的语言指出国家权力有局限性……但是到 1813 年，他开始把'民族、人民和国家'相等同"。[①]

在这种民族主义的思潮中，一种新的学术实践——民族语文学（philology）——出现了。美国学者苏源熙（Haun Saussy）曾回顾这一段历史道："自 1800 年起，语文学的各类学科风靡欧洲，使人们能够阅读各种语言写成的文本……人们细细研究……史诗的神话和历史渊源，并且探询对把这些史诗作为自己民族起源和文化'遗产'的民族来说，意味着什么。格林兄弟的《德意志语法》（*The Deutsche Grammatik*）和《德意志神话》（*Deutsche Mythologie*）创造了一种'德国性'作为文化遗产，这种德国性不是通过政治手段达成的。以法德为轴线的民族敌对状态尤其严重，这样的民族敌对状态使得学者成为英雄。"[②] 这些学术实践，推动了后来德国式的比较文学主题学和民俗学的发展。也就是说，在拿破仑战争所带来的民族危机中，明确民族界限和凸显民族独特性的文化政治需求，成为德国的文学比较意识发展的动机之一。然而，当民族独特性被过分强调时，比较文学也就无法展开了。到了 20 世纪上半叶，德国民族主义愈发朝着军国主义和纳粹主义蜕变，需要跨国研究的比较文学不仅未能得到充分的发展，还成为被国家高度规范的知识禁区。[③]

总而言之，在法国大革命和拿破仑战争前后，在民族意识和民族文学兴起的同时，文学比较意识随着新的民族界限的凸显而萌芽了。此时，尽管比较文学尚未成为一种学术实践，但作为比较文学之源头的语文学已经发展起来，为下一阶段比较文学的兴起定下了历史学和文献学的学术基调。

---

① 伊格尔斯．德国的历史观：从赫尔德到当代历史思想的民族传统．彭刚，顾杭，译．南京：译林出版社，2014：47-49.

② 苏源熙．新鲜噩梦缝制的精致僵尸：关于文化基因、蜂房和自私的基因//全球化时代的比较文学．任一鸣，陈琛，等译．北京：北京大学出版社，2015：9-10.

③ Lubrich，Oliver. Comparative Literature：In，From and Beyond Germany. Comparative Critical Studies，2006，3(1)：49.

第二节
跨越国界的文学史：19—20 世纪上半叶的法国比较文学

关键词

文学史 科学化 法国比较文学 梵·第根

法国比较文学学者梵·第根说过："人们说 19 世纪是历史的世纪，这是再确切也没有了。"[①] 之所以会如此，是因为民族意识的发展不仅催生了民族文学，而且还催生了民族史学。正如英国历史学家艾瑞克·霍布斯鲍姆（Eric Hobsbawm）提到的那样："历史写作的时尚在 19 世纪上半叶风行欧洲。几乎不曾见过这么多人以坐在家中撰写大部头历史的方式，来理解他们的世界。"[②] 需要注意的是，在 19 世纪民族语文学的意义上，民族史学和民族文学本身是融为一体的——对民族史的充分研究就等同于对民族文学（也就是一个民族所有的文本材料）的研究。反过来看，对民族文学的研究主要采取"文学史"研究的路径。塞萨尔·多明戈斯（César Domínguez）等认为："在过去的 150 年里，**文学史**成为文学研究的主要路径——这是德国浪漫主义的遗产，也是这种浪漫主义被民族国家概念的兴起裹挟的结果。"[③]

在民族意识的驱动和民族国家的建构需求之外，历史学取得自身的地位还需要依靠"科学"的权威保障。德国历史学家斯特凡·贝格尔（Stefan Berger）指出："在 19 世纪，历史书写的彻底民族化是同历史学科的职业化同步发展的。这种趋势产生的历史学家是整个欧洲民族建构的捍卫者，因为他们可以是有关民族过去的权威。在欧洲的历史编纂学中，历史主义的崛起是一种引导手段，它让'科学的'威信进入历史书写这门学科，并使其实践者扮演了解释过去的特殊角色，进而使后者得以通过科学，掌握理解当下、预测未来的钥匙。"[④] 当然，需要明确的是，这里的"科学"虽然与自然科学密切相关，但并非指

① 梵第根．比较文学论．戴望舒，译．长春：吉林出版集团有限责任公司，2009：7.

② 霍布斯鲍姆．革命的年代：1789—1848. 王章辉，等译．南京：江苏人民出版社，1999：386.

③ Domínguez，Saussy，Villanueva. Introducing Comparative Literature：New Trends and Applications. Abingdon and New York：Routledge，2015：3.

④ 贝格尔．民族历史的权力：19—20 世纪欧洲的民族历史书写//书写民族：一种全球视角．孟钟捷，译．杭州：浙江大学出版社，2018：86.

“自然科学”，而是指一种求真和实证的专业化研究，它与建立在想象、感觉和个性基础上的艺术相对立，主要建立在大量“客观”证据和对证据进行可验证的阐释之上。在19、20世纪之交执法国文学史研究之牛耳的居斯塔夫·朗松（Gustave Lanson）说过：“我们希望，在以某一学说或某一宗教的名义来评定博叙埃和伏尔泰以前，人们应该尽力认识他们，专心地收集尽可能多的真实可靠的知识，尽可能找出最大量的经过验证的事与事之间的关系。我们的理想是描绘出无论天主教徒还是反教权主义者都无法否认的一个博叙埃和一个伏尔泰，为他们提供一个他们也都承认是真实的形象，至于加上什么带有感情色彩的形容词，那就随他们的便了。”① 朗松对“真实可靠”和“验证”的强调，以及对中立客观知识的信心，鲜明地传达了他对于作为“科学”的“文学史”的理解。

这种科学化的历史学和文学史学，是19—20世纪上半叶法国比较文学诞生的学术母体。从1820年代末开始，维尔曼（Abel François Villemain）、安培（Jean-Jacques Ampère）和沙勒（Philarète Euphémon Chasles）等学者先后开设了超出法国范围的文学讲座和课程，培育了比较文学的早期形态。在他们的教学中，法国文学与其他文学的影响关系，被放置到了历史考察和科学分析的核心位置上。例如，在“外国文学比较”（“The Comparison of Foreign Literature”，1835）课程中，沙勒将比较的目的设定为认识不同的民族精神、文明特征和创造能力等方面的历史，强调通过大量的和确证的细节来研究“国家之间的行动和互动”，“过去的思想和行动对未来的影响”，并对作家在“伟大的思想巨链”中的位置和作用进行“化学分析”。②

这些课程和讲座还只是带有偶然性特征的比较文学雏形。到了19世纪末，法国的一些大学里开始设立固定的比较文学教席，先后由约瑟夫·戴克斯特（Joseph Texte）、路易-保尔·贝茨（Louis-Paul Betz）、费尔南德·巴登斯贝格（Fernand Baldensperger）、梵·第根、让-马利·伽列（Jean-Marie Carre）和玛-法·基亚（Marius-François Guyard）等执掌，从制度上确立了比较文学学科的存在。除了教席之外，还有专业的出版物标志着法国比较文学的确立和发展。1900年，由贝茨主编的第一部比较文学书目 *Bibliographie de littérature comparée*（相当于比较文学领域的文献目录索引——在没有计算机和数据库的时代，这样的书目是专业研究的必备工具）出版；1902年，巴登斯贝格在贝茨书目的基础上出版了第二部书目；1921年，第一本比较文学杂志 *Revue de littérature comparée* 创刊；1931年，第一部比较文学理论著作、梵·第根的《比较文学论》（*La littérature comparée*）出版。在这个过程中，由于几位学者因师生传承关系而表现出较为一致的学术观念和集团色彩，而且他们主要在巴黎的几所大学任职，因此被后来的一些美国学者称为巴黎学派或法国学派。

---

① 朗松．文学史方法//朗松文论选．徐继曾，译．天津：百花文艺出版社，2009：3.

② Chasles. Foreign Literature Compared//Schulz. Comparative Literature：The Early Years，an Anthology of Essays. Chapel Hill：University of North Carolina Press，1973：35－36.

法国学派的观念，在**梵·第根**的《比较文学论》中得到了清晰表达。梵·第根对比较文学的概括是："真正的'比较文学'的特质，正如一切历史科学的特质一样，是把尽可能多的来源不同的事实采纳在一起，以便充分地把每一个事实加以解释；是扩大认识的基础，以便找到尽可能多的种种结果的原因。总之'比较'这两个字应该摆脱了全部美学的涵义而取得一个科学的涵义的。"① 把这段话和前文所引朗松的那段话放在一起，我们就可以更清晰地看到梵·第根的比较文学与文学史研究的从属关系。梵·第根也是从这种从属关系来解释比较文学的——在该书的导言中，梵·第根用一种"诱敌深入"的方式引出比较文学：他从读者随意的阅读开始，讲到最初"享乐"的阅读，再进一步讲到欣赏与批评的阅读，进而讲到对一本书的文学史兴趣。在他看来，文学史研究是阅读的最高阶段，包括研究一部著作的"本原"（即前驱、源流和所受影响等）、"创世纪"（即从灵感萌发到出版的过程）、"内容"、"艺术"和"际遇"（即读者接受、批评好恶和它对后来作品的影响等）。其中，关于"本原"和"际遇"的研究，也就是关于作家作品所受和所施影响的研究，"是超出所研究的原书文本以外的，它们单独就成为一种特殊的研究了"；而当这种研究超出法国文学的界限时，就走到了比较文学的领域。② 也就是说，在梵·第根看来：比较文学要以事实为基础，它是作为文学研究最高阶段的文学史研究的分支；比较文学是对跨国文学关系史的研究，是对民族/国别文学史的延伸和补充。这也就意味着，此时的比较文学，尚且只是人文学术和文学研究中的边缘领域。

"二战"之后，梵·第根的这种比较文学观念开始遭到广泛批判。这些批判的声音影响深远，以至于严重限制了后来人对法国学派的认知。但实际上，哪怕是批评法国学派"对'事实'的要求已经不幸过时了"③ 的美国学者亨利·雷马克也说过："幸运的是：法国人在实践上远没有在理论上那样地胆怯和教条主义。对于法国和接受法国训练的学者来说，比较文学是各种比较研究中占分量最大的领域。"④ 的确如此。我们可以从两个方面来认识这一点。

首先，法国比较文学不只有巴登斯贝格等传统上被打上"法国学派"标签的学者，还有更多样化的实践。

案例三

法国比较文学多样化的实践

例如，在20世纪早期得到广泛翻译的洛里哀的《比较文学史》，是

---

① 梵第根．比较文学论．戴望舒，译．长春：吉林出版集团有限责任公司，2009：4－5.

② 同①1－10.

③ Remak. Comparative Literature：Its Definition and Function//Stallknecht，Frenz. Comparative Literature：Method and Perspective. Carbondale：Southern Illinois University Press，1961：4.

④ 同③5－6.

一部围绕各国文学互相关联和总体的视野而撰写的欧洲文学简史[①]。

又如，和梵·第根同为巴登斯贝格助手的保罗·阿扎尔（Paul Hazard）的《欧洲思想的危机》和《十八世纪欧洲思想：从孟德斯鸠到莱辛》等著作，则是欧洲思想史的典范著作。

其次，即便是巴登斯贝格和梵·第根等人的实际研究，也并不符合所谓“法国学派”的刻板理论或形象。

案例四

巴登斯贝格和梵·第根的研究案例

巴登斯贝格的《歌德在法国》（*Goethe en France*）是对歌德在法国的传播史与接受史的研究，但其研究的出发点和指归，都落在了如何理解歌德艺术和个性，进而如何在关系和对照中理解法德两种“民族精神”之上。

梵·第根自身所从事的研究，与其说是他的《比较文学论》中所规定的“比较文学”，不如说是“总体文学”。例如，他的《文艺复兴时期以来的欧美文学史》（*Histoire littéraire de l'Europe et de l'Amérique, de la renaissance à nos jours*，1946），就是建立在文学关系之上的总体文学研究之典范。由于他在这部作品中并未完全着眼于事实关系的研究，还被美国学者维尔纳·弗里德里希指责为“仅仅指出了不同文学体裁发展过程中迷人的相似（fascinating parallelisms），并未真正地着眼于持续的影响和接受（give and take），以及不同国家的文学之间引人深思的关联”[②]。

可见，《比较文学论》等著作中的“理论”表述，严重地妨碍了人们对“法国学派”本身的认识。这一事实也提醒我们，在认识和评价学术史上的学者和现象时，不但要听其言，更要观其行，也就是在史料的基础上回到历史现场，而不是摘出一两句符合我们期待

① 根据笔者掌握的资料，该著作在几种主要语言中的翻译出版情况如下：1906 年，英译本出版（*Short history of comparative literature from the earliest times to the present day*, trans. Douglas Power, London: Hodder and Stoughton)；1905 年，西班牙语译本出版（*Historia de las literaturas comparadas desde sus origenes hasta el siglo XX*, trad. Francisco Giner de los Ríos, Madrid: D. Jorro)；1910 年，日译本出版（《比较文章史》，户川秋骨译，大日本文明协会出版）；1932 年，中译本出版（《比较文学史》，傅东华译，上海：商务印书馆）。相比之下，梵·第根的《比较文学论》在西方语言中尚无译本出版，只有 1937 年的中译本（戴望舒译，上海：商务印书馆）和 1973 年的日译本（富田仁译，东京：清水弘文堂）。

② Friederich, Marlone. Outline of Comparative Literature: From Dante Alighieri to Eugene O'Neill. Chapel Hill: University of North Carolina Press, 1954: i.

的理论表述后就进行观念推演。如果着眼于法国比较文学的具体实践，可以看到，所谓“比较文学”，实际上即超出单一民族国家界限的文学史研究，而且可以被分为两个方面：第一，法国和其他国家（通常是浪漫主义时期的德国）的文学关系研究；第二，欧洲文学史研究（总体文学研究）。不过，历史地看，此时比较文学还只是一种法国的地方性学术，其学科定位较为边缘，学科界限较为明确固定，研究范围较为狭隘，研究方法和范式也缺乏足够的普适性。这是此一时期比较文学的特征，也是其最核心的缺陷之所在。

第三节
超越国界的西方文学学术共同体：20 世纪中叶的美国比较文学

关 键 词

美国比较文学　法国学派的美国化　教堂山会议　勒内·韦勒克　美国比较文学的多样性

美国的比较文学课程最初设立于 19、20 世纪之交。但在整个 20 世纪上半叶，**美国比较文学**都处于边缘和追随的地位，甚至在“二战”中和法国比较文学一道陷入沉寂。但在“二战”之后不到十年的时间里，比较文学在美国就成为令人瞩目的学术领域，美国也取代法国成为比较文学的中心。这一历史现象，使得学界经常将美国比较文学的发展看作对法国比较文学的一次革命或断裂式的进化。然而，这种看法是经不起史料验证的。在 1965 年的美国比较文学学会的学科报告（*The Levin Report*）中，哈里·列文（Harry Levin）强调：“我们之所以能够从战后以来一步步发展成为比较文学研究的中心，在很大程度上正是得益于美国的文化多元主义，特别是对欧洲人和欧洲观念的接受能力。”[①] 这段话包含两方面的重要信息。一方面，美国比较文学界同法国的一个最重要的区别，就在于其学者构成的多元化和非集团性，这也就决定着，所谓的“美国学派”，并不是像“法国学派”那样建立在相对一致的方法和观念基础上的方法论集团，而是一个松散多样的学者群。另一方面，美国比较文学与法国以及欧陆比较文学的联系，远比我们通常所认知的要多：美国比较文学的发展，首先得益于对法国比较文学的继承；甚至可以说，美国学派，首先建立在**法国学派的美国化**之上。

---

① 列文．列文报告：专业标准报告．//伯恩海默．多元文化时代的比较文学．王柏华，查明建，等译．北京：北京大学出版社，2015：27.

这种法国学派的美国化，非常典型地体现在被称为“美国比较文学的哥伦布”（le Christophe Colomb du comparatisme américain）[①] 的维尔纳·弗里德里希身上。1905 年，弗里德里希出生于瑞士图恩，在瑞士伯尔尼大学和法国巴黎大学学习过。大学毕业后，弗里德里希前往美国，在哈佛大学先后获得了美国文学硕士学位和比较文学博士学位，随后在北卡罗来纳大学教授德语文学和比较文学，并以此为基地积极推动了美国比较文学的重生与发展。他之所以被称为“哥伦布”，主要是因为其在美欧两个大陆之间的接引角色，以及在此基础上对美国比较文学的巨大贡献。弗里德里希在法国学习期间，与巴登斯贝格、让-马利·伽列和梵·第根等比较文学学者建立了密切的联系，并成为巴登斯贝格实际上的助手。同时，在学术观念上，他最为推崇巴登斯贝格的观念与实践，并称法国比较文学为“几乎完美的比较文学方案”[②]，希望以此为基础推动美国比较文学的发展。作为国际比较文学学会的创始人之一，弗里德里希主导了第二届国际比较文学学会大会——也就是学术史上著名的 1958 年**教堂山会议**——的召开，并使之成为同时带有鲜明的弗里德里希个人烙印和战后美国印记的大会。首先，会议的主题被定为“美欧文学关系”，也就是弗里德里希个人最为关注的领域，以及传统法国比较文学范式的延伸；其次，凭借着自己的资历和声望，弗里德里希力邀约 260 位学者参会，其中约有 60 位来自美国之外，使得教堂山会议成为“二战”以后美国的第一场国际性的人文学术会议。由于 1955 年第一届大会的主题和参会人员都主要局限于欧洲内部，教堂山会议也成为比较文学历史上第一场西方意义上的国际会议。[③] 这场会议正式标志着美国成为西方比较文学的中心，同时也标志着比较文学从一种法国的地方性学术领域发展成为整个西方的学术共同体。

不过，也正是在这场会议上，**勒内·韦勒克**发表了引发广泛争议的报告——《比较文学的危机》。这篇报告往往被解读为“美国学派”的宣言，也就是在提倡一种不同于“法国学派”的比较文学方法。然而，这种认识是不符合韦勒克本意的。韦勒克当然是不认可传统法国比较文学的，但这并不意味着他要建立另外一种对立的和特殊的比较文学。他认为：“文学史和文学研究只有一个研究对象：文学。”[④] 也就是说，“文学”作为一个整体，应该被视为一种统一的研究对象，而不应该被划入“比较文学”和“非比较文学”之中。他进而提出：“除非将文学作为一种与人类其他活动和产品相区别的对象，否则文学研究不会在方法上取得任何进展。因此，我们必须面对‘文学性’的问题，也就是美学的中心

---

① Malone. Introduction//DeSua. The Challenge of Comparative Literature and Other Addresses. Chapel Hill：The University of North Carolina Press，1970：xiii.

② Friederich. The Case of Comparative Literature. Bulletin of the American Association of University Professors (1915—1955)，1945，31 (2)：214.

③ Leonard. Werner Paul Friederich：“Christopher Columbus of American Comparatism”. Comparative Critical Studies，2010，7 (2-3)：186-187.

④ Wellek. The Crisis of Comparative Literature//Concepts of Criticism. New Haven and London：Yale University Press，1963：284.

问题，以及艺术与文学的本质问题。”① 所谓研究“文学性”的问题，实际上就是对文本进行审美批评。韦勒克指出：“真正的文学学术关注价值和质量，而非呆板的事实。因此，文学史和文学批评之间不应有区隔。”② 也就是说，韦勒克想要的比较文学，并非一种（不同于法国比较文学的）特殊的比较文学，而是建立在文学性和审美批评基础上的文学研究。事实上，很多学者也是如此来认识韦勒克及类似学者的主张的。

案例五

艾田蒲与雷马克

艾田蒲（René Étiemble，中文名又作“安田朴”）在其《比较文学的危机》（*The Crisis in Comparative Literature*，1966）一书中用“历史和批评”（historicism and criticism）来区分两个“学派”。③

雷马克在《十字路口的比较文学：诊断、治疗与预后》（Comparative Literature at the Crossroads：Diagnosis，Therapy，and Prognosis，1960）一文中也指出：“比较文学作为当代文学学术中的一部分，必然会受到大环境中已经持续了一两代人的文学史与文学批评之间激烈论争的影响。”④

弗里德里希和韦勒克，代表了美国比较文学的两种极端倾向：一种是坚持法国比较文学传统，一种是试图新建一种以文学性为核心的文学研究范式。但我们不能以此就确定，美国比较文学就是弗里德里希或韦勒克所主张的那样。朗松在讨论文学史方法时曾经提醒道：“我们通常总有个幻想，总把极端的事实当作最有代表性的事实。实际上，既然这些事实是极端的，那就是异乎寻常的，它们只是事态的强烈程度的某一极限，或是极大值的代表。”⑤ 这一提醒在学术史研究中同样适用。在弗里德里希与韦勒克二者之间，是广阔的中间地带和多样化的观念与实践。德裔美籍学者乌尔里希·韦斯坦因就曾指出，美国比较文学家的观点覆盖了从索邦大学式（弗里德里希）到克罗齐式（韦勒克）的广阔光谱，因而无法被归约为单一的理论主张。⑥ 法国学者皮埃尔·布律内尔等在《何谓比较文学》

---

① Wellek. The Crisis of Comparative Literature//Concepts of Criticism. New Haven and London：Yale University Press，1963：293.

② 同①291.

③ Etiemble. The Crisis in Comparative Literature. Weisinger，Joyaux，Trans. East Lansing：Michigan State University Press，1966：35.

④ Remak. Comparative Literature at the Crossroads：Diagnosis，Therapy，and Prognosis//Friederich，Frenz. Yearbook of Comparative and General Literature：Vol. 9. Chapel Hill：University of North Carolina Press，1960：1.

⑤ 朗松．文学史方法//朗松文论选．徐继曾，译．天津：百花文艺出版社，2009：26.

⑥ Weisstein. Influences and Parallels：The Place and Function of Analogy Studies in Comparative Literature//Allemann，Koppen. Teilnahme und Spiegelung：Festschrift für Horst Rüdiger. Berlin and New York：Walter De Gruyter，1975：594.

(*La Littérature comparée*, 1983) 也说过，美国比较文学的"出色特点是内容丰富，形式多样"[①]。这种**多样性**，也体现在亨利·雷马克著名的比较文学定义上。在《比较文学的定义和功用》(Comparative Literature: Its Definition and Function, 1961) 一文中，雷马克提出，比较文学包括两个方面：一是"对超出一国限制的文学的研究"，二是"对文学与其他知识和信仰领域之关系的研究"。[②] 尽管雷马克的这个描述性定义并不准确，也受到如韦勒克和韦斯坦因等美国学者的批评，但它的确反映出了美国比较文学远较法国比较文学多样这一事实。[③]

这种多样性，正是美国比较文学对法国比较文学的真正推动和发展。哈里·列文曾经将比较文学从法国到美国的发展概括为两个方面。第一，研究的时间范围和空间范围的扩大：法国比较文学主要关注浪漫主义时期的法德文学关系，美国比较文学将时间延伸到更早和更近的时代，将空间延伸到西方与斯拉夫文学乃至远东文学的文学关系上。第二，对"文学关系"的理解得到了更新：法国式的文学关系主要建立在影响关系之上，而美国比较文学将文学形式、运动和价值也纳入考量之中。[④]

但我们也不能因此就以为，此一时期的美国学界将比较文学推进到了无远弗届的地位。虽然如列文所言，远东文学和文学形式等问题也被纳入研究的范围，但历史地看，当前整个美国比较文学的重心仍然是西方世界内部的文学问题。值得注意的是，尽管弗里德里希和韦勒克的比较文学观念南辕北辙，但他们在比较文学维护西方共同体的政治意义上却不谋而合。弗里德里希在解释西方文学关系研究的重要性时说："年轻一代所需要的，是对所有西方文明的文化统一性，以及对我们伟大文学传统之间持续的和硕果累累的(fructifying) 互通有无 (give-and-take) 的坚定认识。"[⑤] 与之类似，韦勒克从文学审美和价值教育的角度提出，比较文学"不仅有益于学生的审美和智识教育，而且也有益于培养他们的历史意识，并至少是间接地培养他们对西方传统和作为公民以及人类的价值的意

---

① 布律内尔，皮舒瓦，卢梭．何谓比较文学．黄慧珍，王道南，译．上海：上海社会科学院出版社，1991：15.

② Remak. Comparative Literature: Its Definition and Function//Stallknecht, Frenz. Comparative Literature: Method and Perspective. Carbondale: Southern Illinois University Press, 1961: 3.

③ 实际上，法国学者并不否定文学与其他知识和信仰领域之关系的研究。例如，文学史家朗松就有《文学与科学》的论文（见《朗松文论选》)。反过来，美国学者也未必同意这种研究。韦斯坦因就说过，"这种观点（编者按：雷马克主张文学与其他学科相比较的观点）在方法论上是站不住脚的。并且，由于无论是法国学派还是美国学派的代表人物都不同意，它在我们学科的历史上是独一无二 (unique) 的。" (Weisstein. Comparative Literature and Literary Theory: Survey and Introduction. William, Weisstein, Trans. Bloomington: Indiana University Press, 1973: 27.) 此外，韦勒克也曾经批评道："雷马克先生却不得不做出某些人为的、站不住脚的区别，例如，研究霍桑与加尔文教的关系被称作'比较文学'，而研究霍桑关于犯罪和赎罪的观念则被称作'美国文学'，这类区别显然是没有多少道理的。雷马克的这一提法似乎是为一个实用的目的设计的，那就是，在美国大学的研究院把某一论文的题目贴上'比较文学'的标签，可以抵挡那些认为自己的学术领域受到侵犯的同事们的抱怨和攻击。但是作为一个定义，它却经不起仔细推敲。"（可参看韦勒克《比较文学的名称与实质》中的相关讨论）

④ Levin. The Department of Comparative Literature//Friederich, Frenz. Yearbook of Comparative and General Literature: Vol. 1. Chapel Hill: University of North Carolina Press, 1952: 44.

⑤ Friederich. Our Common Purpose//Friederich, Frenz. Yearbook of Comparative and General Literature: Vol. 4. Chapel Hill: University of North Carolina Press, 1955: 58.

识。"[①] 他们都明确地意识到，这是一个建设西方文学学术共同体的时代，而比较文学可以在这一过程中发挥积极作用。

总之，在20世纪中叶的美国，比较文学在继承法国式的跨国文学史研究的基础上，依托"二战"之后反思民族主义和重视文学价值的知识氛围，发展成为超越国界但又主要局限在西方世界的文学研究，成为一种西方文学学术的共同体。

第四节
全球在地化与理论化：20世纪80年代以来的人文学术实践

关键词

全球在地化　理论化　后国家　超文学

1996年，在参与编辑《比较文学与总体文学年鉴》(*Yearbook of Comparative and General Literature*) 逾三十年之后，亨利·雷马克以"创伤与胜利"(Traumas and Triumphs: the Yearbook, 1952—1990) 为题回忆这部重要出版物的历史。文章结尾，雷马克写到了该年鉴在1980年代遭遇的变化：新一代的学者开始承担编辑工作，新的理念和问题被引入年鉴的内容里，但编辑之间却再难达成共识，以至于只好由不同的编辑各自决定每一本年鉴的主题。[②]

雷马克观察到的不是个别现象，而是比较文学学术史一次大转向的表征。1970年代，随着"越战"结束和反战运动、平权运动、少数族裔文化兴起，以及"冷战"边界松动等一系列密切相关的历史事件，美国高等院校展开了对原有的知识和文化的深刻反思。同时，在新的科技革命和全球联系增强的背景下，新的问题意识和学术方法不断涌现，尤为重要的是，全球化和全球意识使得人们意识到一切文学和一切事物之间都存在可查的联系，因而原有的西方界限之内的比较文学显得愈发尴尬。使这种尴尬加倍的是，当几乎所有的人文社会学科都开始声称其具有全球维度时，"全球"和"世界"的含义也被大大地深化和拓展，以至于远远超过了文学创作、文学研究和比较文学能够处理的范围。因此，

---

① Wellek. Comparative Literature in General Education. The Journal of General Education, 1948, 2 (3): 218.

② Remak. Traumas and Triumphs: The Yearbook, 1952—1990//Chaitin. Yearbook of Comparative and General Literature: Vol. 44. Chapel Hill: University of North Carolina Press, 1997: 134.

比较文学以文学（无论是文学关系还是文学性）为阵地的研究实践是否能够满足时代要求，就不仅是这个学科所面临的挑战，而且关乎其背后“西方文学学术共同体”是否还能维系的大问题。在此背景下，就学术实践的层面来看，比较文学呈现出两方面的发展趋势——**全球在地化**（glocalization）和**理论化**（theorization）。

“全球化”（globalization）和“在地化”（localization），似乎是含义相反的概念，但在比较文学的实践中，二者又是互相纠缠和互相强化的。这是因为，比较文学的全球化，本身是在对全球不同地方和不同主体的文学及其所属的社会现实进行认知的基础上展开的。值得注意的是，这里的“地方”，并不等同于民族国家，而是在对作为现代性制度的民族国家和对全球/民族国家二元结构进行拆解的基础上发现的更为多样的现实区域。

所谓的全球在地化，要求学者在文学研究中不仅要探索文学的世界地图，重新理解作为“全球”的“世界”，而且也要关注文学与现实世界的关联。如此，许多原先被排除在“文学”制度之外的社会、政治、经济和文化议题被重新发现了，例如族裔、性别、阶级、媒介和区域等。这并不是说，这些议题之前不存在；相反，它们一直深刻地支配着世界范围内的文学和文化实践。但在原有的“西方”和“文学”制度的影响下，人们所讨论的文学，主要是由西方白人男性精英主导的文学；它通过伪装成普遍性的文学，遮蔽了更多样的文学实践和文学所属的社会现实。在《世界·文本·批评家》（*The World*, *the Text*, *and the Critic*, 1983）中，萨义德指出了文学批评领域中“文人的背叛”：文学批评家和人文学者躲避在“古典作品、人文教育的美德和文学可贵的愉悦”“文学理论”和“文本性”的背后进行专门化的智力劳作，“却对于一切这些事物生发于其中的历史的和社会的世界表现出沉默（也许是无能为力）”①。与此相反，萨义德主张更加重视作为文本之生发地的“世界”的“世俗批评”：“文本是现世性的（texts are worldly），从某种程度上说是事件，而且即便是在文本似乎否认这一点时，仍然是它们在其中被发现并得到释义的社会世态（social world）、人类生活和历史各阶段的一部分。”②

与这种极具现实指向性的全球在地化相伴的趋势，就是高度的理论化。对比较文学与文学理论的关系的思考由来已久，尤其是对“二战”之后的美国比较文学来说，对文学理论的思考就是比较文学的起点之一——美国比较文学的第一部有影响力的著作，就是韦勒克和沃伦的《文学理论》（*Theory of Literature*, 1949）。这是因为，对文学的理论思考，本身就需要超越不同文学的界限，在比较和关系中进行抽象的归纳。因此，有些国家虽然在很长的一段时间中都没有作为学科建制的比较文学，却同样有实际的比较文学实践，而这些实践主要就是以理论的方式展开的，例如苏联的文艺学。而且，韦勒克-沃伦式的和苏联文艺学式的文学理论还有极重要的相通之处，即它们都是建立在唯一真理观（所谓“原理”）基础上的文学理论，因此不仅仅是一种理论化的学术实践，更重要的是对更广泛的学术实践的规范。韦勒克和沃伦在《文学理论》中提出：“文学是一元的，犹如艺术和

---

① 萨义德．世界·文本·批评家．李自修，译．北京：生活·读书·新知三联书店，2009：3.

② 同①7.

人性是一元的一样。只有运用这个概念来研究文学史才有前途。"[①] 基于这种"一元"理念，两位作者将文学理论解释为"对文学的原理、文学的范畴和判断标准等类问题的研究"[②]。

与这种作为原理和规范的文学理论完全相反，1980 年代的文学理论是唯一真理观破碎的产物。美国文学学术史研究者杰尔拉德·格拉夫（Gerald Graff）曾指出："所谓'理论'，就是当作为共同体之实践基础的根本逻辑不再被认可之时，当之前被认为是'不言自明'的事物成为争论（并且这种争论往往不会得到最终解决）对象时迸发而出的东西。"[③] 18 世纪文学研究专家大卫·里希特（David Richter）也曾以自身经历来说明这种理论的"迸发"，他提到其在 1960 年代末开始从教时，"理论"往往是指历史中的理论，例如古典时代的诗学，然而与此同时，"一场最终将使批判（批评）理论（critical theory）成为文学专业之轴心的革命已经开始了。……在欧洲大陆，思想的动荡和冲撞已经在数十年前开始，但是直到 1970 年代中叶，当结构主义和符号学、解构主义、拉康的心理学、阿尔都塞的马克思主义、俄国形式主义、现象学和接受理论蜂拥而至时，我们这些居于边缘的人（我们只能磕磕巴巴地读法文和德文，对俄文则一窍不通）才体验到理论的爆炸。"[④] 里希特提到的这些理论大多来自欧陆，它们本身往往是哲学思考的产物，但在美国主要进入文学研究领域内；当然，理论所冲击的不只是比较文学，还包括各种国别文学领域。然而，此时的比较文学却成为理论的中心，正如苏珊·巴斯奈特所看到的那样："20 世纪 70 年代末，西方新一代雄心勃勃的研究生转向了文学理论、女性研究、符号学、电影和媒体研究、文化研究，将这些领域看作是更激进的选择对象。他们放弃了比较文学，将之视为自由派人文主义史前时代的恐龙。"[⑤]

尽管此时的理论仍关注所谓"文学研究的本质"，但它们不再是对韦勒克-沃伦式的原理的探寻，而恰恰是对原理和唯一真理观的质疑和批判。特里·伊格尔顿（Terry Eagleton）认为："文学理论并不作为谈论文学的诸种方式之一种而出现，而是对其他各种形式的批评分析采取一种批判姿态。它尤其倾向于怀疑这些批评分析所说的大部分都是在回避问题。"[⑥] 因此，此时的理论往往具有强烈的解构主义、多元主义和非本质主义倾向，其具体论述虽然和文学关系密切，并且主要是一种学院派的话语实践，但其指归往往超出文学论述和学院体制，表现出鲜明的现实和政治介入色彩，尤其是与弱势群体/阶层和少数族裔的身份政治结合起来。里希特曾指出，当理论兴起之时，"许多体系都使妇女和少数群体表达她/他们迫切的社会需求成为可能，使她/他们得以为争取更多自由和权力的需求寻求一种理论的表征"[⑦]。

---

① 韦勒克，沃伦．文学理论．刘象愚，邢培明，陈圣生，等译．南京：江苏教育出版社，2005：45－46.

② 同①32.

③ Graff. Why Theory? //Davis, Mirabella. Left Politics and the Literary Profession. New York: Columbia University Press, 1990: 23.

④ Richter. Preface//The Critical Tradition. Boston and New York: Bedford/St. Martin's, 2007: v.

⑤ 巴斯奈特．比较文学批评导论．查明建，译．北京：北京大学出版社，2015：6.

⑥ 伊格尔顿．二十世纪西方文学理论．伍晓明，译．北京：北京大学出版社，2018：4.

⑦ 同④.

由于全球在地化和理论化的发展，在学科形态层面，新的比较文学呈现出**后国家**与**超文学**的特点。其中，所谓“后国家”并非说作为制度的国家已经消失，而是它依然存在并对人文学术有决定性的影响，但其在人文学术中的位置已经发生了根本性的转变。前文说过，在这一历史时期，民族国家和全球/民族国家二元结构都遭到了学理上的拆解，在文学研究层面，“国家”已经不再被视为天然的单位或研究工具，而是被视为待拷问的问题。这与前两个阶段对于民族国家的态度有着根本的区别——在前两个阶段，无论是跨越国家还是超越国界，本身都是建立在承认民族国家这一基本单位的基础上进行的。此外，在这一阶段，比较文学的地理范围也大大超越了“西方”的界限，成为一种全球性的学术实践。尤为值得注意的是，1980 年代以来，比较文学在中国、印度和拉丁美洲等第三世界国家和地区兴起，一时间成为引领风尚的热门学科，其中的一些国家——例如中国——还发展出了别具特色的比较文学知识体系。

所谓的“超文学”，是指新的比较文学突破了传统的文学研究形态（即作家研究和文本研究），呈现出多中心和多重心的研究局面。在研究对象上，新的比较文学将研究范围扩展到对媒介、族裔、性别和文化等互有重叠的对象上。与此相应，具体的研究者也未必来自文学研究领域，更未必以“比较文学学者”来标识彼此。即便是在比较文学“学科”之内，学者身份也都变得愈发多元和难以辨认了。但这并不意味着新的比较文学就不是“文学”的——在具体的实践中，这些研究虽然未必会涉足文学作品，但在一定程度上又表现出强烈的文学研究的意味。乔纳森·卡勒在《理论中的文学》(The Literary in Theory，2000）一文中指出，虽然文学和文学性在理论讨论和更多研究中未必居于中心位置，但这些研究实际上都呈现出文学化的特征：文学对个体、他者、情感、悖论、含混、陌生化和复杂性的重视和呈现，极大地启发了各种各样的研究，而这些研究也从文学文本中不断地吸收灵感，获得行动的方向；与此同时，这些研究也充分吸收了文学研究的概念、方法、思路和阐释模式。如此一来，“文学可能失去了其作为特殊研究对象的中心性，但文学的各种模式已经获得胜利：在人文学术和人文社会科学中，所有的一切都是文学的”[①]。因此，在某种程度上，比较文学已经变得无法辨认了，但反过来，比较文学也终于变成了韦勒克所呼吁的文学研究本身，尽管是以他未必期待和认可的方式罢了。换句话说，从名义上看，“比较文学”因为已经普泛化而不再重要，但从实质上看，比较文学取得了历史的胜利，成为一种复数的人文学术实践。

本章小结

美国古典学家扬·齐奥科斯基（Jan M. Ziolkowski）曾在讨论比较文学学术史时说：“是什么造就了比较学者？不是学位，而是能力和视野。这些能力和视野会不可避免地依

① 卡勒．理论中的文学//理论中的文学．徐亮，王冠雷，于嘉龙，等译．上海：华东师范大学出版社，2019：35.

时而变，同时也会根据我们对文学和阐释的理解而变，甚至，比较文学的名义也会由于作为一个整体的世界的发展而变化。”① 的确，比较文学作为一种知识探寻，它的形态会因时、因地、因势而不停地变化。因此，对比较文学实践、理论和方法的思考，不可离开对比较文学学术史的认知；而对学术史的思考，更不可离开对学术背后的大历史的认知。

比较文学的萌芽生发自 18—19 世纪欧洲民族国家与民族文学双重发现的历史过程中，此后，随着不同时空中的学者对于“民族国家”“文学”“学术”这三要素的不同理解，比较文学表现出极大的形态差异。在 19—20 世纪上半叶的法国，通过跨越民族国家界限和确认历史学与文学史的“科学”地位，比较文学在文学关系史基础上呈现出跨国界和历史学研究的特征。到了 20 世纪中叶的美国，通过继承和突破文学关系和文学史学，比较文学从一种地方性和边缘性的学术领域转型成为西方的文学学术共同体，呈现出超越国界和文学中心的特征。20 世纪 80 年代以来，通过全球地方化和理论化的发展，比较文学成为一种后国家和超文学的人文学术实践。

从民族国家、文学与学术这三要素来描述比较文学的历史脉络，既能清晰地看到比较文学作为一种跨界人文学术的多元形态，也能深入体认不同的比较文学实践与大历史的动态关联，从而为更好地理解比较文学的历史与未来打开通路。如此，当面对“什么是比较文学”等“大问题”。或者是“某位学者的比较文学观念为何”等“小问题”时，我们或许可以首先反问道：对于具体的研究主体来说，“民族国家”“文学”“学术”，都意味着什么？

思考与练习

1. 欧洲民族文学的兴起与文学研究中比较观念的发生有何关系？
2. 简述科学化的文学史与比较文学学科产生的关系。
3. 简述梵・第根的比较文学观念。
4. 什么是国际比较文学的“教堂山会议”？
5. 雷马克曾经就其对于世界比较文学发展的思考说过：“法国人在实践上远没有在理论上那样地胆怯和教条主义。”如何理解这句话？
6. 如何评价美国比较文学对法国比较文学的发展？
7. 如何理解 20 世纪后期比较文学发展的“全球在地化”？
8. 如何理解 20 世纪后期比较文学发展的高度“理论化”？
9. 如何理解 20 世纪后期比较文学发展中的“后国家”与“超文学”特点？

① Ziolkowski. Incomparable：the Destiny of Comparative Literature，Globalization or Not. The Global South，2007，1 (2)：44.

拓展阅读

1. 威廉斯．关键词：文化与社会的词汇．刘建基，译．北京：生活·读书·新知三联书店，2005.

2. 麦克米伦．历史的运用与滥用．孙唯瀚，译．桂林：广西师范大学出版社，2021.

3. 赫尔德．论语言的起源．姚小平，译．北京：商务印书馆，2009.

4. 韦勒克，沃伦．文学理论．刘象愚，邢培明，陈圣生，等译．南京：江苏教育出版社，2005.

5. 卡勒．理论中的文学．徐亮，王冠雷，于嘉龙，等译．上海：华东师范大学出版社，2019.

6. 萨义德．世界·文本·批评家．李自修，译．北京：生活·读书·新知三联书店，2009.

7. 贝格尔．书写民族：一种全球视角．孟钟捷，译．杭州：浙江大学出版社，2018.

8. 伊格尔斯．德国的历史观：从赫尔德到当代历史思想的民族传统．彭刚，顾杭，译. 南京：译林出版社，2014.

9. 布律内尔，皮舒瓦，卢梭．何谓比较文学．黄慧珍，王道南，译．上海：上海社会科学院出版社，1991.

下编

方　法　篇

第九章
中外文学关系

本章要点

综览世界比较文学学科发展史，几乎所有国家的比较文学学科建制都是从辨析不同国家或文明之间的文学（文化）关系开始的，中国亦不例外。中外文学关系辨析作为中国比较文学的基础性工作，立足于研究中国与他国文学之间的交互与影响关系，力图在世界文学的视野中达成双方的对话与交流。中外文学关系研究以实证性研究为基本方法，在收集、梳理史料的基础上进行分析探究，此外也可以辅之以其他研究理论，实现对研究对象更深入的理解。

第一节
中外文学关系的概念与特点

关 键 词

文学关系　意识形态　变异

对不同国家、民族之间的文学关系研究，在各国都是比较文学研究的重要领域。有研究者指出，“清理本国文学与外国文学的相互关系，研究本国作家与外国作家的交互影响”①

① 葛桂录．中英文学关系研究的历史进程及阐释策略．四川外语学院学报，2006（4）：9-14.

往往是各国发展比较文学学科的首要工作，这在中国比较文学的发展中亦不例外。而要对**中外文学关系**展开研究，首要的一点是抓住**文学关系**这一关键词。

关系，即 relation，在牛津词典中，与本章的使用相关的意思有两个：A.（人、团体、国家之间的）关系，联系，交往（the way in which two people，groups or countries behave towards each other or deal with each other)；B.（事物之间的）关系，关联，联系(the way in which two or more things are connected)。[①] 这两个意思分别体现在中文词语"交流"与"关系"中，有学者考察了汉语中这两个词的词义，认为"交流"更侧重客观事实状态，"关系"则在此基础上更具有推理判断上的联系之意。[②] 在汉语中，这两种意义的具体使用方式表明了研究者的研究侧重点与立场，而在英文词 relation 中，这两个意思是都具有的。由此，**"文学关系"**就意味着：在文学作品、现象、思潮、活动中发生的交流、对话、彼此影响等诸多关联——既有文献、史料上的事实联系，也有研究者归纳总结出的逻辑联系。若再加上**"中外"**这一限定语，便有了**"中外文学关系"**这一组合词。**"中外"**一词指中国和非中国的国家、地区；这样，我们就可以先为中外文学关系下一个定义：**中外文学关系**指的是中国与其他国家、地区（不同语种）之间在文学作品、现象、思潮、活动中发生的交流、对话、彼此影响等诸多关联，包括作家或团体之间的跨国交往活动、作家作品跨国的传播译介与相互影响的情况等。它是中国比较文学奠基性、基础性的研究领域，易受**意识形态**影响，在方法上注重史学研究，以实证性研究为基本方法。

对这一定义，我们如何理解其后半部分，即如何理解中外文学关系这一研究方向的具体特点？

首先，中外文学关系在比较文学学科中具有基础性意义。中外文学关系研究一向被视为最能体现中国比较文学学者研究实绩的标志性领域，中外文学关系研究的兴起及其观念与方法的每次推动和转型，都可以被视为中国比较文学学科以其专业的方式，对现代中国文化与社会变迁的一次见证或回应。自 20 世纪初中国比较文学学科发轫至今，中外文学关系研究的观念经由若干代学者的持续努力，得以不断推进。19 世纪末，正是中西文学的比较与交流构成了中国比较文学学科意识萌生的内因。[③] 晚清中国留学生的西去和西方传教士的东来，为中外文化和文学关系图式的测绘提供了例证和可能。"五四"时期的文学研究领域，中国与西方文学的关系，成为其时的现代知识分子考量"世界之中国"（梁启超语）的重要参照之一。自 1920 年代起始，有关中外文学关系研究的成果不断涌现。[④] 比较文学在中国高校学科化的重要成果之一，就是从 1930 年代开始，陆续出现了一大批中国学者，他们分别在中美（吴宓）、中欧（陈受颐）、中英（方重、钱锺书、范存忠）、

① 霍恩比．牛津高阶英汉双解词典．第九版．李旭影，邹晓玲，赵翠莲，等译．北京：商务印书馆，2018：1796.

② 宋炳辉．视界与方法：中外文学关系研究．上海：复旦大学出版社，2013：4.

③ 徐扬尚．中国比较文学源流．郑州：中州古籍出版社，1998：60.

④ 详见北京大学比较文学研究所编的《中国比较文学研究资料（1919—1949)》（北京大学出版社，1989）中收入的相关学术论文。

中法（梁宗岱）、中德（陈铨）、中俄（郭沫若、戈宝权）、中印（陈寅恪、季羡林）等国家之间的文学和文化关系研究方面开疆拓土，而且取得了令人瞩目的学术成就。

其次，中外文学关系对中国本土的文学观念有建构性作用。20 世纪初的中外文学关系研究和论述往往具有一种明显的“西方主义”（Occidentalism）倾向，这尤其表现在论者把西方文学设定为中国文学未来前景的“进化”思路上。在这种文学发展的规划中，中国文学对应着文化的低级阶段，而西方文学指涉着文化的高级阶段，彼此间存在着巨大的时间鸿沟。然而，这一学术实践的背后有一种迂回的民族主义——通过“西方主义”构建对抗本土主流传统价值系统的“反话语（counter-discourse）”（比如中国“新文学”），以实现本土新文化与西方现代文化分庭抗礼的期望。这就是 20 世纪初期的中外文学关系研究总是与**中国现代文学**的生成与发展同步，而且学术研究可以与文学创作的“跨语际实践”相互协调（比如“文学研究会”同仁的工作）的根本原因，因此，**中国现代文学**观念的生成本身，就是辨析中外文学关系的最好例证。

再次，中外文学关系的另一个特点是受**意识形态**和政治倾向影响较大。在进行中外文学关系研究时，可以发现中国与他国在世界文学与文化中的位置关系，在不同的历史时期、不同的学人眼中可能有着完全不同的认识。这正是因为中外文学关系的研究往往受到其时国内外的政治形势、文化氛围的影响，也就是会受到作为上层建筑的社会**意识形态**的影响。从 1950 年代到 1970 年代，中外文学关系研究的内容主要集中于中苏、中国与其他第三世界国家之间，因为特殊的历史原因，在中外文学关系研究的其他领域基本没有重要的研究成果出现。阶级和国际主义情怀取代文学的审美分析，成为解释文学关系的基本尺度有时甚至是唯一尺度。而 1978 年之后，随着政治形势的变化，中外文学关系研究也随着比较文学学科的复兴而迎来了新时期，这一时期开始出现大量侧重文学性、审美意味的批评研究。这种具有审美倾向的研究范式是对此前几十年学术氛围的一种反拨，它同样是特定历史时期的**意识形态**影响之下的产物。

最后，中外文学关系研究还需要关注的一个特点是某文学作品中对他国文学、文化的接受既可能有影响的同源因素，也可能会发生某种程度的**“变异”**。作家作品在他国的译介、流传往往会受到接受国的语言、本土文化、意识形态之影响，也难免会出现误译与误读。这就使得他国作家、作品在接受国出现不同于本国的阐释，并产生不同的评价、影响。这也说明，中外文学的交往、影响关系，既有在实证性层面上的关联（基于事实溯源的同一性因素），也会出现在接受层面上难以避免的“变异”（差异性因素）。有时候，甚至某一国家及其代表的文化整体，都会以一种想象性的方式成为接受国文学中的“他者形象”。我们以钱锺书 1937 年在牛津大学的毕业论文《17、18 世纪英国文学里的中国》（*China in the English Literature of the Seventeenth and the Eighteenth Centuries*）为例。我们看到，开篇钱氏就给出了一个总判断：17—18 世纪英国对中国的研究属于“带有距离”的“前汉学”时代，且这一时期的中国研究者大多是文学家。这些文学家对中国形象的表现总是具有某种“想象性”，是其时英国文人心目中的“中国形象”的投射。钱氏旁征博引了大量文献材料，给出了“中英文学交流史上的一个个闪光点：最早提到中国文学的英文著述……第一篇有意模仿中国风格的英文作品……”①。随后在梳理这些材料时，钱氏再次总结道：“中国”形象在这些作品中由赞美为主转向批评为主——“在18世纪的英国文学里……中国几乎被剥夺了所有的荣耀（all her glories）”。②

综上所述，中外文学关系既与“中国现代文学”这一观念的形成过程有关，也与**中国比较文学**的发展情况有关，这是一体两面的，因为要展开中国与他国、他地的文学关系研究，自然会涉及如何看待中国文学之于他国文学的位置关系。正如钱锺书所说：“要发展我们自己的比较文学研究，重要任务之一就是清理一下中国文学与外国文学的相互关系。”③ 此外，我们也讨论了中外文学关系与外部社会**意识形态**的密切关联，中外文学关系的这种特点也自然地适应于事实性研究的思路，这也是为何基于史料、文献的实证研究是中外文学关系最基本的研究范式，这一点我们将在下一节具体论述。

第二节
中外文学关系的研究方法与思路

关 键 词

影响研究　平行研究　全球视野

中外文学关系立足于研究中国与他国的文学关系，那么对研究者来说，针对那些已然具备事实性联系的研究内容自然是较为稳妥的选择——“它有助于我们清晰地还原文学交互影响的历史进程，也是建构科学的方法论与良好学术风气的重要保证”④。这样，中外文学关系研究最**基础性**的研究方法就是史学研究。史学研究这一说法仍然较为宽泛，具体来说，也就是基于书面文字记载的**史料**而展开的一种实证性研究，它往往也会被称为史料学研究。既然该研究以文献、史料作为依凭，对进行史料研究的学者就要有以下要求。其一，要确定史料本身的真实性与可靠性。其二，要给出史料的来源，使其能够被精确地定位和查找。其三，需要研究者判断所引史料对自身研究有何价值，是否值得花费诸多篇幅进行引用、介绍。在此基础上，研究者还需要对这些文献进行分析，也就是说，研究者要整理、筛选材料并建构出材料之间的逻辑联系，做出合理的、有价值的阐释。而研究者处

① 葛桂录．经典重释与中外文学关系新垦拓．北京：人民出版社，2014：55.

② 钱锺书．钱锺书英文文集．北京：外语教学与研究出版社，2005：130.

③ 张隆溪．钱钟书谈比较文学与“文学比较”//北京大学比较文学研究所《中国比较文学年鉴》编委会．中国比较文学年鉴：1986. 北京：北京大学出版社，1987：48.

④ 同①49.

理史料的不同方式、对不同史料的选取就产生了不同的研究思路：有对具体史料进行个案分析的研究思路；也有在学科史意义上进行详细梳理的研究——对重要的研究思路和著作进行标示评述并建构共时性、历时性序列。在比较文学学科史上，法国学派的**影响研究**就是基于不同国别、民族文学之间的事实联系（rapports de fait）而展开的研究方法。基于对文献史料不同的处理方式和角度，在具体研究中影响研究也可以细分为分别考据作品影响、题材溯源、传播媒介的“流传学”“渊源学”“媒介学”等具体的研究方向。

20 世纪初期我国的比较文学研究工作正是“法国学派”倡导的“国际文学关系研究”在东方的回响。在文学关系的历史语境中，我们就可以从中发现二者“押韵”的合理性。有一部分研究常常以后见之明，简单地苛责早期法国学派比较文学思想中的民族沙文主义倾向，但在早期近代欧洲，法语文学写作实际上具有其解放性的一面——通过文学的民族主义对抗拉丁文的支配地位和罗马教廷的权威姿态。[①] 对包括中国在内的 20 世纪大部分非西方国家而言，国族主义在抗拒帝国主义、殖民主义时，也常常承担着不可替代的积极意义。中国比较文学学科建制初期的中外文学关系研究实绩或有历史局限性，但仍为后续的研究提供了典范，同时还设置了对话的框架。

案例一

《〈赵氏孤儿〉杂剧在启蒙时期的英国》

我们不妨看看在前辈学人那里，基于实证的影响研究是如何具体开展的。范存忠先生在 1950 年代发表的《〈赵氏孤儿〉杂剧在启蒙时期的英国》可谓影响研究方法在中外文学关系研究领域的范例文章。《赵氏孤儿》这部杂剧在启蒙时代欧洲的影响情况，在范存忠之前已经多有论述，而范存忠是如何将这个旧题目写新、写好的？

我们看到，文章先从《赵氏孤儿》在欧洲的译介与流传情况入手，这篇杂剧先被传教士马若瑟有删减地翻译为法文并刊载在法国《水星杂志》和杜赫德汇编的《中华帝国全志》上。法文版的发表使英国的出版社发生抢译的现象，这就说明英国文化界对该剧的关注。

随后，除了翻译情况，文章还关注了欧洲学者对《赵氏孤儿》的一些评价。例如：法国的阿尔央斯侯爵批评该剧没有遵从古典主义戏剧的戒律；而英国批评家赫德则发现该剧与希腊戏剧的类似处，并予以褒扬。梳理完这些评论，文章就顺势接着说明改编的情况：先分别阐述英国哈切特《中国孤儿》和法国伏尔泰《中国孤儿》的改编、上演情况，而后更多的篇幅留给了英国墨菲的《中国孤儿》，并详细说明后者与伏尔泰版本的关系、墨菲版本上演的影响以及上演时英国社会的状况等等。

---

① 卡萨诺瓦．文学世界共和国．罗国祥，陈新丽，赵妮，译．北京：北京大学出版社，2015：79－80.

最后，文章从《赵氏孤儿》在英国以及欧洲总体的译介、流传情况扩展到对中英文学关系的思考，以小见大，完全没有局限在一文一地之中。由此，范存忠从“是什么、是怎样、为什么”三个层面步步推进，完成了这篇包含了渊源学、流传学、译介学方法的典范性研究论文。

当然，基于事实联系的**影响研究**也并非中外文学关系研究唯一的方法。1978 年以来，中国知识界发生了一系列重大的思想鼓荡，文艺场域的评价尺度由政治工具论转向审美自足论，折射在中国比较文学研究领域，一个最明显的征候就是平行研究在 20 世纪 80 年代的过剩与泛滥。所谓**平行研究**，是 20 世纪美国学派发起的一种研究方法，作为对 19 世纪实证主义研究的反拨，它试图让比较文学研究立足于文学文本和审美内涵，并试图在**世界文学**的总体视域中突破旧有的民族文学视角；研究对象之间的联系是否有事实性的支撑不再重要，重点转向了“不同文学传统中思想、意象、主题、语言和修辞手法等各方面内容”①。

那么该如何去处理基于史料的实证研究和不注重事实联系的平行研究的关系呢？

首先，在我们看来，前者对后者仍然具有基础性的作用。一是因为，平行研究的盛行仍然是基于对 19 世纪比较文学研究方法的反拨，以**形式主义-新批评**方法去处理文学关系，“它常常被描述为是对实证主义的反对”②。这样，中外文学关系研究基于审美性的问题框架，正是实证分析方法所赋予的，它作为后者的对立面，并没能超出其思维方式。看似纯粹的文学本体研究事实上并不那么自洽自足。它同样是另一种意识形态和政治态度的潜在表达。二是因为，我们已经看到，中外文学关系不可避免地掺杂着**意识形态**对其的影响。当研究者使用“影响”“契合”“融合”“超越”等词语标记了中外文学关系研究方法时，就已经预设了中国与他国在双方文学、文化中已然作为事实存在的交流关系。由此，具有**实证特征的影响研究**始终是探讨中外文学关系的基本方法。在此我们还可以举一个关于钱锺书的例子。钱锺书曾有一句幽默的话：“现在要是有人和我谈中西文化比较，如果我有手枪的话，我也一定拔出来。”说这话的背景是，其时国内盛行将中西文化互相比较的风气，但这些著述的作者往往缺少基本的语言素养、学术功底，故而这就造成了一股胡乱比较的学术“歪风”。“拔手枪”的例子也证明没有实证性研究的基础，没有能够扎进史料仔细甄别的功底，中外文学关系研究乃至比较文学研究任何一项具体工作都是难以做好的。

其次，事实（实证）研究或理论研究的对立，或是影响研究与平行研究的差异，并非

① 张隆溪．比较文学研究入门．成都：四川人民出版社，2022：16.

② Jameson. The Prison-House of Language：A Critical Account of Structuralism and Russian Formalism. Princeton：Princeton University Press，1972：45.

绝对水火不容，而是可以在研究实践中依据具体情况合理利用。在接受者那里，外来影响因素与审美层次上的跨文化融会，所生成的“一加一大于二”的美学效应，在20世纪80年代以后的研究中得到了前所未有的重视。同时，考察中外文学译介、流传、影响的一些实例，我们往往会发现，某作家作品在他国产生影响的原因可能既与接受国的社会、文化环境有关，也与作品自身的审美特点有关。于是，这就要求想要深入研究的研究者不能只停留在对文献事实的梳理上。

案例二

寒山诗在20世纪中后期美国文化圈的流传研究

对中国唐代的寒山诗在20世纪中后期美国文化圈的流传研究就是一个很好的例子。寒山诗自“二战”后被翻译至英语圈，其经典化是一个渐进的过程。海外学者钟玲是这方面的专家，除了专文《寒山诗的流传》，她后面出版的专著对这一研究也多有补充。根据钟玲的考察，寒山诗在中国本土的大学课堂并不受重视，但它在海外，尤其是在美国，受到几代青年的追捧。

寒山能从众多唐代名诗人中脱颖而出，在美国文学界成为与李白、杜甫并列的唐朝诗人的代表，这当然与他的诗歌风格有关，也与美国其时的社会、文化环境有关。钟玲看到寒山诗中的“禅意”特点是它“流传海外的主要原因”[①]：诸如“谁能超世累，共坐白云中”，这样的禅趣诗既吸引了美国诗人史耐德（Gary Snyder）、学者比尔·波特（Bill Porter）去翻译它，也吸引广大读者去阅读它，并伴随六七十年代美国“垮掉的一代”的文化氛围日渐浓厚而在美国渐获推崇。正如钟玲所见，寒山诗满足了当时美国人精神的需要——寒山诗“象征诗人与大自然物我两忘的结合……象征永恒的自由与解放”与美国人所渴望的反叛精神共鸣[②]。

中美文学关系另一个较为典型的研究案例是学者赵毅衡关于庞德等新诗派诗人对中国古典诗的接受研究。

案例三

赵毅衡关于庞德对中国古典诗的接受研究

赵毅衡在这一领域的专著《远游的诗神》是“文本审美分析与事实

① 钟玲．中国禅与美国文学．北京：首都师范大学出版社，2009：91.

② 孙景尧．简明比较文学：“自我”和“他者”的认知之道．北京：中国青年出版社，2003：168.

影响梳理共同参与”的典型例子。赵毅衡点明，在庞德那里，译介中国古典诗早已不再停留在忠实翻译的层面上，而是以自己的方式再创作（例如《神州集》中对中国古典诗的翻译）：庞德对李白诗句“惊沙乱海日”的翻译直接仿照汉语字面将英语名词并置，即“Surprised Desert Turmoil Sea Sun”。但根据赵毅衡的考证，庞德所参考的费诺罗萨的笔记本里面都是意思清楚、顺畅的英文阐释，而庞德的翻译是“有意借中国大师之名进行英语诗歌语言技巧实验”[①]。接着，赵毅衡又引了庞德自己创作的《七湖诗章》（仿中国诗）来说明中国古典诗给他的影响：

“Rain; empty river; a voyage,
Fire from frozen cloud, heavy rain in the twilight.
雨；空河；旅程，
冰云中流出的火，薄暮时的阵雨”

节选的诗句正体现了庞德如何在汉语诗的影响下使用名词来构成“意象并置”。由此，赵毅衡对这一案例的研究可涉猎的方向就不仅包括史料事实的梳理、文化关系的影响，还包含个体诗人对不同语境中的文学的特殊理解——这一方面的论述就完全可以介入对其翻译作品、创作作品的批评分析当中。

上述“一加一大于二”的说法对研究者来说自然是想要在具体研究中达成的理想状态。在今天的研究工作中，想达到这一点恐怕就不仅仅要在具体的方法路径上有所思考，还要在宏观视野中有自觉的文化意识。这就需要研究者去认识、理解当代的文化环境。随着“冷战”的终结以及全球化进程（再度）全面启动，中国经济开始高速发展，并于2001年加入世贸组织。20世纪90年代以来的一系列全球性事件，也在文化层面上引发了中国知识界有关文化认同的思考——既包括对自身文化的继承、反思，也包含了对外来文化的重新审视。这也与90年代后期“文化自觉”（费孝通语）的历史氛围有关。

由此，中国思想文化再次转型，知识场域面临的问题与方法也发生了急剧的变动。比较文学研究对这一新的历史脉络做出了迅速回应。1993年，学者陈思和提出以**“世界性因素”**取代“外来影响”[②]，强调中外文学交流中，中国文学作为**世界文学体系**有机组成部分的意义。将中国文学作为世界文学的一分子，用一种全球化的眼光处理文学关系，这种口号喊起来当然清楚明白，似乎也没什么不可理解的地方。但是，一旦研究者深入自己的

---

① 赵毅衡．远游的诗神：中国古典诗歌对美国新诗运动的影响．成都：四川人民出版社，1985：230.
② 陈思和．20世纪中外文学关系研究的一些想法．中国比较文学，1993：1.

专门课题中，这一观念又是如此艰难。因为这里对研究者来说需要克服的困难是双重的，即同时保持对文化普遍主义与文化相对主义的双重反思。对文化普遍主义来说，最大的批评自然就是它可能包含了对某种强势文化的纵容——最有可能被披上"普遍"外衣的文化往往可能是来自强势国家的文化。而文化相对主义这一逻辑走到极点又可能把每一个特殊的文化变成孤岛，从而否定了不同文学、文化相通的可能性，这也是另一种意义上的傲慢，即认为自身的文化是最具特殊性的。

所以，**全球视野**不仅意味着要保持一种文化的谦虚，换言之，本土文学仍是世界当中的一分子，而非隔绝于世界"之外"；同时，还意味着要警惕西方文学、文化中可能隐含的霸权与意识形态话语。总而言之，对中国的比较文学学者来说，重要的已不再是将西方的新潮理论照单全收，而是要结合自身的文学、文化状况，给出中国学者自己对当下文化征候的判断。放眼今天的全球文学、文化环境，全球化、多元化是不可避免的时代潮流，但是对中外文学关系领域的学者而言，不被乱花迷了眼，找到研究者自己真正关切的问题，给出合理的理论、方法，这仍然是不变的道理。

第三节
中外文学关系的研究领域

关 键 词

中英文学关系　中美文学关系　中俄（苏）文学关系　中德文学关系　中法文学关系　中印文学关系　中国与东南亚国家的文学关系

一、研究中国与英美文学的关系

1921年吴宓从哈佛大学回国任教，并先后在东南大学、清华大学开设比较文学讲座；陈寅恪、瑞恰兹、雷蒙生等中外学者在清华大学等高校开设一系列比较文学课程。这些事件共同标志着"比较文学作为一门学科，此时期正式'登堂入室'，成了高等学府的正规课程，有了一系列与之相应的实践与团体，并随之培养出了一批学有专长、兼通中西的学者"[①]。

---

① 徐志啸．中国比较文学简史．武汉：湖北教育出版社，1996：116.

在此之前，最早的讨论中英文学关系的文字可追溯到1917年朱东润在《太平洋》杂志发表的《莎氏乐府谈》，作为中国第一篇完整的莎士比亚评论，该文简要谈及了莎士比亚人物塑造与李白诗的对比。中美文学的关系研究同样始于晚清，19世纪美国传教士裨治文在广州创办的《中国丛报》主要面向欧美和中国南部的读者，曾刊载了一些介绍、评论中国文学并且与西方文化进行比较的文章。

中英文学关系方面，20世纪初出现陈受颐、方重、钱锺书、范存忠等多位研究大家。而陈、方、钱、范四位学者都不约而同地关注近代英国与中国的文学、文化关系。我们在前文已经谈到了钱锺书的论文。此外，陈受颐的博士论文题为《十八世纪中国对英国文化的影响》，他在回国后也发表多篇关于中欧、中英文学关系的文章。方重的博士论文《18世纪的英国文学与中国》也是以翔实梳理著称的实证研究。范存忠则是20世纪30、40年代在中英文学关系领域最具成果的研究者，除其博士论文《中国文化在启蒙时期的英国》外，他在国内又发表了诸如《十七、十八世纪英国流行的中国戏》等一系列有影响的关于中英文学、文化关系的文章。值得一提的是，50年代范存忠还完成了我们在上文提及的论文《〈赵氏孤儿〉杂剧在启蒙时期的英国》。

中英文学关系研究的进一步发展是在20世纪80年代后，这些研究成果大致可分为六个方面：中英作家交往、英国文学在中国的译介、中国文学在英国的传播与影响、中国作家对英国文学的译介和评论、英国文学家笔下的中国形象以及中英文学文化关系史研究。① 由于篇幅所限，不在此一一列举。但总体来说，国内中英文学关系研究的方法和基本的研究理路都从范存忠等前辈学者那里承续而来，表现出对扎实的史料整理与实证传统的要求，也表现出倾向于分析文学关系特点与时代整体文化思想之联系的特征。同时，英国文学在中国的译介、传播研究，以及莎士比亚研究，仍是其中的重点，在国内的英国文学研究中占有重要地位。此外，近年来也有一些值得关注的研究成果。2015年葛桂录的《中外文学交流史：中国-英国卷》是近年来在中英文学关系方面参考价值较高的资料，书中较为详细地汇编了中英之间文学交往的事实材料。2020年郝田虎的《弥尔顿在中国》② 则是一部以实证为方法的作家个案研究力作，这部著作对中外相关文献资料做了全面搜集和深入考辨，令人信服地纠正了很多被学界沿袭多年的成见。

至于中美文学关系研究，在20世纪中美文学之间产生较大影响的正是寒山诗等中国古典诗歌与美国现代诗坛的关系。这方面较系统的研究性著作就是前文提及的赵毅衡的《远游的诗神：中国古典诗歌对美国新诗运动的影响》。在叙事文学方面，较有热度的研究是赛珍珠与中国的关系，这方面的系统性专著有2012年朱骅于复旦大学出版社出版的《美国东方主义的中国话语：赛珍珠中美跨国书写研究》。在中美文学关系史的系统研究方面，1985年郑树森主编的《中美文学因缘》，阐述了从爱默生、梭罗到60、70年代美国科幻小说受中国文学的影响。吾文泉在2005年出版《跨文化对话与融会：当代美国戏剧在

---

① 葛桂录．中英文学关系研究的历史进程及阐释策略．四川外语学院学报，2006（4）：9－14.

② 郝田虎．弥尔顿在中国．杭州：浙江大学出版社，2020.

中国》，对当代美国戏剧引入中国后，在国内引起的种种反响进行了分析，并对由此引发的文化碰撞产生的结果进行了分析。2009 年贺昌盛《想象的“互塑”：中美叙事文学因缘》以叙事文学（主要为小说）为研究对象，既包含对美国小说在中国的译介、传播的整理，也包含对美国小说中的中国形象的梳理。2015 年周宁等《中外文学交流史：中国-美国卷》则立足于史实的翔实汇总。

二、研究中国与俄苏文学的关系

自 19 世纪以来，俄罗斯文坛可谓群星璀璨，诞生了普希金、果戈理、赫尔岑、陀思妥耶夫斯基、列夫·托尔斯泰等一系列在世界范围内产生巨大影响的文学家。作为俄国的邻国，中国在“开眼看世界”时自然会在政治、文化等方面受其影响，这在文学领域亦不例外。在“五四”时期，中国文化圈迎来了一个“俄罗斯文学热”的时期，李大钊、田汉、茅盾等文艺圈的名人纷纷撰文介绍和评论俄罗斯文学。此时，也开始有学人涉猎中俄文学关系研究，瞿秋白在《俄罗斯名家短篇小说集》序言中率先对中俄社会情况与文学状况做了对比，但只是寥寥数语。以专文论述的乃是周作人的《文学上的俄国与中国》以及甘蛰仙的《中国之托尔斯泰》，前者是“宏观扫描”，后者则“开了中俄作家专题比较研究的先河”。[①] 30 年代鲁迅的《祝中俄文字之交》尽管篇幅不长却意义重大，文章交代了俄苏文学对国内文化圈的“导师”意义，是某种社会觉醒的催化剂。

20 世纪 50 年代至 70 年代的中苏文学关系研究则基本是此前研究的延续。“冷战”作为具体的历史背景，它至少为此时期中外文学关系研究范围的划定提供了两种可能性：对属于西方“资本主义”阵营的欧美文学的拒绝，以及对属于“社会主义”阵营的苏联文学的追随。另外，阶级和国际主义情怀取代文学的审美分析，成为该时期解释文学关系的基本甚至是唯一的尺度。此时，具有代表性的学者是戈宝权。[②] 戈宝权的研究多以论文的形式发表，在这一时期他发表了多篇单个俄苏作家与中国的关系研究，包括契诃夫、冈察洛夫、高尔基等。这一时期戈宝权的文章自然也体现了当时中外文学关系研究的一些局限，比如：戈宝权在 1958 年发表的《高尔基和中国》一文，六节中仅有一节论及高尔基文学作品在中国的传播；而且，戈宝权在评价高尔基的文学作品何以受到中国的欢迎时，作者只是从作家本人的阶级属性出发进行解释。

到了 20 世纪 80 年代以后，随着国内社会迈入了“新时期”，对俄苏文学的译介、研究工作也重新开展并不断产出成果。此时，戈宝权继续发表一系列关于中俄文学关系的文章，既有作家研究，也有《俄国文学与中国》这样的整体性介绍的文章。值得一提的关于

---

① 陈建华．二十世纪中俄文学关系．北京：高等教育出版社，2002：99.

② 这些成果最终以文集的形式出版，详见：戈宝权．中外文学因缘：戈宝权比较文学论文集．上海：华东师范大学出版社，2013.

中国与俄苏文学的关系研究还有孙乃修的《屠格涅夫与中国》，这本著作有较为扎实的实证功底，同时从宏观角度入手，分析了屠格涅夫文学对现代中国诸作家的影响以及对现代中国文学的建构性作用。倪蕊琴主编的《论中苏文学发展进程》与智量等的《俄国文学与中国》则都是以论文集的形式汇编了当时关于这一领域的一系列研究成果。此外，李明滨的《中国文学在俄苏》首次翻转了研究视角，从俄苏的角度介绍其对中国文学的译介与接受。2000 年以来，最有分量的作品是陈建华的《二十世纪中俄文学关系》，这本著作翔实地整理了自晚清到 20 世纪 90 年代中俄文学关系的各个关键点，既有作家作品的关系，也介绍了各个时期中国对俄苏文学的研究情况。

总而言之，纵观中国与俄苏文学的关系研究，能够明显地看到这一过程总是深受两国政治、社会情况的影响，"五四"时期俄苏文学对中国现代文学的"导师"意义，50 年代国内对俄苏文学的追随以及 80 年代后的重新开展，这些都是中外文学关系研究自身特点的体现。

三、研究中国与欧陆文学的关系

古希腊文化与希伯来文化孕育出的西欧文明，培育出无数璀璨的文学作家、文学作品。法国和德国作为西欧的主要国家，有着灿烂的文化和悠久的历史。不仅如此，欧陆国家尤其是法国，在中国文学文化的西传中扮演着至关重要的角色，直接促成了西方汉学的诞生。反之，欧陆文学也在中国文学文化的现代性转型中提供了可资参考的经验。

在中国，中德文学关系研究的开山之作是陈铨的《中德文学研究》，这部十万字的作品以文体为对象划分章节，包括小说、戏剧和抒情诗，分析了这三种文体的中国文学在德国的接受情况和产生的影响。而此后，中德文学关系研究的专著沉寂了几十年之久，直到 1996 年卫茂平的《中国对德国文学的影响史述》，作者在德国以大量的文献材料作为支撑来完成研究，这部颇具分量的作品以四十万字的篇幅从骑士文学与巴洛克文学开始，以文学史分期论述不同时期的作家作品与中国文学的关联。应当注意的是，其中关于歌德的部分明显比其他作家占据更多的篇幅。这既表明歌德作为作家自身的重要性，也体现了他在中德文学关系中的地位。在 1991 年，学者杨武能就以歌德为主要研究对象出版了《歌德与中国》，这本书主要的内容还是落在了中国对歌德的译介和接受上。此外，2002 年学者曹卫东出版了《中国文学在德国》，这是一个运用新的理论去展开中外文学关系研究的例子；当论及"德国文学中的中国形象"时，作者借用了萨义德的东方主义批评框架，认为它"在一定意义上也适用于远东，尤其是适用于中国这样一个有它自己的历史以及思想、形象和语汇的传统国家"①。

---

① 曹卫东．中国文学在德国．广州：花城出版社，2002：172－173.

在中法文学关系方面，中法文学关系的系统性研究专著以及专门性研究专著近年来才有成果。2015 年钱林森的《中外文学交流史：中国-法国卷》是填补系统梳理中法文学交流史空白的著述，在资料收集和文献整理上对中法文学研究多有裨益。2010 年范希衡的《〈赵氏孤儿〉与〈中国孤儿〉》是针对纪君祥与伏尔泰同源戏剧的对比研究，既有对源流的考证，也有对东西方两部作品的艺术分析。至于其余著述，在 2011 年，学者孟华出版了《中法文学关系研究》一书，这本书是作者关于中法文学关系研究论文的一个合集，其中多篇探讨 18、19 世纪法国文学、文化中的中国形象。2022 年郭丽娜主编了《环旅与邂逅、想象与诠释：近现代法国文学中的世界与中国书写》一书，里面包含了中法两国学者对 19、20 世纪法国人眼中的中国文学、文化的理解，其中“专题三”有多篇论文集中讨论旅中作家谢阁兰，具有一定的参考意义。此外，值得关注的还有北京大学出版社自 2014 年起推出的“中法文学关系研究丛书”，2022 年出版了杨振的《现代性的纷争与沉默：中国文学期刊中的法国文学（1917—1937）》，该书围绕特定时期中国学界对法国文学的论争，探讨了后者在中国现代知识文化图景塑成过程中扮演的重要角色。

综上，比起中英文学、中俄文学关系研究的“热闹”场面，中国与法德文学关系的研究稍显落寞，这与语言的问题有关，也与实证性的材料几乎已经被利用殆尽而难以找到新的突破有关。

四、研究中国与第三世界国家文学的关系

古典中国文化在亚洲文化圈中一直占据着重要的位置，中国与邻国日本、印度的文学、文化交往比起西方诸国要早得多，故而中国与亚洲其他国家之间的文学交往、关系研究自 20 世纪初以来就是中国比较文学研究的重要领域。

在 20 世纪初的中印文学关系研究方面，最著名的学者是陈寅恪和季羡林，两位大家都是掌握梵语的学者，在中印文学关系研究方面留下了许多重要的成果。陈寅恪关注中国古典文学之文体与佛经的关系，这方面相关的论文有《有相夫人生天因缘曲跋》《敦煌本维摩诘经文殊师利问疾品演义跋》等。陈寅恪也关注古典小说中故事情节、人物形象与印度文学的关系，例如《〈三国志〉曹冲华佗传与佛教故事》以及关于《西游记》的源流问题的几篇论文。应当补充的是，这一时期鲁迅、胡适等人都撰文论及《西游记》与佛经的关系，胡适甚至认为孙悟空形象源自印度。而陈寅恪则认为“孙悟空”的形象原型与《罗摩衍那》的哈奴曼有关，同时又与中国自身的民间传说有关，是一个交融的形象。由此，对《西游记》源流问题、人物形象问题的讨论本身也涉及中印文学、文化的交流问题。在中印文学关系方面，季羡林也取得了诸多重要成果。40 年代，季羡林发表的《从中印文化关系谈到中国梵文的研究》是一篇宏观的文化关系对比的论文。50 年代，季羡林《印度文学在中国》从神话学的角度分析印度寓言、神话在中国文学中的影响。60 年代，他

从个案分析的角度完成《泰戈尔与中国》。到了80年代，季羡林发表的一些文学论文被整理到《中印文化关系史论文集》中由三联书店出版。2000年以来，中印文学关系研究值得参考的资料有薛克翘的《中印比较文学研究》和尹锡南的《华梵汇流》，前者是对从隋唐到民国中印文学关系的整理和考证，后者则是作者关于印度文学、梵语诗学、中印文学比较的一些论述、文章合集。

我们再来看看中国文学与东南亚文学的关系研究。80年代以来，在西方所谓后殖民理论的思潮下，第三世界文化成为学界关注的一个面向。中国与东南亚国家和地区的文学、文化交往古已有之，它既是文化传播的过程，也伴随着华人华侨迁徙的过程。在近年来，学界有了一些关于中国与东南亚国家文学关系的研究著作。2015年郭惠芬的《中外文学交流史：中国-东南亚卷》从古代中国南方与东南亚民族之间的交往渊源开始，但主体内容集中于20世纪之后的文学交往。2019年阮秋贤《译介的话语：20世纪中国文学在越南》以徐枕亚、鲁迅、莫言为例介绍了中国现当代文学在越南三个时期的译介与接受的情况。2021年王润华主编的《东南亚汉学中的上海文学研究》收集了一些关于中国现代作家在南洋的生活考据以及中国现代文学在南洋的接受的论文。

综上所述，中国与第三世界国家的文学关系研究，尤其是与东南亚国家的文学关系研究，仍然是学界较为冷门的领域，仍然需要后继学者的努力。

本章小结

本章立足于对“中外文学关系”的概念、特点、研究方法进行大致的介绍与梳理。当代中外文学关系研究的主流研究范型，无论是基于审美意味或文学性的研究，还是转向更新潮的批评理论，史料梳理与辨析始终都是此类研究的根基，不同方法范型间的根本差别在于研究者处理史料的方式。因此，以细致的文献整理和严谨的考证辨析为特征的研究从来就没有过时。当然，在扎实的实证基础和学术功底下，未来的中外文学关系研究也应该继续敞开学科领域的边界，对人文研究的最新动态做出积极回应。

思考与练习

1. 什么是“中外文学关系”？如何理解其中“文学关系”的内涵？
2. 请简述中外文学关系研究的特点。
3. 为什么说史学研究是中外文学关系最基础的研究方法？
4. 简单说说“寒山诗”是如何在美国获得推崇的？
5. 如何在“全球视野”中进行中外文学关系研究？
6. 简要综述我国比较文学研究在中英文学关系研究方面的成就。

7. 简要综述陈寅恪和季羡林在中印文学关系研究方面的成果。

拓展阅读

1. 卡萨诺瓦．文学世界共和国．罗国祥，陈新丽，赵妮，译．北京：北京大学出版社，2015.

2. 康拉德．全球史导论．陈浩，译．北京：商务印书馆，2018.

3. 陈小眉．西方主义．冯雪峰，译．南京：南京大学出版社，2014.

4. 刘禾．跨语际实践：文学，民族文化与被译介的现代性．修订译本．宋伟杰，等译．北京：生活·读书·新知三联书店，2022.

5. 贾植芳，陈思和．中外文学关系史资料汇编．桂林：广西师范大学出版社，2004.

6. 查明建，谢天振．中国20世纪外国文学翻译史．武汉：湖北教育出版社，2007.

7. 宋炳辉．视界与方法：中外文学关系研究．上海：复旦大学出版社，2013.

8. 周宁．天朝遥远：西方的中国形象研究．北京：北京大学出版社，2006.

9. 葛桂录．经典重释与中外文学关系新垦拓．北京：人民出版社，2014.

10. 钱林森，周宁．中外文学交流史．济南：山东教育出版社，2015.

第十章
比较诗学

本章要点

比较诗学作为比较文学的分支之一，并不局限于单一视域，而是站在跨文化、跨学科的角度，超越文化一元主义与相对主义，实现国别诗学与世界诗学的沟通与交流。比较诗学的研究领域，既包括建立在事实联系基础上的研究诗学在跨文化交际中的发生学接触，在此方面萨义德的“理论旅行”理念影响深远；也包括无事实联系的“平行比较”研究，即考察不同文化语境下的诗学“结构-类型学的近似”。进行跨文化比较诗学研究，最后应逐渐走向一般诗学，形成一种“复数的理论”，而非追求一种本质主义的共同诗学。

第一节
比较诗学是什么

关 键 词

比较诗学　比较体

“比较诗学”，字面上看可以拆成两个词——**“比较”**与“诗学”。那么首先我们需要分别辨析这两个词，才能弄清楚什么是比较诗学，甚至“比较诗学如何可能”等问题。“比较诗学”必然涉及“比较”；其中，**比较体**（comparata）可以是两个，也可以是多个。

然而仅有相比较之物并不够，还要有一个必不可少的东西才能构成比较，即比较体之间的某种逻辑关联（copula），如此可比性才有可能成立。法国学者在厘定比较文学的性质时明确提出比较文学不是文学比较，我们也需要首先阐明比较诗学不是诗学比较，“比较”为诗学研究提供一种有别于单一国别诗学研究的视角和方法。

在此我们借鉴俄国学者日尔蒙斯基（Viktor Zhirmunsky）和斯洛伐克学者杜瑞辛（Dionýz Ďurišin）探讨文学关系时的主张，把比较诗学的研究对象分为两大块——“发生学的接触”（genetic contact）和“结构-类型学的近似”（structral-typological affinities）[①]。发生学和类型学都是生物学术语，后者亦为语言学术语，如张汉良所言，“换成一般熟知的说法，前者是‘影响’，后者是‘平行’或‘类似’”[②]，这种二分法并非仅反映出19世纪后期到20世纪初生物学“创造论”与“形构论”、“演化论”与“类型论”的论辩，也可看出语言学由历时性研究到共时性研究的转向。因此，这对术语的准确性与深刻性远远超过“影响”和“类比”之说。

接着我们看“诗学”一词。此处的“诗学”是西方学术传统意义上的“诗学”，古希腊语为“ποιητικῆς”，英语为“poetics”。“文学理论”是一个20世纪才有的术语，而“poetics”的用法则完全承自古希腊，它是关于各种文艺创作门类的后设知识系统，不局限于语言艺术。今天我们用“舞蹈诗学”“音乐诗学”“电影诗学”等表述，便是从这个意义上来谈的。

汉语“诗学”一词古已有之，在中国古代，“诗学”的“诗”指作为狭义文体的诗，“学”指学术，如杨载的《诗学正源》、鲁九皋的《诗学源流考》。民国时期学者的诗学著作开始将词曲包括进来，如江恒源的《中国诗学大纲》，陆侃如、冯沅君的《中国诗史》，显示出中国学者在西方文学观念影响下对现代中国诗学体系的自我突破。今日汉语语境中的“中国诗学”“中国古典诗学”，在很大程度上是当代中国古代文学研究领域的学者基于对西方学术话语和研究范式的观照，对本土文学批评研究理路的新的体认。如张明非指出：“‘中国诗学’，是一个比较文学的概念，即强调中国的诗学特质与其他民族在文化学意义上的区别。具体说来，便是以深入研究和系统阐发中国文学艺术的‘诗学特质’为基本目标，以对中国文学的抒情性本质的理论研究为对象，通过对中国自古以来表现出的以诗歌为中心、各类文体均具有的强烈的‘诗化’倾向等独特的文学现象，从不同角度、不同文化或文学层面加以研究，以说明中国文学的实质及其特殊表达机制。”[③] 这段论述已将诗歌之外的其他文体包括进来，体现出当代中国学者对现代形态的中国诗学的积极探索。

总之，在当代学术语境下，比较诗学的比较体，可以是各种文学文类的后设语言（metalanguage）或者说后设知识系统。意思是，对语言学转向背景下的现代诗学来说，

---

① 张汉良．透过几个图表反思“文学关系研究”．中国比较文学，2014（1）：159－170.

② 同①.

③ 张明非．总序//蒋寅．中国诗学的思路与实践．桂林：广西师范大学出版社，2001：2.

既然语言学是研究各种语言结构的普遍科学，是语言的后设语言，那么诗学就是以文学为研究对象的科学，即文学这种对象语言（object language）的后设语言。比较体之一可以是非文学的后设知识系统。作为比较文学分支之一的比较诗学，是关于文学的创作规律、建构规则、审美特征等各方面的理论或理论性思想的跨文化比较研究，亦可涉及文学理论与其他学科话语的对话。

第二节
比较诗学的基本思路

关键词

国别诗学　跨文化　跨学科

比较诗学与**国别诗学**研究最大的不同，在于前者是从**跨文化**的视野、**跨学科**[①]的视角去观照诗学问题，是对文化一元主义与相对主义的超越，是国别诗学与世界诗学的对话。文化相对主义的思维在西方可上溯至传教士汉学，其目标是寻找和论证中西文化及文学的"根本差异性"，如张隆溪的《道与逻各斯：东西方文学阐释学》所言："我始终不相信任何文学和文化传统的独特性主张——不相信那种把东方和西方看得如此迥乎不同，以致其思维和表达的方式竟不能彼此理解，因而一种知识也就必须始终置身于另一种知识之外的看法。"[②] 比较诗学学者能够超出单一视域的局限，在比较视域下关注和探讨在国别诗学领域内没有提出来的问题，在知己知彼中得出别样的洞见。"不识庐山真面目，只缘身在此山中。"在西方文学理论成为强势话语的当下，我们需要去探索中国古典诗学批评与当代人文学科学术话语体系的互动与会通，思考如何规避用当代西方文论解读中国文学文本时的隔靴搔痒与"强制阐释"，然而只有将中国诗学置于世界文学与批评的图景中解析，才能够更深刻地反思中国诗学的演变规律，在对话中论证和阐发中国传统诗学的生机与活力。

与此同时，我们必须注意的是要破除东西方文化二元对立的思维模式。在中国，中西诗学范畴、诗学观点的平行比较，长期以来曾是比较诗学学者主要采取的研究进路。"作为一种形式上较为简单和似乎机械的分析研讨模式，在比较诗学研究开展之初，曾经是研

---

① 中国古代诗乐舞一体的传统，西方古典时代对乐教、对戏剧的论述以及其他文明中的类似情况，都体现出中外诗学自诞生之初便对语言艺术与非语言艺术采取会通性的思考。

② 张隆溪．道与逻各斯：东西方文学阐释学．冯川，译．南京：江苏教育出版社，2006：12.

究者们普遍运用的方法和范式，到了今天……这种借助范畴、术语、概念等展开内在和外在的二元对话和比较的研究范式已经显出很大的局限性。”[①] 须知比较诗学是世界视野下的诗学研究，无须局限于两两比较，它可以与比较文学的其他面向相结合，它可以是**国际诗学**关系研究、跨文化诗学研究、跨学科诗学研究以及理论翻译研究等等。比较诗学研究最关键的一步是如何摆脱二元对立的惯性思维，有效地提出某个具体的诗学问题。问题只对应研究主体的视域而来，研究主体有多宽广的视域就有多丰富的诗学问题，有什么样的视域形态就有什么样的诗学问题。主体内部的视域充满各种张力，本来就是多元和异质的，时刻变动着，视域的冲突并不一定是以辩证法的逻辑最后融合的，常常是以非辩证法的逻辑而错位断裂的。而研究对象是以符号形式呈现的，而符号都是复杂结构，其意义早已脱离原使用者的控制而散播在社会文化之中。要在这些流动的、播撒的意义中攫取一二问题，离析出研究主体认为有效用的一二问题，这需要比较文学学者具体细致的切割本领。

我们认为钱锺书倡导的碎片思想就是这样的切割本领。他认为，所有大的文化体系作为整体最终都将土崩瓦解且将以零零散散的片段存在下去。中国文化是一座巨大宫殿的废墟，宫殿已不可居住，但其单个的砖瓦梁柱却仍能使用。西方文化亦然。《管锥编》将中国文化拆解成无数单位观念，以无数的单个引文为出发点，然后，不分东西古今，不分学科界限，就一个个的单位观念进行打通研究，从而让我们以一种综合型的新眼光进入中国文化、中国诗学。如果用碎片原则来看刘若愚的《中国文学理论》，我们会发现，问题恰恰不在于他使用了艾布拉姆斯的“四要素”这个外来的工作平台，切割了所谓中国文论的有机整体，而是他太相信这个框架的合法性，将切割了的中国文论碎片重新归整到这个框架中而使之失去了活力，于是，我们只能看到不太丰富的碎片，以及不太透彻的分析论证。

再者，比较诗学并不是要追求一种普适性的、放诸四海而皆准的文学理论，只是围绕一些具体诗学问题做一种跨文化和跨学科的研究，如文学中的时间、空间问题，文论中的身体修辞问题，汉字诗学问题，叙事问题，描写问题，认知诗学问题，等等。诗学的跨文化研究在本质上是对文化多元主义的承认，对文化孤立主义的打破。像钱锺书研究“诗可以怨”“通感”“包孕时刻”等等问题一样，比较文学学者每次研究都采用跨文化和跨学科的视域去解决某一个问题，这个问题在单一的国别诗学领域内没有解决好，或者没有提出来，或者不可能提出来，而一旦比较文学学者在比较诗学内提出并充分解答，其成果的力量就足以让它们自行返回国别诗学内的工作者那里，照出国别诗学单一视域的局限，照出对诗学问题的别样解答。

---

① 陈跃红．比较诗学导论．北京：北京大学出版社，2005：272. 作者在这段话后面补充说道：“在客观上，它还是我们从事比较诗学的基础性研究工作，各种扩展和提升性的研究，也都是在这一基础上去发展实现的。所以，尤其是对初入门者，这种以范畴术语为基础的对话性研究方式，还是一种入门研究尝试的重要选择之一。”

第三节
比较诗学的研究领域

关键词

理论旅行　事实关系　平行比较　诗学翻译　问题意识　共同诗学　一般诗学　复数的理论

比较诗学的研究领域之一是研究诗学在跨文化交际中的发生学接触，这种诗学关系研究是对国别诗学之间的**事实性接触和关联**的研究。梵·第根曾尖锐批评不注重事实性联系的文学比较往往出现的问题："那'比较'是在于把那些从各国不同的文学中取得的类似的书籍、典型人物、场面、文章等并列起来，从而证明它们的不同之处和相似之处，而除了得到一种好奇的兴味，美学上的满足，以及有时得到一种爱好上的批判以至于高下等级的分别之外，是没有其他目标的。这样地实行'比较'，养成鉴赏力和思索力是很有兴味而又很有用的，但却一点也没有历史的含义；它并没有由它本身的力量使人向文学史推进一步。"① 在这种"比较"中出现的诗学只是一种抽取了历史文化语境的僵死概念，完全丧失了原先各自具有的复杂意义。比如拿中国的"大音希声"与西方的"美本身"做比较，拿中国的"风骨"与西方的"崇高"做比较。它们各自所属的知识背景、概念谱系是完全不同的，它们的相似也只是一时一地看到的表面相似，这样的比较可能只有助于考试的学生记住这些概念而已，我们找不出它们之间的必然联系，它们不仅没有历史的渊源，而且也不是针对一个问题的理论探讨，这种比较的结果也解决不了任何问题。正如曹顺庆、陈思宇在反思 70 年来我国比较诗学研究的得与失之后所做的结论："中国比较诗学还存在简单类比、片面求同等积弊，新时代的比较诗学应更加关注差异与变异，聚焦影响关系研究，探索西方文论中国化，以重构中国文论话语。"②

比较文学在我国诞生之初，有识之士就注意到了理论影响与接受的问题，如王国维的《论新学语之输入》。现代学者黄药眠和童庆炳主编的《中西比较诗学体系》第三编题为"中西诗学的影响研究"，就是沿着这条路径讨论了西方思潮和诗学对中国现代文学思想的影响，表明国际诗学关系是比较诗学研究的重要内容。和文学关系研究一样，我们可以考察某种诗学体系或诗学元素的流通传播的整个过程。比较诗学的流传学既可以是个体形态

---

① 提格亨．比较文学论．戴望舒，译．北京：商务印书馆，1937：17.

② 曹顺庆，陈思宇．70 年来我国比较诗学研究的得与失．英语研究：文字与文化研究：第十一辑，2020：9－20.

的，如“弗洛伊德在中国”；也可以是集体形态的，如“心理分析在中国”。比较诗学的渊源学可以是王国维“境界说”中的佛教和叔本华印迹。比较诗学的媒介学可以是“美学”（aesthetics）译名考（由日本学者中江兆民或者德国传教士花之安而来）[①]。这个领域非常广阔。

案例一

中国学界的研究案例

在近年来的学界研究中，姜荣刚的《现代“意境”说的形成：从格义到会通》探讨了晚清经由中西诗学的交互格义，传统“意境”论不仅在他者镜照下得以自我“发现”，同时还整合了中西相关文论资源，促成了意义上的增殖。“意境”说的形成既是中国的也是西方的。

王怀义的《近现代时期“观物取象”内涵之转折》提出，《周易》“观物取象”被视为中国古典美学的核心观念予以研究，是近现代以来西方美学进入中国，杭辛斋、王国维、郭沫若、马一浮、宗白华等学者为解决时代问题而重新阐释之以确立中国艺术独特性的结果。

彭英龙的《钱钟书隐喻学说与概念隐喻理论对比》既考察钱锺书对认知语言学概念隐喻理论的征引，也注意到钱锺书本人隐喻学说潜在的系统性。

现代主义文艺思潮的兴起，曾是20世纪80年代中国文论转型过程中最具标志性的事件之一。除了来自欧美的西潮之外，曹谦的《1980年代俄苏文论的译介研究与中国现代主义文艺思潮》论证了俄苏文论中有关现代主义或针对现代主义的理论也对新时期中国文论转型起到过至关重要的作用，且这种作用与中国当代文论的转型历程构成一种复杂的关系。

在此我们须提及萨义德的一篇影响深远的论文《**理论旅行**》，这篇论文提醒我们注意理论旅行现象的普遍存在及其重要意义：“就像人和批评流派一样，观念和理论也在旅行，从一人到另一人，从一情境到另一情境，从一时期到另一时期。文化和思想生活往往靠这种观念的流通来滋养和维系……”[②] 观念和理论总是存在于一个具体的社会和历史语境之中。由于理论自身往往受到来自意识形态领域和政治方面的压力和影响，在翻译、移植以

---

① 一般认为，对应于西文 aesthetica、sthetik 或 aesthetics 的中文词语“美学”于1883年由日本哲学家中江兆民在翻译法国学者维隆（Eugène Véron）的著作 *L'ésthétique*(《美学》) 时最先采用，并于20世纪初传入中国，其最早的使用者是王国维等学者。但也有学者考证，德国来华传教士花之安（Ernst Faber）于1875年就使用了“美学”一词，其后还出现过“审美之理”（1866）、“艳丽之学”（1889）、“审美学”（1902）等诸多译名。参见：黄兴涛．“美学”一词及西方美学在中国的最早传播：近代中国新名词源流漫考．文史知识，2000（1）：36－37.

② Said. The World, the Text, and the Critic. Cambridge: Harvard University Press, 1983: 226.

及适应新的文化语境的过程中不可避免地会发生变化。① 对每一种具体的理论，我们都必须从它所产生的时代和地域，即当时的具体语境去理解和把握，同时也必须从它所到达的旅行地的具体语境中去考察。也就是说，要采用“全球”和“本土”的双重视域。在这里，“本土”不仅指被“拿来”的理论的发源地，还包括它被“输入”的目的地，而“全球”则指一种理论流入一个不同的民族和互文的语境。理论的这种流通必然与政治、社会、经济和文化等各种因素形成互动。至于具体的操作步骤，萨义德指出：“首先，有一个起源点，或一个权且认定的起源点，也就是一组初始环境或条件，观念在其中诞生或进入话语（discourse)。第二，有一段横亘的距离，一个穿越各种语境压力的通道，观念沿着这个通道从之前的起点移向另一时空，然后重新凸显出来。第三，有一组条件，不妨称之为接受条件或称之为接受或抵制的必不可少的一部分，是它们面对着被移植的理论或观念，无论理论或观念显得多么异样，有了这些条件，它们才可能被引进和容忍。第四，已被完全（或部分）容纳（或吸收）的观念因其在新时空中的新用法和新位置而发生一定程度上的变形。”②

案例二

刘禾的《跨语际实践》与“理论旅行”

当代学者刘禾的《跨语际实践》便是一部非常优秀的研究“理论旅行”的著作。萨义德始终认为理论在一定程度上是对思想事件所发生的特定社会情境的回应，理论并非永恒不变的，它们往往在历史与空间的运动过程中发生变化。刘禾进一步指出萨义德还有失笼统，她结合“理论旅行”中的跨语际问题，认为应该注意：什么样的理论在旅行？理论向哪儿旅行（从西方向东方或相反)？为什么旅行（出于文化交流，帝国主义扩张，抑或殖民化）以及用什么工具旅行（如翻译)？刘禾更进一步探讨了理论和观念在跨语际实践中的复杂性。她打破了以往讨论中国现代性问题时所采取的东西二元对立的僵化模式，关于“西方”“现代”等等观念在中国现代化过程中取得合法化的地位并非单纯的西方文化的强势力量，并非中国方面的一种被动选择与对抗，其中充满了中国能动作用的暧昧性。

显然，“理论旅行”的考察会涉及相当多的方面，其中，**诗学翻译**及翻译批评的跨文化研究是格外有前景的领域。我们知道每个符号的意义都是通过在各种语境中的反复使用而历史形成的，都要经过它牵涉到的无限多的相关符号才能迂回地确定自身的意义。每个

① 萨义德以“理论旅行”命名，意在强调美国当代流行的理论是从欧洲，尤其是法国和德国这两个国家“引进”到美国的。

② Said. The World, the Text, and the Critic. Cambridge: Harvard University Press, 1983: 226-227.

符号都是一种复杂结构，而非单义结构。在修辞主导的文学领域中使用的符号更是一种超级的复杂结构。如果说中国诗学的概念是含混的（ambiguous），那么以所谓“精确定义”组成的西方诗学概念同样是含混的。翻译任何一个异域的概念都不可能做到意义的一一对应，只能是本雅明所谓两种语言的“相切”，翻译产生的这个“切点”与源语（source language）文化和目的语（target language）文化对应的概念只有不多的共同之处，在这个转换过程中语义必然有所增添和减少，翻译过来的每个概念都将其原有的复杂意义减损、抽象，同时又添加了译语自身携带的复杂意义，这个转换过程不仅仅是语义的转换，也是整个文化的转换。因此，比较诗学要做的就不仅仅是考察诗学翻译是否“忠实”的问题，而且更要考察诗学在翻译转换后对源语文化和目的语文化的补充、修正和丰富。比如，王国维时代将西文的“literature”译为“文学”，只抽取了 18 世纪以来西方赋予“literature”的“美文学”的含义，以此将中国的诗、词、文、曲以及小说等等统摄起来。这样的“文学”是古汉语所没有的意义，而西文的“literature”也从此增加了中国的诗、词、文、曲以及小说等携带的复杂意义。因此，对理论的跨文化传播的事实关系研究，也包括诗学理论的翻译与批评。

案例三

王国维与宇文所安的诗学翻译研究

王国维的《论新学语之输入》是诗学翻译研究的一个范例。王国维从宏观的历史文化的角度论证了“新语”创立的复杂过程，又从词语辨析的微观角度讨论了翻译在新语创立过程中的构成作用。

在当代中西诗学关系领域里，宇文所安的《中国文论：英译与评论》也是诗学翻译与评论的代表。乐黛云在中译本序里曾高度评价宇文所安对比较诗学所做的贡献：中国文论和西方文论都是十分成熟的体系。但体系一经完备就会封闭，封闭就会老化。解决这一困境的唯一途径就是沟通，即找到一个参照系，用一种“非我的”“陌生的”眼光来重新审视自己，这样，才有可能跳出原有体系的“自我设限”，扩大自我，以承受和容纳新的体系。宇文所安从西方视域出发，对中国诗学的全篇翻译和逐字评论，让人“找到了一条可以突破中西文论体系，在互动中通过‘双向阐发’而产生新思想、新建构的门径”①。总之，诗学翻译在重新审视本土诗学甚至创造新的诗学的过程中具有不可或缺的作用，比较诗学在此大有可为。

一些比较学者倡导接受研究的“比较研究”方法，如法国学者谢弗勒（Yves Chevrel）

① 乐黛云．序言//宇文所安．中国文论：英译与评论．王柏华，陶庆梅，译．上海：上海社会科学院出版社，2003：3.

在《比较文学》中指出："接受研究今后发展的几种可能性中，人们提到了'比较接受'研究的可能性，即研究同一作品在（至少）两个不同地域受到欢迎的程度。的确这种对比不仅可以对照两种文学体系，而且提供了对作品对比的阐释，从而突出了对作品本身进行阅读的这或那种可能性。"① 谢弗勒提出的这种多重接受研究，是对传统接受研究的单一视域的突破。比如，《尼采在法国》《尼采在中国》之类的著作是单一视域的产物，而《尼采在欧洲》或《尼采在东方》等著作则是多重视域的，这种比较研究采样越多，对研究对象的思想变异和潜力就会认识得越全面，对"理论旅行"的复杂机制就会认识得越深入，单一视域的接受研究只能是片面的深刻。这样的多重接受研究显然对比较文学学者的要求更高，或许，多语种多学科的学者合作是十分必要的。

奥地利学者彼得·齐马（Peter V. Zima）在《比较文学导论》里的"比较性接受研究"一章也深入研究了这个问题，并以"德国和美国的黑塞接受"为例阐发了比较性接受研究要注意的三个维度：民族文化、群体特殊性和意识形态的成分。这样揭示的黑塞形象无疑更为丰富，这样的多重视域才是比较文学的题中之义。因此，考察诗学理论在单一国度的影响与接受还只是诗学关系研究的基础工作，必须尽可能从世界视域出发实际地考察理论的弥散性影响与接受，这样才能全面深入地揭示理论的旅行及其意义。

综上所述，从单一的影响研究到多元的比较研究，从理论旅行到翻译批评，即便在这个注重事实关系的领域内，比较诗学实践也是异常丰富的。广泛而深入地研究各个国别诗学相互之间的事实关系，辨析诗学交流的各种规律，阐述诗学交流对本土诗学产生的影响以及对世界诗学的作用，是摆在我们面前的首要任务。而中国的比较文学学者则有责任首先整理和研究中外诗学之间的相互关系，以促进世界各国诗学的相互理解，为世界诗学的生长做出自己的贡献。

比较诗学的研究领域之二是研究不同文化语境下诗学结构-类型学的近似，即无事实联系的**"平行比较"**。无论何时，这种比较都不是为比较而比较，比较是视野、方法、途径而不是目的。如前所述，平行研究的内容应是比较体之间的结构-类型学的近似，比较研究才有意义。根据杜瑞辛的分类法，结构-类型学的近似可分布在社会的、文学的、心理的三个面向。文学面向作为大宗，可以由大至小分为文学风格与运动、文类、艺术结构的成分三个层面②的诗学问题的比较。和比较文学平行研究不同的是，诗学的**平行比较**势必建基于大量作品的共性提炼上，它不可能是少数个别作品之间的比较，因为诗学是后设的知识系统，比较诗学的比较体必然是在某种时空中或某种语境下具有普遍性意义的知识，而非单一的现象。

正如比较文学并非文学的比较，跨文化的诗学研究也远远不止于对两种文化中的两个范畴、两种理论的样态风貌的对比分析，仅仅辨异求同是形成不了任何有解释性的理论

---

① 谢弗勒．比较文学．王炳东，译．北京：商务印书馆，2007：80.

② Ďurišin. Sources and Systematics of Comparative Literature. Tkáč，Trans. Bratislave：Univerzita Komenského，1974：177.

的，因为世界上有太多事物或同时或历时地具有相似性和差异性，这说明不了任何问题，如果仅仅把两个看上去有相似之处但是由于出自不同的文化又具有明显差异的概念拎出来比较，并非理想的比较诗学研究。解释学提倡的**问题意识**是我们进行跨文化比较诗学研究的出发点。伽达默尔认为解释学要树立“问题的优先性”原则。这个问题将对象置于疑问之中，也将解释者置于疑问之中，而不是像配对子的机械方式那样将对象与解释者都封闭起来。面对驳杂的文献，比较文学学者要以今天的理论知识眼光提出真正的问题来。真正的问题来自解释者今天的视域与对象的历史视域的融合。而且，一个相同的解释对象可以有不同的意义，这些意义对应着解释者的不同的问题。若问题意识匮乏，仅停留在两个现象表面的同一与差别，便很难提炼出一个充满问题的能动单位，从中归纳出的任何结论也缺乏合法性，也就不会有建设性的结果。每一个研究都需要构想出一个相关的理论问题来切入不同文化的诗学经验，再进行多重的视域融合（研究对象的多种文化的视域以及研究主体所使用的相关理论的视域），最后才有某种理论诗学产生的可能。

案例四

钱锺书的《读〈拉奥孔〉》

我们以钱锺书的《读〈拉奥孔〉》为例来看钱锺书是怎样提出问题的。我们知道莱辛的《拉奥孔：论诗与画的界限》是讨论诗歌艺术与造型艺术之关系的经典作品，作为比较文学学者的钱锺书是怎样解读这部著作的呢？

钱锺书认为，诗与画在功能上的区别已经是套语常谈了，莱辛的主要论点——绘画宜于表现物体或形态，而诗歌宜于表现动作或情事，中国古人也泛泛讲到，他也没必要涉及了。他提出了自己关心的一个问题：诗歌和绘画虽各有独到，而诗歌的表现面却比绘画的“愈加广阔”，比莱辛所想的还要广阔一些。在这个问题的引导下，钱锺书引用大量中国文献来补充和修正莱辛的观点。一、文学作品使用大量的修辞手法以写景状物，其景象是绘画所不能描绘的，换句话说，诗中有画而又非画所能表达，比如，用抽象概括的字眼写景，用矛盾的比喻表示似是而非、似非而是的情景和事物微妙的情态，等等，钱锺书认为莱辛也谈到了这些，“但是没有把道理讲清”。二、莱辛论及造型艺术的常规——“富于包孕的片刻”，包括后来的黑格尔也认为绘画不比诗歌，不能表达整个事件或情节的发展步骤，只能抓住一个“片刻”，一个包孕前因和后果在一点里的时刻。钱锺书结合大量文学作品的实例充分论证了这种时刻同样成为“文字艺术里一个有效的手法”。比如诗歌里的“含蓄”，短篇故事的终结，长篇小说的过接，什么“务头”“急处”“关子”等等，从而修正了莱辛的观点，建立了一个局部的“包孕时刻”的诗学原则。① 钱锺书从一个问题入手，结合中西方大量的文学和诗学例证，会通性地讨论了文学作为表现手段的特殊性和优势，这样的研究方能得出真正有意义的结论。

如谢弗勒所言：“像它所评价的文学一样，比较诗学的研究范围是没有边际的。它最终可导致产生一种真正的‘文学理论’：一种对文学的理论探讨，一种建立在广阔而坚实的基础上的文学理论。”② 当比较诗学走向理论诗学的形态时，它的研究范围是无边无际的；它也在营造一种文学理论。刘若愚 1975 年出版的《中国文学理论》为改变西方中心主义话语操控下中国诗学被他者化的国际学术局面，继而促进中西诗学互识互鉴的对话有筚路蓝缕之功。作为一名自觉的“跨语际批评家和理论家”，刘若愚在该书的导言中明确提出了这项研究的首要的和终极的目标：“把从悠久的而且大体上独立发展的中国批评思想传统中能获得的各种各样的文学理论都展示出来，以便能够跟来自其他传统的理论加以比较，从而有助于形成一种最终的普适性的文学理论（eventual universal theory of literature）”③。可见比较诗学不仅是对跨越不同文化传统的文学理论的比较研究，而且还存有一个宏伟的理想：建立一种世界性的文学理论。在刘若愚遗著《语言・悖论・诗学》中，作者提出先秦道家、儒家乃至后来的禅宗一直有言不尽意和以言达意的悖论性认识，由此造成的诗学的“元悖论”又是中西皆有的，继而比较探讨了“传统与个人才能”“无我与有我”等中西共通的悖反性话题。1990 年孟而康的《比较诗学》以西方学者的身份呼应了刘若愚的研究。该书以戏剧、抒情和叙事文学三大基础文类为纲要，探讨东西方主要的文学文化群落如何建构其成体系的文学观，在这本书中也处处可见作者试图建立一套“世界诗学”的愿望。正如陈跃红指出的：“至于比较诗学，则肯定是从跨文化的立场去展开的广义诗学研究，或者说是从国际学术的视野去开展的有关文艺问题的跨文化研究。”④

但是，这样的文学理论不可能是“一种”大写的理论（THEORY），而是**复数的理论**（theories）。不论是对诗学的跨文化接触还是结构-类型学的近似的考察，都不是以追求一种本质主义的**共同诗学**为目标的。“共同诗学”这个术语的出处，国内学界往往归于叶维廉。事实上，叶维廉仅在“比较文学丛书”总序中使用过英文“common poetics”一词，原文为“这些专书企图在跨文化、跨国度的文学作品及理论之间，寻求共同的文学规律（common poetics）、共同的美学据点（common aesthetic grounds）的可能性”⑤。台湾学

---

① 钱锺书．七缀集．北京：生活・读书・新知三联书店，2002：56.

② Chevrel. Comparative Literature Today: Methods & Perspectives. Dahab, Trans. Philadelphia: The Thomas Jefferson University Press, 1994: 72.

③ Liu. Chinese Theories of Literature. Chicago and London: The University of Chicago Press, 1975: 2.

④ 陈跃红．比较诗学导论．北京：北京大学出版社，2005：2.

⑤ 张汉良．文学的边界：语言符号的考察．上海：复旦大学出版社，2012：8.

者张汉良在其《文学的边界》序言中还原了这段由来，这个语焉不详的名词被叶维廉自己赋予了一个文化相对论的解释，张汉良指出："难道有一种观点能在各种文化、各种系统之上或之外吗？……这种超越性的观点严格说来是神学的范畴，超越了人类知识。其实叶维廉点出了'共同诗学'的难题与这个难题的真解，但是他可能没有意识到其中的矛盾性。"[①] 任何奢言共同诗学的人都有其历史性，其诠释诗学的视域由语言、民族、身份、意识形态等诸多复杂因素左右，也就不可能存在纯粹的、超越时/空、放诸四海而皆准的共同诗学。它像个美丽的神话（myth），无法落到实处。历经后现代主义浪潮的学者亦认识到，理论总是免不了暴露出自己是在一定的时间空间点上说话的，理论最终会意识到自身是有位置的、策略性的和功用性的，而不再自封为一套客观的、自然的和真理的话语。作为有局限的理论，其效用也是有限的，必然需要其他角度的理论进行补充，从而形成一个多元异质的理论格局，与多元异质的现实相对应。

因此我们认为，比较诗学的走向是**一般诗学**（general poetics），而不是共同诗学。比较诗学应是围绕着某个理论问题的会通性研究，亦关注在同一问题上种种诗学的变异，探索这些理论各自的适用性和局限性。

案例五

《〈红楼梦〉评论》与《"观"范畴的异源同流与东方美学之形成》

我们可以考察叔本华的悲剧理论在《〈红楼梦〉评论》中的使用情况，这不仅仅是一个历史考证问题，还是一个深刻的理论问题，这会涉及西方的悲剧概念、叔本华融合印度思想形成的新的悲剧概念、中国古代是否有"悲剧"的问题，以及将《红楼梦》纳入"悲剧"范畴来考察所引发的种种问题，比如《红楼梦》式的"悲剧"是否能改变西方的"悲剧"概念等等。其最终的结论很可能是并不存在一种本质主义的普遍适用的悲剧概念，而是存在多种（文化）形态的甚至很可能是异质形态的悲剧概念；比较诗学须细心考察各种悲剧概念的关联性及特异性，将"悲剧"始终作为一个未完成的诗学问题而不是一个所谓具有共同文学规律的完成态的概念来使用。

又如王向远的《"观"范畴的异源同流与东方美学之形成》在论证了中国道家、儒家的"观""观物"，与印度梵学、佛学的"观""止观"异源而后融会的过程之后，探讨了对邵雍和王国维的综合阐发，以及日本现代美学家在现代美学范畴下的"观" "观照"的植入，从而彰显以"观"为元范畴的"东方观学"的形成机理。

① 张汉良．文学的边界：语言符号的考察．上海：复旦大学出版社，2012：8.

与此同时，比较诗学对文学理论的观照常常是跨学科的，比较诗学学者对理论的天生敏感，使其时常对文学理论之外的学科概念和话语体系抱有更多关注。康奈尔大学教授乔纳森·卡勒在其《文学理论入门》一书中列出的“理论”的第一项特征即“理论是跨学科的，是具有超出其原学科的效用的话语”①。在一个全球流通的世界文学时代，要解释错综复杂的审美现象不可能只将方法局限于文学研究方法，必须借助心理学、语言学、符号学、伦理学、社会学、传播学等领域的理论去解释诸如媚美（kitsch）、颓废、荒诞等审美现象。此外，古典学与比较文学素来渊源深厚，古典学本就具有跨学科、跨地域的研究视野，西方诗学界的弄潮儿泰半具有深厚的古典学学养。作为一个源远流长的学科，古典学已愈来愈被比较文学尤其是比较诗学学者重视。中国的西方古典学研究方兴未艾，比较文学视域下的古典学研究也是中国比较文学学术园地中尚待垦拓的一块。

案例六

比较诗学视域下的古典学研究案例

张汉良的《符号与修辞》一书所研讨的对象文本有西方诗学史中的经典，更有大量鲜见于诗学类著述或教材的哲学篇章，所涉猎的主要学科有逻辑学、修辞学、生物学、神经科学，这一切考掘与检视的最终落脚点是诗学。

张巍的《希腊古风诗教考论》梳理了“诗教”在古希腊教育史上的位置，辨析哲学、智术与诗的分合，诗人、先知与王者身份的糅合，诗言与辞令的分野，探究诗教与城邦政治生活之间的关系。

萨义德所命名的“理论旅行”，不仅仅可以用来描述理论穿越语言文化因素等构成的国家界限行为，也可以用来描述理论在学科间穿越时因为转写、移置而产生的新形态。当比较诗学走向跨学科的一般诗学时，它的研究范围是无边无际的。

综上所述，比较诗学研究绝不只是对两种文化中的两个范畴或两种论点的对比分析，因为世界上能找到太多的或同时或历时地具有相似性和差异性的两个事物，仅仅对其辨异求同是难以形成有解释效力的理论的；每一个研究都需要构想出一个相关的理论问题作为出发点，由此切入不同国别与民族文化的诗学经验，再进行多重的视域融合，最后才有某种一般诗学产生的可能。这样的诗学是复数的理论，也是彰显诗学间性的世界性流通的理论。钱锺书的治学方法至今值得我们借鉴。我们应警觉一切二元对立和本质主义的思维方式对比较诗学研究的束缚，让比较诗学在“共同诗学”之外自由生长。

① Culler. Literary Theory: A Very Short Introduction. New York: Oxford University Press Inc., 1997: 14.

本章小结

比较诗学研究开展之初，多采用东西方二元比较的研究范式，将来自中西不同文化的理论或概念进行异同分析。如今，越来越多的学者已经意识到比较诗学并不局限于两两的诗学理论比较，而是拥有更加广泛而深入的研究领域。在这个范围中既可以开展国别诗学之间的事实关系研究，也可以进行无事实联系的平行比较，开展跨学科、跨文化的诗学研究。但无论是在哪种研究领域，问题意识始终是重中之重。一个具体的有价值的诗学问题要求研究者不能停留在简单的两种理论的对比分析上，而要深入融合多重视域，会通不同国别文化的诗学经验，这样才能取得建设性的成果。

此外，比较诗学以跨学科、跨文化的视野开展研究，并非追求一种本质主义的共同诗学。完全超越时空，摆脱历史性局限的理论并不存在于现实。比较诗学最终的走向是一般诗学，面对同一问题，种种诗学理论进行会通与交流，形成“复数的理论”，互相阐释，共同成长。

思考与练习

1. 简要阐述“比较诗学”的概念。
2. “比较诗学”的“诗学”指的是什么？与中国古代文学理论中的“诗学”内涵有什么不同？
3. 比较诗学与国别诗学的不同之处是什么？
4. 以钱锺书为例说明如何利用中西文化的丰富“碎片”进行比较诗学研究。
5. 简要阐释“理论旅行”的概念。
6. 谈谈比较诗学在诗学翻译及翻译批评的跨文化研究领域有何贡献。
7. 以钱锺书的《读〈拉奥孔〉》为例，简述在比较诗学研究领域如何提出有价值的问题。
8. 比较诗学与“一般诗学”之间是什么样的关系？

拓展阅读

1. 蔡宗齐．比较诗学结构：中西文论研究的三种视角．刘青海，译．北京：北京大学出版社，2012.
2. 陈跃红．比较诗学导论．北京：北京大学出版社，2005.
3. 迈纳．比较诗学．王宇根，宋伟杰，译．北京：中央编译出版社，2004.
4. 蒋寅．古典诗学的现代诠释．北京：中华书局，2003.

5. 钱锺书．七缀集．北京：生活·读书·新知三联书店，2002.

6. 童庆生．汉语的意义：语文学、世界文学和西方汉语观．北京：生活·读书·新知三联书店，2019.

7. 杨乃乔．比较诗学读本．北京：首都师范大学出版社，2014.

8. 张汉良．符号与修辞：古典诗学文献的现代诠释学意义．台北：书林出版有限公司，2018.

9. 赵毅衡．诗神远游：中国如何改变了美国现代诗．成都：四川文艺出版社，2013.

10. Wellek. Concepts of Criticism. New Haven：Yale University Press，1963.

第十一章
国际汉学

本章要点

汉学属于西方学术体系中东方学的一支，采取“他者”的独特视角，运用有别于本土中国文化研究的方法论和知识论，是海外研究中国历史、语言、哲学、文学、艺术、宗教、考古等人文科学领域以及社会、经济、法律等社会科学领域的多种学问之集合。传统汉学偏重古代中国语、文、史、哲的研究，中国学则以社会学、区域研究为主，关注当下中国的现实问题。三大重要汉学研究区域包括欧洲汉学、美国汉学和东亚汉学。汉学史通常分为游记汉学、传教士汉学和专业汉学三个阶段，每个阶段均有代表性的汉学作品和汉学家。国内学界自改革开放以来开始关注国际汉学的优秀成果并对其展开深入研究，在学术机构的创设、学术期刊的创办、学术著作和翻译作品的出版等多个方面取得了重大的进展。

第一节
相关概念

关 键 词

传统汉学　中国学　中国研究

中国与欧洲各自引领了东西方文明灿烂的历史时代，在几千年里不断发生着从间接到直接的接触、交往与互通。由于两者在政治、经济、文化、价值观等方面存在巨大的差异，必然会形成横亘在不同文明之间的块块浮冰。如何凿开天然隔阂的冰层，跨越厚实的浮冰，怀着同理之心来理解彼此，认真探索双方的社会、历史和文化，为文明的和谐相处、互鉴交流架起沟通的桥梁？对西方而言，对中国文明怀揣真诚兴趣与温情敬意的一代代学人，其学术志业产生了一门关于中国的学问——汉学。

我们先要明确“汉学”的概念究竟是什么。所谓“汉学”亦有内外之分。从内来说，在中国的学术传统中就有“汉学”的概念。狭义上指的是自汉代肇始的“研究经、史、名物、训诂考据之学问”，与宋明理学有内在联系，尤以清代乾嘉学派为代表；从广义上理解则是以先秦经典及诸子学为根基并涵盖后期各朝代的整个中国文化学术。① 在我们的学术语境中，“汉学”是中国人对自己文化和传统学问的研究。从外来说，“汉学”的英文翻译是“sinology”，做词源学分析，其词根“sino”源自对古代中国之称呼“秦”的拉丁语发音“sina”；其意义并不仅仅指汉代的“汉”，也不单指汉族的“汉”，并非局限于中国一代一族之学问。它属于西方近代学术体系中东方学的一个分支，被冠以“海外”“国际”“世界”等多个限定语，都是指海外研究中国历史、语言、哲学、文学、艺术、宗教、考古等人文科学领域以及社会、经济、法律、科技等社会科学领域的多种学问之集合。

当西方人最早开始关注到中国，希望对这一遥远古国的文明展开探索时，在各方面都会遇到诸多困难，绝非一蹴而就的。单就语言来说，要学会与欧洲语言完全不同的中文（特别是书面语——文言文），就要耗费一个学者多年的光阴。由于条件所限，即使掌握了汉语，一手资料也较为匮乏，研究基本上还处于文献整理、翻译与解读的初始阶段；当时西方学者对中国的认识刚刚起步，感兴趣的多以历史、文化、制度、风俗、宗教等人文学科领域为主。由于这些特殊性，早期汉学研究不仅范围狭小，内容有限，而且方法相对单一，主要采用了欧洲学术传统中古典语文学（philology，又译为古典文献学）的路径。因此，也就变成了欧美少数学者得而专之的狭小专业领域。

20世纪以来，受到种种因素的影响，**传统汉学**的古典研究被质疑其实用价值，逐渐发生转向。面对中国的崛起和西方新的学术潮流的冲击，“二战”后以美国为代表的学术界兴起了**“中国学”**（China studies）研究，有学者甚至提出让**中国学**从汉学中独立出来，成为一门单独的学科，建立一套自己的研究方法。从学术发展来看，中国学是在传统汉学式微后日益受到重视的研究领域。海外有些学术机构为了摆脱以训诂考据为主的传统研究形象，开始舍弃带有古典意义的“汉学”（sinology）之称呼，而改用范围更广和更具现代意义的**“中国研究”**（Chinese studies）。虽然也继续关注中国古代语言、文学、历史和哲学之研究，但已更多涉及近现代中国及海外华人群体的研究。随着中国在世界上影响的迅速扩大，国际学界现在对中国的研究，无论是广度还是深度，和过去相比都发生了巨大的

① 张西平．简论中国学研究和汉学研究的统一性和区别性．国际汉学，2017（3）：10－17．

变化。举凡与中国相关的课题，纵及古今，横跨中外，不仅涉及历史、语言、文化、宗教等以往汉学研究之主要内容，还包括当今中国的社会、经济、政治、军事、民族、信仰、性别乃至人口、资源、环境、科学、技术等。从某些角度来看，后面这些新兴领域的研究甚至逐渐凌驾于传统领域之上，成为今日中国研究的热点。从偏重古典文献的传统汉学延伸到以社会科学和多元学科的方法来探讨中国课题，反映了海外对中国的兴趣和研究的新趋势；也说明在当今形势下，汉学已演变为全球范围内研究中国不同方面的学者相互交流研究心得的巨大场域。

关于对海外中国研究的称谓及其所承载的传统和内容，学术界已经讨论多年。第一种意见以李学勤为代表，建议用“汉学”来统称国外对中国历史文化的研究，“汉学，英语是 sinology，意思是对中国历史文化和语言文学等方面的研究”[①]。第二种意见以孙越生、朱政惠为代表，认为应把国外对中国的研究，即“传统汉学研究和现代中国研究统称为**中国学**”[②]。第三种意见以严绍璗为代表，认为这是一门在国际文化中涉及双边或多边文化关系的近代边缘性学术，以中国文化作为研究的客体，以研究者各自的本土文化语境作为观察客体的基点，在跨文化的层面上各自表述其研究的结果，具有泛比较文化研究的性质。[③]

如果我们去考察西方汉学的发展过程，以法国为代表的**“传统汉学”**研究和以美国为代表的**“中国学”**研究，由于自身学术内涵的演进与研究范围的拓展，20 世纪中叶之后，二者的界限已不像之前那么绝对泾渭分明，出现了一种相互关联、兼容并包的趋势。在对汉学的学术定位中，可将其视为中国文化与海外各国文化相互交流和碰撞之后的学术产物，是其他国家了解和认识中国文化的一座桥梁。在当下全球联系愈加紧密的时代，知识的生产和思想的流动早已打破了固有的国家疆域，汉学的存在标志着中国的学问已不再仅仅是我们自己的学问，它已成为一个世界性的学术事业。

海外关于中国文化的研究是整个西方学术体系的一个分支，主要从其自身文化所需出发，运用有别于本土中国文化研究的方法论和知识论，采取“他者”的独特视角，所取得的研究成果是极为可观的。作为跨国别、跨学科、跨语言、跨文化的交叉研究领域，其所包含的内容是在不断发展的，而中国与其他国家的文化相遇与互照则为该研究提供了一个动态性的可能空间，从事汉学研究的各国汉学家正是在这一动态学术空间里推动研究进展的重要力量。海外汉学的研究成果往往能为国内学界提供新的方法和角度，以及新的材料和文献，同时启发我们以一种更为开放、客观和全面的方式来审视中国的文化与历史。胡适早在 20 世纪初就言：“西人之治汉学者……多不为吾国古代成见陋说所拘束，故其所著书往有启发吾人思想之处。”[④] 对中国来说，汉学是可以攻玉的他山之石，能从国人习焉不察的角度展开分析，给予借鉴和启发；对西方而言，汉学被看作借以“穿越中国来更好地

---

① 李学勤．序//国际汉学漫步．石家庄：河北教育出版社，1997：1.

② 朱政惠．不可忽视的另一面：对海外中国学研究的若干思考//朱政惠．美国中国学研究：海外中国学探索的理论与实践．上海：上海古籍出版社，2004：45.

③ 严绍璗．我对 sinology 的理解和思考．世界汉学，2006（1）：5－14.

④ 胡适．胡适留学日记：第三册．上海：商务印书馆，1947：860.

阅读希腊”的“他者视角”[①]，以此为参照反观西方自身文明之局限与不足。因此海外汉学的学术演进与中国近代以来的学术进程其实是相互交织、共同发展的一段历史。从这一角度来看，汉学既是西方学术体系中东方学的分支，又内化于中国近代和当代的学术史中，故而张西平也将汉学称为“内外兼修之学”。

第二节 汉学的分期

关 键 词

欧洲汉学　美国汉学　东亚汉学　游记汉学　传教士汉学　专业汉学

中国文化和有关中国的知识通过海外汉学家的介绍进入异域文明之中，由此开启了对象国对中国的认识和理解之旅。这种认知既有真实的知识传递，又必然包括因文化碰撞产生的误读，尽管可能呈现出不同的形态，但不可否认这些已经构成他国文化史的一部分。各国汉学有着悠久的学术传统，不同的国家也有不同的特点。对于国际汉学的分期，可以从地域和时间两个角度来考察。

以横向的地域为轴，国际汉学主要以三个较大的地域为代表：**欧洲汉学**、**美国汉学**和**东亚汉学**。每个地域的汉学研究各具特色。

欧洲汉学肇始于晚明天主教传教士入华，传教士在欧洲的文化氛围中展开了对中国的介绍、报道和研究，为当时的欧洲提供了关于中国较为准确的信息，构成了欧洲早期中国知识的来源，对18世纪欧洲的“中国热”具有直接的推动作用。从17世纪到18世纪，欧洲大陆逐步形成了以明清来华传教士为研究主体的传统汉学研究，19世纪上半叶在一批学院派学者的推动下转化为**专业汉学**。欧洲汉学以法国为重镇，加上德、俄、英、西、葡、意、荷等几个老牌汉学大国，注重对中国古代的语、文、史、哲等人文领域进行深层次的学术探索。

美国汉学（中国学）的创建晚于欧洲汉学，从19世纪20年代开始，在入华的新教传教士、外交官等助推下悄然兴起；到了20世纪，美国汉学界开始更为关注中国现当代的政治、经济、军事、教育和社会生活各个层面的问题。以费正清（John King Fairbank）的“西方冲击—中国回应”理论为代表，美国太平洋国际学会的成立成为美国汉学彻底摆

---

① 法国学者于连认为中国文明是独立于欧洲文明之外独自发展时间最长的文明，把中国视为从外部去审视欧洲文明的最佳对象。于连．迂回与进入．杜小真，译．香港：生活·读书·新知三联书店，1998：3-4.

脱古典和传统转向现代的重要标志。美国现代中国学属于地区研究范畴，是一门以近代中国为基本研究对象，以历史学为主体的跨学科研究的学问。它打破了传统汉学相对狭隘的学科界限，将社会科学各种理论、方法、手段融入研究；强调实用性，从事中国研究就是为现实、为美国国家利益服务。

东亚汉学包括日、韩、越南等国的汉学研究，尤以日本为代表，其汉学传统源远流长。自中国的隋唐到宋元明清，日本经历了飞鸟、奈良、平安、镰仓、室町、江户等时代，到19世纪末20世纪初的明治时期，日本学界依仗和中国古代文化独有的密切关系，在对中国核心文化（如中国哲学）的研究上日臻深入和完善；明治后期发展出以内藤湖南为代表的日本中国学"京都学派"。直到今天，日本、韩国、越南这些汉字文化圈的国家仍沿着自己独特的传统继续中国文化研究，方法和模式也更加多元和丰富。

以纵向的时间为轴，汉学作为外部世界认识、理解中国文化和精神的重要途径，大致可划分为三个时期：**游记汉学时期**、**传教士汉学时期**和**专业汉学时期**。当然这种划分并不绝对，因为即使在今天**专业汉学**时期，**游记汉学**作为一种记事形态和文本仍然存在，从国际汉学发展的长时段来看，这种划分仍可使用。从中世纪东方游记遥远的传说，到由来华传教士宗教精神支撑的早期汉学研究雏形，再到19世纪欧洲本土学院派专业汉学的建立；从20世纪初涌现出一批对今天学术仍有深刻影响的汉学大家，到"二战"后转型中的美国中国学厚积薄发式后来居上，以及欧洲在先进史学带动下对汉学的反思与再升华，西方汉学走过了一条漫长而充满生命力的发展轨迹，其间留下了不计其数的宝贵史料。这些包罗万象的多语种海外汉学文献，不仅从他者的视角记录了不同时代的中国，还以他们各自国家和民族的文化基石开启了中西文化最初的碰撞。

在**游记汉学**的繁荣时期，正值元代强盛之际。历史给予中西方一个相互了解和认识的重要契机。西方和阿拉伯国家的不少旅行家、商人、传教士、政府使节、工匠等，纷纷沿着汉唐时期所开辟的陆上和海上丝绸之路来到中国，他们当中有部分人在此旅居，从事经商或传教，有些还担任过政府雇员。归国后有人便记录和转述了在华见闻，留下了不少有价值的回忆和故事。正是这批诞生于大旅行时代的东方游记，促成了西方世界遥远的"赛里斯国"记忆的复活，将一个文明和富庶的中国展示在世界面前，使西方人第一次较全面地把握了中国和东方的信息。元代有多部记录中国的著名文本，如《柏朗嘉宾蒙古行纪》《鲁布鲁克东行纪》《鄂多立克东游录》等，将中国放入作者前往东方出使或传教的游历过程，是最早入华的西方人有关中国的初步印象。他们对元代宫廷有了一定的了解，对当时的社会经济和文化生活也有了较之前更广泛的接触，因此文本中展现出的中国形象比古希腊古罗马时代多了一些准确的信息。遗憾的是，尽管内容颇为有趣，但记载仍多属走马观花、浮光掠影，在真实的描述之外依旧掺杂了夸张和想象的成分，尚未深入中国社会文化内部去观察和体验，缺乏基于文献的真实研究，无论是在广度上还是在深度上都有一定局限性。

在这个大旅行时代，真正在中国长期生活游历的是威尼斯人马可·波罗（Marco Polo），他17岁即跟随父亲和叔叔前往中国，于1275年到达元上都，在中国生活了将近20年，

1291年随蒙古送亲使团从泉州出发返回威尼斯[1]。

案例一

游记汉学与《马可·波罗游记》

1295年，马可·波罗在威尼斯与热那亚的战争中被俘，后在狱中将自己的东方旅行口述给狱友鲁思梯谦，由其执笔最终留下了被称为“世界第一奇书”的《马可·波罗游记》。游记重点记叙了马可·波罗在忽必烈治下的元帝国之所见所闻及各地风土人情，也包括日本、东南亚、印度等国家和地区。其中有关在华经历不乏吹嘘和夸大不实之词，比如襄阳献炮、任扬州总管三年等，但他对“契丹”的总体描述和记载还是具体而翔实的，而且提供了很多东方和中国的商业、经济与交通信息。作为研究元代和中西文化交流史的重要文献，《马可·波罗游记》无疑是众多东方游记中最负盛名的一部，虽然学界对其真伪仍有一定争论，但不可否认它是西方人认识中国的一座高峰。

若把它放到西方自身的文化史演进中去挖掘其意义，必然涉及将汉学与比较文学形象学相结合的一个角度。比较文学形象学正是“对一部作品、一种文学中异国形象的研究”[2]，实际上也是一种文化对另一种文化的言说。我们只有在一种言说者的母体文化的广阔背景中才能揭示出它所创造出的形象的真正意义，才能真正发现“他者”的形象为何是一种“社会集体想象物”[3]。

马可·波罗所处的时代是欧洲文艺复兴的前夜，这部游记在西方产生过巨大影响，其传播、接受和影响史也是在文艺复兴的大潮中才大放异彩的。它大大拓宽了当时欧洲人以地中海为中心的传统世界观，把一个高度文明的中国生动地呈现在他们面前；游记所描述的那种繁荣富庶的中国景象成为一种新生活的象征，激发了长期受到中世纪宗教观念禁锢的欧洲人被压抑的世俗欲望；同时这部游记还催生了地理大发现时代的到来，像哥伦布、达·伽马等当时著名的航海家都是该书的忠实读者，怀揣寻找大汗之国的梦想与渴望踏上征程，想要发现中国却意外发现了新大陆，想要寻找东方香料却开启了波澜壮阔的大航海时代。

15世纪末，伴随着大航海时代的到来，中西交通再度复兴，开启了文明交流的新纪元。这一阶段，以伊比利亚半岛葡萄牙、西班牙两个国家从海路到访中国为主，中国经由

---

① 马可·波罗离华时间的考证，采用了南开大学历史系教授杨志玖的意见。
② 巴柔．从文化形象到集体想象物//孟华．比较文学形象学．北京：北京大学出版社，2001：118.
③ 莫哈．试论文学形象学的研究史及方法论//孟华．比较文学形象学．北京：北京大学出版社，2001：26.

航海家、商人、传教士、外交使节的笔述口传再次唤起了欧洲人的注意。由于欧洲文艺复兴时期理性精神兴起，这些新文本所提供的有关中国的史料的真实性和描写的精确性在提高，传奇和想象的因素逐渐减少。新时代来华西方人以自己的方式描述、澄清、完善，甚至部分推翻了中世纪那些富有想象力但某种程度上有些走样变形的中国记述。较著名的中国游记包括葡萄牙首位访华使节皮雷斯（Thomas Pirez）的《东方诸国记》，曾被俘当过几年囚徒的葡萄牙人佩雷拉（Galiote Pereira）的《中国报道》，短暂到访过广州的葡萄牙多明我会传教士克鲁兹（Gaspar da Cruz）的《中国志》，以及西班牙派往福建的传教团团长马丁·德·拉达（Mardin de Rada）的游记。集大成者则是西班牙奥斯定会传教士门多萨（Juan Mendoza）的《中华大帝国史》，该书 1585 年一经出版，先后被译成拉丁文、意大利文、英文、法文、德文、葡萄牙文以及荷兰文等七种文字，共发行 46 版，成为 16 世纪有关中国历史、政治、经济、文化风俗、宗教信仰等最为全面详尽的著述之一，在其后差不多一个世纪被欧洲人奉为“前汉学时期”描写中国的经典之作。

尽管早在马可·波罗时代，中西就已通过丝绸之路进行频繁的贸易往来，各种物产商品的流通相当发达，但事实上直到 16 世纪，双方才从一个物质交流的层面进入了思想文化交流的层面，中国和欧洲才真正有了完全意义上的文化接触。因为自传教士来华后，西方人对中国就开始有了较为长期而固定的观察，几乎完全以中国为描写和叙述的对象进行主题写作。互动的交流，相互的影响，共同的创造，是这一时期汉学发展的根本性特点。

以耶稣会士为代表的来华传教士遵循文化适应的策略，了解中国的礼俗、社会和民情，尊重中国传统，学习中国语言文字；同时以西学奇器为敲门砖，广泛结交文人缙绅，为传教创造有利条件。他们在华活动主要包括四个方面：第一，传布教务；第二，用技艺为朝廷服务；第三，向中国介绍近代科学；第四，研究并向欧洲介绍中国。在西学东渐和中学西传的历史潮流中，来华传教士直接推动了全球化初期中西思想文化的相遇与对话。

有不少来华传教士在中国居留超过 20 年，足迹遍及内地诸省份；他们中的大部分通晓中文，能阅读汉籍，对中国的观察不再局限于表面，能逐渐深入中国文化内部。传教士利用得天独厚的条件和孜孜不倦的工作，全面而系统地探索中国，由介绍各地的风土人情、地理物产等一般性概况，逐渐扩展到对中国人文和自然科学的全方位研究。更有价值的是，他们着手将包括“四书五经”在内的中国古代经典翻译成欧洲语言，开启了中国本土文献的西译西传，西方人自此可以通过比较完整的一手资料对中国文化有更深入的了解。

可以说，对中国展开深度研究真正起源于明末清初**传教士汉学**时期，其特点是在空间上从游记汉学里漫无边际的东方集中到中国一地，在内容上从近于神话传说的传奇描述转向真实直接的实地考察。

传教士汉学大致经历草创、繁荣和衰落三个时期。草创期始于 1552 年耶稣会远东传教开拓者沙勿略入华未果在上川岛病逝，到 1687 年法国传教团入华前止。来华传教士多为意大利人、葡萄牙人，著作重在介绍、描述中国整体国情和传教工作。这一阶段诞生了不少著名的单行本汉学作品。如利玛窦的《利玛窦中国札记》[①]，记述了耶稣会在华传教初期筚路蓝缕的艰难过程和中国各地的情况。卫匡国（Martino Martini）的《鞑靼战纪》是第一部记述明清鼎革历史的西文著作。曾德昭（Alvarez Semedo）《大中国志》亦有相当内容着墨于对中国的综合介绍。安文思（Gabriel de Magalhães）《中国新史》汇集了17世纪来华耶稣会士有关中国知识最新最全面的认识成果。此外，柏应理（Philippe Couplet）及多位耶稣会士的集体成果《中国哲学家孔子》（包括《大学》《中庸》《论语》的译本）1687年在巴黎出版，书中将孔子描绘成一个自然理性的代表和传统文化的守护者，对儒家思想在欧洲的传播起到了助推作用。在这批传教士汉学作品的影响下，欧洲关于中国的知识已初具储备，逐步摆脱了以前受制于一手资料不足的缺憾，汉学研究的对象和途径均已确立，为今后欧洲本土的汉学发展奠定了初步的基础。

从17世纪下半叶开始，法国宫廷对中国产生浓厚兴趣，以一批博学多才的"国王数学家"法籍耶稣会士1687年入华为标志，传教士汉学也随之进入繁荣时期，巴黎成为欧洲研究中国无可争议的中心。法国传教团将宗教使命、政治使命与科学研究结合在一起，有明确的科学考察任务，研究有明显的学术型特点，大大推进了对中国的研究和介绍，使之成为一门真正的学问。研究涉及相当广的领域，历史、哲学、政治、军事、宗教、法律、语言、文学、音乐、绘画等人文科学和天文、地理、农业、机械、医药、交通等自然科学均有涉猎，开始成为严格意义上学术研究之发端。他们的成果已经具备了**专业汉学**研究的雏形，对汉学的发展起到了推进作用。

对于欧洲本土而言，从17世纪后半叶到18世纪中叶，成为欧洲中国叙事的一个重要转折期。欧洲各民族语言开始取代拉丁语成为学术交流的语言，欧洲学者越来越多地去分析自海外扩张以来所获得的大量非欧洲地区的信息，社会、政治、经济的变革和利益的驱动促使他们在发现和描述新的外部世界过程中，于自身的学术和知识体系里对来自中国的讯息重新进行配置、利用和转化。因此有些本土学者尽管从未到过中国，却能凭借传教士在华获取的一手材料，着手进行宏大的资料整理汇编工作，进一步展开文化比较的研究。

以法国为例，18世纪先后有多部汉学经典巨著面世，包括三大汉学名著《耶稣会士中国书简集》《中华帝国全志》《中国杂纂》等，充分体现了法国在**传教士汉学**繁荣时期的领军地位。其中由杜赫德（Jean-Baptiste Du Halde）汇编的《中华帝国全志》对中国社会、政治、文化及思想等进行了全方位的介绍，成为18世纪欧洲本土最具盛名的百科全书式的中国知识总汇。

到了18世纪晚期，曾经充当中欧文化交流先锋的耶稣会在欧洲和中国遭遇了双重打击，于1773年被解散；在中国，"中国礼仪之争"引发了康雍乾三朝禁教，来华传教士逐步沦为宫廷技师，不能公开传教。清廷用其技艺，禁其教务，使得他们耗费大量精力处理非宗教事务，难以精研中国文化、深入展开学术和科学研究，精通中国典籍的人数大大减少，传教士汉学进入全面衰落期。

---

① 新译本由文铮翻译，中文名为《耶稣会与天主教进入中国史》（商务印书馆，2014）。

在传教士汉学时期，欧洲人开始了对中国古代文学作品的西译工作，一开始以才子佳人小说和传奇故事的翻译为主。耶稣会士注意到儒家伦理在中国国内治理国家、教化民众方面所起的决定性作用，在文学作品中颇多溢美之词，给欧洲人留下深刻印象。到了18世纪，随着《今古奇观》《好逑传》等译本的出现，欧洲人在有限的几部中国通俗文学译作中发现了中国道德的非宗教性特征，这些故事重在扬善罚恶，极富感染力，欧洲的作家、思想家纷纷以此为素材，极力发掘其中的道德价值。

案例二

西方汉学与文学译介相结合的典型案例——《赵氏孤儿》

法国传教士马若瑟（Joseph de Prémare）翻译了纪君祥的元杂剧《赵氏孤儿》，译文发表在杜赫德的《中华帝国全志》上。虽然马若瑟的翻译并不完整，省略了绝大部分的元曲唱词，但作为第一部被译为欧洲语言的中国戏剧作品，《赵氏孤儿》曾给当年欧洲的读者带来新奇的阅读体验，引起强烈反响。

英国剧作家哈切特（William Hatchett）根据马若瑟的法译本，改编了一出政治讽刺戏剧作品《中国孤儿》，以首相弄权、朝政腐败为主题，可算是最接近原本的版本之一。

而最为著名的当数伏尔泰的改编，虽然他并不欣赏元杂剧的体例，认为它不如法国古典悲剧高雅，但却盛赞从中体现出的中国人的哲学、宗教伦理和政治道德风俗。伏尔泰为这个中国故事穿上了“西式外衣”，将故事从春秋战国诸侯的家族恩怨改编为宋元之际民族之间的文野之争，主题从公孙杵臼与程婴保护赵氏遗孤，宣扬忠孝仁义，换成征服中原的成吉思汗搜求赵宋皇子，受到为保护遗孤而宁愿牺牲自己儿子的尚德夫妇感染，最终放下屠刀幡然悔悟。伏尔泰将自己的剧本命名为五幕“孔子道德剧”《中国孤儿》，首演时还献词说：“《赵氏孤儿》是一篇宝贵的大作，它使人了解中国精神，有甚于人们对这个庞大帝国曾做和将做的一切陈述。”该剧于1755年在巴黎法兰西大剧院上演，轰动一时，成为中法文学关系史上一件大事。

之后，英国剧作家墨菲（Arthur Murphy）在伏尔泰剧本基础上又进行了改编，完成英文版《中国孤儿》，讲述中国抵抗鞑靼侵略的故事，刻画了英勇的孤儿、匡扶王室的忠臣义士、反抗侵略争取自由的爱国者等，对英法战争时期的英国具有强烈的现实意义。该剧1759年在伦敦上演，后于1767年在美国上演，均获巨大成功，轰动文坛。

到了18世纪末，歌德也为《赵氏孤儿》里宣扬的仁爱道德所感动，一度将其改编成戏剧《埃尔佩诺》，遗憾只完成了前两幕。

显然，这些欧洲各国改编本的背后，折射的是本土作家为吸引读者，以中国元素为创作源泉抒发的某些社会改革理想。

《赵氏孤儿》的海外传播成为西方汉学与文学译介相结合的一个典型案例。钱锺书在英国留学时曾以18世纪欧洲文学中的中国形象为主题，专门讨论了哈切特和墨菲的两种《赵氏孤儿》改编本。对于当时的欧洲人来说，他们更看重的是中国文学作品里的道德训诫力量，而非文学性本身，借中国故事来讽刺欧洲社会在资本主义上升期社会腐败、道德缺失的现状。

明清时期的中西文化交流是在特定的历史条件下，由一群具有特殊身份的人——来华耶稣会士完成的。他们最重要的历史作用，是为16到18世纪东西方的相互了解传递了信息，为东西方的全面交流构筑了渠道，同时也推动了汉学的发生与发展，无论是对中国还是欧洲，都具有重大而深远的意义。他们编译和创作的中西文汉学作品，一直吸引着欧洲的知识分子，如莱布尼茨、伏尔泰、孟德斯鸠、魁奈等都深受影响，甚至在思想界出现了“颂华派”“贬华派”两种不同的声音。在来华耶稣会士和启蒙思想家的共同作用下，中国成为启蒙时代的欧洲反思自我和内部革新的一股强大外力，成为重新诠释与解构欧洲文化的他者。

传教士的汉学研究是同时发生在中国和欧洲两个文化氛围中的。对中国而言，传教士用中文传播西学和天主教属于中国天主教史的研究范围；对欧洲而言，传教士用西文传播中国文化应纳入欧洲早期汉学史的范畴。两方面相互交融，互相影响，最终才创造了近代中西文化交流的伟大时代。研究欧洲早期汉学，明清传教士的汉文文献和西文文献本身所具有的研究多样性和丰富性，深刻地反映出当时文化交流与互动的复杂历史面貌。对学界而言，这批中西文论著不仅是**欧洲汉学**的基础文献；论著中所涉及的有关中国明清时期的政治、历史、思想、文化等诸多方面的史料，也为今天的明清史研究提供了非常珍贵的一手文献。从这个意义上来说，欧洲早期汉学史与中国明清史完全可以在某些层面上相互对照，相互印证，互为材料，互为所用。

尽管传教士汉学因多种因素在19世纪初逐渐式微，作为西方汉学史上一个不可忽视的历史阶段，却也孕育了欧洲**专业汉学**的萌芽。1814年，法兰西学院设立“汉、鞑靼-满语言与文学讲座”，聘请雷慕沙（Jean Pierre Abel-Rémusat）担任首任汉学教授。对于西方汉学发展史来说，这是一个里程碑式的事件，标志着传教士汉学阶段的结束，同时汉学作为一门学科在西方学术体系中正式确立。

在专业汉学阶段，汉学研究的面貌为之一新。随着专业研究机构的设立、专业学会的建立、汉学刊物的创办和大量一手文献资料的收集，汉学研究逐渐从早期偏重追逐异国情调的叙述发展到深入而全面的科学实证研究。研究主体从之前来华传教士和部分“业余”汉学家，开始变为欧洲各国的研究机构、高等院校中的受过系统学术训练的专业学者。研究地点也从原来旅居的中国本土逐步回归到了欧洲大陆。这些专业研究者将很多新的研究方法，如社会学、语言学、人类学、考古学等运用到汉学研究中，大大拓展了以往研究的广度和深度，取得了很多新的进展和成就。

以法国为例，自1814年以来，名家辈出，著作纷呈，在国际汉学界独占鳌头。法国汉学史上从传教士汉学进入专业汉学阶段的关键性人物是雷慕沙，他在东方语言研究、中国宗教哲学研究、中国通俗文学译介、中西交通史、亚洲地理历史研究等诸多领域卓有建树，翻译了《佛国记》《真腊风土记》《玉娇梨》等作品。雷慕沙摆脱了传教士汉学的局限，扩大了研究视野，确立了西方汉学研究的文献学传统，注重通过一手中文文献的翻译、文本的校勘和注释来展开汉学研究，成为欧洲第一位真正意义上的专业汉学家。

专业汉学家兴趣广泛、思路开阔，相比传教士汉学家，能更好地运用社会学、语言学、历史学等新思维方式和跨文化跨语际的比较研究方法，切实推进汉学的发展，研究数量和水平都大大超过了传教士汉学时期。

在雷慕沙和几位亲传弟子的努力下，巴黎俨然成为当时欧洲汉学研究的中心。19 世纪 20 年代留法学者李思纯就曾说过："西人之治中国学者，英美不如德，德不如法。"[①] 法国汉学走向成熟的标志之一就是出现了一批有世界影响力的泰斗级的汉学大师，每个时期都有各具特色的代表性人物。发轫期以雷慕沙、儒莲（Stanislas Julien）为开创者，后有沙畹（Edouard Chavannes）、伯希和（Paul Pelliot）、马伯乐（Henri Maspero）为全盛期的代表，"二战"后戴密微（Paul Demiéville）、谢和耐（Jacques Gernet ）成为复兴期的领军人物。法国汉学在"二战"前以注重文献的注释和考据见长；"二战"后则逐渐引入了社会学、人类学等新的研究方法，向着现代化的道路转变和演进。

除了法国，德国汉学界也人才辈出，如创办了《泰东》（*Asia Major*）杂志的辛德勒（Bruno Schindler），以翻译中国经典而闻名的卫礼贤（Richard Wilhelm），以及甲柏连孜（Georg von der Gabelentz）、葛禄博（Wilhelm Grube）、福兰阁（Otto Franke）、孔好古（August Conrady）、西门华德（Walter Simon）、霍古达（Gustav Haloun）等人，都在早期专业汉学家与学术共同体之间的对话中发挥了各具特色的作用，为中德之间的文化交流做出了巨大贡献。

英国汉学源于为在华的新教传教事业服务，开创者是新教来华第一人马礼逊（Robert Morrison），他编撰了第一部汉英双语对照词典《华英词典》，并将《圣经》译成汉语。伟力亚烈（Alexander Wylie）从事目录学、天文学和数学方面的研究且成果卓著。理雅各（James Legge）以严谨的方法翻译中国古代文化典籍，赢得了巨大的国际声誉。翟理斯（Herbert Giles）成为最后一位转向学术的外交官，是将英国汉学由业余转向专业这一艰难过程的过渡性人物。阿瑟·韦利（Arthur Waley）在当代英国汉学家中是杰出的诗人，尽管他从未到过中国，却因对中国古代诗歌的翻译而享誉学界，他精湛优美的译文为西方文学领域注入了汉学的新鲜元素。执教牛津大学的霍克斯（David Hawkes）及其弟子闵福德（John Minford）翻译的《红楼梦》是英语世界出版的第一部完整的《红楼梦》译本，成为中国古典文学英译的经典之作。

美国汉学是从传教与外交两个领域发展而来的。19 世纪的两位美国传教士，裨治文（Elijah Bridgman）和卫三畏（Samuel Wells Williams）代表了这种传统的第一个鼎盛期。

---

① 李思纯．与友论新诗书（节录）．学衡，1923（19）：5.

柔克义（William F. Rockhill）、恒慕义（Arthur W. Hummel）的治学体现了 20 世纪早期美国汉学对外交与政治的重视。在博物史、技术和人类学方面进行专门化研究的先驱是从德国到美国的劳费尔（Bernthold Laufer）。嘉德纳（Charles Gardner）与费正清是史学领域由叙事史学向区域研究转变的代表人物。柯立夫（Francis Woodman Cleaves）以强大的学术能力，对众多汉蒙文献做了翻译和注释。顾立雅（Herlee G. Creel）创立了芝加哥学派，至今仍在中国古代史、思想文化史和考古学等领域内享有崇高的地位。卜弼德（Peter A. Boodberg）及其弟子薛爱华（Edward Schafer）则继承了欧洲汉学传统中由沙畹、伯希和所引领的古典文献学研究路径，开创了美国汉学的加州学派。孔飞力（Philip Alden Kuhn）与史景迁（Jonathan D. Spence）、魏斐德（Frederic Evans Wakeman）并称为美国“汉学三杰”，被认为是美国第二代汉学研究的领军人物。

汉学的历史是中国文化与异域文化接触、交流的历史，也是外国学者借由他们的文化精神来认识、理解、研究、解读中国文明的智慧结晶。西方汉学从草创逐渐走向发展与壮大，历经递嬗演变而始终学脉不断，由本节略述之演进历程可见一斑。

第三节 研究进展

关键词

研究机构　研究进展　专业学术刊物　翻译工作

国内学界 20 世纪 70 年代末 80 年代初开始关注国际汉学的成果并对此展开了研究，经过 40 余年的努力，取得了巨大的成就，对中国当代学术的发展起到了积极的推动作用。下面将从几个方面加以概述。

第一，成立了国际汉学（中国学）专门学术研究机构。

1977 年，中国社科院情报研究所成立“国外中国学研究室”，孙越生主编了《美国中国学手册》《欧洲中国学手册》。1985 年，北京大学成立比较文学研究所，在国内高校首开国际汉学课程，由严绍璗主讲“日本中国学”。1992 年，清华大学国际汉学研究所成立，李学勤担任所长，提出要从学科史角度，从中国历史研究切入国际汉学研究，出版了《国际汉学名著提要》《国际汉学漫步》《清华汉学研究》等。1996 年北京外国语大学成立了海外汉学研究中心，在西方早期汉学的文献整理和译介方面做出了开创性的贡献，出版的“当代海外汉学名著译丛”得到了学术界的广泛认可。2004 年开始，上海社科院每两年举办一次“世界中国学论坛”，是中国国内关于海外中国学研究的最高学术论坛，注重从国家战略层面打造中国对外学术交流平台的国家级“名片”。2009年，北京大学与国家汉办（现教育部中外语言交流合作中心）筹建成立国际汉学家研修基地。北京语言大学于2022年倡议成立了世界汉学家理事会，已有来自63个国家的超过200位专家注册成为会员。2023年，在北京召开了首届世界汉学家大会，习近平向大会致贺信，希望各国汉学家作为融通中外文明的使者，为沟通中外文化、增进理解友谊合作做出更加积极的努力；扎实做好世界汉学工作，深入落实全球文明倡议；筑牢汉学学术根基，推动全球文明对话。

第二，推进了国际汉学（中国学）研究。

改革开放以来，随着越来越多的学者进入国际汉学（中国学）研究领域，40余年来取得了很多进展和成绩，主要表现在对国际汉学的总体研究、国别汉学史研究、传教士汉学研究和专门学科汉学史研究几大方面。

在总体研究方面，有五部论著值得关注：刘正《海外汉学研究：汉学在20世纪东西方各国研究和发展的历史》（2002），何寅、许光华《国外汉学史》（2002），何培忠《当代国外中国学研究》（2006），王荣华、黄仁伟《中国学研究：现状、趋势与意义》（2007），以及张西平《西方汉学十六讲》（2011）。

国别汉学史研究主要集中在梳理美、日、法、俄、英等几个老牌汉学大国的历史。美国汉学史研究方面有侯且岸《当代美国的显学：美国当代中国学研究》（1996）、仇华飞《美国的中国学研究》（2011）以及朱政惠《美国中国学发展史》（2014）等。日本汉学史研究以严绍璗为代表，《日本汉籍善本书录》（2007）、《日本中国学史稿》（2009）均为其治学成果。此外还有李庆的《日本汉学史》（2002）。俄罗斯汉学史研究有阎国栋《俄罗斯汉学史》（2006），法国汉学史研究有许光华《法国汉学史》（2009）、耿昇《法国汉学史论》（2015），英国汉学史研究有熊文华《英国汉学史》（2007）、胡优静《英国十九世纪汉学史研究》（2011）等。这些均可作为初步了解不同国别汉学发展脉络的入门读物。

传教士汉学研究跨涉多个领域，成果也颇为丰富。一方面加大了对传教士中文著作的整理，出版了一系列相关文献，如《天学初函》、《天主教东传文献》系列、《明末清初天主教史文献丛编》、《耶稣会罗马档案馆明清天主教文献》、《明末清初耶稣会思想文献汇编》、《东传福音》、《法国国家图书馆明清天主教文献》、《徐家汇藏书楼明清天主教文献》系列等10余种文献汇编。较新的如朱维铮主编的《利玛窦中文著作集》、周岩主编的《明末清初天主教文献新编》、黄兴涛和王国荣主编的《明清之际西学文本：50种重要文献汇编》、周振鹤主编的《明清之际西方传教士汉籍丛刊》，以及张西平、任大援和马西尼主编的《梵蒂冈图书馆藏明清中西文化交流史文献丛刊》，还有陶飞亚主编的《汉语基督教珍稀文献丛刊》等。另一方面继续推进对传教士西文汉学著述的译介，包括推出张西平主编的“国际汉学书系”，以及翻译出版国外对传教士汉学家如张诚、白晋、马若瑟、傅圣泽、巴耶尔、南怀仁等的研究著作。还有一些综合性通史类或以个案研究为主的传教士汉学相关论著也值得关注，如张西平《欧洲早期汉学史：中西文化交流与西方汉学的兴起》《交错的文化史：早期传教士汉学研究史稿》，吴义雄《在宗教与世俗之间：新教传教士在华南沿海的早期活动（1807—1851）》《在华英文报刊与近代早期的中西关系》，梅谦立《从邂逅到相识：孔子与亚里士多德相遇在明清》，纪建勋《汉语神学的滥觞：早期全球化时代的上帝之赌》，苏精《中国开门：马礼逊及其相关人物研究》《铸以代刻：十九世纪中文印刷变局》，李奭学《首译之功：明末耶稣会翻译文学论》，等等。

此外，针对专门学科汉学史的研究也进展很大，国内学术界分别在语言学、历史学、文献学、哲学、文学、科技史等多个领域不断推陈出新，涌现出一批有分量的研究著作、翻译作品和文献整理丛书，在此就不一一赘述。比较有代表性的基础文献有中华书局再版的法国汉学家考狄《西人论中国书目（附索引）》（2017）、上海社会科学院出版社将考狄与袁同礼的书目合编出版《西人汉学书目正续编》（2016）。最新的成果如国家图书馆海外中国问题研究资料中心尹汉超编纂的《海外中国研究中文书目 1978—2018》，这是国内第一部关于海外中国学研究图书总目，全面反映了改革开放以来中文中国学图书的研究状况。

汉学与中国比较文学之渊源始于乐黛云等人主编的《北美中国古典文学研究名家十年文选》和《欧洲古典文学研究名家十年文选》，两部书最早将海外汉学家的研究成果纳入了比较文学的研究视野。孟华在《汉学与比较文学》中进一步提出汉学是比较文学天然的盟友："汉学家的工作（译作、评论、研究文章等）为比较学者提供了研究中国文学、文化在异域流播的最基本的资料。作为翻译者、介绍者或研究者，他们都是中国文化的第一接受者。从这个意义上讲，一部汉学史，往往就是一部中国文学、文化在他国的流播史。"[①]严绍璗又系统地从比较文学的角度全面阐释了汉学研究的立场与方法。[②]在诸位学者的倡议和引领下，国际汉学逐渐成为中国比较文学研究界极为活跃的一个领域，学界主要从传播史和影响史两大角度展开对国际汉学的研究，近年来涌现出一批有影响力的成果。

第三，创办了国际汉学（中国学）专业学术刊物。

从 20 世纪 90 年代初开始，一批国际汉学研究的学术刊物相继创刊，逐渐开辟出一块块稳定的学术阵地，集中展示国内外汉学研究的水平和前沿成果，从而在学术层面切实推进了研究的进展。1991 年，四川大学外语学院张良春主编的《国外中国学研究》出版，是国内第一份研究海外中国学的学术集刊，遗憾的是只出版了第一集就搁浅了。1995 年，任继愈担任主编的《国际汉学》集刊正式创刊，后由张西平接任主编，迄今已连续出版 40 余期，是国内持续出版时间最长的专门刊登国内外汉学（中国学）研究的正式学术期刊。1995 年，阎纯德主编的《汉学研究》集刊创刊，一年两集，在学界影响深远。1998 年，刘梦溪主编的《世界汉学》创刊，一共出版了 4 期，到 2006 年因种种原因停刊。上海师范大学国际比较文学中心主办的双语杂志《国际比较文学（中英文）》于 2017 年创刊，打造了一个跨学科和跨文化人文研究的学术交流发表平台。此外，还有《法国汉学》《国际

---

① 孟华．汉学与比较文学．国际汉学，2003（2）：1－8．

② 严绍璗．我对 sinology 的理解和思考．国际汉学，2006（1）：5－14．

汉学研究通讯》《海外中国学评论》《国际中国文学研究丛刊》《中国学刊》《国际儒学研究通讯》《汉风》等侧重不同领域的国际汉学（中国学）学术刊物均在稳定出版，扩大了汉学研究成果的影响力。

第四，翻译与出版了一批国际汉学（中国学）的著述。

自改革开放以来，国内学术界开始关注国际汉学的优秀成果，展开系列翻译工作。其中比较有代表性的有刘东主编的“海外中国学丛书”，于1988年开始出版，至今已出版200余种海外研究中国的各类图书，涉及政治、经济、哲学、文学、社会学、科技史等多个领域，堪称国内出版界最有影响力的国际汉学译著系列。中华书局出版了诸如《利玛窦中国札记》《在华耶稣会士列传及书目》等重要历史文献，还有“法国西域敦煌学名著译丛”《西人论中国书目（附索引）》等。大象出版社专注于西方早期汉学名著的翻译和明清传教士汉学文献的整理，已出版“著名汉学家研究丛书”《耶稣会士中国书简集》等，形成了鲜明的学术特色。山西教育出版社推出了由郑培凯主编的“近代海外汉学名著丛刊”，涵盖民国时期翻译出版的日韩和欧美汉学著作。目前国际汉学领域翻译的现状是：英语世界的作品翻译数量巨大，且紧跟学术前沿，时效性较强；其他国家如法、德、俄和非通用语种的汉学著作翻译则相对较少。因此，还不能全面展示世界各国对中国文化研究的历史与现状。如何尽可能观照到更多领域、语种和国家，培养多语种的翻译队伍和后备人才，将是未来国内国际汉学著作翻译事业面临的一个巨大挑战与共同课题。

本章小结

任继愈先生曾在《国际汉学》杂志1995年的创刊号上发文说：“中国是世界文明的发祥地之一，她悠久的文化传统对世界发生过重大影响。东学西传已有上千年的历史，汉学(sinology，又称中国学）现在已经成为一个国际性的学术事业，中国文化属于全世界。”任先生当时就已高瞻远瞩地指出了汉学的存在标志着中国的学术已经成为一个世界性的学术，中国文化也是世界文化的重要组成部分，不能把汉学仅仅看成一种“外学”，它已经与中国近代以来知识和文化的发展进程交织在一起，在重建百年来中国学术的书写中起到了不可忽视的作用。改革开放以来的四十余年，国际汉学（中国学）自身所具有的这种跨学科、跨领域、跨语言的多样性特点，使其成为一个发展极为迅速的学术生长点。国内关于国际汉学（中国学）的研究呈现出多点开花的局面，翻译著作多，研究成果丰富。根据国家图书馆海外中国学中心的初步统计，相关译介、研究的各类著述多达3 600多种，可谓硕果累累。

国际汉学的魅力往往在于让人耳目一新的研究角度和文献史料，加上跨文化、跨学科的交错与互动，更让这一学科充满生机与活力。我们要特别注意在运用西方后现代理论进行汉学研究时如何保持中国的文化自觉。在采取比较文化的研究方法时，将西方关于东方的知识和生产这种知识的权力还原到历史中加以研究，“既不能只看到知识的真实而忘记生产知识背后的权力，也不能因为了解到知识背后的权力对知识产生的影响而完全否认知识”①。历史中国和当代中国具有统一性，是一个完整的中国，历史中国的研究和当代中国的研究不可分割。海外治汉学也应将对历史中国与当代中国的考察合二为一。打通历史中国和当代中国的视域界限，用完整的中国观来深化今天的汉学研究。从事中国文化海外传播和国际汉学研究的中国学者，也要努力跳出单纯的译介研究、影响传播研究和汉学史研究，努力走出对西方学术顶礼膜拜的“学徒”心态，主动回归和坚守自身文化立场，提升我们的学术能力与知识水平，平等地与海外汉学家展开学术对话。中国文化的丰富性和多样性也恰恰体现在中国学术与国际汉学的跨文化对话过程中，这个过程有认同，有批评，有碰撞，有反思，有理解，有调适，通过这样的国际接轨，才能更好地促进我们自身的学术研究与文化重建，才能切实推动这一研究领域在未来的蓬勃发展、创新与深化。

思考与练习

1. 简述“汉学”的概念。
2. 什么是传统汉学？它与中国学研究有什么区别和联系？
3. 国际汉学研究在中西学界分别发挥着怎样的作用？
4. 谈谈如何从地域和时间两个角度对汉学史进行分期。
5. 传教士汉学发展有几个阶段？主要特点是什么？
6. 借助具体例子，谈谈 18 世纪西欧文化界如何对中国古代文学作品进行翻译改编，以及这反映了当时怎样的思想、社会环境。
7. 专业汉学为什么能够首先在法国设立并发展起来？法国素有欧洲汉学中心之称，请谈谈你对此说法的理解。
8. 简要综述国内学界的国际汉学研究进展。

拓展阅读

1. 钟鸣旦．礼仪之争中的中国声音．陈妍蓉，译．上海：上海人民出版社，2021.
2. 安田朴．中国文化西传欧洲史．耿昇，译．北京：商务印书馆，2013.
3. 梅谦立．从邂逅到相识：孔子与亚里士多德相遇在明清．北京：北京大学出版社，2019.
4. 谢和耐．中国与基督教：中西文化的首次撞击．耿昇，译．北京：商务印书馆，2013.
5. 史景迁．大汗之国：西方眼中的中国．阮叔梅，译．桂林：广西师范大学出版社，2013.

① 张西平．欧洲早期汉学史：中西文化交流与西方汉学的兴起．北京：中华书局，2009：7.

6. 薛爱华．撒马尔罕的金桃：唐代舶来品研究．吴玉贵，译．北京：社会科学文献出版社，2016.

7. 葛兆光．宅兹中国：重建有关“中国”的历史论述．北京：中华书局，2011.

8. 张国刚．中西文化关系通史．北京：北京大学出版社，2019.

9. 张西平．交错的文化史：早期传教士汉学研究史稿．北京：学苑出版社，2017.

10. 张西平．欧洲早期汉学史：中西文化交流与西方汉学的兴起．北京：中华书局，2009.

第十二章
海外华文文学

本章要点

海外华文文学研究经历四十余年的发展，在概念辨析、方法思路等方面取得长足进步。整个过程经历从“求同”“存异”到“综理”的发展阶段，研究的整体意识和比较特性逐渐显现。海外华文文学研究持续辩证内外、“华夷”、主次、正变、动静等问题，以思考“中国性”和“本土性”作为自身最关键的问题。它以对“根”和“径”的探讨来说明身份政治的复杂性和在地性，也借对“势”的挖掘来说明身份确立过程中所充盈的伺机而动、蓄势待发的能量和流动性。

第一节
作为“现代事件”的海外华文文学

关 键 词

现代　海外华文文学

海外华文文学，泛指中国以外所有以汉语创作的文学作品。这个概念，通常与“世界华文文学”“海外华人文学”等表述混用，既显示了华文（即汉语）写作的复杂性和多样性，也揭示了作为研究领域的华文文学所具有的争议性和活力。

历史地看，海外的华文创作实践，起步很早。以汉字文化圈的重要代表越南为例，早在汉代它便接受了汉字的影响，并于其李（1009—1225）、陈（1225—1400）两朝四百年间的发展孕育了日后广为人知的越南古汉诗。不过，这些数量庞大、内容精微的作品，并不在一般所谓的“海外华文文学”的研讨范畴之内。[①] 其中的原因大致有三。第一，就创作主体来看，越南汉诗的作者为越南人，而不是华人；第二，从书写语言来看，越南汉诗使用的是文言文，而不是**现代**白话；第三，从写作时间来看，越南汉诗创作于古代，而不是现代。尽管“海外华文文学”研究在20世纪80年代起步之际，并未明确表示其探索的范围仅限于现当代文学，但由于彼时参与学科建设的学者多来自比较文学和现当代文学专业，他们思考的话题也多集中在近现代以来“中国人”在“走向世界”的过程中所遭遇的种种问题和所能依赖的文化资源等。由此，海外华文文学从诞生的一刻开始，便隐秘地包含了一个不可见的限定词——**现代**。

“现代”不仅是一个时间概念，更是一种复杂的文化结构。在海外华文文学的语境里，它触及由时间、空间和语言的错位，引起的一系列情感或意识层面的剧烈反应，代表的是在时空流转和人事变动的机缘里，文人、知识分子如何调用早已不再精纯的语言，来重新组织生活、凝练自我的系统工作。他们尝试用文字及其背后悠远的传统来应对变化，也因应变化。可以说，比起过去几千年的历史，20世纪见证了更为广泛和深入的全球变迁。这种变迁，旷日持久，并非偶发或短暂的区域性现象。它同地理大发现之后兴盛的资本主义殖民掠夺深深地纠缠在一起。某种意义上，海外华文文学，正是应对这一全球性政治变动所产生的一个直接后果。它是**现代化**进程里的必然产物。从旧金山的“天使岛诗歌”，到早期的马来西亚华侨文学，流徙、反抗和解殖的议题，历历可见，彼此交织。如此观之，海外华文文学，绝不只是世界范围内那些使用相同创作载体或工具的文学总和。相反，它们在应对全球**现代性**方面，有着紧密的内在统一性。

而且恰因为这种统一性，海外华文文学在学科归属上更近于比较文学，而非中国现当代文学。虽然时至今日，我们仍多将海外华文文学与港澳台文学并举，但是，在表现跨国、跨族裔和跨文化的经验方面，它同港澳台文学所代表的“在地”地应对全球现代性的方案，判然有别。海外华文文学外在于地理或政治上的中国，却依然尝试用中国的表述方式来应对本地的历史和现实，因而各种要素有了相互交锋和对话的可能，带出了“错位”地思考全球现代性的理路。站在中国的立场上，它提供的是一种截然不同的海外经验和人生信息；站在海外的立场上，它启用的是一种有别于主流的语言工具和现实观照。以新移民文学作家为例，有学者指出：“他们的一个突出精神特征就是勇于在远隔本土文化的‘离心’状态中重新思考华文文学存在的意义，并能够在自觉的双重‘突围’中重新辨认自己的文化身份，同时在‘超越乡愁’的高度上来寻找自己新的创作理想。”[②] 由此，所谓“错位地思考”，其实印证了张翎小说《交错的彼岸》中的一句话：“我只有避开那个世界，

① 这些作品通常被列入中国古典文学或文献学的研究范畴。有关汉文、汉诗的最新研究可以参考：金文京．汉文与东亚世界．上海：上海三联书店，2022.

② 陈瑞琳．“离散”后的“超越”：论北美新移民作家的文化心态．华文文学，2007（5）：35.

才能展开对那个世界的思索——站在山中的人，是看不见山的。”①

第二节
概念：错位的辩证

关键词

错位 华人

回顾海外华文文学研究的40年余历史，不得不说，这种“**错位**”的艺术。一方面，既让它长期位处边缘，被搁置淡忘；但另一方面，又正是因为这个不够显眼的所在，它可以自由做功，从最不可思议的地方冒出，辩证内外、“华夷”、主次、正变、动静等问题。40余年的研究历程虽然短暂到不足以划分出若干明晰的段落②，但是，其中有关如何理解并解决“错位”的思想动线却一直贯穿始终。

在80年代研究起步之际，学者就如何准确地描述研究对象做了广泛研讨，当中最主要的四个概念是“海外汉语文学”“海外华人文学”“海外华文文学”和“世界华文文学”。粗略来看，这四个概念分别从语言、主体、内容和属性四个角度进行了对象定义。其中，“海外汉语文学”强调以语言作为对象划定的主要依据，主张在内地和港澳台地区以外，但凡以汉语完成的文学创作，无论其作者身份如何，均应在研究的范围之内。此举借语言的单一性和流动性来捕捉锚定对象，虽然使得研究的边界变得十分清晰，但是，也粗暴地将华裔作家以其他语种完成的创作，如华美文学（Chinese American Literature）等排除在外。而彼时这类作品并未顺利进入其所在国家的主流文学史之中，因此，很容易变成一个学术领域内的“三不管地带”。为了避免这种肇因于政治而产生的学术疏漏，学者试图从创作主体的角度对所论对象进行把握，因此提出了“海外华人文学”的概念。相应地，这种观察方法，虽然容纳了用英语、法语等非汉语创作的作品，特别是有机会使在海外运用少数民族语言，如藏语写作的作家作品进入研究视野之内，但是，“**华人**”的概念本身充满了模糊性，容易产生争议。

---

① 张翎．交错的彼岸：一个发生在大洋两岸的故事．上海：华东师范大学出版社，2009：254.

② 虽然王列耀主张用华侨文学、华人文学、华裔文学来划分海外华文文学发展的三个阶段，但是，这些概念本身充满交叉性，内部的界限不是特别明确。另外，陈公仲、朱文斌等学者则采用了起步期—发展期—繁盛期这种比较通俗的分类方式。这种分类方式，虽然线索清晰，但并不便于我们把握不同阶段研究所反映出来的问题意识，尤其是当中暗含的进化论思维。

案例一

张到乐的形象

我们可以视华侨、华裔为典型的华人，但是，那些只拥有部分华人血统的混血儿，特别是在移民到达两代以后，这些移民的后裔在文化认同上，已经完全转向，成了人们口中的“香蕉人”，那么，他们是否还属于“华人”的范畴？贾樟柯曾经在电影《山河故人》里塑造了张到乐（Dollar）的形象。他幼年随父移民澳大利亚，不过十余年的时间，已经完全忘记自己的身世，甚至也忘记了自己的母亲，并直言自己是从石头缝里蹦出来的。这样的塑造看似夸张，但却清楚说明：生理上的差异，如肤色、毛发、长相等已经很难再作为辨识“华人”的主要依据。山河依旧，故人却可能已经面目全非。

为了使概念变得更为严密，学者又提出了“海外华文文学”的概念。这个概念，强调文学和文字作为一种历史见证和情感传递的方式，所聚焦的内容主要是华人的社会生活和精神状态。换句话说，除了语言的问题，“海外华文文学”也同时明确了其创作的题材和内容。它将主体的问题转入文学内部予以考察，而不是停留在辨识作者的现实身份之上，毕竟“错位”的后果之一，正是使得原本既定的、单一的政治身份变得暧昧多义。而晚近流行的“世界华文文学”概念，就所指范围来看，明显大于“海外华文文学”，它包含了内地和港澳台的华文创作。但是在实际的语用层面上，这两个概念经常被混用，在意义上并无特别明显的差异。只是“世界华文文学”更注意突出“语言共同体”的意识，以及四海一家的文学整体观。它不以国境的内与外作为文学分野的依据，相反，用“世界”来强调不同文艺板块间的关联性和无中心性。这当中比较有代表性的提法是华文文学的“跨太平洋位移”和“环太平洋表述”。这两个概念均以超地区和国家的视域，强调了不同地方间华文创作的关联性和共通性，尤其是华文文学作为少数文学或少数族裔文学存在的政治和文化处境。这种处境，也顺势连通了更具世界性的表述——“全球南方”（global south）。“全球南方”不仅是指世界版图上的南方地带或民族国家，更是指全球范围内一切有志于反抗霸权的努力和行动，是一种抵抗的符号。

第三节
方法：重层的视域

关 键 词

中国性　本土性

概念引发的争议，一方面同研究内容的复杂性有关，另一方面也与研究对象仍在发展变动中的情势有关。海外的华人群体、华人文化不断嬗递壮大，个体的身份认同和生活经历，在全球化和信息化的语境下，也再难做直线式的一一对应。各种幽微曲折的历史面向不断浮现，从而使得旧有的分析架构必须不断扩容、改辙。

“中国性”和**“本土性”**的对话，是海外华文文学研究中最为经典也最为根本的一组概念。学科草莱初辟之际，学者一面深入追踪华人的跨国流动如何将中国经验带向世界，并有了落地生根的表现；另一面，他们也覃思这类经验如何接受在地的改造，在逐渐融入本地的过程里，发展出新的可能或问题。最初的这些探索，充分凸显了对“归属意识”的关注。无论是失根离散、望乡寻根，还是类似于“把南洋色彩，放入文艺里去”[①] 的在地诉求，都强烈传达了海外华人意欲从漂泊状态中抽身，并在新的环境里寻求安身立命的历史心境。学者分外关心“五四”的文学经验如何在南洋振衰起弊、开发民智，从而逗引“马华文学”（马来西亚华文文学）发生的事实。这种影响研究的思路，既与当时中国社会“走向世界”的思潮若合符节，点明中国和海外的关系，不光有“拿来”，更有“外传”；同时，又投射了80年代末“寻根热潮”的勃兴，不只是一种国内现象，更是一次寰球行旅。对“根”或者“归属”的执着，固然有现实政治的考量，但更关键的是，它说明海外华文文学不是无源之水、无根之木。无论我们视它为中国文学的支流，还是外国少数民族文学的一脉，甚或是世界文学的一支，它都与“中国性”存在无法割断的历史关联。所以在至少持续20年的研究实践里，学者都偏向于坐实文学作品中所映射的历史现实。早期研究中最受关注的两个部分——东南亚的“华侨文学”和欧美的“留学生文学”，聚焦的正是第一代“移民”在抵达异国之后所激起的强烈乡恋。

案例二

白先勇的《纽约客》、“新移民文学”

白先勇的经典作品集《纽约客》，直接借题目点明故事中人“客居”“客座”的心理，由此，也就不得不引出何谓“主场”、何谓“主人”的问题。这些侨易之民因去国不久，在情感、经历乃至生理等方面，均与中国存在直接而鲜活的联系，所以他们所依靠和调用的“中国性”，多与地缘政治层面上的中国相挂钩。

此外，在21世纪初始受到关注的“新移民文学”作家群，就直接动用或处理了若干中国历史事件，将抗日战争、“上山下乡”等写入小说。

在90年代初期，杜维明已经提出“文化中国”的理念。他试图以道德同心圆的构造来超越具体历史地理形态上的“中国”，强调文化无远弗届的精神感召力。“文化中国”包

① 陈贤茂．中国新文学对海外华文文学的影响．文学评论，1989（4）：159－160．

含三重意义世界，这三重意义世界具体是指：第一重，内地和港澳台的华人；第二重，散居世界各地的华人；第三重，关注并研究中华文化的外国人。其中第二重意义世界正是"离散华裔"[①]。他们心之所系，固然还是神州故土，但是这个"中国"乃是一种价值理念的象征，不再是凝固、附着或派生自某个政党政权的意识观念。"文化中国"有容乃大，但真要诉诸实践，又不得不应对此时此地的社会现实。换句话说，它固然解绑了海外华人与政治中国的必然联系，但也无法不去应对居住地的政治现状。由此，**"本土性"**的问题浮上台面，即"海外华文文学"在两个"故乡"、两种"力量"之间拉扯。这样，"本土"既是一种资源，帮助海外华文文学摆脱过去的"负累"，发展自身特色；但同时又是一种掣肘，甚至在印度尼西亚、美国等曾严重排华的国家或历史时刻，它更是一种逼迫和打压。海外华文文学所代表的混杂、流动特性，被视为对区域独特性和种族纯粹性的违背。今天我们所大力追捧的"华洋融合的多样性"，在历史上，一度预示着一种危机的状态，再加上**本土性**和**中国性**一样，在能指和所指方面均暧昧不明，因此，时至今日，我们也很难彻底说清楚到底何谓本土，以及如何本土的问题。

第四节 思路：想象的艺术

关键词

后遗民　想象　"势"

我们可以从本土色彩（基于本土风情景观的现象层面）、本土话语（基于本土历史情境对中文进行发展，属于话语层面）和本土视维（即文学书写中本土精神、意识的流露，属于精神层面）三个方面来立体地把握本土。[②] 这种务实的操作方法，同主张用"空间诗学"来考察海外华文文学的批评家一样，都着力凸显文学的历史面向，将关怀指向文学与峻急的社会生活和文化历史的事实联系，发展文学"写实"的思路。不过，晚近的学者，也开始思考有没有可能从更具超脱性的视角来理解本土，尤其是强化文学作为一种想象力，所能发挥的以虚击实的能量，即从文学性本身，而不是它所处的历史或所表现的历史来发展一种考察海外华文文学的思路。

王德威提出了**"后遗民"**的观点。海外遗民，本指因各种原因（历史或政治）远离母

① 杜维明．关于文化中国的涵义//杜维明文集：第5卷．武汉：武汉出版社，2002：409－411.

② 朱崇科．"南洋"纠葛与本土中国性．广州：广东人民出版社，2014：8.

国流落海外的民众，它本身有较为明显的“母国-本土”的二元性。而“后遗民”的视域，试图正视海外华文文学的发生，其实是在一个传统错置、时空错位的情势里发生的。既往的努力都力图回到正统、强调正宗，用一种写实的方法，把过去的历史和传统看成当下和本土的参照系。而比较之下，失落、拉锯就难免发生。“后遗民”强调的是传统的可发明性。既然错位和错置已经不可避免地发生，与其勉励地予以摆正，不如“将错就错”，顺势而为地放大这种距离，来强调本土的主导性和主体性。这样，中国性不是本土性的对立面，相反，中国性是基于本土性的一种发明。它允许主体在时空错位已经发生，甚至会持续恶化的状况里，与时俱进地把这种位差变成优势或者特征，高彰其特异特出的形象。在其本土去想象“故国”传统，而不是复归“母国”历史，是“后遗民”的主要操作。**“想象”**包含着对在地的承诺，而不只是服膺历史传承的伦理。它强调想象的起点和终点是同一的，都是此时此地，而不是异地他乡。想象是为当下的生活负责，而不是为过去的时间背书。[①]

案例三

黄锦树的《死在南方》

马来西亚华人作家黄锦树曾在小说《死在南方》里，以虚实交错的手法，推想郁达夫在南洋失踪后的情势。郁达夫作为新文化运动中具有重要影响力的作家，曾因流寓东南亚办报写作，而多被视为“马华文学”滥觞的关键推手和象征。但小说有意解构大人物的神圣性，指出后世对郁达夫的追踪宛如一场闹剧。我们今日珍视的正典或遗产，其实很可能只是时人擦拭污秽的习作。对起源的迷恋，让所有人都不自觉地卷入了一场造神运动。小说一方面解构传统，但另一方面也表明：唯有在对传统亦幻亦真的想象中，我们才真正打开了与它的联系。这正是“后遗民”的要义所在：重新想象过去，不是否定历史，而是要借历史的不稳定性，来思索想象的活力和势能。

由此，“后遗民”在一定程度上，不仅修正了我们对“根”（root）与“径”（route）的认知，同时也引出了**“势”**的问题。需要解释的是，无论是“根”“径”还是“势”，在华文文学的语境中都是以隐喻的方式代指处理母国文化与本土文化关系的不同思路与角度；简言之，“根”可以说指的是母国的历史、文明与文化传统，“径”则是基于其本土特质而分离变化的文学、文化。而“势”，根据王德威的说法，它从海外汉学与中国传统诗学汲取养分，既是审美的诗学也与空间政治相关联，注重批评实践中借“势”而为的动态性，是在不预设本质的前提下统筹文本的方式。[②]

---

① 王德威．后遗民写作：时间与记忆的政治学．台北：麦田出版社，2007：5-14.

② 王德威．“根”的政治，“势”的诗学：华语论述与中国文学．扬子江评论，2014（1）：1-12.

“根”和“径”是一体两面的：前者与土地认同连接，以稳定和连续作为身份认同的基础；后者则提示在变化和分离中进行身份辨识的可能。它们各自代表文化的常量和变数。海外华文文学作为一种失“根”离散的文学，当然代表了在变动和开放中去把握自我的“径”。但事实上，它又落足、展开于海外世界，那是否暗示其根脉所在，已不是中华，而是他乡？花果飘零，落地生根之后，它的“根”已截然不同。甚至在我们横向比较它与其他的在地文学，如美国黑人文学、马来西亚文学之际，它因想象中国、讲述汉语的特别形态，又变成了一种“径”，而不是“根”。所以，根和径的表述，对于“海外华文文学”这一始终处于边际的领域而言，总是有力有不逮、言人人殊的方面。

鉴于这样的情形，“势”的意念被借重。如果说，“根”与“径”都意图框定身份，找到一套关于自我的说辞，那么，“势”则愿意说明身份的确立，不过是伺机而动、蓄势待发。它没有固定的（“根”）或分离的（“径”）走向和立场，只是在各种因素辐辏交互的状况下，审时度势，顺势而为。这种随机应变的方式，不预设方向，不规划路线，而是综观博览，因势利导。也正因为它要对各种因素做一种综合判断，所以，它必须尽可能多地照顾到方方面面，以及尽可能多地变换立场来获取看待问题的不同视角，以避免造成不必要的损失。① 这样，海外华文文学也是“华语比较文学”。各种或显或隐、或正或反、或远或近的因素，都成为思考、描述它的重要参考指标。它不仅和华文文学发生关联，也和华人文学有关，更同世界范围内所有表现弱势族群和少数群体的“小文学”存在对话关系。

第五节
视域：整体的意识

关键词

“断奶论”　和而不同

在“势”的导引下，我们得以进一步确认海外华文文学的比较文学学科属性。事实上，这一属性的获得，经历了一定的时间。这较为明显地表现在其研究范式的三次转变之上。在 80 年代研究起步之际，学人们偏重援引中国现代文学作为参照，讨论两者的共性，并由此说明其内在的联系和传承线索。这种源流论，引出的结果是将海外华文文学视为中国现代文学的支系，为中国文学的一部分。这种处置的方案影响深远，以至于到了 90 年

① 王德威．“根”的政治，“势”的诗学：华语论述与中国文学．扬子江评论，2014（1）：1－12.

代，当“马华文学”的批评家们试图重建自身的书写传统、正视本地的写作资源时，他们仍强烈感受到了来自这种论调的束缚，因此，别有深意地提出了“断奶论”①。“断奶论”意图与中国文学做一个断舍离，发现更为复杂的写作来源，即主张要与中国文学“存异”。

而其实在“断奶论”之前，学者已经注意到，过分强调海外华文文学与中国现当代文学的同质性，并不能完全涵盖其书写的多样性和世界性。“求同”的思路，不仅不能解释“马华文学”与在地因素融合的问题，也没能考虑到世界范围内，其他更为多元的写作事实，比如西方现代主义文学对留学生文学的影响等等。换句话说，对“异”的关注，是伴随着参照体系调整和学术视野拓展而逐步显形的。本土话语的升格和文学主体性的确立，使得论证海外华文文学同中国文学的关联，仅成为诸多思路中的一种。“断奶论”之后，学者更热衷于建立一个全新的关系网络来看待世界各地并发的华文写作境况。

案例四

“马华文学”

自80年代中后期开始，学者已深入挖掘“马华文学”与当地政治、经济和文化的多方牵连，勉力勾勒出一个混杂的文学发生现场，特别是从报刊和国家政策中找到若干文学发展的蛛丝马迹。近两年，学者更是关心，以政治对抗为主导的“冷战”浪潮如何在东南亚地区引发了相关的文学后果，指明了“马华文学”内部的关联性，提出了具有跨国特征的区域联动及意识问题。②

不过，无论是求同，还是存异，其实都没有彻底割断与中国的联系。两者的差异仅在于对中国因素和其他因素的侧重有所不同。而至于如何带动这两方面的因素进行对话，就成为最近20年来的重要话题。学者积极倡议从旅行书写、离散叙事、跨国研究中寻找灵感，综合地处理各种因素交互对话的关系，以求复现海外华文文学的多元共生特性。**和而不同**的观念强调了各种要素之间的彼此配合而非附和的关系。其中，差异所提供的是对话的前提和可能，而不是导向对立或抗拒的原因。朱寿桐提出的“汉语新文学”理念，正是这种对话观的一次集中展示。“汉语新文学”力主海外华文文学既非中国现代文学（同），也非外国文学（异），更不是简单地将研究版图由海外华文文学拓展至世界范围内所有以汉语书写的文学作品而已。相反，它尝试在四类互动中锚定自身特色，展示相关的独特经验。一是内地汉语新文学和港澳台汉语新文学的互动，二是内地汉语新文学和海外汉语新文学的互动，三是世界范围内汉语新文学和非汉语文学的互动，四是内地汉语新文学和非

① 有关“断奶论”的系统梳理参考：金进．马华文学．上海：复旦大学出版社，2013：21-33.

② 这方面的最新研究可参考：张松建．华语文学十五家：审美、政治与文化．台北：秀威资讯科技有限公司，2020.

汉语新文学的互动。[①] 虽然“汉语新文学”的思考溢出了海外华文文学的研究范畴，提供了更宽广的文学观察视域，但是，由它所点明的各组对话关系，却一样可以成为我们思考海外华文文学的基本线索。

这种在差异中互动的看法，补充说明了在80年代即提出的海外华文文学是世界文学一支的观点。它明确了“世界文学”的具体内涵，说明“世界”不仅是地理空间上的拓展，更具备关系全球化的意味。在关于“何谓世界文学”的经典讨论中，哈佛大学的大卫·丹穆若什（David Damrosch）提出了界定“世界文学”这一说法的全新思路。在他看来，“世界文学”不是全球范围内一切文学作品的集合，而是一种流通和阅读的模式。世界文学流通在民族性和世界性之间，做着椭圆形的运转。这种运转见证的正是不同时空中文化主体的对话关系，其中尤以“翻译”所表现出来的观念碰撞，最值得重视。[②] 在这个意义上，海外华文文学的修饰语“海外”，也不是纯粹的地理范畴，而是展现了一种流动联通的特质。

总而言之，对于一般意义上“海外华文文学”所指涉的这一研究场域来说，不同的名称、概念的提出不仅是学者批评观的不同，而且背后都不同程度地牵扯到了空间政治、地理方面的不同观念。故而在这一方面还留有不少可供后来学者讨论、探究的地方。也正如有学者所见，上述的诸如“汉语新文学”等概念还难以替代传统的“中国现当代文学”之说，且“标举‘世界性’特征的世界华文文学与稍嫌冗长的‘台港澳暨海外华文文学’之名称，也将长期并存不悖并加以‘互补’”[③]。

第六节
发展：“华夷风土学”

关键词

“华夷风”　“华夷风土”

从求同到存异再至关系的综理，海外华文文学所指涉的关系，可谓有纵有横，阡陌交通。尽管在这张关系的网络图中，我们见证的是一个没有中心的所在，各大文学板块并在

① 陈国恩．“汉语新文学”的功能优势及研究方法．中国文学研究，2011（1）：65－67．

② 丹穆若什．什么是世界文学．查明建，宋明炜，黄德先，等译．北京：北京大学出版社，2014：309．

③ 沈庆利．关于华文文学学科命名的一种反思：以“华语语系文学”“汉语新文学”为中心．中国社会科学评价，2023（2）：49－55，158．

歧出，相互对话，学者也从中分辨出亚洲（东亚、东南亚）和北美两个基地，以及三个发展地区（大洋洲、欧洲和非洲）；但无论华文文学的版图如何复杂，我们都无法在拆解中心的过程中，完全忽略中国的重要性。中国是各种关系的枢纽和经纬所在，不论是历史中国，还是想象中国，抑或现实中国，都是各大板块文学开展对话的“牵线人”或连接点。

王德威从形、音、意三个方面诠释了 sinophone 一词，巧妙地称之为**“华夷风”**。“华夷风”尝试回到古远的“华夷之辨”的传统之中，并说明“华夷”有“变态”、变化的可能，即“华”和“夷”的内涵流变不已，政治文化语境的变动，直接影响着两者的具体所指。为此，我们不能先验地将之理解为一连串的对立，如文明和野蛮、现代和传统、中国和海外，相反，关键是如何看待两者的折冲拉锯所能带来的思想效应。这就如同“风”，既是 phone 的音译，为一种声音，同时也点出风之有声，端赖于它和事物的接触摩擦。“风”既是一种自然现象，代表流动沟通，更是一种风气、风土、风教、风格，关涉着人文环境和具体的历史风貌。换句话说，“华夷风”主张的是一种关系说。[①]

在“华夷风”提出将近 10 年后，王德威又继续借用日本哲学家和辻哲郎的“风土说”，提出**“华夷风土”**的见解。“风土说”关注人地的互涵关系，从自然景观到人文风景，眼目所见的博物世界和生活形态，俱为“华夷风土”。“风土”是人立身于天地之间的结构性时刻，具有强烈的社会性，它贯通自然、社会、精神三个层面，演绎的是各种关系的彼此交错，相互跨越。漫长的历史轨迹里，同样的风景、天气，却因为不同主体的参与、因应，而产生了不同的生存方式和价值系统，这正是风土的特色所在。

案例五

南洋的风土特色

以南洋为例，半岛、岛屿、海峡、海洋诸般地理形态，各自演化发生，带出不同的人间情境，复杂化了“马华文学”或“新马文学”的写作。换句话说，海外华文文学，不只是纸上文章，更是投射了政经、历史、社会等人文面向，它是在具体的地理空间或气候环境下所展演出来的“人间境况”，并不能混同于任何其他类似的地方或历史，从根本上说，它是一个生态的综合体，有现实，也有想象。[②]

当然，“华夷风”和“华夷风土”因有心探讨各种关系的辩证流动，势必不回避与中国的关系。也因此，这两个概念其实大大超出海外华文文学的所指，强调任何有志于展示“华族”声音的表述都可以纳入考察的视野。举凡中国内地、港澳台的文学创作，或世界范围内任何有心书写华人生活的作品，不论语言、形态，都为“华夷风土”。风土意不在

① 王德威．华夷之变：华语语系研究的新视界．中国现代文学，2018（34）：1－27.

② 王德威．华夷风土论．中国现代文学，2021（40）：1－17.

划定疆界，而主张打开局面。

第七节 展望：研究的可能

关键词

概念辨析　文化中介　普遍性　海洋文学

在短暂的40余年时间里，海外华文文学研究经方修、陈贤茂、赖伯疆、潘亚暾、王润华、饶芃子、刘登翰、黄万华、古远清、王列耀、蒋述卓、王德威、刘俊、史书美、刘小新、朱双一、朱崇科、黄锦树、张松建、金进、江少川、陆士清、方忠、李良等海内外学人的共同努力，已局面日开，取得了长足发展。其所强调的复合互渗、交叉跨越等观念，更成为我们今天辨识何谓海外华文文学的关键指标。而如何推动这个年轻的研究领域继续前行，尤其是在跨学科研究和跨国研究成为主导趋势的状况下，深入挖掘海外华文文学的价值，关注其在新时代语境里的发展可能，值得我们深入思考。

第一，从根本上讲，**概念辨析**，依然是今后研究的关键。尽管海外华文文学的提法，已被普遍接纳，但是面对一些新的社会形势和文化现象，尤其是全球化进程加速、科技高度发展，使中外等内在于概念的基本设定受到很大的冲击，如何适时地反映这些趋势、变化，调整研究的框架、思路，对学者来说是一个巨大的挑战。概念辨析，并不主张用新的概念去取代旧的概念，而是强调在旧语词和新事物之间做好对话沟通的工作，分辨对话的不同层次和价值。

第二，在关注新现象、新事物、新思想的同时，也要持续推进对旧有板块的挖掘，使得各地的华文写作都能得到系统深入的讨论。以目前的研究现状来看，海外华文文学的东南亚板块和北美板块得到较多的关注，相对而言，非洲板块、欧洲板块、大洋洲板块的研究相对薄弱。此外，东亚板块的华文文学研究也成果丰硕，这与东亚地区华文写作的成果是分不开的，例如新世纪日本华文文学中“知日散文”就有不错的成果。由此，日本华文文学研究除了关于古典文学的研究①外，近年来也有了一些关于现当代写作的研究。其中，如何看待古典华文写作和现代华文写作之间的联系和差异，是重要的思考内容之一。

第三，在方法和思路上，应继续发挥比较文学的学科优势，在纵横的比较研究中去深

---

① 这类研究通常隶属于中国古代文学或古典文献学的研究领域。

入定位研究对象。汉语新文学所倡导的四个维度的比较，已经为此提供基本的思考方向，如何在此大类比较的基础上继续发展不同层次的比较，是今后研究的重点。比如，上述所说的各大板块之间的比较，以及板块内部不同阶段的比较即为一个重要层次。此外，我们还可以探讨同一或不同阶段不同或相同文类、语言、风格、题材的比较研究，如1990年代旅法的华人留学生写作，可以和旅美的华人写作、旅法的日本留学生写作、法国的留学生写作、1980年代旅法的华人留学生写作等做出比较研究，也可以比较留学生写作和部分学者提出的商人写作、新移民写作的差别，等等。而即使是留学生内部，我们也可以继续探讨基于不同性别的比较研究，或者不同创作类型的比较研究，如通俗文学和精英文学的比较、古代诗词创作和现代白话新诗的比较，以求从多维的视角和层次来理解研究对象的丰富性。

第四，积极思考**文化中介**的意义，探索移民或流散旅程的复杂性，进而指认文学体制的跨国构造。随着世界变成一个联系紧密的地球村，文学创作和发表正经历一种多国多地合作的形态。以黄锦树为例，他祖籍福建，因父辈流寓南洋，成为马来西亚人，但后来他留学中国台湾，在台湾工作、创作、发表作品，我们到底视他为海外华人作家，还是中国作家，就有了微妙的辩证。对身份的辨识和认同，一直会是海外华文文学研究的关注点，但是，在黄锦树的例子里，我们更要注意台湾、香港在帮助发表海外华人著作方面所发挥的中介作用。它打破了要把作家的国籍和作品的发表地等同起来的传统认识，表现出了和电影制作一样的跨地域合作的文化工业形态。此外，就作家的经历来看，如果其创作有所谓的本土性，那对黄锦树而言，其本土性是基于马来西亚的本土性，还是台湾地区的本土性呢？推而广之，频繁的全球流动和迁徙，为作家提供的本土性到底是什么呢？是基于固定地点的知识、乡愁，还是流动过程里的变化、波折？

第五，目前的海外华文文学研究重在说明本研究领域的独特性，突出的是身份政治、离散经验、人间风土等在塑造文学特殊性方面的价值，相对而言，它对全球范围内发生的一些**普遍问题**关心不足。比如，全球经济发展状况、生态环境保护、女性权益、人类命运共同体，等等。我们不能把海外华文文学完全局限在对地方特殊性和身份独一性的探究上，而是应当放宽眼界，思考地方的文学经验如何有效介入全球和全人类的问题之中，并提供其不可替代的思考路径。换句话说，我们不能把海外华文文学定义为一种具有地方特色的文学，而是要积极发掘其具有世界意识和全球面向的因素，做好特殊性和**普遍性**的对话工作，努力提升研究格局。

第六，如何在比较诗学的层面上理解或提炼海外华文文学的价值，将之从现象层面升华到理论层面，为相关的研究提供可资借鉴的思路，也是今后研究的重心。晚近有学者提出**海洋文学**的说法。其实海洋文学不仅关心以海洋为背景或对象的文学作品，更在意海洋所象征的往返律动及其“无根”的生命发展形式。海外华文文学研究，在某种意义上，是不是一种“海洋诗学”？它既强调对话、强调关系，也突出“根”并不是理解和定位自身的唯一标准。此外，以“海洋诗学”来理解海外华文文学研究，也有助于打破我们惯于从陆地视角出发的研究框架，从根与径的思路转向风和浪的研究，并由此说明其中的不确定性或曰开放性。

本章小结

对“海外华文文学”的深度剖析让我们窥见贯穿始终的“错位”问题的复杂性。一直以来各位学者从未停止过对“中国性”和“本土性”关系的思考，以期为海外华文文学找到一个合适的归宿和研究范式。对海外华文文学的研究不仅体现出比较文学的学科优势所在，更展现了“世界文学”在民族性和世界性之间流通的内涵。而随着全球化趋势的进一步深入，海外华文文学的研究受其影响可能会变得更为复杂，已有的概念和观点必然要随着新的社会形势和文化现象进行补充与完善。相关研究在立足于前人宝贵研究经验的同时，更要于日新月异的时代变化中继续探索，稳步前进，并继续发挥比较文学的学科优势，为海外华文文学研究发掘更多的可能性和更广阔的视野。

思考与练习

1. 如何理解海外华文文学的比较文学学科属性?
2. 如何理解海外华文文学的本土性及其与中国性的关系?
3. 什么是“后遗民”理论?
4. 如何在“后遗民”理论视角下思考海外华文文学的“根”“径”“势”问题?
5. 什么是海外华文文学的“断奶论”?
6. 简要辨析“海外华文文学”与“中国现代文学”“世界文学”之间的关系。
7. 就如何推进当下的海外华文文学研究谈谈你的看法。

拓展阅读

1. 陈贤茂．海外华文文学史．厦门：鹭江出版社，1999.
2. 方修．马华新文学史稿．修订本．新加坡：星洲世界书局有限公司，1975.
3. 古远清．世界华文文学概论．北京：中国华侨出版社，2021.
4. 黄锦树．马华文学与中国性．台北：麦田出版社，2012.
5. 潘亚暾．海外华文文学现状．北京：人民文学出版社，1996.
6. 饶芃子．比较文学与海外华文文学．上海：复旦大学出版社，2011.
7. 杨匡汉，庄伟杰．海外华文文学知识谱系的诗学考辩．北京：中国社会科学出版社，2012.
8. 赵遐秋，马相武．海外华文文学综论．太原：山西教育出版社，1995.

第十三章
文学人类学

本章要点

文学人类学被理解为以人类学视野思考和研究文学的比较文学研究流派，是20世纪比较文学研究领域催生的跨学科研究。作为人类学与文学交流互动的成果，文学人类学天然具有“跨学科”的特性。在西方，文学人类学这门新兴学科还处于学科边缘地带，但是在中国，文学人类学正在蓬勃发展并已取得了丰硕的成果。中国的文学人类学研究者始终坚持“世界性”与“中国性”相结合的原则，对从西方引入的文学人类学理论与方法进行吸收与改造，将其运用到本土问题的研究上来，引领着文学人类学在中国的本土学术自觉。本章以文学人类学在中国的发展脉络为线索，从文学人类学兴起的背景、文学人类学在中国的发展现状、中国学者对文学人类学理论的革新与实践三个方面，梳理文学人类学在中国的本土化发展历程及相关理论。

第一节
文学人类学是什么

关 键 词

人文转向　文化转向　文化文本

文学人类学（literary anthropology）被理解为以人类学视野思考和研究文学的比较文学研究流派，**是 20 世纪比较文学领域催生的跨学科研究**。将文学和人类学结合在一起，寻求二者的相互支持，这两种学科话语之所以能够产生交集，是因为二者共同指向对人的研究与对人类经验的表达。作家所创作的文学作品，反映了不同社会的结构及其相应的行为模式。人类学家则通过探查文学作品来捕捉其创作背后的内部编码逻辑，破译不同的文化系统。人类学家与作家共同关注不同文化背景下人类的生存境况。孕育文学人类学的学术潮流有二："一是文化人类学的文学转向，又称**人文转向**；二是文学研究的人类学转向，又称**文化转向**。"①

首先是文化人类学的文学转向。"人类学是一门对人类充满无穷好奇心的学科，该词来自希腊语，anthropos 意为'人、人类'，logos 意为'研究'"②，从词源的角度看，人类学即对人类各方面的问题进行的研究。人类学这门学科自诞生起，就具有整体性与世界性的广阔视野，秉持着文化相对主义的原则，人类学家热衷于探讨西方世界之外的人类群体的生活经验、社会组织结构、语言文化等特征，并对它们进行观察、描述与阐释。以此来挑战根深蒂固的以西方为中心的价值观念与体系，促成多元文化共存的世界新格局。

人类学的主题可分为体质人类学与文化人类学。文化人类学关注不同文化在不同群体中的作用，可分为三个主要分支：考古学（研究过去的文化，主要通过它们的物质遗迹）、人类语言学（语言的人类学研究）和民族学（研究现行的和晚近的文化）。文化人类学家通过田野调查试图探究不同群体的行为模式与思维方式，其中的民族志学者更是要深入实地体验不同群体的生活，并以科学的方式对这些行为进行观察与记录，力求展现研究中的科学性。早期的文化人类学追求真实性与科学性，到了 20 世纪后期，由美国人类学家克利福德·格尔茨（Clifford Geertz）创立的阐释人类学派，则开启了文化人类学的文学转向。

格尔茨认为，"所谓文化就是这样一些由人自己编织的意义之网，因此，对文化的分析不是一种寻求规律的实验科学，而是一种探求意义的解释科学"③。在文化研究中，"我们从我们自己对调查合作人正在做什么或者我们认为他们正在做什么的解释开始，继而将之系统化"④，因此，人类学著作本身就是一种解释，是"虚构"的产物。

案例一

文学与人类学的交叠——以文学创作的手法进行民族志书写

在以格尔茨为代表的阐释人类学派看来，人类学家不但是文学批评家，还是作家，其创作的民族志也是文学作品。在格尔茨的《作为作者

---

① 叶舒宪．物证优先：四重证据法与"玉成中国三部曲"．国际比较文学（中英文），2020（3）：425.
② 恩贝尔 C，恩贝尔 M. 文化人类学．王晴锋，译．北京：商务印书馆，2021：2.
③ 格尔茨．文化的解释．韩莉，译．南京：译林出版社，2014：5.
④ 同③19.

的人类学家》（*The Anthropologist as Author*）中，他试图通过对四位主要人类学家以及其他几位作者的著作进行文学分析来证明这一观点。“格尔茨更进一步，希望消除横亘在学科间的专业鸿沟，让作家、文学批评家与人类学家的身份得到某种重合。”① 因此，人类学著作本身也是一种文学作品，是“虚构”的产物。民族志书写不能做到对事实的百分之百还原，其真实程度也不能够达到百分之百，学者应当以一种文学创作的手法进行民族志书写，追求细节真实而不是全面真实。

其次，文学与人类学的发展互动是双向的，在文学研究领域，同样也发生着人类学转向。首先，从文学创作上，出现了具有民族志般文化记忆功能的民族志小说。格尔茨提出的“地方性知识”正成为人类学和文艺创作共同关注的新领域。其次，人类学拓宽了文学研究的视野。文学人类学的研究不再将研究领域局限在书面文本上，而是扩大到了**文化文本**。在这一意义上，对口头诗学的研究被重新重视，“民族志诗学”应运而生。再次，将文学文本看作文化文本。文学人类学家在进行文本研究时，更加注重挖掘文本产生时的文化语境。比如文学与仪式的关系，文学与治疗、禳灾之间的关系，形成了文学与社会的互动，多方面立体地揭示了文学产生的文化土壤，从而对文学的功用与价值做出新的情境还原式的认识。②

案例二

文学与人类学的交叠——以文化人类学的视角研究文学作品

文学作品通过艺术的手法讲述故事，故事背后能够反映特定的文化模式与结构。德国诺贝尔获奖作家托马斯·曼的现实主义作品《布登勃洛克一家》，以自然、真实的笔触描写了德国布登勃洛克一个富商家庭四代人的兴衰史。人类学家通过对这部小说的研究，可以窥探19世纪中后期德国社会的语言文化、政治文化与阶层转型。从文化人类学的角度讲，这部小说同时具备民族志的色彩。文森特·埃里克森指出，这部小说为研究19世纪德国北部文化提供了丰富的历史材料，小说可以看作是对德国北部的描摹，但远比这意义深远。③

一方面运用人类学知识来进行文学研究，一方面经由文学反观人类学，文学与人类学两个学科之间的壁垒因此被破除，最终整合为“文学人类学”这一整体。这表明了文学人

① 唐启翠，叶舒宪．文学人类学新论：学科交叉的两大转向．上海：复旦大学出版社，2019：16.

② 同①17.

③ 此案例的详细分析见：波亚托斯，等．文学人类学：迈向人、符号和文学的跨学科新路径．徐新建，梁昭，王文蒲，译．北京：中国社会科学出版社，2021：119－152.

类学是从跨学科研究到交叉学科研究的统一的学科元话语。

第二节 文学人类学在中国的本土化进程

关 键 词

原型批评　中国版的文学人类学新理论体系

严格地说，作为一门新兴的学科，文学人类学的范式还处在探索之中。文学人类学的研究领域，大致可分为两个向度：从文学的角度，用人类学理论与方法研究文学的文学人类学；从人类学的角度，以文学的方法补充人类学研究的文学人类学。前者的代表人物是加拿大批评家诺思洛普·弗莱，后者的代表人物则是费尔南多·波亚托斯。在西方文艺理论界，与文学人类学相关的理论流派包括新历史主义批评、**原型批评**、文化哲学、伊瑟尔的文学人类学、费尔南多·波亚托斯的人类学诗学，以及马尔库斯等人提出的实验民族志等。中国学者运用较多的西方理论则是原型批评与比较神话学。本章重点关注的对象是中国学者采取人类学视野、运用人类学方法进行文学研究的文学人类学。

在西方，文学人类学这门新兴学科还处于学科边缘地带；但是在中国，文学人类学学科正在蓬勃兴起并已取得了丰硕的成果。回顾历史，人类学传入中国后，在本土化进程中逐渐从西方人类学的完整谱系中解离，形成注重实用、关注现实的价值取向。以下是文学人类学在中国的发展脉络。

一、20 世纪初中国文学人类学的研究实践

1930 年，陈寅恪先生提出“预流”与“未入流”之说[①]，认为发现新材料，或者对旧材料重新解释，我们才能找到新问题，引领知识创新。在现代中国，文学人类学研究萌芽于 20 世纪早期海外“东方学”研究激荡起的“发现中国”“建构国学”的社会文化转型之际。1918 年北京大学发起“歌谣运动”，对童谣、谶语、格言等进行搜集整理，拉开了现代中国文学人类学或者说文学的人类学研究的序幕。

---

① 陈寅恪．金明馆丛稿二编．北京：生活·读书·新知三联书店，2001：266.

文学人类学的初始诉求即寻找暗中支配着文学编码现象的文化语境和文化法则，即“文学的文化原型”，神话学及原型研究一直是中国文学人类学的核心组成部分。在**原型批评**中，神话不再专指古人讲述的幻想故事，而被定义为具有原型意义的一种叙述程式，从而成为一个用来概括文学发展中重复出现的叙述结构原则的基本术语。这就使得批评家除了关注作品中所运用的神话典故外，更要深入挖掘其背后特定的文学表现法则及其演变规律。原型则是文学作品中反复出现的、可以独立交际的单位，它将孤立的作品联结起来，使文学成为一种传承往复的特殊形态。弗莱将原型分为两类，“一类是具有仪式内容的属结构或叙事的原型，另一类是具有梦幻内容，属典型或象征的原型”[①]。20 世纪初期，中国文学人类学研究主要集中于两个方面：一是用人类学的新方法对神话、传说等与经典文学相对的民间文学、民俗文学提供新的阐释视野，重现上述文本背后的文化景观；二是运用人类学的研究方法对中国传统考据学进行革新。比较文学的先驱学者王国维用叔本华哲学阐释《红楼梦》，茅盾、郑振铎、郭沫若等学者使用人类学理论与方法对中国上古神话、古代历史进行研究，凌纯声以人类学的方法对上古礼仪与民俗进行研究。这些学者吸收借鉴人类学的方法共同开辟出中国古典学术研究新范式。

二、20 世纪 80 年代至今中国文学人类学的研究实践

自 80 年代起，文学人类学的研究者从理论上关注文化文本及阐释，立足中华文明实际情况，倡导融合多学科知识的新方法论，努力建构本土化的新理论，努力尝试构建一个**中国版的文学人类学新理论体系**。

文学人类学的研究者们积极运用文学人类学理论对中国文学与文化现象进行解读与深入分析。继萧兵对楚辞与神话的跨文化阐释之后，叶舒宪在“文化文本”“神话历史”“四重证据法”“N 级编码”等领域进行方法和理论开拓；徐新建关注“多民族文学与文化”“口头传统与民间叙事”“数智人文与科幻叙事”等面向；彭兆荣在“文学仪式”“文化遗产”“文学民族志”等方面有所创建；朝戈金在“民族志诗学”领域有所开拓；方克强、程金城对文学人类学理论和实践上都做出了重要的探索。

之后，一批中青年学者的探索相继推进了文学人类学在中国的理论体系建构。李永平从古典文学、民俗仪式、功能与结构方面关注文学的阈限书写，对文化的大小传统背后的隐蔽秩序进行思考；谭佳关注中国比较神话学的学科构建、早期中国思想发生发展、现代性转型视野中的文学人类学谱系等；王倩在认知神话学领域有所开拓，在国外神话学理论方面有系统研究，尤其是对神话图像理论的引介；赵周宽对文化编码、多重证据中的文化表达机制和“文化铭刻”原理进行反思，从存在论革新的拓展中阐发文明探源研究的存在论意义；苏永前在早期中国文学人类学发展历程、现代神话学与思想文化等方面做了钩稽

① 吴持哲．诺思洛普·弗莱文论选集．北京：中国社会科学出版社，1997：105.

探寻；胡建升注重阐释史前神话幻想，关注文化大传统的神话信仰、文化编码、物质图像，以及文化的大小传统之间的文化贯通，甲金文编码与释读，传世经典阐释；唐启翠从礼器神话与礼制话语建构、玉石象喻与古代文论话语体系之间的动态关系，探寻神话信仰在早期中国礼制文明演进中的形塑力量。

第三节 中国文学人类学学派的理论范式与实践

关键词

文化的大小传统　四重证据法　文学民族志

目前，中国文学人类学的研究方向大致可以分为三种：经典重释、早期中华文明探源工程、**文学民族志**研究。

一、经典重释

叶舒宪、萧兵、陶思炎等中国文学人类学先驱人物希望通过文化人类学新知的视角来重读中国早期经典，将传统经学引向现代文化阐释方向。从全新的角度解读中国早期最重要的典籍，将传统训诂-文献格局引向现代跨文化阐释的方向，凸显了文化人类学视野对文本研究的穿透力，在学界引起了强烈的反响。萧兵以人类学、民俗学、神话学等方法对楚辞进行重释，其目的在于"使长期以来仅限于单一文化范围内的训诂-文献学研究在世界范围内重新寻找自己的位置，借人类学的普遍模式的演绎功能使传统考据学所不能彻底认知的远古文化'密码'在跨文化的比较分析和透视下得到破解"[①]。一些学者在文化语境和人类学的跨文化视野中，对单一文化环境中不能彻底认知的远古文化的种种"哑谜"进行"破译"与"解谜"，将纯粹的字词考证还原到上古文化语境之中，又借助跨文化的同类材料的比照，进行不同文化之间的互阐和互释。在萧兵与叶舒宪合著的《〈老子〉的文化解读》一书中，两位学者运用文化人类学的视野和方法，回到《老子》产生的文化语境与思维模式当中，对《老子》中的神话思维、永恒母题、母神崇拜等内容做了追本溯源式

① 萧兵．四十年，惊鸿一瞥//徐新建．文学人类学研究：第一辑．北京：社会科学文献出版社，2018：5.

的重读与阐释。

案例三

楚辞中的“原始思维”——《楚辞的文化破译》

萧兵用人类学、神话学等跨学科方法对带有原始性、民俗性的楚辞进行“破译”，探查其深层结构中的文化密码。萧兵提出《离骚》中潜藏着一个“光明崇拜”的体系；《九歌》《九辩》则是用来招风祈雨、祈求“两种生产”双丰收的歌舞仪式。以《九歌》为例，《九歌》中的“令飘风兮先驱，使涷雨兮洒尘”“杳冥冥兮羌昼晦，东风飘兮神灵雨”“雷填填兮雨冥冥……风飒飒兮木萧萧”等，都展现了群“巫”扮演诸神而“舞”的祈雨场面；《国殇》《礼魂》等则体现了原始人的“魂魄”观念，结合萨满的“游魂”观，萧兵讨论了“生人-亡魂”二元世界，并探索了其在民俗文化上对后代文学的影响。[①]

不同学者运用人类学的方法对中国浩如烟海的历史文献、传世经典进行解读，以此来挖掘中华文明内核，为文学人类学在中国的本土化做出了重要贡献。这样，文学人类学研究，反思了西方学术对中国语言文学传统的隔膜，从某种意义上说，文学人类学研究是一种新国学研究。[②] 中国文学人类学用现代的、世界的眼光重新诠释了中国原典，使其真正成为全球文化的一部分，成为人类共享的思想、文化资源，可以说他们已超越了东西方文化的二元对立的传统模式，努力从人类及其文化整体的高度去审视某一文化现象，在这样的研究和诠释中，很可能会逐渐产生既非传统西方话语亦非传统东方话语的新的话语，从而使人类能在共同建造的思维基础上相互沟通。[③]

二、早期中华文明探源工程

20 世纪 20、30 年代，闻一多、郑振铎等学者将原型批评引入民俗与文学研究中，重视民间价值，以新的方法体系对文学作品进行阐释。改革开放后，原型批评被中国相关领域的学者普遍接受，原型、神话、仪式等观念与方法的传入，有助于学者对文学展开多视角、多方位的研究。在用神话原型批评方法阐释中国文学、文化的探索实践中，学者也在

① 萧兵．楚辞的文化破译．武汉：湖北人民出版社，1991.

② 李永平，赵周宽．文学人类学的新阶段与新思考：陕西师范大学博士生导师李永平教授访谈．社会科学家，2021 (11)：5.

③ 乐黛云．文化多元化和人类话语寻求：兼论文学界人类学与中国文化破译．淮阴师范学院学报（哲学社会科学版），1999 (1)：7.

不断对其进行反思，体现了原型批评在中国本土化、实践化的过程。“与20世纪初期的文学家们拥有了西方传来的神话概念，就在古籍中寻找‘中国神话’的做法不同，经过神话学转向之后，获得一种打通文史哲不同领域的神话思维，可以引导我们对中国文化做追本溯源式的全盘理解。”① 这一反思的成果则是由“中国神话”转向了“神话中国”。

在文学人类学研究中，神话的概念已超越了单一的早期文学体裁，叶舒宪指出，神话是对初民智慧的表述，代表着文化的基因。由此，“神话成为引领人们重新进入所有文明传统之本源和根脉的一个有效门径。研究实践表明，神话作为跨文化和跨学科的一种概念工具，它具有贯通文史哲宗教道德法律诸学科的多边际整合性视野。从这种整合性视野看，神话是作为文化基因而存在的，它必然对特定文化的宇宙观、价值观和行为礼仪等发挥基本的建构和编码作用”②。从“中国神话”到“神话中国”思维范式的转变，体现了从研究文学文本到研究文化文本的转变。

从文学人类学视角看，文化文本不是指客体存在的、静止不动的文本，而是带有历史深度认知效应的一种生成性概念，是指在主客相互作用下不断生成和演变之中的文化符码系统本身。“相对于后代的一切文本（不论是语言文字的还是非语言非文字的），文化文本的源头期最为重要。没有源头的，即没有找到其原编码的文本，是没有理论解释力的。”③ 文化文本概念的提出，要求我们将文本阐释的方式运用到对文化的阐释中，以此发掘文化背后的符号系统及其意义生成规则。叶舒宪所建构的从“中国神话”到“神话中国”的体系，是体现“**文化文本**”新理念的范例，引领着我们打通文史哲诸学科之间的脉络，进而获得一种整合性的认知视野。

案例四

文化文本——“神话中国”

所谓“神话中国”，指的是按照天人合一的神话式感知方式与思维方式建构起来的文化传统。“神话中国”的目的不在于研究单个作品中的神话性，而在于深入挖掘一种由潜藏的内在价值观和宇宙观所支配的文化编码逻辑。作为神圣叙事的神话与史前宗教信仰和仪式活动共生，是文史哲的共同源头。中国早期历史具有“神话历史”的鲜明特点。文学人类学与历史人类学的会通视角，是重新进入中华文明传统，重新理解中国神话历史的门径。从《尚书》《春秋》到《周礼》《说文解字》，这些古代经典体现着神话思维编码的统一逻辑，中国的历史叙事发源于一种“神话式历史”。具体来看，《春秋》始于“元年春王正月”所隐含的创世神话观，终于“西狩获麟”的日落隐喻神话。《周礼》始于天官地官，终

① 叶舒宪．金枝玉叶：比较神话学的中国视角．上海：复旦大学出版社，2012：42.
② 叶舒宪．中国的神话历史：从“中国神话”到“神话中国”．百色学院学报，2009（1）：33-34.
③ 谭佳．整合与创新：中国文学人类学研究七十年．中国文学批评，2019（3）：28.

于以春夏秋冬四季循环为完整周期的冬官，全书结构潜含宇宙四方六合的时空运转法则。这些典籍背后，都凸显了中国神话哲学中“天人合一”的元逻辑。①

案例五

文化文本——“热闹”背后的元编码

以对“闹”的分析为例，提起“热闹”，人们首先想到的是熙熙攘攘的人群、兴高采烈的氛围、举家团圆的节日庆典等本土审美场景。如果从小说描写的内容看，热闹处的文字莫过于激烈对抗，或者路见不平拔刀相助，抑或者奋起反抗、打家劫舍等叙述情节。仔细琢磨这些情节，它们的内部多呈现“闹”或者“大闹”。实际上，“大闹”的原编码肇始于远古的神话与祭祀仪式。“闹”和“大闹”仪式在中国文化传统中呈现为“神圣空间”和“神圣时间”中的“热闹”场面。从后世的语词“热闹”的表述功能看，作为民俗意义上的热闹，有极为丰富的社会功能。

首先，热闹存在于成人仪式的内在结构之中，帮助个体渡过关煞；其次，热闹有助于重组生活环境；最后，热闹是群体渡过阈限阶段的方式，渡过阈限才能进入新的阶段，而这个阈限阶段的仪式活动有助于消除污染、恢复洁净。

热闹的内部机制是渡过阈限阶段。在中国古代民俗仪式中，在这一阈限阶段，由巫师等完成降妖、伏魔的仪式来禳灾，并且处于阈限阶段的“大闹”孕育着人神共睦或混沌未开的危险与生机。过去每逢除夕、元宵等岁时节日，方相氏、僮子（由村民装扮）与无形的超验世界（鬼疫之属）冲突激烈，热闹非凡。分析“大闹”背后的元编码，是对**文化文本**背后的结构逻辑进行追索。②

2010 年，文学人类学研究者对美国人类学家罗伯特·雷德菲尔德（Robert Redfield）的大小传统观进行创造性地改造，提出了**“文化的大小传统”**理论。雷德菲尔德认为，“在某一种文明里面，总会存在着两个传统：其一是一个由为数很少的一些善于思考的人们创造出的一种大传统；其二是一个由为数很大的、但基本上是不会思考的人们创造出来的一种小传统。大传统是在学堂或庙堂之内培育出来的，而小传统则是自发地萌发出来

① 叶舒宪．中国的神话历史：从“中国神话”到“神话中国”．百色学院学报，2009（1）：33－37.

② 李永平．“大闹”：“热闹”的内在结构与文化编码．民族艺术，2019（1）：34－42.

的，然后它就在它诞生的那些乡村社区的无知的群众的生活里摸爬滚打挣扎着持续下去”①。

雷德菲尔德所指的“大传统”代表了由少数知识阶层所掌控的书写文化系统，即“精英文化”；而“小传统”则代表由大多数农民通过口传等方式所传承的大众文化系统，即“通俗文化”。雷德菲尔德的这种划分方法体现了一种西方式的二元对立，蕴含着精英主义的价值取向，与“眼光向下”“关注边缘”的人类学转向相背离。因此，叶舒宪及国内同仁对这对概念进行重新改造：将文字记录之前和之外的传统，即前文字时代的文化传统和与书写传统并行的口传文化传统，称为“大传统”；将由汉字编码的书写文化传统，称为“小传统”。② 依照这种划分标准，我们能够认识到被文字遮蔽的历史，重建无文字时代的神话历史以及文字时代被边缘化的民间文化。

案例六

文化大传统——“隐蔽秩序”

民俗仪式、本土宗教、神话观念、纪念碑性器物、标志性设计、特定的命名背后，体现了一种秩序，即与人类心智相表里的文化大传统的隐蔽秩序，它决定了文字产生以后的书写小传统——诗歌意象、叙事结构、主题选择、文体形式。用现代科学术语来表达，这个拨弄人类的隐蔽秩序就是习焉不察而又不可逾越的“万有”引力。天地空间中的万有引力秩序，使得神话前世的关键词中，最重要的一部分都是关于神话空间的表述，它可以概括为“天”“通天”“天门”及与之形成的神话观念——“天人合一”。

人类通天通神的理想亘古久远，从文学上看，以诗歌为例，诗歌中支离破碎地提到了一些通天的意象，如羽化、蝉蜕、登遐、乘龙等，志怪和传奇里边的游历仙境，将其还原到本土的文化语境中，是通天通神传统的孑遗。中国游仙诗类诗歌的共同点是，通过飞升、羽化、蝉蜕等神秘方式，骑乘六龙、八龙、白虎、凤、虎、仙鹤等动物，或凭借灵芝、玉英、玉树、扶桑、建木等到达另外一个空间。

从信仰上看，远古萨满信仰所催生的神话思维背后隐藏着宇宙起源这个古老而神秘的问题。萨满在“登天入地，进行宇宙飞行”的过程中，使用具有象征天地沟通的战略性资产“白玉”，将信仰转变为祭政合一的王权神授的神话观念，再转化为文明时代的原始拜物教。它背后的隐蔽秩序是：人类自古以来难以超越象征自然秩序的重力，向地球引力相反

① 雷德菲尔德．农民社会与文化：人类学对文明的一种诠释．王莹，译．北京：中国社会科学出版社，2013：95.

② 唐启翠，叶舒宪．文学人类学新论：学科交叉的两大转向．上海：复旦大学出版社，2019：255.

的方向———天空运动（超越）。后世通天、以德配天等活动，试图通过人事上的“修行”与天道运行相榫卯，实现天人感应，达成“天道有常”的目的。[①] 这些例子背后都体现了人类通天通神的理想。

大小传统理论的提出，使学界开始深入思考，从大传统到小传统，是否可以按照时代的先后顺序，排列出N级的符号编码程序。2012年，在从本土文化自觉立场对中国历史、文化及文学再认识的基础上，叶舒宪首次提出N**级编码理论**的初步构想。“无文字时代的文物和图像，有着文化意义的原型编码作用，可称为一级编码，主宰着这一编码的基本原则是神话思维。其次是汉字的形成，可称为二级编码或次级编码……三级编码指早先用汉字书写下来的古代经典……今日的作家写作，无疑是处在这一历史编码程序的顶端，我们统称之为N级编码。”[②] N级编码反映了从一开始的物的叙事到图像叙事再到文字叙事的发展脉络。在从口头文学发展到书面文学的进程中，与之同步进行的是编码媒介的变化，这一变化过程体现为编码的媒介由无文字时代的图像与物到文字时代的文字、文本与早期经典。

文学人类学团队的理论贡献体现在“文化大传统”“文化文本”“N级编码”等方面，方法论贡献则是2005年提出的“**四重证据法**”。在从口头文学到书面文学的进程中，“文本从一级编码开始，自然地会向二级编码、三级编码递进。递进的根本变化是编码符号媒介的更新，从无文字的图像和物，到有文字，再到文字文本和早期经典。王国维倡导的二重证据法，以传世文献为一重证据，以出土的甲骨文为二重证据。二重证据法关注的范围还局限于文字文本之中。文学人类学所定义的第三重证据特指人类学方面的证据，即如今被称为口传与非物质文化遗产的内容，包括口传文化传统、礼仪表演的传统和民俗传统等，这些都可被归入非文字的文化文本范畴”[③]。而第四重证据，是指文字符号和语言符号之外的符号或符号物，包括图像、遗址、文物和其他一切承载着人类意义或文化意义的物证。“四重证据法”的提出打破了书面证据在传统考据学中的霸权地位，对物证的重新发掘与重视，形成了书面证据、物证及人证互鉴的跨学科实践。

案例七

“四重证据法”的实践——《熊图腾：中华祖先神话探源》

在《熊图腾：中华祖先神话探源》一书中，叶舒宪大量运用出土的熊骨、熊像等材料，将这些考古实物与传世文献进行互证。打破书面文

---

① 此案例详见：李永平．众妙之门：神话编码中的隐蔽秩序．上海交通大学学报（哲学社会科学版），2020，6：69-74.

② 详见：叶舒宪，章米力，柳倩月．文化符号学：大小传统新视野．西安：陕西师范大学出版社，2013：6-7.

③ 叶舒宪．羌人尚白与夏人尚黑：文化文本研究的四重证据法示例//徐新建．文学人类学研究：第一辑．北京：社会科学文献出版社，2018：54-55.

本的局限，从考古“物证”入手，破解上古时期的神话、图腾与信仰，是运用**“四重证据法”**的范例。作者走出书斋，不断地进行田野调查、走访，从辽宁牛河梁女神庙中的熊下颚骨开始探索，将其与林西石熊、辽宁金牛山人崇拜的熊头骨、殷墟妇好墓出土的石熊等相联系，同时又对比了欧亚美地区的熊崇拜现象，在广阔的文化背景中分析了鲧、禹和启及黄帝神话与熊图腾崇拜之间的关联，向人们展示了一个被湮没的中华民族熊图腾崇拜文化脉络。从第一重证据的传世文献到第四重证据的考古实物与图像的运用，使熊实物图像变成了最有力的证据，超越了书写文本的局限性，释放了熊实物图像所蕴含的文化精神，重构了一个被遮蔽的熊图腾文化。①

三、文学民族志研究

文学民族志（literary ethnography）是文学和人类学两个学科互相结合的成果。文学民族志是将民族志作为一种方法应用于文学研究中，以人类学参与观察的方法——“田野作业”②（field work）介入文学作品，“包括到作品的发生地，对作品中的原型、原景、原物进行调查，包含了‘四合四维’的阐释性结构”③。因此，文学民族志具有多学科交叉的实验性质。

文学人类学研究以其对存在于主流文化、文字之外的其他文学样式的普遍关注与重视，拓宽了文学研究视野，丰富充实了中国文学的内涵。不仅有利于破除汉民族文化霸权、精英文化霸权，也有利于反抗与消解以西方为中心的文化霸权。文学民族志书写在内容上倾向于关注异质文化、少数民族文化、地方性知识和原始文化等处于边缘的族群文化，力求还原不同文化族群生活的客观性与真实性。“文字表述参与了现代国家的表述与建构工作，致使‘书写文化’（writing culture）成为名副其实的权力话语”④，造成了书写/口头、文明/原始的二元对立。在以文字文本占据主导权的现代文明社会，必然导致以其他表述方式记录的民族处于一种“失语”的状态。传统人类学的研究重心多数是无文字民族和族群，与之相结合的文学民族志研究以无文字的表述材料为中心，将口头诗歌、巫术、仪式、器物、宗法制度等非文字材料纳入其研究领域，力图修正人类进入文字时代以来的书

① 叶舒宪．熊图腾：中华祖先神话探源．西安：陕西师范大学出版社，2018.

② 人类学田野作业讲究参与观察，要求研究者参与到生活中去跟人民同吃同住同劳动，成为他们中的一分子，尽可能从他们的角度去理解社会，去对社会进行性质的判断，即人类学所谓的“质性研究”。

③ 王艳．文学民族志的概念、方法及实践：一个跨学科的文体实验．青海社会科学，2020（3）：104.

④ 彭兆荣．文学民族志：一种学科协作的方法论范式．青海社会科学，2020（3）：99.

写文化霸权，从社会生活的多种表述中发掘真实性，有助于听到被覆盖的、被湮没的、“失语”的民族的声音。

扎根中国本土的研究者，力求从人类学的总体意义上考察并阐释民族、民间和民俗的文学表述，这就突出了以往被文字书写遮蔽的“大文学”“活态文学”，如徐新建的《民歌与国学》。与文字文本相比，文学民族志研究范式将目光从文字文本转向了文化文本，这些文化文本包括一个仪式、一种制度、一段生活史或任何用于阐释或描述的行为单位。[①]文学民族志中对口传文学的重视与再发现，挑战与革新了传统的文学文本观念。在文字产生以前，族群中的文学表述更多的是具有仪式性与集体性的口传文学表演。以文字为中心的书写文学丧失了原初的仪式性。文学民族志研究者致力于对活态文学的研究，并将其还原到具体的传播语境当中去，进而发现和描述从口传到书写的文学变异，以及由此而产生的信息缺失、传达变形、阐释误读等多重张力。

中国文学民族志研究范式聚焦于以下几个方向。

（一）回归本土，还原生活本来面貌

如彭兆荣对贾平凹《秦腔》的研究[②]以及近年来对“乡土中国”的阐释都体现了向本土的回归。彭兆荣指出，“人类学中国范式的一个重要特征是人类学家对乡土的执着”[③]。以“宗族”为关键词的乡土性是中国这个“社稷国家”的终极说明与核心要义。林耀华在对福建义序做田野调查的基础上完成的《义序的宗族研究》中，研究了地缘团体和血缘团体相重合的单姓宗族村落。《金翼》则以小说体的叙述方式研究了因姻亲关系聚合在一起的多姓宗族村落，展现了农村社会生活的全貌及社会文化的变迁。[④]

（二）对活态文学的研究

苗族的史诗《亚鲁王》是至今仍在民间口头传诵的“活态史诗”，是苗族的“长篇英雄史诗”，冯骥才进一步指出其为“口述的、诗化的民族史”[⑤]。徐新建强调其性质应是为亡灵诵唱的“送魂歌”，并且应该将《亚鲁王》视为口头传唱及仪式综合体，它体现了苗人的魂灵信仰、鬼神崇拜及相关仪式。[⑥] 尽管《亚鲁王》已被整理成文字文本，但其特质仍是口头践行，它需要在现场环境中，依赖传唱人和听众们的双向互动，从而形成特定的仪式场景被呈现与表述。

---

① 克利福德，马库斯．写文化：民族志的诗学与政治学．高丙中，吴晓黎，李霞，等译．北京：商务印书馆，2006：43.

② 彭兆荣，杨娇娇．乡土的表述 永远的秦腔：贾平凹小说的人类学解读．暨南学报（哲学社会科学版），2019（4）：2－9.

③ 彭兆荣，赖景执．存在与超越：论人类学的中国范式．西北民族研究，2022（3）：91.

④ 林耀华．金翼：中国家族制度的社会学研究．庄孔韶，林宗成，译．北京：生活·读书·新知三联书店，2008.

⑤ 冯骥才．发现《亚鲁王》．当代贵州，2012（21）：51.

⑥ 徐新建．生死两界“送魂歌”：《亚鲁王》研究的几个问题．民族文学研究，2014（1）：74－90.

（三）对仪式的重视与研究

人类学家将仪式作为观察和体验他者社会历史生活的实践场域，“基本的神话宗教情感的真正客观化不是在众神的赤裸裸的偶像中，而是在敬奉神祇的祭祀中……正是祭祀构成神话的原始形态和客观基础”[①]。萧兵对楚辞的内涵做了仪式诠释；李亦园则运用列维-斯特劳斯的结构观念，以及宗教人类学有关仪式与神话相互关系的理论，对中国古代寒食节的仪式、风俗以及介子推神话做了较为完备的分析；彭兆荣先后出版两部著作[②]，来对人类学仪式进行全方位的讨论与总结，“弥补了文学人类学研究在理论建构方面的理论缺欠，对于比较文学的主题学与形象学研究也具有启发意义”[③]。

（四）多民族文学研究

文学民族志的范式研究还重视打破边缘与中心民族之间的二元对立，对民族文学进行深入发掘与研究，致力于消解文化中心主义，推动“多民族文学史观”的建构。“‘多民族文学’的含义即在民族多元的基础上体现出的文学多样性。这意味着对什么是文学不能仅从一个民族、一种形态来限定。”[④] 无文字的民族世代传承的口头文献，负载着其最为核心的民族认同与历史记忆。以**文学民族志**的范式对民族文学进行研究，体现了人类学的整体观念，有助于形成多元一体的对话互动新格局。

除了上述研究方向外，文学民族志的书写还对**“虚拟田野”**加以关注。近年来，随着科学技术的不断发展，除了对实地的民族田野进行考察与描述外，民族志的田野研究逐渐从现实世界走向虚拟世界。“一个全球规模的生活方式革命正在不断扩散；一个物理空间与信息空间叠加混合，人类能动与机器能动交互汇聚的后现代新世界正扑面而来”[⑤]。徐新建在《人类学与数智文明》[⑥] 一文中指出，科技创新引发了更急剧的挑战，这迫使越来越多的人类学家进一步跨出传统边界，迈入由互联网与人工智能开启的新田野和新论域，继而催生出更为开阔的人类学研究新格局。相继涌现了“虚拟田野”“微信民族志”“赛博格人类学”等多种突破和拓展。以互联网为田野的“网络民族志”[⑦]，具有多元互动、超文本、跨学科的特点。以网络世界作为田野点进行民族志观察、书写与研究，有助于打破身心分离

---

① 卡西尔．神话思维．黄龙保，译．北京：中国社会科学出版社，1992：241.

② 两部著作分别为《文学与仪式》（北京大学出版社，2004）和《人类学仪式的理论与实践》（民族出版社，2007）。

③ 叶舒宪．文化与符号经济．广州：广东人民出版社，2012：275.

④ 徐新建．“多民族文学史观”简论．民族文学研究，2007（2）：17.

⑤ 阮云星，高英策．赛博格人类学：信息时代的“控制论有机体”隐喻与智识生产．开放时代，2020（1）：163.

⑥ 徐新建．人类学与数智文明．西北民族研究，2021（4）：50－59.

⑦ 网络民族志即利用互联网来收集资料，与调查对象建立密切关系，参与到网络所构建的虚拟社区中去，以田野调查的方式致力于理解互联网及其相关的社会文化现象。详见：卜玉梅．网络民族志的田野工作析论及反思．民族研究，2020（2）：70－71.

的二元对立思维，回归人的自身，在逐渐网络化与虚拟化的世界中重申人的存在与价值。

本章小结

作为文学与人类学联结的成果，文学人类学代表了一种跨学科、跨文化的研究范式，其研究视野开阔，处于“破学科本位”的前沿地带。文学人类学是20世纪后期的跨学科研究大潮中涌现的新兴交叉学科，其研究的“跨学科性”与生俱来。学科交叉促进新知识的诞生、新观念的形成，使研究走向深化。20世纪80年代初，文学人类学还只是一种文学批评方法，处在“学科”诞生的准备阶段。从90年代初开始，创建“文学人类学”学科的设想被明确提出。1996年，“中国文学人类学研究会”于长春正式成立，标志着中国文学人类学学科进入了自觉的学术理论建设新阶段。

作为比较文学旗下的跨学科新兴领域，中国文学人类学的发展已经证明，文学人类学的研究者“从中国实际出发，立足于跨文化跨学科的视野，从族群、民俗、神话、宗教信仰等多重角度，拓展了比较文学的范式和发展空间，深入阐释和反思本土文学与文化现象”[①]。文学人类学在中国的发展成熟，有两个学术增长点，“一是文学理论的更新，二是研究方法的更新。在文学思想方面，要启发本土文化自觉，引导对中国文学的重新认识”[②]。

经过多年摸索与实践，中国文学人类学研究的理论构建趋向繁荣，表明中国式的文学人类学研究正在走向成熟与完备。文学人类学作为处于前沿领域的交叉学科，正发挥着引领知识创新的作用。从文学文本到文化文本，由书写本位上溯至信仰驱动的神话观，仰赖具有方法论意义的四重证据法，重建文化大传统新视野，从中细化出以物与图像叙事为基点的N级编码理论，进而借助玉石神话信仰探索中华文明认同的深层文化基因。中国文学人类学对当代“重估经典”“中华文明探源”“本土资源再认识”“多民族文学研究”“非物质文化遗产保护”“文学跨学科研究”等思想观念、社会实践具有重要的启发意义，显示出这个学科的理论性、实践性、生命力、影响力与现实穿透力。

思考与练习

1. 什么是“文学人类学”?
2. 如何理解文学与人类学在发展中的双向互动?
3. 什么是“原型批评”?
4. 什么是“文化文本”?

---

① 乐黛云．序//叶舒宪．文学人类学教程．北京：中国社会科学出版社，2010：1.

② 陈惇，谢天振，孙景尧．比较文学．第三版．北京：高等教育出版社，2014：320.

5. 我国的文学人类学研究是如何处理“神话”这一概念并转向“神话中国”的思维范式的？

6. 简述美国人类学家雷德菲尔德提出的“文化的大小传统”理论。

7. 什么是“四重证据法”？

8. 简述中国文学民族志研究的几个具体方向。

9. 文学人类学将怎样对待少数民族文学？

拓展阅读

1. 弗雷泽．金枝：巫术与宗教之研究．汪培基，徐育新，张泽石，译．北京：商务印书馆，2012.

2. 赫拉利．人类简史：从动物到上帝．林俊宏，译．北京：中信出版社，2014.

3. 克里斯蒂安．起源：万物大历史．孙岳，译．北京：中信出版社，2019.

4. 弗莱．批评的解剖．陈慧，袁宪军，吴伟仁，译．天津：百花文艺出版社，2006.

5. 伊瑟尔．虚构与想象：文学人类学疆界．陈定家，汪正龙，等译．长春：吉林人民出版社，2011.

6. 基拉尔．双重束缚．刘舒，陈明珠，译．北京：华夏出版社，2006.

7. 基拉尔．替罪羊．冯寿农，译．北京：东方出版社，2002.

8. 波亚托斯，等．文学人类学：迈向人、符号和文学的跨学科新路径．徐新建，梁昭，王文蒲，译．北京：中国社会科学出版社，2021.

9. 叶舒宪．文学人类学教程．北京：中国社会科学出版社，2010.

10. 叶舒宪，谭佳．比较神话学在中国：反思与开拓．北京：社会科学文献出版社，2016.

11. 叶舒宪．神话—原型批评．增订本．西安：陕西师范大学出版社，2011.

12. 徐新建．多民族国家的文学与文化．北京：人民出版社，2016.

13. 彭兆荣．文学民族志：范式与实践．北京：中国社会科学出版社，2022.

14. 韩高年．礼俗仪式与先秦诗歌演变．北京：中华书局，2006.

15. 李永平．文学人类学理论与实践．北京：中国社会科学出版社，2021.

第十四章

文学跨学科研究

本章要点

面对新科技革命和产业变革的机遇与挑战，“新文科”建设提上日程，学科的深度融合成为当务之急。文学学科在这一趋势下承担着重要的历史使命，因此回顾我国文学跨学科研究的历程具有特别的现实意义。我国文学跨学科研究在经历20世纪80年代的跨学科热潮之后，在21世纪初研究实践得到深入推进。以文学与科学、宗教、心理学、建筑为例，我国近四十年涌现出许多文学跨学科研究案例。总体而言，以往的文学跨学科研究主要有“文学与X”及“文学X学”两种范式。在跨学科研究推进之时，“跨学科是否有损于文学本体”这种焦虑如影随形，但是学界也发出“文学艺术研究无界”的呐喊。正视文学生存方式的变化，研究者有义务跳出观念上的各种设限，在社会语境中去直面文学。既然某一学科只是整体社会系统中的一部分内容，那么当我们坚持整体性研究时，就有必要将所谓文学置于社会系统中去考量，而不是不顾社会整体，人为地划出所谓文学与非文学的界限。我国文学跨学科研究除了研究实践的深入推进，也需要思考学生培养机制的适时调整。

第一节

跨学科历程：分科与跨界

关 键 词

学科　跨学科研究

中西方**学科的分类**古已有之，学科分类一直都处在流变过程之中。学科作为构成社会的内容之一，其变化既是促进社会变化的主要推动力，也是社会变化的表征。欧洲中世纪整个社会在教权统摄下，学科呈“金字塔”式分布，“16 世纪的教育系统，从较底层的人文学科开始：修辞学、辩论学或逻辑学，以及数学；接下来是比较高层次的科学，例如物理学（依照亚里士多德的定义）、伦理学与形而上学；在最高处才是神学”。启蒙时代之后，学科体系呈“柱子”状分布，神学从金字塔的顶端跌落下来，变成与其他学科平起平坐的一门学科。[①] 19 世纪后期，现代学科体系基本形成。从中世纪到现代学科的转变历程，基本是科学技术主导、人文科学及社会科学继起回应的历程。现代学科体系形成至今，社会分工仍在日益加深，专业细分仍然是大势所趋，社会对于专业能力要求越来越高，结果人们的知识结构也越来越呈单向度发展。随着时间的推移，原有的专业分科总是与社会发展需要存在距离，故而学科体系需要不断调整，可相应调整又往往因为现有建制的刚性而迟滞。于是跨学科诉求就一再出现。

在我国的现代学科初步形成之时，**跨学科研究**就在有意识地推进。清末民初我国学科由四部分类转向引进西方学科分类。我国学者关于文学的跨学科研究，早期典型代表有王国维的《〈红楼梦〉评论》，主要采用叔本华的唯意志论来阐发研究《红楼梦》，开启用西方文艺理论解释中国文学作品的先河。胡适在《白话文学史》一书中论述佛教对中国文学的影响。周作人在《圣书与中国文学》一文中探讨希伯来文学精神和形式与中国新文学的关系。梁实秋的《诗与图画》研究诗歌与绘画的关系。朱维之在《中国文艺思潮史略》和《基督教与文学》《文艺宗教论集》等著述中论述了文学与宗教的关系。朱谦之的《中国音乐文学史》探讨文学与音乐的关系。宗白华的《中西画法所表现的空间意识》《论中西画法之渊源与基础》及丰子恺的《绘画与文学》探讨文学与绘画的关系。[②]

新中国成立之后，教育体制受苏联影响甚大，总体上实行重分科而轻融合的培养机制。自 20 世纪 80 年代比较文学在我国复兴以来，文学跨学科研究的理论与实践得以加速推进。在文化思潮激荡过程中，一批跨学科研究得以延续并呈现出学科自觉的趋势。乐黛云、王宁主编的《超学科比较文学研究》是其中的代表性成果，该论文集关于“超学科”的定位有三：一是将各学科视为一个整体；二是坚持文学本位；三是跨越不同学科界限之后要再回归文学，从而获得螺旋式上升，换言之，以整体性视野超越文学学科单一视角，提升文学研究。

进入 21 世纪以后，跨学科研究的实践成果不断涌现，表现在论文、专著、学术会议、跨学科研究平台建设等多方面。例如，钱谷融、鲁枢元在 1987 年版的《文学心理学教程》基础上，融入十几年的教学经验，于 2003 年修订后重版，题为《文学心理学》。鲁枢元从 20 世纪 80 年代开始发表文学的跨学科研究论文，在 2010—2011 年将系列成果组成“文学的跨界研究”系列，结集成三本著作出版，分别是《文学与心理学》《文学与语言学》《文学与生态学》。

---

① 钟鸣旦．传教中的“他者”：中国经验教我们的事．洪力行，译．新北：辅大书坊，2014：91.

② 王福和．跨学科视野中的文学．杭州：浙江大学出版社，2014：9.

新世纪以来涌现出一批文学跨学科的专题研究。例如，刘锋杰、薛雯、尹传兰所著的《文学政治学的创构：百年来文学与政治关系论争研究》一书，探讨中国自清末民初以来百年间文学与政治关系的论争。全书主要有三方面内容。一是“勾勒文学与政治关系的论争史”，从梁启超的文学政治化与王国维的文学去政治化开始，一直叙述到21世纪，共分八个阶段揭示“文学与政治关系论争所受时代、理论与政治需要影响的多重原因”；在史论研究的同时，密切关注论争的“理论策略与理论基础”，即注重揭示论争过程中时代现实与理论之间的关联性。二是“通过重新认识文学的性质，为创构文学政治学提供恰当的理论基础”，作者想打破学界长时期将文学视为上层建筑或意识形态产物而忽略了文学“本体性质”的局面，鉴于文学艺术的发生远比政治、哲学、法律更早的事实，作者提出“艺象形态才是文学艺术的根本特性”的观点，艺象形态具有“起源性质”，文学的意识形态则是“后发性质”，“前者是本体性质，后者是功能性质”。三是“提出‘文学想象政治’这个核心命题，用于构筑文学政治学的基本概念体系”。作者指出文学与政治的关系不仅仅是与现实政治的关系，同时还是与理想政治的关系，因为文学想象功能得以自由发挥，所以“文学的政治”就超越了现实政治的范围，“文学的政治”概念达到学理上的自觉。[①]刘锋杰在完成合著后，又出版了《“文学政治学”十形态论》。

文学地理话题也从20世纪80年代之后吸引越来越多学者的关注，至21世纪初，学界提出建构文学地理学的主张。文学地理学研究的对象主要有三方面：“一、文学要素的地理分布、组合与变迁；二、文学要素及其整体形态的地域特性与地域差异；三、文学与地理环境之间的相互关系。”[②] 主要代表成果有：曾大兴于1995年出版的《中国历代文学家之地理分布》，杨义于2003年出版的学术讲演集《重绘中国文学地图》，梅新林于2006年出版的《中国古代文学地理形态与演变》[③]，曾大兴于2012年出版的《文学地理学研究》以及于2017年出版的《文学地理学概论》，杨宗红于2019年出版的《明清白话短篇小说的文学地理研究》，李仲凡、陈一军、费团结于2021年出版的《文学地理学专题研究》。此外学界有多篇论文及多场与文学地理学主题相关的学术会议。2011年还成立了中国文学地理学会。

相对于传统文学研究领域，比较文学学科更加自觉地提倡跨学科研究，将之作为最重要的学科特征之一。然而2010年以前，在比较文学概论性教材中，跨学科案例并不多见。相对而言，较早出现教学案例的教材要数孙景尧在2003年出版的《简明比较文学》，书中以“无言的诗与有言的画”为例来探讨文学与艺术的关系，以“鬼子母”的情歌变为“九子母”的圣典为案例来探讨文学与宗教的关系，以“从伪科学家到真科学家”为题探讨了文学和科学从相互生发到分离的演变，并以1930年代贾祖璋撰写的《鸟与文学》为文学与科学跨学科研究的具体案例。[④]

---

① 刘锋杰，薛雯，尹传兰．文学政治学的创构：百年来文学与政治关系论争研究．上海：复旦大学出版社，2013：2-9.

② 曾大兴．文学地理学研究．北京：商务印书馆，2012：10，12-13.

③ 刘庆华．文学地理学学科建设问题研究述评．文学地理学，2013（2）：45.

④ 孙景尧．简明比较文学：“自我”和“他者”的认知之道．北京：中国青年出版社，2003：204-225.

鉴于案例教学重要却缺乏的状况，王福和、褚蓓娟、王定安于2012年编著出版《比较文学导引》，突出跨学科案例教学，从文学与绘画、文学与建筑、文学与音乐、文学与心理学、文学与历史、文学与宗教、文学与医学、文学与动漫等层面展开案例研究。王福和于2014年出版了《跨学科视野中的文学》，从文学与绘画、电影、音乐、历史、哲学、心理学、宗教、建筑、医学等九个方面开展跨学科的案例教学研究。高旭东于2017年出版《跨学科研究》一书，包括文学与艺术（音乐、绘画、戏剧、影视）、文学与人文科学（哲学、历史、伦理学、神话学、人类学）、文学与社会科学（社会学、统计学、政治学、经济学、法学、科学技术、生态环境）等。

比较文学领域的跨学科研究实践也在推进，例如张华于2013年出版的《跨学科研究与跨文化诠释》从文学与生态学、文学与社会学、文学与宗教学三方面展开跨学科研究。蒋述卓于2015年出版的《跨学科视域中的比较文学》，探讨学科交叉与比较文学学科建设，宗教艺术与中国文学、美学研究，海外华文文学与华语电影研究。

与跨学科研究专著、教材、论文相映成趣的是，近年来跨学科对话的学术会议越来越多，有些工作坊式学术会议虽然突出某个相关主题，却不仅不设定学科的边界，甚至有意去打破边界。例如2017年复旦大学“文学艺术跨界工作坊”会议，来自文学、美术、音乐、戏剧、电影等领域的学者齐聚，进行审美体验的多元碰撞。主办者杨乃乔认为，鉴于资本对文学艺术的商业性介入，“当代文学”呈现出“体制当代文学”与“网络当代文学”分野且二者贫富悬殊的现象，昭示出传统文学所面临的危机和整个文学所面临的历史转型。杨乃乔指出，要理解当代文学艺术的生存状况，必然要将之置于时代语境中去解释，“从本质属性上来看视，文学艺术本然就是在共存的历史语境下生成与发展的。在全球化的时代，我们把文学艺术还原于历史的整体语境，给予跨界的对话与思考，这必然是不可遏制的学术思潮”，“文学艺术研究的无界（unboundary）时代已经到来”，“文学艺术研究的博物学（natural history）时代到来了”①。

第二节
专题性案例：双学科跨界

关键词

文学　科学　宗教　心理学　建筑

① 杨乃乔．文学艺术的跨界对话与审美体验的多元碰撞//中西文学艺术思潮及跨界思考：文学与美术、音乐、戏剧、电影的对话．上海：复旦大学出版社，2020：4.

文学与科学的关系大致经历了二者合为一体、两相分离及科学主导三个阶段。现代西方人文科学及社会科学，就是在与自然科学的相互激荡中形成的，面对自然科学的冲击，人文社科的学者或主动调整，或被动因应。中国在新文化运动时期，鉴于“西学”刺激而喊出“赛先生”的口号，科学一时成为流行的强势话语，其他学科的生存与发展面临拷问，20 世纪 20 年代的“科玄之争”即学科问题争论的一个表现。当然，文学也并非全然臣服于科学之下，而是与科学呈现出相互竞争和影响的关系。

案例一

许杰的《文学与科学》

许杰于 1933 年发表的《文学与科学》一文，从辩证法唯物论的视角出发，较全面地梳理了当时关于二者关系的认识，文章共分六部分。

第一部分，提出问题，指出过去人们对文学与科学关系的认识：A. 二者互不相容，双方研究者相互轻蔑；B. 二者相互对立，毫无关系。针对这两种观点，作者在第二部分分析文学与科学的关系：A. 同作为对社会意识形态的反映，二者相互联系；B. 就近代文学发展的情形而言，自然主义文学的发展很明显受到了自然科学的影响；C. 在唯物辩证法盛行的时代，文学不可避免地被科学“潜入”。第三部分，文学与科学的等价：A. 二者同是社会意识的反映或表现；B. 二者起源相同，都在实用层面起源于社会物质生活的需要，文学与艺术起源于劳动中表现生活、表达情感的需要；C. 从组织生活与认识生活的角度而言，二者是相同的；D. 二者的终极目的相同，都在于认识和说明事物发生发展的因果法则，从而指导人类的行动，推进社会的进步。

第四部分，理智与感情的联系的存在。人们一般将科学视为理智的，视文学为情感的，可是二者的本质、活动与作用都不可分割，二者的差别无非在一方面的成分更多一些而已。第五部分，文学与科学的分合。在中世纪二者本来是合在一起的，都统一于神权。二者从神权那里分离开来后，进入各自独立发展的阶段。不过，随着科学的发展，其在社会中占据主导地位后，文学诸如自然主义文学又与科学结合在一起了。第六部分，关于文学与科学的前途，由于二者的社会目的一致，在推进社会进步之路上，二者应该携手共进。①

① 许杰．文学与科学．安徽大学月刊，1933 (2)：1－14.

20 世纪 80 年代，比较文学学者站在接轨国际前沿的第一梯队，关注文学与其他学科的关系。乐黛云在《文学与其他学科》一文中讨论了 19 世纪以来文学与自然科学的关系，首先指出 19 世纪源出于自然科学的进化论对文学理论、文学批评、文学史、文学创作和文学观念等各个领域的影响，以及 20 世纪系统论、信息论、控制论、热力学第二定律、熵的观念等对文学的影响。

案例二

乐黛云的《文学与其他学科》

第一，该文以系统论为例，将该理论的普遍联系和有机整体观念、结构的观念和动态的观念引入文学研究，将文学作为一个普遍联系的有机整体来研究，可以开拓研究者的视野，60 年代以降西方结构主义的盛行就是将系统论引入文学研究的结果。第二，再如以信息论对文学观念的更新为例，信息可以用不同的编码方式转换成某种信号，通过一定的通道传递，而文学创作与欣赏无非将思想情感转换成信息来传播。信息论的引入意味着文学研究的数字化，乐黛云以 1985 年深圳大学为例，该校中文系将《红楼梦》全文输入电脑，使用多功能检索系统，运用统计法，比较研究语言风格上前八十回与后四十回的不同，认定《红楼梦》前后两部分并非出于同一作者之手。[①]

显然，数字化在后来整个人文社科研究中得到更加广泛的应用，学者黄一农正是从这一层面宣称“E-考据时代”的来临，他先后运用 E 考据研究明末清初中西文化交流史、《红楼梦》与清史。西方学者莫莱蒂也正是从这一层面提出“远程阅读”。如今数字化还在飞速发展，其与人文社科的关联不仅表现在方法论上面，而且正在逐渐成为人类生存的主要方式之一。

近年来，科学技术对社会的主导推动日益加快，倒逼人文学科来回应。文学界对数字文学、后人类、人工智能、元宇宙等话题多有探讨。

文学与宗教的关系源远流长，在上古时期几乎每个民族的文学都与某种宗教信仰相联系，例如：古希腊的戏剧与酒神祭祀有关；中国先秦时期诗乐舞一体。接受了现代学科观念的刘师培认为文学源于祀神，其实更准确地说，许多民族的祭祀礼仪本身就包含现代意义的文学要素与功能。鉴于“文学”一词的内涵与外延一直在变迁，我们在探讨文学与宗教的跨学科关系、谈论文学与宗教的话题时，有必要考量“文学”与“宗教”这些观念的历史演变，应该考虑二者融合及分野的不同阶段。一般说来，现代学科意义上的文学观念

① 乐黛云．文学与其他学科//乐黛云，王宁．超学科比较文学研究．北京：中国社会科学出版社，1989：16－29.

是18世纪之后的产物，而变化的过程需要回溯至更长的历史中。据李奭学的研究，中国在晚明出现的“文学”一词已经具备了今天我们所了解的“文学”的内涵，当时号称“西来孔子”的艾儒略与儒士杨廷筠已谈论耶稣会的“文艺之学”“文科”或“文学”，这些术语翻译或改写自1599年欧洲耶稣会学校的《研究纲领》(Ratio Studiorum)①，因此李奭学将“中国文学现代性的起源语境”上溯至我国明末清初中西文化交流的初期阶段。换言之，现代的“文学”观念诚然是18世纪之后的产物，但是这一观念的孕育显然有一个更长的演进过程。

至于“宗教”概念，如今全球范围内尚无共识。从比较宗教学的视角考量，所谓宗教往往是在人神关系（圣俗关系）及本宗教与外教方面的比较。人们言说“宗教”一词时，言说本身除了判定是教非教之外，还在很大程度上意味着“在宗教之间”相互参照、比较和对话。宗教性往往渗透在人们的生活中，以节庆、戏剧、文学等样态呈现出来。中国历史上，教权从未被置于世俗权力之上，而是受制于世俗权力。因而，宗教信仰、组织、仪式实践等或镶嵌在官府制度之中，如儒家；或与官府保持一定距离，并尽可能合作而不冲突，如佛教；或活跃在民间，保持相对松散的状态，如道教。三家互动融合，与文学存在千丝万缕的关联。关于文学与宗教的具体研究，徐志啸在《文学与宗教》一文中探讨了文学的“胚芽”神话与宗教的关系、宗教教经的文学性及其文学价值、宗教对文学的影响、文学对宗教的斗争。②

案例三

吉尔斯·古恩的《文学与宗教》

孙景尧等主编的《西方比较文学要著研读》收录了美国学者吉尔斯·古恩的文章《文学与宗教》，对西方文化传统中基督教与欧洲文学之间关系史的变迁做了很好的梳理。文章开篇总体概括了西方文学与宗教、文学批评与宗教的关系，阐明文学与宗教的渊源甚深，即便在文学摆脱对宗教的依附关系而获得自觉之后，也不可避免地在文学形态的演变中留下诸多宗教的印记。

然而，作者注意到研究界存在两个突出的问题：一是关于文学与宗教的关联“主要限于现代”，二是研究者往往囿于自身立场而排斥其他宗教。事实上，二者的关系非常复杂多样，为了研究两者之间的关系，作者解析了四个前提。第一，宗教观念已渗入西方文学传统的血脉之中，这是无法割裂的既成事实。第二，虽然某些文学作品中涉及某种重要神学问题，却并不提供答案，神学这一学科也不给文学提供什么特别的方法论，文学作品中的宗教性意义也不能够被简化成某套神学观念。第三，文学将意义形象化，宗教则升华了文学的意旨，两者可以共同建构一个

① 李奭学．明清西学六论．杭州：浙江大学出版社，2016：119－120.

② 徐志啸．文学与宗教//乐黛云，王宁．超学科比较文学研究．北京：中国社会科学出版社，1989：136.

意义范畴。第四，文学与宗教研究都通过象征处理精神和物质环境的关系，对它们的研究最终统一于文化研究。

基于以上四个前提，作者提出论点：文学与宗教的关系有二，一是彼此需要的关系，二是共生和互补的关系。二者关系有三种表现形态。

第一，从古典时期到文艺复兴时代，西方文学面对宗教传统展现出一种互相补充的、深度支持的关系。

第二，文艺复兴晚期，文学与传统宗教信仰及实践的关系渐渐地发生了转变，这种转变从中世纪晚期重视典雅爱情的新现象就可以看出，还新出现幽默的精神，那种世俗和不虔诚被引入浪漫的文学中，在乔叟的《坎特伯雷故事集》中得以淋漓尽致地表现。这种批判传统宗教观念与情感的新精神通过两条支流汇成西方文学的主流：一条支流是文艺复兴散文的传统，如伊拉斯谟的《愚人颂》、莫尔的《乌托邦》、蒙田的《随笔集》、培根的《广学论》；另一条支流是文艺复兴时期的翻译，如巴尔达萨尔的《廷臣论》、普鲁塔克的《希腊罗马名人传》、李维的《罗马史》等。

第三，18世纪末，文学与宗教之间的关系又发生了变化，这一时期之前，二者之间要么是互补的关系，要么是对立的关系，然而浪漫主义运动引入了文学取代宗教的观念，这一动向在19世纪许多不同类型的作家身上持续体现，如诺瓦利斯、约翰·济慈、席勒、尼采等人，但是直到法国象征主义诗人如马拉美及维多利亚时代的批评家托马斯·卡莱尔、马修·阿诺德等人，文学是宗教的替代品的观念才为大众所接受。这一趋势推到极致，便是文学自身也被取代了，即文学批评越来越取代虚构的文学样式。当然，退一步说，文学与宗教间的对立与统一从古希腊至今一直存在。以艾略特的诗歌为例，作品在颠覆宗教传统的同时，不自觉地使用了传统宗教的意象；小说《堂·吉诃德》在反对神学观念的旗帜下，无形中对宗教结构进行了重构。这些例证充分说明文学与宗教往往是相互对立或相互补充的关系。

文章的最后从方法论上对文学与宗教关系的研究做了总结、梳理与评价。文学与宗教的跨学科研究领域的学者，涉及新批评派、新亚里士多德派、神话批评派、弗洛伊德学派、马克思主义学派、克罗齐学派、伯克的信奉者、历史主义学派、文献学、语言学及其他现代学派。作者建议把模仿主义、表现主义、修辞学、形式语义学等作为理论参照的坐标或能更好地表现文学与宗教的关系。①

① 古恩．文学与宗教//孙景尧，邓艳艳，曾新，等．西方比较文学要著研读．上海：上海教育出版社，2014：168－182.

心理学与文学的交叉融合可上溯至弗洛伊德，他于 1907 年发表了《诗人与白日梦》，他的研究多涉及心理学与文学的内在关联，可称为文学心理学，在世界许多国家产生十分深远的影响。后来，荣格等人继承并推进了文学心理学的发展。20 世纪以来，西方文学明显转向探寻人的心灵世界，文学与心理学在不断靠近。同样，我国的文艺心理学也在发展，据鲁枢元研究，文艺心理学引入我国的时间可上溯至 1924 年鲁迅翻译出版厨川白村的《苦闷的象征》。此外，管容德翻译的《艺术鉴赏的心理》在当时反响很大；郭沫若用精神分析法研究《西厢记》；王统照、陈志伟、蒋径三等发表了《美与两性》《曹操的述志令和弗洛伊德自传》《心理主义的美学观》等文艺心理学论文；30 年代朱光潜先后有《悲剧心理学》《变态心理学》《文艺心理学》等专著问世；1982 年金开诚出版《文艺心理学论稿》。[①]

自 20 世纪 80 年代至今，有多部文艺心理学著作及教材出版，包括金元浦、满兴远编的《文艺心理学》，童庆炳、程正民编的《文艺心理学教程》，钱谷融、鲁枢元编的《文学心理学》，曾军、邓金明编的《新世纪文艺心理学》，鲁枢元著《文学的跨界研究：文学与心理学》，等等。主要内容涉及：介绍西方心理学理论资源与文艺心理学学科发展之间的关系，从作者、读者、作品、社会等方面展开的创作心理、接受心理、作品的语言与心理分析、社会文化心理等。此外，还有从心理学视角鉴赏文学作品的多篇硕博论文和期刊文章发表。

案例四

王宁的《弗洛伊德主义文艺观及其对中西方文学的影响》

以 20 世纪 80 年代王宁的《弗洛伊德主义文艺观及其对中西方文学的影响》一文为例。该文分五部分梳理弗洛伊德精神分析学派与文学之间的关联。

第一部分，“弗洛伊德论文学”，概括为以下几方面：A. 创作的动因——力比多；B. 创作活动——无意识或自由联想；C. 人物的塑造——“升华说”；D. 创作主题和批评方法——“俄狄浦斯情结”；E. 文艺创作与梦；F. 艺术家与精神病。

第二部分，“弗洛伊德主义对西方文学的影响”，分为五类：A. 在一些现实主义作家在江郎才尽之际，令人耳目一新的弗洛伊德理论让他们的创作重新焕发生机，例如杰克·伦敦、德莱塞；B. 接受了弗洛伊德观点并将之融入自己的创作中，如安德森、乔伊斯等；C. 在研究、批判性表达对弗洛伊德的反对意见的过程中，深受其影响，结果自身反倒成了

① 鲁枢元．文学的跨界研究：文学与心理学．上海：学林出版社，2011：1，152－153.

精神分析学派批评家们分析的对象，诸如劳伦斯、卡夫卡等作家；D. 很多作家对弗洛伊德了解程度有限，却不同程度受到其影响，例如海明威、福克纳、奥尼尔、伍尔夫、菲茨杰拉德等；E. 与弗洛伊德有交往且直接受其影响，不过都有自己的创作主张和目的，如罗曼·罗兰、茨威格、里尔克、托马斯·曼等。后三部分分别论述"精神分析学批评的兴起和发展""西方作家、批评家论弗洛伊德主义""弗洛伊德主义在中国"。[①]

文学与建筑的内在关联，往往蕴藏在文学作品的结构、主题、意象中。如唐代诗人崔颢的《黄鹤楼》，唐代王勃的《滕王阁序》，宋代范仲淹的《岳阳楼记》，宋代欧阳修的《醉翁亭记》，等等。又如19世纪法国作家司汤达的小说《巴马修道院》，19世纪英国作家艾米莉·勃朗特的《呼啸山庄》，19世纪美国作家斯托夫人的《汤姆叔叔的小屋》，20世纪奥地利作家卡夫卡的《城堡》，20世纪法国诗人瓦雷里的《海滨墓园》，20世纪苏联作家索尔仁尼琴的《癌症楼》，等等。[②]

案例五

《人间喜剧》中的"文学与建筑"

巴尔扎克的代表作《人间喜剧》非常典型地体现出文学与建筑的内在关联。王福和在《文学上的玛德兰教堂：〈人间喜剧〉的建筑艺术》一文中，认为巴尔扎克将巴黎街区的玛德兰教堂作为谋篇布局的蓝本，以"风俗研究"为基座，描写社会现象；以"哲学研究"为"三角楣"，阐明出现这些现象的原因；以"分析研究"为"脊顶"，探讨其原则。"风俗研究"的基座部分，包括"私人生活场景、巴黎生活场景、外省生活场景、乡村生活场景、政治生活场景、军事生活场景"，恰好对应玛德兰教堂的六根支柱。"哲学研究"部分包括《驴皮记》《绝对之探求》《红房子旅馆》和《长寿药水》等20部作品，重点是分析人的心理基础以及情欲。"分析研究"原计划写9部，但巴尔扎克去世前，只完成了《婚姻生理学》和《夫妻生活的烦恼》，《社会生活病理学》未写完，未完工的"脊顶"恰似"中断式三角楣"。巴尔扎克采用"人物再现法"，多层次、多场景、全方位地展现人物的命运，从而使这座由90余部作品、2 000多个人物构成的文学教堂外在和内在浑然统一地构成一个整体，是文学与建筑最经典的范例之一。[③]

---

① 王宁．弗洛伊德主义文艺观及其对中西方文学的影响//乐黛云，王宁．超学科比较文学研究．北京：中国社会科学出版社，1989：360－441.

② 王福和．跨学科视野中的文学．杭州：浙江大学出版社，2014：161－164.

③ 王福和．文学上的玛德兰教堂：《人间喜剧》的建筑艺术//王福和，褚蓓娟，王定安．比较文学导引．北京：学苑出版社，2012：115－120.

同时，部分建筑的结构、样式、风格与文学想象存在关联，甚至整个建筑在历史上的变化与文学的冲击也不无关系。董豫赣从文学与建筑的双重视角来重新解读雨果的名著《巴黎圣母院》，作品深刻地揭示了文学与建筑的关联。[①] 雨果说“建筑艺术一直到15世纪都是人类的主要记录，在那段时期，世界上没有一种稍微复杂的思想不是以建筑形式表达的”，然而，印刷术发明之后，人们的思想发生了革命性的变化，获得颠覆性的自由，进而建筑这本大书在印刷术流行之后的小书面前受到巨大的冲击，建筑艺术因而衰落了，雨果说“印刷术要消灭建筑艺术”。[②]

第三节
无界之境界：范式与反思

关 键 词

文学与X　文学X学　文学本体论焦虑

关于文学跨学科研究，以往主要有“**文学与**X”与“**文学**X**学**”两种表现形式，前者更多见，例如文学与哲学、文学与语言学、文学与宗教、文学与艺术等论题。“文学X学”模式主要体现在文学人类学、文学伦理学、文学心理学或文艺心理学等方面，叙事医学、网络文学、电影文学等大抵也可归入此类。针对这些表述形式，加拿大比较文学学者斯蒂文·托托西（Steven Tötösy de Zepetnek）区分出“两项基本原则”，称前者为“比较原则”，称后者为“方法论原则”[③]。

仅就表述方式而言，“文学与X”是从文学与其他学科入手，从学科视野出发执其两端。这一模式显然并非我国学者独创，实际上，荣格的《心理学与文学》、亨利·雷马克关于“文学与其他表现领域的比较”以及1980年代美国出版的《文学的众多内在关系》论文集等，都采取这一模式。当我们采用“文学与X”的形式将文学与其他学科并列时，“与”字所连接的两个学科之间究竟存在什么样的关联？伍晓明以文学与音乐为例，较好地将“与”法概括为：探讨二者之间的同源关系及演进过程中的分合关系、同异关系、相

---

① 董豫赣．文学将杀死建筑．北京：中国电力出版社，2007：62－70.

② 雨果．巴黎圣母院．陈敬容，译．北京：人民文学出版社，1982：159，165.

③ Zepetnek. Comparative Literature：Theory，Method，Application. Amsterdam-Atlanta：Rodopi，1998：78－79. 另见：王定安．中国语言文学跨学科培养机制改革：以中美比较文学专业为中心．浙江工业大学学报（社会科学版），2020（3）：330－335.

互影响或“借鉴”关系。①

“文学X学”模式，形式上没有“与”字，似乎更能体现文学与其他学科领域的内在交叉关联，如果说“文学与X”更多考量学科间关系，则“文学X学”模式更多考量学科交叉关系。当然，二者并非泾渭分明，有些学者在使用这两种表述时，并未区分出截然不同的模式。总体而言，两种模式大同小异，二者都基于现代学者的分科视野这一共同前提，或重新探究不同学科之间的被遮蔽的关联，或借鉴其他学科来解决本学科领域的问题。

不过相对而言，在文学跨学科研究实践中，当人们采用“文学**与**X”模式将两门学科进行对观时，难免因学科间的张力而产生**焦虑**，不少学者囿于**学科本位**，担心走出去之后离题太远而无法返回文学。1975年，美国比较文学学会公布第二篇“学科标准报告”，主席托马斯·格林视比较文学跨学科项目的增多为比较文学面临的威胁之一，并强调“我们也必须谨防学科的交叉导致学科的松弛”。然而这一焦虑在该学会于1993年发布的《伯恩海默报告：世纪之交的比较文学》中得到极大缓解，他们“以全国许多院系和项目已经追循的方向为依据”，重新调整学科的目标和方法，提出新的标准，主张研究生及本科生的项目和课程要“扩展研究领域”②。事实上，21世纪以来，技术的进步倒逼人文学科与自然学科跨学科发展，美国多数高校的英语系、比较文学系正在加速推进跨学科培养机制建设，并且积极展开跨学科研究实践，十分注意维护机制的“柔性”（flexibility），并坚持研究实践导向。③

学科本位的焦虑也长期盘踞于我国学界。20世纪80年代，当比较文学界提出“超学科比较文学”时，就表达了对超出文学之后是否还能回到文学的担忧。④ 持这一焦虑的学者在我国文学研究领域不在少数。产生这一焦虑，有多方面原因。张英进认为或许跟中文的“跨学科”这个称谓有关，他认为该词似有“超越”“高于”已有学科的优越感之嫌，因此难以精确地体现英文中“穿越学科”（cross-disciplinary）之意，他指出这种学科的“穿越”可以是双向或多向的，并无一去不复返之危。⑤ 笔者认为语词只是其中一个次要的因素，焦虑的产生主要与原有印刷文学主导下文学观念的惯性思维、学科建制的刚性——典型表现在对学位论文属性的要求、学者对原有研究路径的依赖——等综合因素有关。面对文类界限的模糊，一方面是在全球范围内涌现出泛文化倾向的文学研究者，另一方面是许多持守以传统印刷文学为主导的文学观念的学者，在面临社会剧变过程中不同程度地感到无所适从。平心而论，一方面，各学科都有坚持学科本位的倾向，这无可厚非，因为出于学科本位的精益求精，有利于本学科属性的夯实。但是，另一方面，学科本位

① 伍晓明．文学与音乐//乐黛云，王宁．超学科比较文学研究．北京：中国社会科学出版社，1989：195.

② 伯恩海默．伯恩海默报告：世纪之交的比较文学//张沛．比较文学基础读本．北京：北京大学出版社，2017：148-152.

③ 王定安．中国语言文学跨学科培养机制改革：以中美比较文学专业为中心．浙江工业大学学报（社会科学版），2020（3）：330-335.

④ 王宁．导论//乐黛云，王宁．超学科比较文学研究．北京：中国社会科学出版社，1989：3，15.

⑤ 张英进．理论、历史、都市：中西比较文学的跨学科视野．上海：复旦大学出版社，2015：25.

不应该成为限制本学科向其他学科开放的程度的理由，因为分科原本是人类建构出来的，是社会发展的需要和人类局限二者之间调和的结果，若有条件去突破学科界限，何乐不为?

鉴于此，文学跨学科研究不应当局限于“文学与X”与“文学X学”两种形式，更应该将相关的多学科囊括在内，将三门以上的多学科纳入一体考量，以便克服现有两种学科对观性比较时遭遇的张力。其实，多学科的融入应当是文学研究的分内工作，意味着将来源于社会的文学重新置于社会语境中考量。当然，一人之力有限，或许需要多人协作，这可能是跨学科学术会议交流时能较好地展示跨学科研究魅力的原因。近年来，传统文学研究领域在学术会议及学术项目中风行跨学科选题，可见一斑。

推到极端而言，跨学科无非为了**无学科可跨**。只是社会分工越分越专，越专越深，人类个体生命及知识能力的局限注定了学科必须持续细分，而这势必使学科陷入专—深—专的循环模式，于是学科壁垒与跨学科诉求就如影随形了。跨学科反映出现代人宿命般的存在方式，我们就存在于分分合合的学科关系之中，学科关联需要适时地动态地调整。作为跨学科研究，需要不断去认识跨学科的历史与现状，更需要回应新出现的问题。故需要强调的是，与探索跨学科的方法论相比，更重要的是展开跨学科的实践。

关于学科疆界问题，事实上，只要我们坚持研究问题导向原则，将各学科置于整个人类文化的整体视域下去考量，似乎完全不必要锚定一个原点而瞻前顾后，画地为牢。如果正视文学生存方式的变化，则研究者更有义务去跳出观念上的各种设限，在社会语境中去直面文学。既然某一学科只是整体社会系统中的一部分，那么当我们坚持整体性研究时，就有必要将所谓文学置于社会系统中去考量，而不是置社会整体于不顾，去人为地设定所谓文学与非文学的界限。韦勒克式“内在研究”与“外在研究”的二元对立区分方式影响力不小，固然肯定了“文学性”，但是以所谓文学的整体去阻塞文学向更大的社会整体开放，其封闭性显而易见。如果承认文学“是某个社会的产物和表达方式”[①]，则文学的科学研究理应正视文学作为社会系统中的诸多关联。

本章小结

本章追溯了我国文学跨学科研究的历程，尤其是80年代以来文学跨学科研究的推进路径。我国文学跨学科研究在现代学科形成之初就已经展开，与西方学界存在互动。20世纪80年代，文学跨学科研究在国内受到重视，跨学科的理念更加自觉，文学领域多个方向都在开展跨学科研究实践，尤其是比较文学领域的跨学科研究呼声较高。2010年以后，跨学科研究有较明显的推进，表现在文学跨学科专著的出版、比较文学跨学科教学研究案例的丰富、文学跨学科会议的成功召开以及跨学科机构的设立等方面。

---

① 盖里．什么是比较文学//张沛．比较文学基础读本．北京：北京大学出版社，2017：45.

文学跨学科研究的学理根据，与学科的变迁乃至整个社会结构存在必然关联。文学与其他学科间的关联研究乃文学跨学科的本体论。从否定层面而言，学科的分分合合会让不同时代人们的视野产生差异，随着视野的变化又会影响到人们对文学作品的鉴赏和评价，甚至导致文学作品中原有的跨学科关联受到不同程度的遮蔽，现代学科体系形成至今，专门化主导之下大学不同专业之间壁垒森严的副作用早已经显露无遗，故需要跨学科研究来呈现文学与其他学科原本就具有的内在关联。从肯定层面而言，在现代学科分类的专业主导下，历经不同专业方向的深耕，重新将不同专业进行交叉融合，这为与文学相关的整体性研究提供了提升的基础。

相对而言，在文学跨学科本体论基础之上衍生出的方法论，从形式上有“文学与X”和“文学X学”两类，尤其第一种更为多见，不过近年来出现三个学科以上的跨学科研究，这种新的实践值得关注。就研究方法论而言，法无定法，文学跨学科研究最重要的是实践。随着科学技术的加速发展，文学跨学科研究有了更深入的推进，并且已经不限于人文社科领域内的比较研究，文学与自然科学领域的跨学科研究正如火如荼地展开。

思考与练习

1. 简述西方“学科”的现代化进程，并分析跨学科研究在当下的必要性。
2. 简要综述21世纪之前我国文学跨学科研究的成果。
3. 你是如何理解文学与宗教的关系的？
4. 结合具体例子，说说文学与建筑的内在关联。
5. 什么是文学跨学科研究中的“文学与X”？
6. 什么是文学跨学科研究中的“文学X学”？
7. 比较“文学与X”模式与“文学X学”模式的异同，并分析前者为何会产生学科焦虑。
8. 请从学科界限的视角谈谈比较文学研究中的“学科焦虑”问题。

拓展阅读

1. 伯恩海默．伯恩海默报告：世纪之交的比较文学//张沛．比较文学基础读本．北京：北京大学出版社，2017.
2. 古恩．文学与宗教//孙景尧，邓艳艳，曾新，等．西方比较文学要著研读．上海：上海教育出版社，2014.
3. 刘锋杰，薛雯，尹传兰．文学政治学的创构：百年来文学与政治关系论争研究．上海：复旦大学出版社，2013.
4. 王福和．跨学科视野中的文学．杭州：浙江大学出版社，2014.
5. 许杰．文学与科学．安徽大学月刊，1933（2）.

6. 杨乃乔. 文学艺术的跨界对话与审美体验的多元碰撞//中西文学艺术思潮及跨界思考：文学与美术、音乐、戏剧、电影的对话. 上海：复旦大学出版社，2020.

7. 乐黛云，王宁. 超学科比较文学研究. 北京：中国社会科学出版社，1989.

8. 曾大兴. 文学地理学研究. 北京：商务印书馆，2012.

9. 张英进. 理论、历史、都市：中西比较文学的跨学科视野. 上海：复旦大学出版社，2015.

第十五章
东方文学

本章要点

理解东方文学，必须理解“东方”这一概念具有方位的、地理的、历史文化的和政治的等多重含义。“东方文学”的实体包括亚洲、非洲的所有文学，具有历史悠久、多元发展，交流互动频繁、跨文化传播明显，深受宗教影响，注重教化、以善为美、追求和谐，民间文学成就突出的特质。“东方文学研究”是针对以上内容进行的文学研究，往往采取比较文学的跨国别、跨文化的研究方法与视野，力图在其学科的整体意识中分析、总结、探究亚洲、非洲的文学与审美文化特点及其发展规律。20世纪80年代之后，我国的东方文学研究进入迅速发展时期。中国学界逐渐形成的“东方文学”整体意识，体现出中国学者鲜明的中国立场与世界文学整体意识。

第一节
“东方文学”的概念

关 键 词

东方　东方学　东方文学

东方文学对比较文学学科的发展具有重要作用。东方文学的成就使歌德做出了“世界文学的时代已快来临”的预言。20世纪下半叶，一些西方学者清醒地意识到只有进行东西方文学的比较研究，才能全面深刻认识文学中的各类问题。法国学者艾田蒲认为，“没有东方，特别是没有中国，比较文学便不是真正的比较文学”①；季羡林则称“没有东方文学，所谓比较文学就是不完整的比较文学。这样比较出来的结果也必然是不完整的，不完全符合实际情况的”②。21世纪，后殖民理论、全球史、世界文学等议题引发了越来越多的讨论，“东方文学”也再次引起了学界的关注和探讨。理解“东方文学”，需要理解以下两个子命题：“东方”的概念，“东方文学”的概念。

一、“东方”的概念

目前**“东方”**在我国学界至少包含以下四种意义。

（1）作为方位的东方。

“东方”在古代汉语中即“东”。《说文解字》解释“东”：“动也。从木。官溥说：从日在木中。”可见，我国最初对“东”的理解与日出的时间与方位有关。“东”作为方位，则牵涉到立足点的问题。若以中国为立足点，则在中国东边的为东方，中国西边的为西方。对“东”“西”范围的认知会随着中外交通的加强、地理知识的扩充而变化。以印度为例，在很长时间内，在中国人的观念中，印度是“西方”。如唐代高僧玄奘前往印度取经，记载其在印度游历见闻的著作题为《大唐西域记》。到了明朝，“永乐时，郑和遍历东西洋”，其中的“西洋”显然已经远超印度等南亚诸国和地区。巩珍随同郑和出访，撰写了《西洋番国志》，其中涉及今波斯湾霍尔木兹海峡和阿拉伯半岛地区。近代以来，我国看待“东”“西”的立足点发生改变，不再以中国为立足点，且地理知识的变化也不再是影响“东”“西”划分的主要因素。由此，一些以往被我们认为是“西方”“西洋”的国家和地区，自近代以来被归入了“东方”之列。1921年，梁漱溟出版《东西方文化及其哲学》，书中的“西”已经与我们今天的认知大体相同，将欧美作为西方，东方各国则包括西方化的日本，“东方化最深”的中国，以及“被西方化强力占领”的印度等国家③。遭受英美等帝国主义侵略的国家和地区，构成了近代以来我国“东方”概念的主要地理范围，与亚洲和非洲形成某种呼应。

（2）地理学的“东方”。

按照地理学的规定，以西经20度和东经160度的经线圈把地球划分为东、西两个半球。这样，亚洲、非洲的大部分地区都属于**“东方”**的范围，俄罗斯部分地区、东欧部分国家以及大洋洲也被包括进来，属于东半球。

---

① 陈惇，孙景尧，谢天振．比较文学．第四版．北京：高等教育出版社，2021：25.

② 季羡林．文化交流与比较文学：《中国比较文学年鉴》前言．国外文学，1986（3）：1-3.

③ 梁漱溟．东西文化及其哲学．修订版．北京：商务印书馆，1999：12.

（3）西方历史文化语境中的“东方”。

英语中表示东方的常用词是“east”和“orient”，其中 orient 与我们目前的“东方文学”“东方主义”“东方学”等研究关系紧密。east 被认为源于原始印欧语系，其词根与“朝向日出”“黎明”有关；orient 主要指与欧洲相对而言的“东方”，其词源可追溯到拉丁语的 oriēns，指东部、出现于地平线之上，而拉丁语的 oriēns 又被认为与同属印欧语系的梵语、阿维斯陀语、古希腊语等拥有表示“升起”“运动”的同一词根。这一词从古希腊古罗马流传至今，所指涉的地理范围从地中海东岸地区延伸至整个亚洲和非洲北部地区，所涵盖的文化板块包含除古希腊古罗马之外的几大古代文明发源地。

（4）政治学语境中的“东方”。

随着 20 世纪国际政治关系的演变，“东”“西”又具有了政治的内涵。“二战”后，以美苏为首的两大阵营的对峙形成了“冷战”的国际格局，此时，发达资本主义国家被归于西方，曾沦为殖民地、半殖民地的国家则属于**东方**。因此在地理上属于亚洲的日本，却是“西方七国首脑会议”的成员。

就**中国东方文学而言的“东方”**，主要指亚洲和非洲。它既结合了地理学和历史文化语境中的**“东方”**，又有所拓展。

二、“东方文学”的概念

那么“东方文学”这一概念究竟该如何界定呢？我们可以先从国际学界和国内学界两个方面来看看这一概念是如何形成的。

首先，就国际学界的“东方文学”学科而言，作为学科的东方文学研究是“东方学”（Orientalism）的一部分。19 世纪末 20 世纪初，西方学界诞生了一系列有关东方国家或地区的文学史作品，如翟理斯（H. A. Giles）的《中国文学史》（*A History of Chinese Literature*，1901）、温德尼兹（Moriz Winternitz）的《印度文学史》（*Geschichte der Indischen Litteratur*，1905—1920）、汉密尔顿·吉布（H. A. R. Gibb）的《阿拉伯文学导言》（*Arabic Literature：An Introduction*，1926），这说明西方此时已经出现了一些属于“东方文学”概念中的国别文学、地区性文学研究成果。同时，很多国内学者认为 20 世纪初俄国学者图拉耶夫的《东方文学论文集》等作品“标志着东方文学已经成为一个独立学科”[①]。但是，也有学者指出，这一说法实际上并没有得到确切说明，图氏的作品其实并未在中外学界引起过什么广泛讨论[②]。所以西方学界的“东方文学”研究实际上仍从属于**“东方学”**这样一个学科群，后者的学科领域涉及亚洲和非洲地区的历史、哲学、宗教、经济、文学、艺术、语言及其他物质、精神文化，而其下的东方文学研究内容主要是亚

① 王向远．东方文学史通论．上海：上海文艺出版社，1994：6.

② 杨建．东方文学学科的东方学渊源初探．东方丛刊，2007（2）：186－200.

洲、非洲的文学现象及其规律。

东方学产生于近代西方，萌芽于16世纪，确立于19世纪，其源头则可以追溯到古希腊。到了19世纪，随着古代两河流域楔形文字、古代埃及象形文字的破译和释读成功，**东方学**在众多方面获得突破和发展。1873年第一届东方学家国际大会（International Congress of Orientalists）[①] 在巴黎举行，该组织此后几经更名，旨在通过对语言、历史、文学、宗教等主题的关注，推进亚洲和北非研究。这些都标志着东方学的确立。此外，在东方学发展的同时，西方开始发展出一种对东方的想象，这种想象或认识将东方作为西方自身的欲望对象，东方成为西方建构自身现代性的参照系。1978年，著名学者爱德华·萨义德出版了《东方主义》（*Orientalism*）一书。萨义德在书中指出东方主义至少是三个相互联系的方面：一种学术研究、一种思维方式和一种处理“东方”的综合机制。前两个定义体现了“东方”的文本创造，第三个定义说明了东方主义如何被用来对“东方”实施权威和支配[②]。西方在对东方多学科知识研究的过程中，将“东方”建构成一个与西方相对的客观存在，虚构出一个文化价值低于西方的东方形象。萨义德的这部著作产生了深远影响，成为后殖民理论的奠基性著作之一。

其次，从中国的“东方文学”视域来看，我国的东方文学研究始于20世纪20、30年代。从20世纪初到1949年，我国翻译了日本、印度个别作家的作品，还诞生了两部印度文学史，一部日本文学史。[③] 1924年，北京大学曾设立过东方文学系。1946年，北京大学设立了东方语文系，从德国回国的季羡林先生成为该系第一位教授并兼任系主任。同年12月季羡林撰文指出“研究亚洲语文的学问就叫作东方语文学……连古代埃及文和非洲语文都划到东方语文学研究的范围里来，东方语文学的范围于是就更加扩大了”[④]。客观地说，在20世纪前半叶，我国的“东方文学”主要都是国别文学。这一阶段我国尚未形成明确的“东方文学”学科意识。

比较公认的看法是，把东方文学作为学科加以建设，在我国始于1958年。1955年万隆会议之后，我国作家和文学工作者代表曾于1956年和1958年分别参加了亚洲作家会议和亚非作家会议，在这样的背景下，出现了建设亚非文学的号召。自此我国逐渐形成了比较明确的**“东方文学”整体意识**。理解我国“东方文学”整体意识的形成对于理解我国的东方文学十分重要。《北京大学学报》1959年第2期发表了季羡林和刘振瀛共同撰写的《五四运动后四十年来中国关于亚非各国文学的介绍和研究》，论文明确提出亚非文学这一概念，是指亚洲和非洲两大洲的全部文学而言；并提出了要将亚非文学作为一个整体、一

---

① 该组织1973年更名为亚洲和北非人文科学国际大会（International Congress of Human Sciences in Asia and North Africa），1986年再次更名为亚洲和北非研究国际大会（International Congress of Asian and North African Studies）。

② 王宁，生安锋，赵建红．又见东方：后殖民主义理论与思潮．重庆：重庆大学出版社，2011：27.

③ 分别是许地山1930年出版的《印度文学》，柳无忌1945年出版的《印度文学》，谢六逸1927年出版的《日本文学》。

④ 季羡林．关于东方语文学的研究//季羡林文集：第六卷：中国文化与东方文化．南昌：江西教育出版社，1996：13.

门新兴学问、独立学科予以研究。1959 年 2 月，高等教育出版社出版了《外国文学参考资料（东方部分）》，这是我国第一本有关东方文学研究的资料汇编。该书舍弃了当时常用的“亚非文学”，首次明确提出了“东方文学”这一概念，体现了更为自觉的学科意识，是新中国成立后我国东方文学学科建设的奠基作之一。此外，与毛泽东提出的“第三世界”这一说法相呼应，我国学界也曾短暂地流行过“亚非拉文学”这一更具有政治意味的概念。20 世纪 60 年代初，我国东方文学整体研究因历史原因中断。20 世纪 80 年代开始，中国的东方文学教学与研究复苏并获得迅速发展，东方文学被列入高校教学大纲，1983 年成立了全国高等学校东方文学研究会，同时召开了第一次学术研讨会，出版了专门的东方文学整体研究著作和教材。也是这一时期，季羡林为东方文学的复苏、发展做出了重大的贡献。

案例一

季羡林关于东方文学和文化圈的思考

1982 年 8 月，教育部举办了首届全国高等师范院校东方文学教师讲习班，季羡林应邀在讲习班做了题为《正确评价和深入研究东方文学》的学术讲话。他指出“东方文学”是一个复杂的概念，“是在解放以后逐步形成的”，“既有地理因素，又有政治因素，是亚洲和非洲文学的总称。……日本……从经济发展的水平来看，它应该属于西方国家集团，但其文学仍属于‘东方文学’的范畴”。季先生在这篇讲话中，批评了欧洲中心主义，并强调了中国、印度、阿拉伯三大文化圈的概念，指出欧洲文学和东方文学，乃至东方各国的文学之间相互都存在影响。他还明确提出“研究东方文学时，要找出其内在的规律性来”①。季羡林还进一步提出了“四个文化体系”（或者说文化圈）理论：“纷纭复杂的文化，根据其共同之点，共可分为四个体系：中国文化体系，印度文化体系，阿拉伯伊斯兰文化体系，自古希腊、罗马一直到今天欧美的文化体系。再扩而大之，全人类文化又可以分为两大文化体系：前三者共同组成东方文化体系，后一者为西方文化体系。”②季先生关于东方文学和文化圈的思考，为我国的东方文学研究奠定了理论基础，对我国东方文学建设影响深远。当然，需要注意的是，中国文学也是东方文学的固有组成部分，但是在中国研究东方文学，本国文学不列入具体的研究对象。在对东方文学进行总体论述和评估时，仍必须把中国文学成就纳入视野之内。

综上所述，我们可以做一个简单的总结。“东方文学”作为一个学科而言，在我国学

---

① 季羡林．正确评价和深入研究东方文学．外国文学研究，1982（4）：98－101.

② 季羡林．《东方文化集成》总序//孟昭毅．东方戏剧美学．北京：经济日报出版社，1997：5－6.

科史上就体现了从国别文学研究转为一个有意识的“整体”研究，这种整体意识的形成与“东方文学”自身的学科发展路径有关，同时它也与政治、文化环境息息相关，也就是会受到外部意识形态的影响。因为“东方文学”很容易会作为与所谓“西方文学”相对的一种概念而被理解；我们已经分析了“东方”这一概念的一些内涵，我们看到它所包含的内容、对象不仅仅是所谓的“地理因素”，更多的是历史文化因素，它们的构成与“西方”这一概念的内涵与外延的发展有密切关系。我国的“东方文学”学科发展，总是随着其时的国内外社会历史处境、文化环境的变化而发生变化。此外，“东方文学”整体意识也包括对其应有的学科方法与学科理论的思考。当“东方文学 ”作为一种文化意义上的学科整体进行范式构建时，就不可能再以传统“国别文学”的方法和思路去展开研究，而是要借助比较文学的理论方法，立足于全球视野进行具体实践。上文我们谈到的季羡林的思考其意义也正在于此。季羡林对文化圈划分、东方文学概念内涵的探索，正是自觉地在“东方文学”整体意识下去回应该学科应有的方法论与问题意识的。

我们此时可以为“东方文学”下一个定义：东方这一概念既有地理因素，又有历史、文化、政治因素。在国际上作为学科的东方文学是“东方学”的分支学科。后者涉及亚洲和非洲地区的历史、哲学、宗教、经济、文学、艺术、语言及其他物质、精神文化。东方文学学科包含“东方文学”的实体与东方文学研究两个层面。按其所涉及区域大小，可以分为东方国别文学、东方区域文学和东方总体文学三个层次。“东方文学”的实体包括亚洲、非洲的所有文学，具有历史悠久、多元发展，交流互动频繁、跨文化传播明显，深受宗教影响，注重教化、以善为美、追求和谐，民间文学成就突出的特质。“东方文学研究”是针对以上内容进行的文学研究，往往采取比较文学的跨国别、跨文化的研究方法与视野，力图在其学科的整体意识中分析、总结、探究亚洲、非洲的文学与审美文化特点及其发展规律。

第二节
“东方文学”的基本特质

关 键 词

多元发展　跨文化　和谐　《一千零一夜》　《五卷书》

东方文学覆盖语种多样，地区广阔，各个国家和地区文学都拥有自己独特的传统和发展规律。但是作为整体的东方文学，仍然拥有一些共同的特质。

一、历史悠久，多元发展

两河流域和古代埃及是世界上最早进入文明时代的地区之一，也诞生了人类最古老的文学：古巴比伦文学代表作《吉尔伽美什》被认为是世界文学史中最古老的史诗；希伯来语经典《塔纳赫》（也称《希伯来圣经》）对世界文学文化影响深远；古代印度两大史诗《摩诃婆罗多》《罗摩衍那》规模宏大、内容丰富，仅《摩诃婆罗多》就是古希腊荷马两部史诗篇幅总和的 8 倍。

古代东方文明诞生了中国文化体系、印度文化体系和阿拉伯伊斯兰文化体系，形成了以中国文化为代表的东亚文化圈、以印度文化为代表的南亚文化圈和以阿拉伯（伊斯兰）文化为代表的西亚北非文化圈，衍生出三大文化圈各具特点的文学，因此东方文学从一开始就具有多源性，形成了**多元发展**的格局。

二、交流互动频繁，跨文化传播明显

东方文学内部从古代开始就存在频繁交流。以三大文化圈文学为例。首先，三大文化圈内部文学交流频繁。日本古典文学名著《源氏物语》与中国文学关系密切，小说引用白居易诗句达 90 余处，涉及白诗 40 余篇，故事情节中融入了《礼记》《战国策》《史记》《汉书》等多部经典。印度两大史诗对东南亚地区影响深远，《罗摩衍那》的故事在东南亚家喻户晓，柬埔寨吴哥窟的原名Vrah Viṣṇuloka，意为“毗湿奴的圣地”，寺内有大量浮雕呈现毗湿奴故事。

其次，三大文化圈之间文学交流不断。印度佛教文学影响了东亚文化圈，敦煌变文受惠于佛经故事，汉语词汇中至今仍存在不少来自佛教的梵语词汇，如“刹那”“菩提”等，同时梵语对古代汉语音韵的影响也直接影响了唐诗的发展。尤其值得注意的是，东南亚处于三大文化圈的汇集地带，那里的文化和文学具有极大的丰富性与复杂性。

最后，东方文学从古代开始就与西方文学有密切交流。《塔纳赫》是西方文学的源头之一。阿拉伯阿拔斯王朝时期的“百年翻译运动”所译典籍来自波斯、印度以及古希腊，这是人类文化史上**跨文化**交流的伟大活动之一。近代以来，东方文学与西方文学之间的互动更为频繁。东方文学的各种交流中也始终伴随着对“异国”的想象。由此，在不少“东方文学名著”中，我们往往会发现不同文化交往、融合的情况，阿拉伯古典名著《一千零一夜》（又名《天方夜谭》，以下简称为《夜》），就是一个很好的例子。

案例二

《一千零一夜》的跨文化特点

一般认为，该故事集始于公元8世纪末或9世纪初，定型成书约在16世纪上半叶，其中的故事有波斯、印度、阿拉伯、埃及乃至希腊等多个来源。那么，《夜》是如何体现“东方文学”的跨文化特点的？

第一，学界公认波斯（伊朗）的故事集《一千个故事》（原译《赫左尔·艾夫萨乃》）是全书的核心部分。《夜》开篇《山鲁亚尔与山鲁佐德》的故事如同一根金丝线，将整部作品的故事串联在一起。一般认为，这一主线故事是一个地道的波斯故事，可以在伊朗神话传说和历史传说中找到若干原型或影子①。

第二，《夜》中也包含了许多其他文化的因素。其中“给国王讲故事”这一关键的楔子，很可能来自印度民间故事如《五卷书》等的叙事模式。《夜》大部分故事是以阿拔斯王朝鼎盛时期为背景的，涉及阿拔斯王朝历史上17个哈里发，其中哈伦·拉希德和麦蒙两位哈里发的故事最多。12世纪末叶，《一千零一夜》这个书名在埃及首先出现。一般认为，“一千”之所以演变为“一千零一”，是因为波斯人喜欢用“一千”表示“多”，用“一千零一”表示“极多”。这种习惯用法又被奥斯曼土耳其人吸收。埃及人则可能受了波斯人或奥斯曼土耳其人的影响。此外，一千夜之后再加上一夜，也表示故事就此打住。其中的《辛伯达航海旅行的故事》，既受古代埃及的影响，又有希腊荷马史诗《奥德赛》的影子。在《夜》漫长的成书过程中，所有故事都经过了不同程度的增删、归并、淘汰，以及口口相传的反复讲述，因此《夜》中的合成故事比比皆是。如《巴士拉银匠哈桑》的核心故事是哈桑和羽衣姑娘的爱情故事，它可能源于印度和中国；而哈桑置身的环境则又是巴格达街市生活的反映②。

第三，《夜》中也充满了对“异文化”“异国”的想象。比如，以中国为例，《夜》开篇说，相传在古代印度和中国之间的海岛中，有一个萨桑国。国王有两个儿子，大儿子山鲁亚尔继承了王位，公正无私，深得民心，小儿子沙宰曼被封为撒马尔罕的国王。在两人的治理下，国家繁荣富强、人民生活幸福。又如，以《阿拉丁和神灯》的故事③为例，故

① 穆宏燕．《一千零一夜》主线故事探源．国外文学，2015（1）：135.

② 郅溥浩．神话与现实：《一千零一夜》论．北京：社会科学文献出版社，1997：8.

③ 《阿拉丁和神灯》《阿里巴巴和四十大盗》这两个故事，在阿拉伯语版本的《一千零一夜》中并没有。但是在《一千零一夜》被译介到欧洲时，这两个故事被收入译本中。由于故事集在欧洲的流行和获得重视，这个译本又对阿拉伯语版本和世界文坛的认知产生了影响，于是这两个故事被认为属于《一千零一夜》。在我国流行的译本中，也有将这两个故事作为“附录”的版本。这也从另一个侧面展现了东西方文学的交流与融合。

事发生在遥远的中国都城，阿拉丁是一位勤劳的中国裁缝穆斯塔法的儿子；非洲的妖术师之所以来到中国，是因为他从书上得知在中国有一个举世无双的宝库，宝库里有一盏神灯。再如，在《卡玛尔·宰曼和白都伦公主》的故事中，白都伦是一位中国公主，她的国家令人神往。可以说，这些与中国有关的描写都生动反映了古代阿拉伯人民对他们心中神秘中国的美好想象。

三、文学深受宗教影响

宗教对东方文学的影响主要表现在四个方面。

第一，从宗教与文学的关系来看，古代东方宗教经典本身就是古代东方文学经典，如犹太教经典《塔纳赫》、波斯文学《阿维斯塔》、伊斯兰教《古兰经》以及印度古代文学中的吠陀文献、两大史诗、佛经等。有的文学作品虽然不是宗教经典，但是作品包含大量宗教内容，在题材、思想等方面与宗教有密切关系。如古埃及经典《亡灵书》、古巴比伦史诗《吉尔伽美什》等。不带任何宗教意味的文学作品，即使不能说是凤毛麟角，也可以说是屈指可数。

第二，东方文学的创作深受宗教影响。宗教观念和宗教信仰为东方文学提供了创作内容，如印度古代文学的内容可以说基本是对两大史诗故事的不断重复与改写，同时宗教信仰也极大地刺激了东方文学创作的想象力，宗教故事中的上天入地、离奇变幻、神秘莫测都大大强化了东方文学中的浪漫色彩。

第三，东方文学的传播与保存和宗教的传播紧密相关。如佛经故事随着佛教的传播而进入中国，印度教文学随着印度教的传播进入东南亚，阿拉伯诗歌、波斯语诗歌随着伊斯兰教的传播进入了南亚次大陆。

第四，宗教有时也束缚了文学的发展。如印度中古文学，因宗教观念的影响，文学创作的题材和形式都局限于印度教范围之内，梵语文学创作走上片面追求语言繁复变化而内容与思想缺乏新意的发展轨迹。

四、注重教化，以善为美，追求和谐

东方文明注重人与自然的**和谐**相处，因此在价值观上注重对内在精神的探讨与追求，表现出以善为核心追求的伦理倾向。东方文学受到这些因素影响，强调文学的教化功能，形成以善为美的文学观念。尤其对于古代东方文学而言，文学作品是宗教观念的载体，承载着传播宗教思想、实现宗教伦理教化的使命。印度古典诗学著作《舞论》指出，戏剧“将产生一切教训……有助于正法、荣誉、寿命和利益，增长智慧。……吠陀经典和历史传说中的故事，圣典、法论、善行和其他事义，这种戏剧都会及时编排，激动人心”[①]。波斯古代文学教导人们“只有积善和敬神才最为可取。尽力行善济人吧。只有行善敬神才是最值得关注的”[②]。阿拉伯文学注重语言的修辞，但同时也认为只有“内容高尚、用词贴切”，文章才能流畅自然，打动读者的心。

东方文学的创作实践也体现了这一特点。东方古典文学中存在大量的训诫文学、智慧文学、劝谕文学、先知文学，都是以一定的善恶道德观念来评说对象、教导世人。印度史诗《摩诃婆罗多》《罗摩衍那》宣扬正法思想，中国《水浒传》《三国演义》宣扬忠义观念，相比于西方的荷马史诗或司各特、大仲马的历史小说，就能清楚看到，东方作品往往更具有道德化色彩。[③] 东方文学强调伦理性、以善为美，也因此追求“**和谐**”的美学风格。在东方文学中，“因果报应”构成叙事文学的基本情节和核心观念，文学作品往往采用“大团圆”结局。

而东方文学对“和谐”的追求往往会引发关于“东方文学中的悲剧问题”之讨论。传统东方文学中有许多悲剧故事，如中国的《赵氏孤儿》《窦娥冤》，菲尔多西在波斯民族英雄史诗《列王纪》中叙述了四位年轻人的“四大悲剧”[④]，印度史诗《摩诃婆罗多》描写了惨烈的俱卢族与般度族之战。但这些故事的最后又往往出现善有善报、恶有恶报的情节，故事以“大团圆”结尾，在《列王纪》“苏赫拉布的悲剧”和《摩诃婆罗多》中，敌对双方甚至死后在精神上（或天界）实现了和解。学界也由此产生了一个长期讨论的问题，即“在中国乃至东方戏剧中是否有悲剧”。

这里实际上涉及对“悲剧”这一概念的理解问题。亚里士多德认为悲剧是“严肃”“完整”的行动，能引起人们“恐惧”“怜悯”的情感。黑格尔认为，由于中国人“缺乏自由意志”，因此悲剧艺术没有发展完备，因此在中国只有悲剧的“萌芽”。西方的悲剧侧重表现个人与命运的抗争，悲剧源于个体在命运面前的无处可逃，命运的陷阱使得个体陷入巨大的内心痛苦与撕裂之中，由此引发人们对命运的恐惧以及对痛苦个体的悲悯。而东方的悲剧大多属于伦理悲剧，其悲剧往往来自个体陷入社会的某种伦理性矛盾，个体的悲惨遭遇往往在彰显“正义”“天道”的设定中获得一种超越世俗层面的伦理肯定，而东方悲剧中的“天命”与西方悲剧中的“命运”迥然不同[⑤]，东方的悲剧由此显出“哀而不伤”、追求圆满的美学风格。

---

① 黄宝生．印度古代文学．北京：中国社会科学出版社，2020：543.

② 张鸿年．波斯文学史．北京：昆仑出版社，2003：20.

③ 王立新，黎跃进．外国文学史：东方卷．北京：高等教育出版社，2013：11.

④ 同②60－61.

⑤ 黄克剑．“悲”从何来?：就悲剧之“悲”对中、西文学人文趣向的一个比较．文艺研究，2004（3）：98.

五、民间文学成就突出

民间文学在东方文学中有着重要意义，成就突出。

第一，民间文学是东方古代文学的重要形式。三大文化圈的代表性国家和地区，最初的文学创作中都存在大量优秀的民间文学作品。在文学创作方面后起的东方民族也以各自民族的民间文学充实了东方古代文学。日本《万叶集》中的大量和歌以及“物语文学”中的《平家物语》，朝鲜的“乡歌”和三大古典小说，东南亚“班基的故事”，马来的《杭·杜亚传》，非洲史诗《松迪亚塔》，等等，均是重要的民间文学作品。

第二，民间文学为东方文学的发展提供了丰富的文学资源。东方不少具有民族特色的文学形式，均是借鉴民间文学创作发展而成。如日本的“能乐”“净琉璃”、阿拉伯的“玛卡梅体”诗歌、印度文学“连串插入式”① 的结构等。近代以来，东方各民族均不同程度遭到西方国家殖民入侵。在此背景下，东方各民族觉醒、民族意识高涨。东方作家一方面学习西方文学，另一方面寻找自身文学文化传统资源，大力弘扬民族传统，民间文学成为作家文学创作的灵感来源。如印度著名作家泰戈尔的诗集《吉檀迦利》就受到了孟加拉国民间“巴乌尔”歌手的创作中神秘主义因素的直接影响。又如格言、谚语仍是当代阿富汗文学的重要文学宝库。

第三，东方民间文学是世界文学的宝贵财富。东方各民族发达的民间文学在历史的进程中早已超出了各自民族的范围，与其他民族的文学相互融合发展。除了前述《一千零一夜》，印度古代著名的寓言故事集《五卷书》也是很好的例子。

案例三

《五卷书》与其他民族文学的融合发展

《五卷书》由数十个寓言故事组成，分为五卷，因此得名。其中的寓言故事均来自民间，最初是口头流传，后由掌握文化的婆罗门加工成集。《五卷书》最初成书时代在公元前 2 世纪至公元 4 世纪，之后在公元 6 世纪被译成巴列维语（中古波斯语），就是在中亚地区广为流传的民间故事集《卡里来和笛木乃》。这个译本的《五卷书》后来又被译成叙利亚语和阿拉伯语。750 年左右出现的阿拉伯语译本成为《五卷书》走向整个欧洲的桥梁，之后它被译成希腊语、意大利语、拉丁语、德语、丹麦语、

① 指全书有一个主干故事贯穿始终，但在每一章或每一卷又各有一个骨干故事，贯穿全章（卷）；在每章骨干故事中，又插入许多大故事；在这些大故事中又套上许多中、小故事。全书最终形成大故事套中故事、中故事又套小故事这样错综复杂的嵌套结构。

冰岛语、荷兰语、西班牙语、英语等等，并极大影响了欧洲文学尤其是欧洲寓言故事、动物故事的创作。据季羡林考证，“欧洲中世纪的故事集像《罗马事迹》（*Gesta Romanorum*）里已经收入了《五卷书》里的寓言。其他许多著名的寓言家和童话家像薄伽丘（Bocaccio）、斯特拉帕罗拉（Straparola）、乔叟（Chaucer）和拉芒丹（La Fontaine）（编者按：即拉·封丹）都借用过《五卷书》里的寓言和童话。德国格林兄弟的童话集，虽然采自民间，但里面也有不少的《五卷书》里的童话”①。

《五卷书》在东方各国也产生了深远影响。《一千零一夜》直接受到它的影响，最具代表性的是“乌木马的故事”。广泛流传于中亚、西亚和阿拉伯地区的阿凡提故事也直接或间接地受到过《五卷书》故事的影响。如《五卷书》第一卷第二十八个故事说，一个人外出旅行，就把一个家传的铁秤寄放在朋友家。当他旅行归来，朋友却告诉他，铁秤已经被老鼠吃掉了。于是这个人便找机会带朋友的儿子去游泳，然后告诉朋友说他的儿子被老鹰叼走了。朋友无奈，只得交出铁秤换回儿子。这与阿凡提故事《锅生儿》十分相似。《五卷书》在我国古代没有直接的汉译本，但由于它直接影响了印度佛教故事，因此汉地文学通过佛教文学也吸收了不少《五卷书》的故事。如佛教故事中的“猴子和海怪（也有说鳄鱼）交朋友的故事”：猴子和海怪成为好朋友，海怪却想要猴子的心，猴子设计摆脱了海怪。这个故事见于《五卷书》第四卷，同时也存在于佛本生故事中，因此随着佛教的传入，这个故事早在三国时期就传入中国。由于《五卷书》的广泛传播和影响，它也被誉为“一部征服了世界的寓言童话集”。

第三节
“东方文学”的研究方法与领域

关键词

通史研究　渊源学　主题学

① 季羡林．梵文《五卷书》：一部征服了世界的寓言童话集//季羡林文集：第八卷：比较文学与民间文学．南昌：江西教育出版社，1996：28.

一、实证研究与通史研究

建构“东方文学”学科的整体意识，其最基础的研究工作自然是实证性的史学类研究，也就是对研究领域内所涉的重要文献、史料进行汇编、整理——“主要包括作家生平创作情况，作品翻译出版、译介情况，评论家评论、综述等”①，使之以某种清晰明了的序列、框架被呈现。在这种研究过程中，选取哪些国家、地区的作家作品、文学现象，将之纳入“东方文学”的概念范围中，这本身就说明了该研究者是如何去理解“东方文学”的。

通史研究对“东方文学”的奠基性作用还体现于其对西方文学所主导的文学史研究格局的冲击。无论是国内还是国外学界，当对某本文学史作品冠以“外国文学史”“世界文学史”之名时，往往会发现其“名不副实”——其中绝大多数的篇幅会给予以欧美为代表的西方文学，而留给东方文学往往是寥寥数语、一笔带过。那么，在这种意义上，对东方文学的通史研究就意味着要去填补这被忽视的世界文学中的一部分，当然也是极为重要的一部分。也只有加上东方文学这一环节，所谓在“世界文学”的视野下为文学写史才更有说服力。

在我国学界，20 世纪 80 年代后出现了一系列对东方文学进行通史研究的研究作品。其中值得一提的是 1994 年王向远在上海文艺出版社出版的《东方文学史通论》。全书分五编，每编下设章节；前四编以时间为序，其下以文体分章、以国别分节；第五编则讨论“世界文学”的问题。这种设置可见作者有意识地在“东方文学”的整体中建构文学史序列，该书也于 2013 年由高等教育出版社修订再版。此外，1995 年由季羡林主编的《东方文学史》由吉林教育出版社出版，这部作品也体现了将东方文学史整体化的努力。全书分五个时间段来对东方文学进行划分：上古文学、中古文学、近古文学、近代文学和现当代文学；全书既整理搜集了亚非各国文学中大量可靠的史料并予以阐述，又积极地将各国文学与中国文学相比较，从而将中国文学纳入东方文学的整体视野中。

此外，值得参考的资料还有 1994 年高慧勤等人主编的《东方现代文学史》与同年郁龙余、孟昭毅主编的《东方文学史》。前者是对东方文学的断代史研究，以百万字之巨翔实汇编了不同国别近现代文学的作家作品；后者则较为简明地以不同时期、国别的作家为每一小节标题，依次概说。

二、针对主题、题材、人物展开的比较研究

在实证材料的基础上，研究者往往会发现，从“东方文学”整体意识出发，不同国

① 孟昭毅．东方文学与文化讲谈录．天津：南开大学出版社，2018：8.

别、地区的文学中存在题材、主题、人物的类似。这种类似可能是因为这些题材、形象源自一个相同的底本、模型，可能是受到了其他文化的间接影响，也可能是因为人类内在的思维模式而在不同文化中产生类似的文学表现方式。那么，对于东方文学中类似的题材、人物的研究就有了影响研究和平行研究两种范式，形成注重实证性的“渊源学”研究或注重文本的“主题学”“类型学”研究。

案例四

以《皇帝的新衣》来看东方文学的“渊源学”研究路径

从“渊源学”研究方法来看，我们可以举一个关于《皇帝的新衣》故事的研究案例。对于这个故事，我们都很熟悉，并且都知道它出自安徒生童话。但学者杨宪益却在东方找到了与这一故事相关的缘起。原来，经由杨氏的考据，在我国梁朝的《高僧传》中记载了一则关于生于龟兹的高僧鸠摩罗什的故事，他九岁遇到了盘头达多（Vandhudatta）法师，盘头达多为他讲述了“狂人与绩师”的故事，以之来比喻佛法。这一故事已经基本包含了后来《皇帝的新衣》中关于“看不见的细缕”以及“讽刺意味”的基本要素。经由文献的分析，如果这一故事是盘头达多所说，可见“皇帝的新衣”这一故事题材可溯源至印度的佛教故事。这样，我们看到，杨宪益从文献中的事实联系出发，给出了一个在东方文学视域中的“渊源学”实践。

也有学者在史料的基础上研究东方文学领域中作品之间主题关系的间接影响。

案例五

《杜十娘怒沉百宝箱》和《舞女》的主题关系探讨

我国明代著名话本故事《杜十娘怒沉百宝箱》和日本作家森鸥外的小说《舞女》看似差异颇大，且并没有直接的资料可证明两者的影响联系。但是，学者何文林在《〈杜十娘〉与〈舞女〉》一文中考据了中国古代话本小说与日本文学的关系，发现《白蛇传》《杜十娘》早在18世纪末19世纪初的日本就被改写并产生影响，同时我国白话小说在日本的流传也使“才子佳人”这一题材被日本文学界熟悉。由此，何文林归纳出《杜十娘怒沉百宝箱》和《舞女》都表现了男性始乱终弃的主题，并揭露了不同时代相同的社会现象。

此外，东方文学中关于文学作品中类似人物形象的研究也是常见的研究类型。例如我们在前文曾提及陈寅恪等学者关于“孙悟空”形象的讨论，就是通过追溯、辨析孙悟空人物原型与印度文学之关系而展开的对东方文学中人物形象的溯源研究。

三、基于理论的区域整体性研究

东方文学是多元的文学，为理解作为整体的东方文学，我们在上文也做出了一些概括。在长期的文学和文化交流中，我们应当看到多元的东方文学之中的“共同性”。基于东方文学的某种“共同性”视域，诸多学者也试图在这种把握之中进行探索性研究。正如我们一开始就提到，“东方文学”整体意识的产生往往与外部的政治、文化因素有关，对于近代以来的东方文学，就要注重把握“面对殖民压迫和西方文化输入”这些共同的历史境遇。

国内有学者正是抓住了这一点，以东方现代民族主义思潮为方向展开“东方文学”的整体性研究，并为东方现代民族主义思潮下了这样的定义：它是指 19 世纪后半期和整个 20 世纪 150 余年间在亚洲和非洲地区盛行，以民族国家的生存与发展为创作宗旨，以功利性、现实性和民族性为创作原则的文学思想、创作潮流。[①] 不同的民族在同样的“东方现代民族主义思潮”之下，诞生了不同的民族文学作品，体现了东方文学鲜明的“多元性”，也体现出东方文学现代化转向的复杂性。这一文学思潮是一个复杂、开放的综合体系，是东方社会对源于西方的现代化全球扩散做出的基于民族立场的文学回应，与东方现代化进程相伴相随。根据它在东方各民族和国家文学中的不同表现，既可以将亚非诸作家的阐述、介绍都统一在一个主题框架下完成，也可以在这个框架之中把他们的差异性展开来深入研究。

除了以民族主义思潮进行整体性研究，近年来，我国也有学者借助“东方学”和“一带一路”倡议等思想资源，对作为整体的东方文学提出了新的思考。王向远认为要追求“东方学模式”的东方文学史，将研究对象界定为“东方的文学”，强调研究与各国“国学”相对而言的“东方学”，研究的作家作品在文学史上应该跨越了本族和本国的界限，其视界和写作延伸到了周边其他民族和国家，其创作参与建构了历史上的“东方”观念，并使文学带有“东方文学”的属性。[②] 换言之，要强调“东方”时空观念下的区域性、跨越性文学研究。黎跃进着眼于“一带一路”本身在时空上所具有的文化交流属性，认为丝绸之路在空间上以网状勾连了整个东方，其核心特质是多元交流，因此提倡在“丝路文化”视域下重新审视东方文学与东方文学学科建设，强调丝路沿线文学之间的多元交流互动，关注以往被忽视的文学类型和文学现象，丰富东方文学的内涵，凸显从“中国”主体立场出发来认识、判断、研究东方文学。[③] 这些都充分体现出在进行东方文学研究时，中

① 黎跃进．东方现代民族主义文学思潮研究：上卷．北京：昆仑出版社，2014：80.

② 王向远．近四十年来我国“东方文学史”的三种形态及其建构．人文杂志，2019（2）：1－11.

③ 黎跃进．丝路域外经典作家、思想家与中国文化：东方研究重大课题论证纲要．东方丛刊，2018（1）：276－287.

国学者的中国立场与广阔的世界文学整体视野。

本章小结

本章从“东方”这一概念的多重含义入手，指出我国的东方文学内涵实体主要指亚洲和非洲的所有文学。在进行东方国别文学研究时，不考虑中国文学；在进行东方区域文学和东方整体文学考察时，应考虑与中国文学进行比较研究。东方文学不是我国独有的概念，本章简要梳理了国际学界语境中东方文学的概念，并提醒我们应该注意学术/科学“东方学”与“东方主义”的联系与区别。理解“东方文学”整体意识形成的过程，就是梳理和理解我国东方文学成长为一门独立学科的过程。要更好地理解作为整体的东方文学，应当把握东方文学的五个特质。应该注意，东方文学是一种多元的文学，东方文学内部、东方文学与西方文学之间始终存在密切的交流与互动。我国的东方文学研究，从一开始就与比较文学密不可分。

思考与练习

1. 简述如何理解“东方”一词的多义性。

2. 请结合我国东方文学的学科史，试为“东方文学”下一个定义并分析其整体意识。

3. 简要说说作为整体的“东方文学”有哪些共同的特质。

4. 请结合实例，谈一谈你对东方文学“交流互动频繁，跨文化传播明显”这一特质的理解。

5. 关于“在中国乃至东方戏剧中是否有悲剧”这一问题，学术界长期存在争议。请结合实例，谈谈你对这个问题的理解。

6. 请结合实例，简述民间文学在东方文学中的重要意义。

7. 结合例子说明我国学界在东方文学通史编写方面的得失。

8. 结合实例，谈谈东方文学研究在渊源学或主题学（二者择一即可）方面如何展开。

9. 谈谈我国学者如何基于理论对东方文学进行整体性探究。

拓展阅读

1. 陈明．古代欧亚“三条鱼的故事”图像的跨文化流变与图文关系．上海交通大学学报（哲学社会科学版），2021，29（138）.

2. 孟昭毅．东方文学交流史．天津：天津人民出版社，2001.

3. 孟昭毅，黎跃进．简明东方文学史．北京：北京大学出版社，2012.

4. 黎跃进．东方现代民族主义文学思潮研究：上卷．北京：昆仑出版社，2014.

5. 林丰民．《一千零一夜》中的东方形象与对他者的想象．外国文学研究，2004（2）.

6. 萨义德．东方学．王宇根，译．北京：生活·读书·新知三联书店，2019.

7. 万晓高．论“悲剧性”的多重色调：兼论“悲剧在中国戏剧中是否缺席”的话题. 南开学报（哲学社会科学版），2014（5）.

8. 王邦维．东方文学学科：建设与发展．太原：北岳文艺出版社，2007.

9. 王钦峰．论“东方”概念的流动性：关于东方文学学科基础相关问题的思考．外国文学研究，2003（3）.

10. 王向远．东方文学史通论．增订版．北京：高等教育出版社，2013.

第十六章
翻 译 学

本章要点

本章从翻译学的概念及学科发展史、翻译研究的范围、当代翻译理论的发展、改革开放以来中国翻译研究的发展和翻译研究的未来趋势等方面展开介绍与论述，侧重对重要概念、事件、研究现状的描述，厘清翻译理论概念和流派之间的关系，旨在帮助读者了解翻译研究的本质、对象、视角，促使读者从多个维度认识和分析翻译文本或翻译现象，并尝试引导读者思考当下中国翻译学发展过程中遇到的问题。

第一节
翻译学的概念及学科发展史

关 键 词

翻译　翻译学

翻译是沟通不同文化的桥梁，比较文学正是通过翻译，才有了研究的可能性。翻译在传播和重构语言文字、知识、思想等方面起着非常重要的作用。我国翻译历史悠久，有关译者和翻译的说法，早有典籍记述，《周礼》称通言语之官为“象胥”。唐代贾公彦的《义疏》里对“**译**”的解释是：“译即易，谓换易言语使相解也。”这是目前可见对翻译最早的简明定义。换言之，**翻译**就是把一种语言承载的信息用另一种语言表达出来。

虽然人类的翻译活动已达几千年之久，但是国际上翻译学（translation studies）[①] 的确立却距今不足50年，翻译学是一门新兴学科。传统的翻译研究，一直被认为是一种语言研究，因此翻译通常被认为是语言学的研究对象，是应用语言学的一个分支[②]，主要讨论不同语言在语法层面的对比，这种研究路径下产生的便是翻译研究的语言学派。今天，大家再谈论起翻译，通常认为其不仅是一种技巧、一门艺术，也是一门科学。简单来说，翻译学是一门研究翻译及其相关问题的综合性科学，它对翻译的性质、过程、方法等方面进行客观科学的描写，提出系统的翻译理论。学界一般认为国际上翻译研究或者翻译学这门新兴学科的成立，源于1972年在丹麦哥本哈根召开的第三届国际应用语言学会议。霍姆斯（James S. Holmes）在会上发表了《翻译学的名与实》（The Name and Nature of Translation Studies）一文，提出把翻译研究作为一门独立学科的初步构想，因此他被称为“翻译学”创始人。他认为**翻译学**应该包括“描写翻译学”“理论翻译学”和“应用翻译学”三个分支：

> 一是负责描写现实世界里的翻译现象的“描写翻译学”。
>
> 二是负责确立可以解释这些现象的“理论翻译学”。
>
> 三是负责将从描写分支和理论分支中得到的知识应用于翻译实践和教学的“应用翻译学”。[③]

紧随其后，翻译研究文化学派代表人物安德烈·勒菲弗尔（André Lefevere）在1976年的比利时鲁汶会议上指出，翻译研究应该成为一门学科的名称，用以研究翻译问题，并对翻译进行描述。[④] 80年代末90年代初，英国比较文学学者苏珊·巴斯奈特（Susan Bassnett）和勒菲弗尔提出翻译研究的文化转向。巴斯奈特在1993年曾经提出比较文学已经失去了活力，翻译研究应被视为一门主学科，可以把比较文学当作一个有价值的次要的研究领域。[⑤] 90年代末，两位又提出了文化研究的翻译转向。

无独有偶，在西方比较文学界提出翻译的文化转向之时，我国比较文学视野中，出现了从媒介学发展而来的译介学。与传统翻译研究不同的是，以翻译理论家谢天振提出的“译介学”为代表的译学研究不再把研究重点拘泥于语言研究，而是开始关注社会文化因素对翻译活动的制约，以及翻译活动在译语环境中发生的“创造性叛逆”，带有明显的比

---

① 关于translation studies的译名的讨论可参见：考伊．翻译研究词典．谭载喜，主译．北京：外语教学与研究出版社，2005：249-251.

② 罗宾斯．普通语言学导论．申小龙，译．上海：复旦大学出版社，2008；胡壮麟．语言学教程．北京：北京大学出版社，2001.

③ Holmes. The Name and Nature of Translation Studies//Venuti. The Translation Studies Reader. London: Routledge，2000：172-185.

④ Bassnett. Translation Studies. 3rd ed. New York: Routledge，2002：12.

⑤ Bassnett. Comparative Literature: A Critical Introduction. Oxford: Blackwell，1993：161. 但多年后，她又在2006年否定了自己的这一看法，认为比较文学和翻译研究都不应该被当作学科，它们都是研究文学的方法。参见：Bassnett. Reflections on Comparative Literature in the Twenty-First Century. Comparative Critical Studies，2006，3（1-2）：3-11.

较文学影响研究和接受研究的方法色彩。[①] 随着译介学的研究成果越来越丰富，它逐渐成为比较文学中一个非常重要的分支。译介学学者也在积极推动翻译学科的独立，译介学的不断发展壮大，导致其外延不断扩大，如今已经与既关注语言又关注文化的当代翻译研究并无太大区别。[②]

其实早在20世纪50年代初，我国的翻译家董秋斯就发出了建立“翻译学”的声音[③]，但长时间以来，翻译研究能否成为一门学科却从未获得理论层面的论证。改革开放之后，翻译研究向科学化发展的同时，翻译学者的学科意识也得到进一步强化。自80年代中期开始，一批学者再次旗帜鲜明地呼吁建立翻译学，在学术期刊上陆续发表文章，开展了几次关于翻译（科）学的大讨论。学者提出了各具特色的译学设想，讨论了翻译学的学科定位，逐渐明确了译学学科性质、功能和理论特征，提出了学科架构，指出了学科分支领域的划分等，出版了多部以“翻译学”为名的专著，为译学在中国获得独立的学科身份奠定了理论基础。[④]

翻译学是一个相对较新的学科领域，近年来在我国迅猛发展并获得认可。[⑤] 简单来讲，在这之前，翻译一直是语言学或者比较文学的一个分支、一种方法。翻译作为高校外语教学的一个组成部分，与听、说、读、写等技能并列，常常作为语言学习的最后一个环节，即通过翻译练习来提高语言能力。随着市场对翻译的需求越来越大，翻译慢慢从一门课程变成了一个与语言学、文学、商务英语等并置的专业方向，部分高校直接在外语学院或者英语学院等语言学院（人文学院）设立翻译系。翻译学科理论和学科建设的发展与完善，促使翻译专业方向或者翻译系在有的高校开始脱离外语类学院，单独成立高级翻译学院，其教学理念从传统的以语言能力为核心的教学翻译，转向以翻译能力为核心的翻译教学[⑥]。如今，翻译学科已经得到国务院学位办和教育部的认可，形成了覆盖本、硕、博[⑦]的完整培养体系，可授予学术学位和专业学位。

翻译学学科地位的确立，并不意味着其研究开始脱离语言学和文学，它天然的跨学科

---

① 方平．序二// 谢天振．译介学．上海：上海外语教育出版社，1999：1－11.

② 现在很多研究者在讨论翻译时，并不严格区分从比较文学生发出来的译介研究和从语言学发展出来的翻译研究，而是将二者作为同一概念使用。

③ 董秋斯．论翻译理论的建设．翻译通报，1951，2（4）：3－6.

④ 参见该时期谭载喜、方梦之、杨自俭、穆雷、刘重德、吕俊等学者在《中国翻译》《外语教学》《外国语》《外语与外语教学》等期刊上发表的多篇文章。

⑤ 国务院学位委员会第六届学科评议组编写的《学位授予和人才培养一级学科简介》（2013）中，将外国语言文学一级学科的研究对象划分为外国语言研究、外国文学研究、翻译研究、国别与区域研究、比较文学与跨文化研究，下设13个学科方向，其中包括翻译学。2021年12月10日，国务院学位委员会发布《博士、硕士学位授予和人才培养学科专业目录（征求意见稿）》。在文学学科门类下，将翻译与中国语言文学、外国语言文学及新闻传播学三个传统一级学科相并列。

⑥ 教学翻译与翻译教学的区别，参见：德利尔．翻译理论与翻译教学法．孙慧双，译．北京：国际文化出版公司，1988.

⑦ 2022年9月13日，国务院学位委员会、教育部印发《研究生教育学科专业目录（2022年）》和《研究生教育学科专业目录管理办法》。根据新版目录内容，翻译专业被列入文学学科门类专业学位类别，可授予硕士、博士专业学位。

性质决定了其会推动语言学派和文化学派围绕译本、译者、翻译活动等研究对象继续往前发展，也会进一步与其他学科融合，呈现出新的研究面貌。

第二节
翻译研究的范围

关键词

翻译标准 翻译“三分法” 翻译研究的框架

根据不同的划分标准，翻译可以分为笔译和口译、文学翻译和非文学翻译、全译和节译、译入和译出等各种常见的实践活动。由于翻译的实践性较强，长期以来人们认为翻译不过就是从原文到译文的语言转换。在这种认识下，我国的翻译研究很长一段时期都停留在讨论文学翻译的技巧和策略分析层面。人们一提及**翻译标准**，言必称严复的“信达雅”，或者开始“直译”（literal translation）、“意译”（free translation）与“忠实”（faithful）之辩等，往往带有文学欣赏和批评的性质，有感而发，甚至专门去查找译文字词的错误，这种研究对翻译实践和学习有一定的帮助。有学者认为这种“评点式、随感式、印象式”的批评方法“一直延续到新中国诞生以后的三十余年中”，并呼吁“要利用多学科（语言学、版本学、文艺批评、美学、逻辑学等）的成果，在不同的平面上对译作做进一步横向的、多维的、定量的分析”，才能实现译学研究的突破。①

西方翻译研究的发展给中国翻译研究带来了许多深刻的影响，尤其是20世纪50年代之后。

案例一

雅各布森的翻译“三分法”

1959年，俄裔美国语言学家罗曼·雅各布森（Roman Jakobson）提出可以把翻译划分为三种类型。

1. 语内翻译（intralingual translation）：在同一语言中用一些语言符号解释另一些语言符号。

① 范守义．评翻译界五十年（1894—1948）的争论．中国翻译，1986（1）：8.

2. 语际翻译（interlingua translation）：两种不同语言之间的翻译，即用一种语言符号去解释另一种语言符号。

3. 符际翻译（intersemiotic translation）：通过非语言符号系统解释语言符号，或用语言符号解释非语言符号。[①]

雅各布森的**翻译“三分法”**扩大了人们对翻译实践和研究的理解，研究对象除了中外文互译，还可以是方言与普通话之间的互译，或者是文字与音乐、影视、绘画、图片等非文字的互译。

70 年代霍姆斯的“翻译学宣言”规划了**翻译研究的框架**（见图 16－1），以色列学者吉迪恩·图里（Gideon Toury）用树状图（见图 16－2）的形式将其更加直观地呈现出来[②]。霍姆斯把翻译学分为“纯理论翻译学”和“应用翻译学”两大分支：前者是为了描述翻译现象，建立普遍原则来解释和预测翻译现象；后者顾名思义主要是应用型的翻译研究。

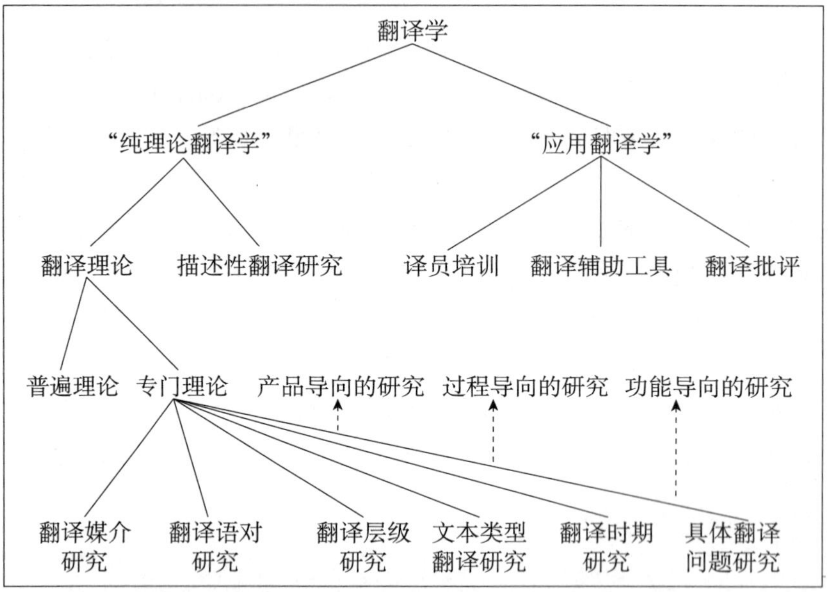

图 16－1　霍姆斯的翻译学结构图

我们可以看到，这里的翻译研究包括翻译理论、翻译过程、译本、翻译功能、译员培训、翻译辅助工具、翻译批评等方面。虽然这个框架不尽完善，但是从目前中西方学界来看，翻译研究的主要方向并未跳出这个范围。所以从这个意义上来讲，霍姆斯的翻

① Jakobson. On Linguistic Aspects of Translation// Venuti. The Translation Studies Reader. London: Routledge, 2000: 113－118.

② 芒迪．翻译学导论：理论与实践．李德凤，译．北京：商务印书馆，2007：18－22.

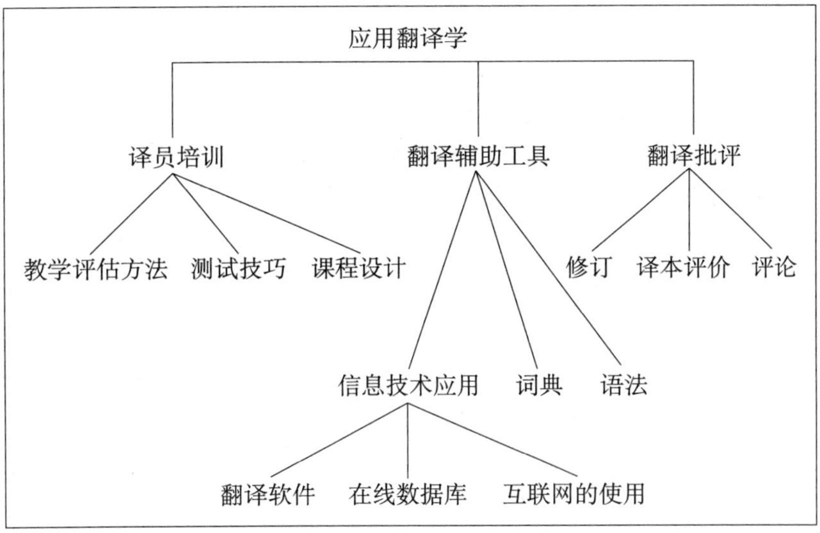

图 16-2 图里的应用翻译学树状图

译学结构设想对翻译研究范围的明确贡献很大。

第三节 当代翻译理论的发展

关键词

语言学派　功能学派　文化学派

翻译至少处理两种不同的语言和文化，因此，翻译研究天生具有跨学科的特性，受到语言学家和文化研究者的关注，常被放在对比语言学或比较文学的概念框架下进行研究。西方学界从 20 世纪 50 年代起逐步形成了语言学派、功能学派、诠释学派、解构学派、文化学派等翻译理论流派，中国学者大约从 80 年代开始引入这些理论成果，推动了西方翻译理论在中国的发展和传播，也奠定了中国当代译学研究的基础。

现代语言学的发展为翻译研究摆脱传统的经验式技巧总结，走上科学系统的语言对比分析的道路提供了理论基础。20 世纪 50 年代起，有不少语言学家和翻译理论家试图用语言学的观点和方法来解释翻译中的一系列问题或其中的主要问题，他们被称为翻译理论的**语言学派**。

作为最早的翻译理论和翻译方法之一，**翻译对等**（translation equivalence）成为翻译研究的一个根本问题。

案例二

尤金·奈达的翻译对等理论

美国翻译理论家尤金·奈达（E. A. Nida）在其《圣经》翻译工作实践的基础上，于60年代提出了翻译对等理论，包括**形式对等**（formal equivalence）、**动态对等**（dynamic equivalence）以及强调接受者的**翻译等效**（equivalence effect）原则。

他认为形式对等强调要注意信息本身的形式和内容，即译者要让译语中的信息与原语中的不同成分尽可能保持一致，以保证翻译的准确性和正确性。

动态对等要求“译语读者和信息之间的关系，应当与原语读者和信息之间的关系保持相同”，“以达到十分自然的表达”。

如果要取得翻译等效，“意义的对应必须优先于文体上的对应”，这是处理内容和形式冲突的总原则。①

奈达的贡献在于将翻译对等的讨论从直译与意译之争中脱离出来，并引入读者这一维度。后来彼得·纽马克（Peter Newmark）受其影响，在80年代提出了**语义翻译**（semantic translation）和**交际翻译**（communicative translation）。“语义翻译试图在符合译语语义和句法结构的情况下，把原文的准确语境意思尽可能贴切地译出。交际翻译试图使译文读者的阅读效果尽可能接近源语读者阅读原文所产生的效果。”② 纽马克不赞成完全对等效应原则，并且在详细对比“语义翻译”和“交际翻译”两个概念时，对它们各自适用的文本类型进行了说明。

在将一种语言转换成另一种语言的过程中，语言形式不可避免会发生变化，偏离对等，这种现象被英国翻译理论家约翰·卡特福德（J. C. Catford）称为**翻译转换**（translation shift）。他将之分为层次转换（level shift）和范畴转换（shift of category）两大类，后者又分为结构转换（structure shifts）、词类转换（class shifts）、单位转换（unit shifts）/层级转换（rank shifts）和体系内转换（intra-system shifts）等不同种类的翻译转换。这些概念的提出与奈达的对等理论发生在同一时期，在卡特福德看来，翻译对等依赖于语言在不同转换层面发挥的交际功能，而不是仅仅依赖于语言形式对等，即翻译对等并不完全等同于形式对等。③

70年代开始，德国**功能学派**（functional theories）崛起，打破了以原文为中心的翻译

① Nida. Towards a Science of Translating. Leiden: E. J. Brill, 1964: 159-166.

② Peter Newmark. Approaches to Translation. Oxford: Pergamon, 1981: 39.

③ Catford. Translation Shifts//Venuti. The Translation Studies Reader. London: Routledge, 2000: 141-147.

研究，强调应该优先考虑翻译在译语文化中的功能，而不是翻译对等原则。凯瑟琳娜·赖斯（Katharina Reiss）根据语言功能划分了**文本类型**，将文本分为信息型、表情型、操作型和视听型四种类型，并归纳了对应的翻译方法（见表 16－1[①]）。汉斯·弗米尔（Hans Vermeer）提出的**目的论**（skopos theory）认为翻译是一种有目的的行为，将研究聚焦在翻译过程中各种目的的翻译策略选择上，以目的法则居于首位，即译文在目的语文化中的功能决定了翻译策略。

表 16－1　部分语篇类型特点及翻译方法

语篇类型 特点与译法	信息型	表情型	操作型
语言功能	信息性（描述物体表情性和事实）	表达性（表达发出信息者的态度）	吁请性（对接受语篇者发出召唤）
语言维度	逻辑性	审美性	对话性
语篇重点	关注内容	关注形式	关注吁请效果
译文应该	传递指示内容	传递审美形式	唤起所需反应
翻译方法	“直白语言”，按需要明晰化	“同一”策略，采用原语作者的观点	“顺应”，等效

案例三

埃文-佐哈尔的多元系统理论

多元系统理论（polysystem theory）是以色列学者伊塔玛·埃文-佐哈尔（Itama Even-Zohar）于 70 年代提出的一种理论，他把翻译文学看作在译语文化里的社会、文学、历史等多元系统中的一个子系统，是一种受系统关系制约的、动态的复杂活动。他指出了翻译文学占据中心位置的三种情形：

1. 当某一“年轻”文学处于初期阶段，会向“成熟”文学学习现有模式。

2. 当某一文学处于“边缘”或“弱势”阶段，或两者兼而有之，会引进本土缺乏的文学形式。

3. 当某一文学处于转折时期，公认的文学形式已无法满足需求，或出现文学真空时期，没有处于中心地位的文学类型，外来文学形式很容易取得中心位置。[②]

---

① 芒迪．翻译学导论：理论与实践．李德凤，译．北京：商务印书馆，2007：106. 第四类视听型文本未在该图中标出。

② Even-Zohar. The Position of Translated Literature within the Literary Polysystem//Venuti. The Translation Studies Reader. London：Routledge，2000：193－194.

多元系统理论的提出带来了文化学派的发展。80 年代末，翻译学研究开始出现**文化转向**（cultural turn），考察翻译与文化之间的相互关系，由翻译研究的**文化学派**（又称操纵学派，manipulation school）代表人物巴斯奈特和勒菲弗尔确立。勒菲弗尔认为翻译是一种“改写”（rewriting），翻译的功用由专业人士、赞助人和诗学决定。

翻译中的性别问题随着女权主义批评理论的完善和深入，于 90 年代后期进入翻译研究者的视野。代表人物有雪莉·西蒙（Sherry Simon）、巴巴拉·格达德（Barbara Godard）、路易斯·冯·弗罗托（Luise von Flotow）等，其中以加拿大女性主义学者为主，她们强调要彰显女性的文化身份和意识形态立场，宣扬应以语言学的手段来处理性别标志[①]，这些研究被称为**女性主义翻译研究**。弗罗托总结了女性主义翻译者常用的三种策略：增补（supplementing）、加前言与脚注（prefacing and footnoting）和“劫持”（hijacking）[②]。文化研究越来越带有强烈的政治倾向，由此发展出来的**后殖民主义翻译理论**（postcolonial translation theories）认为翻译在殖民化过程中以及在对被殖民者形象的塑造上扮演了积极的角色，关注“第三世界”文学被翻译成英语所带来的意识形态后果，以及由此造成的种种歪曲情况。代表人物有盖亚特里·斯皮瓦克（Gayatri Chakravorty Spivak）、特佳斯维妮·尼南贾纳（Tejaswini Niranjana）和迈克尔·克罗宁（Michael Cronin）等。

自 90 年代末期以来，越来越多的翻译学者开始借鉴社会学理论来研究翻译的社会属性，尤其是参考法国社会学家皮埃尔·布迪厄（Pierre Bourdieu）的文化生产理论，将翻译视为一种社会行为，使用其核心概念惯习（habitus）、资本（capital）、场域（field）等来分析翻译与社会的关系，特别是影响翻译生产、传播和接受的各种社会制约因素。这些研究促进并推动了**翻译社会学**（sociology of translation）的发展，因此也有人称之为翻译研究的“社会学转向”（sociological turn）[③]。

简单来说，当代西方翻译研究的发展可以用“三大突破和两大转向”来概括。翻译研究先后经历的两次转向即语言学转向和文化转向，具体表现为实现了三大根本性的突破。首先，开始从一般层面上的语言间的对等研究深入到对翻译行为本身的深层探究；其次，不再局限于翻译文本本身，还把注意力放在了译作的生产和消费过程上；最后，不再把翻译看成语言转换间的孤立片段，而是把翻译放到一个宏大的文化语境中去审视。[④]

---

① 比如在翻译人权（huMan rights）时，故意大写 M，以揭示其中隐含的性别歧视。

② “劫持”是指赋予原文以强烈的女性主义色彩。Flotow. Feminist Translation: Context, Practices, Theories. TTR，1991，4（2）：69－84.

③ 这一转向尚未得到学界一致认同，或者说这一趋势正在发生中。

④ 谢天振．当代西方翻译研究的三大突破和两大转向．四川外语学院学报，2003（5）：110－116.

第四节 中国翻译研究的发展及未来趋势

关键词

翻译技巧 文学译介 翻译教学 国际传播力 技术转向

我国翻译活动历史悠久，研究成果十分丰富，总量逐年递增，呈现出明显的阶段性特点和研究趋势，尤其是 90 年代以后发展迅猛，个别研究领域在新千年之后迎来新的增长。

因为翻译学学科地位在我国确立较晚，所以我国学界非常重视对**西方翻译理论**的译介、应用与反思批评。尤其 80 年代随着奈达的翻译理论被学界引入，学界刮起了一股奈达风，写文章必谈翻译对等，比如在语义、语篇、语用等层面做对比。后来开始应用关联顺应理论、认知语言学和社会语言学等相关概念。此外，备受追捧的还有德国功能学派的目的论，对我国学界自 90 年代开始探讨非文学文本的翻译研究产生了很大影响。

90 年代，M. A. K. 韩礼德（M. A. K. Halliday）的系统功能语法（systemic-functional grammar）及由此提出的**话语分析**（discourse analysis）理论引导我国语言学路径的翻译研究走向科学分析的道路，奠定了翻译质量评估和翻译话语批评的语言学理论基础。同时期，文化研究学派提出的改写理论与中国本土生发的译介学，共同推动了我国文学路径翻译研究的持续发展，尤其在中国文学外译研究方面。在文化学派的影响下，我国一些学者开始强调译本外因素以及对译本影响和接受因素的考察，起初这引发了一种质疑，认为这种研究思路脱离了翻译的本体，即文本，与翻译研究的本质不符，呼吁应回归对文本忠实与对等的讨论。其实，这种争论背后正好体现了语言学派和文化学派看待翻译的不同视角。近年来翻译社会学研究在我国出现小高潮，社会学理论指导下的翻译研究呈现出更多元的视角，似乎对语言学路径与文化路径在某种程度上的二元对立起着调和作用。

对**翻译技巧**的讨论在我国翻译界仍然占据重要的位置。70—80 年代，学界围绕对文本字、词、句、篇的意义的理解，对比译本的选词或者直译意译的优劣所在，以忠实、通顺、信达雅、传神、化境等中国传统翻译主张为评判标准。其中刘重德提出了信、达、切，许渊冲提出了意美、音美、形美的“三美”理论。后来开始运用西方翻译理论中的对等、转换生成语法、衔接与连贯等概念分析译文的修辞、音律、词汇密度、相似性等方面。近年来开始借用平行文本、语料库、计算机技术等手段来研究翻译的策略或方法。

文学译介研究是我国翻译学者比较重视的一个领域。早期的文学翻译研究属于文学作品翻译技巧的讨论范畴，大多是译文比较、佳作赏析、错译评析等经验点评或学习感悟。90 年代以来，越来越多的人运用语言学理论或文学理论概念来分析文本内外的一系列要素，包括意识形态、诗学、赞助人、互文性、副文本、文体、读者接受等。虽然文学类型多样化，但是对经典文学的翻译研究自不必说数量很多，非经典文学和新形式文学（如网络小说）的翻译现在也成为学界研究的对象。随着国家文化“走出去”战略的实施以及2012年莫言获得诺贝尔文学奖，中译外研究的热度远远超过外译中，尤其是对文化典籍、文学经典和以莫言为代表的当代作家作品的英译，比如对《道德经》《红楼梦》的译介研究和葛浩文英译莫言作品研究。2015年和2016年，刘慈欣和郝景芳先后获得雨果奖，掀起了学界对科幻小说专题翻译研究的热潮。

80年代的**翻译教学**研究主要是围绕翻译技巧的教学展开，90年代以后对学科建设、教材、课程设置、教学法、翻译测试、译者能力、计算机辅助翻译教学等方面有了更多探讨。1999年第一本翻译教学研究论著问世，《中国翻译教学研究》（穆雷）对当时国内翻译教学的状况进行了深入的调查研究。新世纪在讨论这些问题时会显著区分文学翻译和非文学翻译，引入的职业化要素更多，比如术语库、本地化、项目管理、众包、语言服务、行业规范、质量标准、专业学位教育等。

此外，**翻译史**方面的研究主要是梳理和挖掘中西方翻译活动史料、翻译理论史料、文学翻译史料、国别翻译史料、译家译事、翻译期刊史、翻译出版史等，其中在翻译断代史研究中，晚清是研究者最为感兴趣的一段历史时期。比较有开拓性的著作是马祖毅的《中国翻译简史：“五四”以前部分》和罗新璋、陈应年的《翻译论集》。2000年之后的**口译**研究呈现出明显的实证特点，通过实验和田野调查等手段收集数据进行统计分析，研究口译记忆、口译单位、口译策略、口译表现、口译教学等问题。**机器翻译**研究始于80年代初，新世纪之后语料库翻译研究掀起高潮。

目前，增强中华文明传播力影响力，加强**国际传播能力**建设，全面提升国际传播效能，推动中华文化更好地走向世界，成为我国在新形势下的战略需求。一方面，要求我们要加快建设翻译强国，夯实服务国家战略的翻译人才力量。加快构建与中国式现代化相适应的翻译学科体系、培养体系、学术体系、话语体系等。尤其近五年来翻译专业博士（DTI）的设立在翻译界和国家部委掀起持续讨论，这些探讨在新形势下又被赋予了新的意义和挑战。因此，翻译研究的一个新增长点是如何优化人才培养模式，使**翻译教学**获得高质量新发展。

另一方面，我们需要继续借鉴并研究文化输出成功案例，保持清醒的头脑，坚持对话协商、共建共享、合作共赢的态度，明确翻译的历史使命，深刻挖掘中华传统文化中的精神力量，多模态展示中华文化的民族特色和当代价值体系，做好跨文化阐释，加深世界对中华文明的认识。同时，研究影响我国翻译和国际传播效果的制约因素，分析具体的方式、手段和技巧，提出真正解决问题的新理念、新思路、新办法，在**中华文化“走出去”**方面有突破性进展。

计算机技术的快速迭代升级，也为翻译研究带来了新机遇与新挑战。继语料库翻译研究在我国获得了前所未有的关注之后，在录屏软件、眼动仪、键盘记录、脑电、Python等电子技术工具的辅助下，口笔译认知研究领域成果会越来越丰富。随着人工智能研究实验室OpenAI于2022年底推出新的人工智能技术驱动的自然语言处理工具ChatGPT，其语言处理能力超出了学界和业界的想象，迅速得到广泛应用，这标志着翻译研究**技术转向**的真正到来，使我们不得不重新思考翻译实践、翻译教学与研究的未来方向。

本章小结

翻译学是一门非常有活力的新兴学科，更是一门交叉学科。它的建立和学科地位的确立，无论是在国际上还是在中国，都受到了语言研究者和文化研究者的支持。翻译研究的对象有所扩大，但是基本遵循霍姆斯构想的翻译研究的框架图，讨论的内容偏向文学研究。翻译理论的发展经历了语言学转向和文化转向，或正在经历社会学转向。我国的翻译研究深受西方翻译理论影响，早期主要是译介外来理论，后来结合本土实际探讨中国语境下的翻译问题，包括翻译技巧、文学英译、翻译教学等方面。当前，国家对提高文化传播力的需求直接影响着翻译研究的重心，学界将继续以译出为主，侧重分析翻译的接受和传播。翻译研究的技术转向已经凸显，且这种趋势可能在近期内会持续下去，热度不减。

思考与练习

1. 随着翻译研究的不断发展，翻译的定义是否需要随之改变？
2. 翻译学是如何发展起来的？
3. 比较文学与译介学是什么关系？
4. 翻译实践与翻译理论的关系是什么？
5. 翻译研究包括哪些内容？
6. 翻译理论流派及其代表人物有哪些？
7. 语言学派和文化学派的不同观点是什么？
8. 中国翻译研究的特点有哪些？
9. 当代中国文学外译有哪些特点？
10. 翻译研究未来的发展趋势如何？

拓展阅读

1. 方梦之．译学辞典．上海：上海外语教育出版社，2004.
2. 谢天振．译介学导论．北京：北京大学出版社，2007.
3. 许钧．翻译概论．修订版．北京：外语教学与研究出版社，2020.
4. 马祖毅，等．中国翻译通史．武汉：湖北教育出版社，2006.
5. 谭载喜．西方翻译史．增订版．北京：商务印书馆，2004.
6. 帕伦博．翻译学核心术语．王东风，注．北京：外语教学与研究出版社，2016.

7. “中华翻译研究丛书”“翻译理论与实务丛书”“高等学校翻译专业本科教材”“外教社翻译硕士专业系列教材”“全国翻译硕士学位（MTI）系列教材”“当代西方翻译研究译丛”等研究丛书、系列教材。

8.《中国翻译》、《外国语》、*Target*：*International Journal of Translation Studies*（https：//benjamins. com/catalog/target）、*Meta*：*Translators' Journal*（https：//www. erudit. org/en/journals/meta/）等翻译类、外语类期刊。

第十七章
科幻文学

本章要点

科幻文学是“科学幻想文学”的简称，可大致对应英文的“science fiction”。作为一种具有“自反性”的类型文学，科幻文学的定义在学界尚未统一，本书将其界定为：通过思想实验的方式来回应科技发展的文学类型。

科幻文学研究在中国经历了百余年的发展历程，以是否遵循严格的学术范式为标准，可分为“半专业”和“专业”两种类型。长期以来，两类研究取长补短，共同为中国科幻研究事业的发展做出了贡献。

近年来，中国学界在科幻文学领域取得的研究成果是空前的，依据内容可划分为六大领域：研究资料整理及译介、文学史撰写、作家及作品研究、综论类著作、译介及传播研究、代表性专题研究。

在中国比较文学的范畴下讨论科幻文学研究，必然要涉及研究主体和研究客体的界定。就研究主体而言，我们重点关注中国学者，只在必要处论及相关的海外学者。就研究客体而言，鉴于科幻文学已具备“跨学科”的属性，我们不仅梳理中国学者对海外科幻文学的研究，也会讨论中国学者对本土科幻文学的研究，以及针对中外科幻作品的比较研究。本章将通过三节，依次从基本概念、发展脉络、主要研究领域展开论述，勾勒出科幻文学研究在中国的概貌。

第一节
科幻文学是什么

关键词

科幻　自反性　思想实验

如果从英国作家玛丽·雪莱（被誉为“科幻小说之母”）的作品《弗兰肯斯坦》（1818）算起，科幻文学至今已有两百多年的发展史，但学界关于该文类的定义一直聚讼纷纭。本节将在探究科幻源流的基础上，尊重主流的学术传统，框定合理的释义。

一、科幻源流

中文“科幻”一词作为舶来品，对应英文的“science fiction”（常缩写为“Sci-Fi”或“SF”）。1851 年，英国学者威廉·威尔逊（William Wilson）创造了“science fiction”一词，并将其界定为科学故事的范畴，主要功用为启发、教导儿童。然而，该词在当时并未流行。直到 20 世纪 20 年代，因美籍卢森堡人雨果·根斯巴克（被誉为“科幻杂志之父”）的持续推广[①]，该词方得以广泛流传。

“science fiction”最初进入中国时被直译为“科学小说”，并在 20 世纪上半叶广为流行。后来，随着我国译介苏联科幻作品的增多，俄语中命名该文类的词“Научно Фантастический Роман”被翻译成“科学幻想小说”，其简称“科幻小说”也逐渐替代“科学小说”的译名，并沿用至今。

“科幻”作为“科学幻想”的简称，涉及文学、美术、广播、影视、游戏等多种艺术门类。“Science Fiction”应翻译成“科幻”“科幻文学”还是“科幻小说”，很大程度上受限于语境。如泛指多种艺术门类，译成“科幻”最为恰切。在英语世界，如需精确指称某种科幻领域，一般会在“science fiction”后另加单词，比如“drama”（戏剧）、“novel”（长篇小说）或“novella”（中篇小说）等，多种体裁共同组成科幻文学（science fiction literature）。当然，鉴于科幻小说在科幻文学各体裁中占绝对主导地位，日常语境下，如无特殊说明，讨论科幻文学一般默认是指科幻小说，可通用“science fiction”。

① 根斯巴克（Hugo Gernsback）先是于 1926 年创造了新词“scientifiction”，该词由“scientific”和“fiction”合成，意指“关于科学的小说”，直到 1929 年正式使用“science fiction”。

二、科幻文学的定义

作为"科学幻想文学"的简称，科幻文学目前尚未有一个被学界普遍接受的定义。著名的《科幻百科全书》(*The Encyclopedia of Science Fiction*) 曾列举十余种广为流传的定义，我们在这里评点最具代表性的三个，借以管中窥豹，辨析科幻文学的特质所在。

1926年，雨果·根斯巴克在第一期《惊奇故事：科幻杂志》(*Amazing Stories: The Magazine of Scientifiction*) 的社评《一种新的杂志》中宣称："我用'科幻'来指儒勒·凡尔纳、赫伯特·威尔斯、埃德加·爱伦·坡那类的故事——混合了科学事实和预测愿景的浪漫传奇。"[①] 作为科幻杂志历史上最重要的编辑之一，根斯巴克的观点简洁且形象，以代表作家为范例，限定了该文类最基本的特质：科学、预测和传奇。

20世纪70年代，加拿大学者达科·苏恩文在《科幻小说变形记》中将科幻文学界定为："一种文学类型，其充要条件是疏离和认知的相互作用"[②]，并能为读者带来"新奇"的体验。苏恩文是第一位从文艺诗学角度建构科幻文学本质的理论家。他借鉴什克洛夫斯基的"陌生化"概念，以及布莱希特的戏剧美学，提炼了科幻文学的三大基本特征：认知、疏离、新奇。

2006年版的《简明不列颠百科全书》尝试赋予科幻文学一个相对通俗易懂的定义，认为这是"一种关于现实或幻想的科学对社会或个体的影响的文学体裁，或更普遍的，是一种以科学因素作为基本导向的幻想类文学体裁"[③]。该定义主要面向大众，故而删繁就简地聚焦科幻文学的创作题材，强调科技对人类生活的可能影响。

不难看出，限于著者立场、关注角度、读者定位和文化语境等的不同，科幻文学的定义可谓众说纷纭。英国科幻作家阿瑟·克拉克甚至认为科幻文学是"无法定义"的。我们认为，给出公认的定义之所以困难，根本原因在于科幻文学的"自反性"(或"反类型化")特质。在两百多年的发展历程中，尽管大多数科幻作品可以被归入类型文学、少儿文学或通俗文学的范畴，但也有相当一部分作品并不因循固定的创作模式，而是不断突破程式、创新更迭，呈现出严肃文学的品质。也正因为如此，方才吸引着一些严肃文学作家，如诺贝尔文学奖得主多丽丝·莱辛、石黑一雄等，积极介入科幻文学创作，进一步打破了程式化的写作套路。

有鉴于此，我们并不奢望给出一个所有研究者公认的科幻文学定义，只是为了方便讨论，综合上述三个代表性定义，并引申美国科幻作家艾萨克·阿西莫夫的观点：科幻"描写的是人类对科技水平变化的回应"[④]，将其所谓的"回应"精确为"思想实验"。因此，科

---

① Westfahl. The Popular Tradition of Science Fiction Criticism, 1926 - 1980. Science Fiction Studies, 1999, 26(2): 191.

② Suvin. Metamorphoses of Science Fiction. New Haven: Yale University Press, 1979: 4.

③ Anon. Britannica Concise Encyclopedia. London: Encyclopedia Britannica, 2006: 1704.

④ 阿西莫夫．阿西莫夫论科幻小说．涂明求，胡俊，姜男，译．合肥：安徽文艺出版社，2011：8.

幻文学可以被界定为**通过思想实验的方式来回应科技发展的文类**。宽泛一些说，只要一部作品兼具“科学”“幻想”和“文学”三个基本要素，便可被归入广义上的科幻文学范畴。

第二节 科幻文学研究的发展历程

关键词

半专业研究　专业研究

如果以是否遵循严格的学术范式为标准，科幻文学的研究大体分为**半专业**和**专业**（学院派）两种类型。**半专业研究**的起源很早，几乎和科幻文学的萌发同时展开，参与者多为科幻作家、编辑、书评人和科幻迷读者。他们大多依凭个人兴趣，撰写感悟性质的评论，并在圈子内部流传。**专业研究**的兴起则相对较晚，参与人员虽然和前者有部分重叠，但更多来自高等院校。他们普遍拥有博士学位，接受过完整而系统的科研训练，同时也熟谙现代学术范式，在论著中体现出明显的师承印迹。

具体到中国科幻研究而言，半专业研究起源于 20 世纪初，伴随着科幻文学的译介和创作肇始同步展开，并一直持续至今，主要有作家感悟、科幻迷评论等形式；专业研究则兴起于 90 年代，勃发于 21 世纪，参与人员大多来自高等院校，在研究的深度、广度和规范性上都有了很大提升。长期以来，两类研究取长补短、交相辉映，共同为中国科幻研究事业的发展做出了重要贡献。

一、持续百余年的半专业研究

中国的科幻研究最早可以追溯至 20 世纪初，与晚清的科幻译介和创作大潮同步开始。作家或译者多在序跋中发表自己的看法，文章一般短小精要。例如，以梁启超、鲁迅为代表的文化先锋，从宏观角度对科幻的社会功用和美学价值予以肯定，并大力弘扬。1902 年，梁启超在《〈十五小豪杰〉译后语》中指出科幻小说在艺术上“寄思深微，结构宏伟”。1903 年，鲁迅在《〈月界旅行〉辨言》中强调“导中国人群以进行，必自科学小说始”。同年，包天笑在《〈铁世界〉译余赘言》中认为“科学小说者，文明世界之先导也”。在当时救亡图存的社会背景下，此类吉光片羽的观点，统辖在“功用主义”的价值观下，要求科幻小说应具有传播科学知识、启蒙民众心智的功效，对科幻在中国的后世发展影响很大，也奠定了科幻理论所可能延展的脉络。

新中国成立后，新一代科幻作家和译者继续保持这一传统，积极将创作感悟和翻译心得撰写成文，或通过报刊发表，或通过会议交流。代表性的篇目有郑文光在《读书》（1956 年 3 月刊）发表的《谈谈科学幻想小说》、童恩正在《人民文学》（1979 年第 6 期）发表的《谈谈我对科学文艺的认识》，两文均产生了广泛影响。新中国成立初期，苏联的科幻理论被大量引进，给中国的科普、科幻发展带来了深远影响，代表性译著有《论苏联科学幻想读物》（胡捷等著）、《技术的最新成就与苏联科学幻想读物》（布·略普诺夫著）。

随着此类感悟式文章的增多，不少作家陆续将其结集出版，以扩大影响。相应历史时期代表性的成果有：王国忠的《谈儿童科学文艺》、叶永烈的《论科学文艺》、黄伊主编的《作家论科学文艺》《论科幻小说》。在 21 世纪，则有韩松的《想象力宣言》、郑军的《科幻小说：预言与真相》、杨鹏的《科幻类型学》等。此类代表性文集不仅包括作家的创作感悟，也囊括了他们对科幻题材、文学标准甚至现实相关问题的思考。这种感悟式的研究模式长期存在，几乎所有科幻作家都发表过类似文字。虽然个体之间的论述差异较大，思想底蕴也相对驳杂，但随处可见灵感的火花，并能发现前人所未见之处。而读者也能够通过这些文字更便捷、全面地了解相关作家作品。

特别需要提及的是，科幻文学的读者中有着一类特殊的群体——“科幻迷”[①]，他们未必是科幻从业人员，却熟谙这一领域，并积极介入科幻相关文本的再生产，诸如撰写评论、创作同人小说（fan fiction）、编辑同人杂志（fanzine）等，有着鲜明的“文本盗猎者”特征。部分科幻迷还会将阅读兴趣转化为研究动力，挑选自己擅长的领域深入钻研。也许与学院派相比，此类研究成果的学术规范欠佳，但却有着更多的情感融入。

二、专业研究：从寂寞星火到梦想燎原

21 世纪之前，主流学界并不重视处于边缘地位的科幻文学，将其归为通俗文学或儿童文学的范畴。直到新世纪，中文科幻的“新浪潮”才开始吸引评论界的注意，从寂寥边缘变成热点话题，真正学术意义上的科幻文学研究方得以系统展开。当然，在此之前已有星星之火。譬如 20 世纪 80 年代至 90 年代，港台地区杜渐、李逆熵、王建元等人的评论文字，以及吴岩在北京师范大学开设科幻文学课程，内部编印《科幻小说教学研究资料》作为教材，影响了一代年轻学子。也正是这种筚路蓝缕、薪火相传的追梦精神，最终点燃了科幻专业研究的燎原大火。新世纪以来，科幻文学研究在中国渐成显学，取得了丰硕的成绩。下面将分别从学术活动、组织建设、科研项目和学术成果、高校人才培养、国际交流五个方面，概述其发展脉络。

---

① 广义的科幻迷既包括科幻创作者，也包括读者和研究者等相关人员，只要其对科幻有着强烈的兴趣即可。此处采用相对狭义的界定，排除了知名作家、专业编辑、专业研究者等专职人员。

（一）各类学术活动持续开展

早期以科幻为主题的学术会议主要在北京师范大学召开，多由以吴岩为代表的学术团队主办，例如 2002 年的“科幻与后现代学术报告会”，2008 年的“诺贝尔奖获得者多丽丝·莱辛科幻小说研讨会”。这些学术会议守护着科幻专业研究的火种，向主流学界和社会大众展示科幻研究的巨大潜力，并最终迎来全国范围内科幻研究的爆发。

2010 年以后，各种类型和层级的科幻活动开展得如火如荼，大到全国科协的战略规划研讨，小到高校科幻协会的兴趣交流，可谓如旋风般席卷大江南北。在令人目不暇接的众多科幻活动中，与科幻文学研究最密切相关的，是由高等院校举办的各类学术会议。这些会议或将科幻定为大会主题，或设为分会议题，参与者除科幻作家外，更多是来自高校的专业研究者，研讨内容基本覆盖了同期中国学界所关注的科幻前沿问题。

（二）众多学术组织陆续成立

如火如荼的科幻活动也推动着相关学术组织的成立。较早出现的代表性机构有：浙江省科普作协下属的科幻创作研究所（2003—）、叶李华在台湾交通大学主持的科幻研究中心（2001—2011）、吴岩在北京师范大学主持的科幻与创意教育研究中心（2011—2017）。近年来，中国科协深度介入科幻发展，先后推动成立科幻专业委员会（2019）、中国科幻研究中心（2020）。与此同时，各省市的科协也陆续筹建科幻分支。2018 年，四川省科幻学会成立，这是全国第一个正式注册的具有独立法人资格的省级科幻组织。2019 年，四川大学成立国内首家科幻研究院——中国科幻研究院。此外，新近成立的组织还有重庆钓鱼城科幻中心、上海浦东新区科幻协会等。此类组织或机构大多由高校教师、出版界人士、科幻作家等构成，大家群策群力，共同推进科幻研究事业的发展。

近年来，除了上述冠名“科幻”的各类学术组织外，还有不少学术组织虽未冠名，却也将科幻研究视作重要的学术领地。例如，2017 年，南方科技大学设立的科学与人类想象力研究中心；2019 年，在上海外国语大学成立的中国高校外国文学跨学科研究委员会；2021 年，中国比较文学学会设立的跨学科研究分会。可以预见，此类学术组织的加盟，必将为科幻研究输送源源不断的生力军。

（三）高层次的科研项目和学术成果涌现

随着科幻研究渐成学术热点，获得各类基金资助的机会也越来越多。国家社会科学基金作为国内最高级别的科研立项，自 2004 年资助第一个科幻相关项目（“科幻文学理论和学科体系建设”）以来，目前已立项二十多个科幻文学项目[①]。而省部级的相关立项则有百余个，覆盖的研究内容更为广泛。

在学术成果方面，进入 21 世纪以来，科幻研究论著的数量逐年增多，真切反映了同

① 仅统计在题名中明确“科幻”二字的文学类立项，其他非直接相关的项目，如针对乌托邦文学，或某位后现代作家（如冯内古特）的立项，暂不纳入统计。

时期的科幻研究热潮。[①]粗略统计，著作有五十余部（具体内容将在第三节详述），论文千余篇。在过去，愿意发表科幻内容的学术期刊较少，感悟类的研究成果大多通过科幻杂志（如《科幻世界》）或相关报纸（如《科技日报》）等渠道发表。而这一时期，以科幻为主题的论文几乎覆盖了各种类型的文学研究期刊。诸多期刊论文，或专论作品，或纵论历史，或中外比较，多角度展示了当下科幻文学研究所达到的深度和广度。

案例一

《“冷酷的方程式”与当代中国科幻中的“铁笼困境”》

近年来，《文学评论》作为文学研究领域的领军期刊，每年都会刊发科幻主题的论文。2017 年第 6 期的《“冷酷的方程式”与当代中国科幻中的“铁笼困境”》是一篇典型的比较文学影响研究案例。

作者王瑶从美国科幻作家汤姆·戈德温的短篇故事《冷酷的方程式》（1954）引申开来，辨析出“方程式”所代表的四种不同层面的“法”（人为制定的法令、客观的物理法则、经济实用主义法则、官僚科层制法则），让我们看到科幻小说如何自反性地暴露出作为其根基的人文主义话语内部的悖谬。《冷酷的方程式》1982 年被首次译成中文，在中国科幻作家与读者群中产生了广泛影响。潘海天的《选择》、韩建国的《09 断臂》、刘维佳的《我要活下去》是代表性的改写，为此类困境提供了不同的解决方案。刘维佳的《高塔下的小镇》、王晋康的《生存实验》、刘慈欣的《三体Ⅱ：黑暗森林》则是作家结合自身生命体验所描绘出的一种具有中国特色的“铁笼困境”，主人公“没有选择的选择”可以从民族寓言的维度解读出更加丰富的文化政治内涵。

（四）高校人才培养成果斐然

众所周知，任何学术的传承都需要人才梯队建设作为保障，而高等教育在其中扮演着重要角色。科幻研究要想薪火相传，自然要重视相关的人才培养。在一代学人的努力下，目前中国高校开设的科幻相关本科课程已有数十门。[②]一些高级别的统编教材也开始收录科幻板块，例如“马克思主义理论研究和建设工程”教材《当代西方文学思潮评析》专门探讨了科幻与“未来世界塑造”“生态警示”之间的关系。[③]日积月累之下，这些课程和教材滋养了众多大学生科幻爱好者，并为高层次人才的培养奠定了基础。

---

① 可参考吕超针对科幻文学研究的两篇综述。吕超．从寂寞星火到梦想燎原：中国科幻文学研究概览：2014—2018. 国际比较文学（中英文），2018（2）；吕超．“我们的征途是星辰大海”：中国科幻文学研究的新发展：2018—2020. 国际比较文学（中英文），2020（4）.

② 王挺，王大鹏．中国科幻发展报告：2015—2020. 北京：中国科学技术出版社，2021：43 - 54.

③ 《当代西方文学思潮评析》编写组．当代西方文学思潮评析．北京：高等教育出版社，2015：250 - 253.

在研究生培养层面，科幻相关的硕/博士学位论文于世纪之交陆续出现。据 CNKI 的“中国优秀硕/博士学位论文全文数据库”不完全统计，在中国语言文学和外国语言文学两个一级学科下，迄今已收录科幻文学相关博士学位论文三十余篇，硕士学位论文数百篇，其中绝大多数隶属于中国现当代文学、比较文学与世界文学、英语语言文学等二级学科。更令人欣喜的是，一批毕业生已经走上基础教育或高等教育工作岗位，将科幻人才的培养事业薪火相传。

(五) 国际交流亮点纷呈

2015 年和 2016 年，世界科幻协会（World Science Fiction Society）的雨果奖先后颁给中国作家刘慈欣和郝景芳，引爆了国内民众的科幻热情。其实，早在此之前，中国科幻就受到了海外学界的重点关注，譬如，2013 年，国际科幻研究顶级期刊《科幻研究》（*Science Fiction Studies*，美国，A&HCI 索引期刊）推出“中国科幻专号”，汇编了近十位学者的研究成果。伴随着中国科幻文学“新浪潮”的崛起，辅以华人学者（如王德威、宋明炜、李桦等人）的助推，海外杂志刊发的中国科幻研究的论文越来越多，不少杂志还推出了中国科幻研究特刊，如《科幻研究协会评论》（*SFRA Review*）、《矢量》（*Vector*）等。此外，在一些代表性的国际会议中，诸如美国现代语言协会（MLA）、美国比较文学学会（ACLA）的年会上，常有关于中国科幻的专题讨论。可以说，得益于海外高校从事中国科幻研究的人员比例提高，该领域成为近年海外中国研究最繁荣的板块之一。

与此同时，中国科幻研究主动“走出去”的步伐也非常坚实，努力向海外传播学术成果。2018 年，北京师范大学与俄克拉荷马大学合作编辑的英文学术刊物《今日中国文学》（*Chinese Literature Today*）在第 1 期推出“韩松/中国科幻专号”。2020 年，中国第一本全英文中国文学研究期刊《中国文学研究前沿》（*Frontiers of Literary Studies in China*）在第 2 期推出“当代中国科幻小说研究”专辑。这些研究成果致力于讲好中国科幻自己的故事，并展示其独特的文化价值。

第三节 科幻文学研究的相关领域

关键词

科幻文学史　作家及作品研究　译介研究　专题研究

近年来，中国学界在科幻文学领域取得的研究成果有目共睹，无论在数量上还是在质量上都是空前的。本节将这些成果归类为六大领域：研究资料整理及译介、文学史撰写、作家及作品研究、综论类著作、译介及传播研究、代表性专题研究。下面将依次展开具体论述。

一、研究资料整理及译介

（一）中文研究资料整理

中文研究资料整理的初步工作起于数据库类网站的建设。20世纪90年代以来，不少科幻迷致力于建设各类科幻数据库，但囿于资金、人力等原因，大多仅搭建了雏形，欠缺日常维护与持续运营的能力。目前最具代表性的网站首推“中文科幻数据库”（CSFDB）①，其致力于建立汉语世界规模最大、考据最深入的科幻知识图谱，现已归档海量与全球科幻文学相关的中文资料，囊括作家、作品、图书、杂志、组织、奖项、主题、评论等多元信息。

在纸质出版领域，已有多部科幻研究资料汇编集面世。它们主要是将之前散见各处的重要科幻文论汇编，以专题形式归类，为后续的研究提供便利。截至目前，代表性的汇编集如下。

2006年，福建少年儿童出版社推出的“科幻新概念理论丛书”。其中，吴岩主编的《贾宝玉坐潜水艇：中国早期科幻研究精选》，王建元、陈洁诗主编的《科幻·后现代·后人类：香港科幻论文精选》，林健群主编的《在“经典”与“人类”的旁边：台湾科幻论文精选》，分别收录了针对晚清及港台地区的科幻研究文章。

2011年，重庆出版社推出王泉根主编的《现代中国科幻文学主潮》，分为“科幻与科幻小说观”“科幻与儿童文学观”“中国科幻研究”“外国科幻观察”四编，收录了中国百年来发表的一百多篇科幻研究文献，是目前所见较为全面的中文科幻论集。

2021年，北京大学出版社推出吴岩、姜振宇主编的《中国科幻文论精选》，收录了自1902年以来，最具代表性的31篇科幻研究文献。因其量少质精，选文又辅以导读，适宜科幻教学配套使用。

（二）海外研究成果中译

海外科幻文学研究成果的中译现已取得初步成绩，众多译著大致可以归为如下四类：文学史、作家论、综论及专题研究。

科幻文学史著作历来是学术翻译的重点。代表性的译著有：英国学者亚当·罗伯茨的

① 英文全称为Chinese Science Fiction Database，2020年创建，官方网址为http://www.scifi-wiki.com。现已收入科幻人物一万余人，作品三万余部，并持续更新中。

《科幻史》[①]，布莱恩·奥尔迪斯、戴维·温格罗夫的《亿万年大狂欢：西方科幻小说史》，美国学者詹姆斯·冈恩的《交错的世界：世界科幻图史》，日本学者长山靖生的《日本科幻小说史话：从幕府末期到战后》，武田雅哉、林久之的《中国科学幻想文学史》。上述译著或是海外的经典科幻史著作，或是和中国科幻有着密切关系的著作。

科幻作家相关的作家论译著分为传记类和作家文论两类。前者的代表有：《人生舞台：阿西莫夫自传》《菲利普·迪克传》《惊奇：科幻黄金时代四巨匠》等。后者的代表有：《阿西莫夫论科幻小说》，加拿大作家玛格丽特·阿特伍德的《在其他的世界：科幻小说与人类想象》，美国作家奥森·卡德的《如何创作科幻小说与奇幻小说》，等等。

综论类的译著分为理论和百科全书两类。理论类的代表性译著有：法国学者让·加泰尼奥的《科幻小说》，加拿大学者达科·苏恩文的《科幻小说变形记：科幻小说的诗学和文学类型史》《科幻小说面面观》，美国学者罗伯特·斯科尔斯等人的《科幻文学的批评与建构》，英国学者爱德华·詹姆斯等人的《剑桥科幻指南》[②]。百科全书类的代表性译著有：英国学者约翰·克卢特等人的《彩图科幻百科》，盖伊·哈雷的《科幻编年史：银河系伟大科幻作品视觉宝典》。

专题研究类的译著各具特色，读者仅通过题名就能直观感受到其研究重点。代表性的译著有：美国学者弗里德里克·詹姆逊的《未来考古学：乌托邦欲望和其他科幻小说》，拉切尔·费雷拉的《拉美科幻的兴起》[③]，戴维·伯恩斯坦科的《科幻小说中的科学》，卡尔·阿博特的《未来之城：科幻小说中的城市》，查尔斯·阿德勒的《巫师、外星人和星舰：科幻与奇幻中的物理数学》等。

在诸多译著中，有一个重要且难以归类的特殊存在：美国科幻作家兼研究者詹姆斯·冈恩主编的六卷本《科幻之路》。该丛书每卷均有长篇前言，组合在一起便是一部简要的世界科幻文学史。针对每篇选文，又辅以长短不一的导读，对创作背景、作者生平、作品价值等均有言简意赅的评论。《科幻之路》在全球的影响非常广泛，常被用作高校教材，也引发了一批效仿之作。

二、文学史撰写

（一）中国科幻文学史

中国科幻界历来注重对文学史的建构，相关成果主要体现在如下四个方面：史料的初

---

① 罗伯茨．科幻小说史．马小悟，译．北京：北京大学出版社，2010．严格来说，英文书名 *The History of Science Fiction* 应译作“科幻史”，毕竟书中涉及了电影、音乐、漫画等艺术门类。

② 书名原文为 *The Cambridge Companion to Science Fiction*，2018 年百花文艺出版社将中译本定名为《剑桥科幻文学史》出版。

③ 书名原文为 *The Emergence of Latin American Science Fiction*，2016 年百花文艺出版社将中译本定名为《拉美科幻文学史》出版。

步整理、连绵不绝的“编年史”、大型选集的前言、专业的学术著作。

在史料的初步整理方面，代表性的成果为董仁威的《中国百年科幻史话》，串讲历史脉络、重要事件及主要人物。区域性的科幻史料汇编则有：《追梦人：四川科幻口述史》（侯大伟、杨枫主编）、《台湾科幻文学薪火录 1956—2005》（黄海著）、《台湾科幻小说的文化考察 1968—2001》（傅吉毅著）。

“编年史”成果主要体现在各类“年度科幻小说选”中。按照惯例，编者每年都会在序言中梳理当年的科幻文学概貌，并评点佳作、总结经验。如果将这些序言汇编成册，无疑是一部较翔实的中国科幻小说编年史。此外，学界在近年陆续推出“科幻年度报告”系列，总结科幻各艺术门类、产业文化等相关事宜，其中自然要涉及文学板块，甚至会将小说细分为长、中、短篇三类，分别做总结。[①]

大型选集的前言可视作中国科幻的“断代史”。代表性的选集有：六卷本《中国科幻小说世纪回眸》（叶永烈主编）、五卷本《百年中国科幻小说精品赏析》（姚义贤、王卫英主编）。此类选集借鉴詹姆斯·冈恩的《科幻之路》，在每卷的前言论述相关历史阶段的科幻小说概貌，评点重要作家和作品。如果将这些前言合并，便组成了一部简略的中国科幻小说断代史。

中国科幻文学史的专业的学术著作首推吴岩主编的《20 世纪中国科幻小说史》。作为同名国家社科基金重点项目的结题成果，该书对中国科幻的百年发展史进行了鞭辟入里的梳理，共分为晚清、民国、共和国早期、新时期及世纪之交五个阶段，并分别论述每个阶段的创作背景、基本面貌、代表作家及作品。

（二）世界科幻文学史

在过去较长一段时间，中国学界关于世界科幻文学史的论述多散见各处，通过《现代中国科幻文学主潮》第四编“外国科幻观察”汇总的十余篇文章，我们可以管中窥豹，了解相应时期中国学界对英、美、法等国的科幻史研究概况。

冠名以“世界科幻”的史类著作主要有：杜渐的《世界科幻文坛大观》，郑军的《第五类接触：世界科幻文学简史》，萧星寒的《星空的旋律：世界科幻简史》。此类著作多由科幻作家兼评论家撰写，文字晓畅易懂，属于半专业研究性质。此外，学界历来对以英美为代表的西方科幻有着重点关注，相应的史类著作有：《英美科幻小说简史》（英文，王艳等著）、《文化语境下的西方幻想文学之嬗变》（黄秀敏著）。此类著作由于侧重普及或宏阔论述，在学术深度和精细度方面，有待进一步提升。

近年来，由传统学院派撰写的文学史著作也越来越多地关注科幻内容，这尤其体现在美国文学史领域。例如，黄禄善的《美国通俗小说史》以断代的形式，将科幻归入不同时期论述，所涉内容颇多，依次有：19 世纪后半期的“廉价西部小说”，20 世纪前半期的

① 王挺，王大鹏．中国科幻发展报告：2015—2020．北京：中国科学技术出版社，2021；吴岩，陈玲．中国科幻发展年鉴：2021．北京：中国科学技术出版社，2021．

“星际历险科学小说”“硬科学小说”，20 世纪后半期的“新浪潮科学小说”“高科技惊险小说”“赛博朋克科学小说”。此外，在学界颇受好评的两部美国文学史著作——《二十世纪美国文学史》[①] 和《新编美国文学史》[②] ——也都没有专门论述科幻的板块。

三、作家及作品研究

（一）中国作家及作品研究

迄今为止，中国科幻文学的所有重要作家，如郑文光、叶永烈、童恩正、肖建亨、王晋康、刘慈欣、韩松等，都已有研究文章发表。除刘慈欣外，作家专论的著作目前尚不多见，陈洁对“中国当代科幻文学之父”郑文光的评传（《亲历中国科幻：郑文光评传》）可谓代表。多位作家评传的合集首推董仁威的《穿越 2012：中国科幻名家评传》，该书详述了十余位科幻作家及编辑。针对一位作家的研究文集则首推王卫英主编的《中国科幻的思想者：王晋康科幻创作研究文集》。

鉴于刘慈欣的创作“单枪匹马，把中国科幻文学提升到了世界级的水平”[③]，学界对其的研究最为集中，各类学术文章不下千篇。从早期书评式的推荐，到如今的角度多样：美学风格、创作渊源、人物剖析、文化精神、译介与传播、国际影响、文学史意义、影视改编等等。在著作方面，则有研究论文集《刘慈欣科幻小说与当代中国的文化状况》，作品选读和评论集《中国科幻的探索者：刘慈欣科幻小说精品赏析》，评论文集《我是刘慈欣》《为什么是刘慈欣》等。在海外，《科幻研究》杂志于 2019 年总第 137 期推出“刘慈欣专题”，刊发中、美、法等国学者的多篇论文，彰显了刘慈欣研究的国际影响。

案例二

关于《三体》的研究

如果说对刘慈欣的研究是全面开花的话，那么关于《三体》的研究则是重点突破，现已出版专门的导读[④]和论文集[⑤]，其中不少文章从比较文学影响研究的角度，探讨《三体》与海外作品（如阿瑟·克拉克的

---

① 杨仁敬在其专著《二十世纪美国文学史》（青岛出版社，2010）中，设专节（第四章第八节）论述“走进新时代的科幻小说家”。

② 刘海平、王守仁主编的《新编美国文学史》（上海外语教育出版社，2019），第四卷第八章第三节论述了科幻小说。

③ 这是《流浪地球：刘慈欣获奖作品》（长江文艺出版社，2008）的封面宣传语。

④ 詹琰，路姜波．《三体》导读．天津：天津人民出版社，2016.

⑤ 李广益，陈颀．《三体》的 X 种读法．北京：生活·读书·新知三联书店，2017.

"太空漫游系列")的关系。并且,《三体》研究日益呈现"破圈"趋势,扩散至历史、哲学、法学、政治学、社会学、国际关系学等领域。例如,《哲学动态》杂志于2019年第3期推出"科幻现实与思想未来:关于《三体》的哲学讨论"专辑,著名哲学家赵汀阳、吴飞、杨立华分别撰文,从不同角度对《三体》予以分析。不仅如此,吴飞还出版学术专著《生命的深度》,从生命与人性、死亡与不朽、社会契约与差序格局三个维度对《三体》进行哲学解读,认为"刘慈欣在生活经验和文学写作中对这些重大哲学命题的探讨,远远超过学院中的许多哲学工作者"①。

(二)海外作家及作品研究

国内学界针对海外科幻作家及作品的研究,主要成果形式为期刊论文和硕/博士学位论文,研究的深广度固然有诸多不足,但基本覆盖了著名的科幻作家,如玛丽·雪莱、爱伦·坡、凡尔纳、威尔斯、阿瑟·克拉克、阿西莫夫、厄秀拉·勒奎恩、菲利普·迪克,以及华裔作家特德·姜、刘宇昆等。研究的角度也颇为多样,涉及女性主义、生态问题、现代性、科技伦理、美学特征等。此外,严肃文学作家的科幻小说,如石黑一雄的《别让我走》《克拉拉与太阳》等,更是热门的研究对象。

该领域现已出版的学术专著屈指可数,代表性的有:《夏洛特·克尔纳科幻小说中人物塑造的美学特征研究》(王微著)、《原道之旅:厄秀拉·勒奎恩科幻文学研究》(英文,叶冬著)、《认知陌生化:赫·乔·威尔斯科幻小说研究》(黎婵著)。不难看出,针对海外作家及作品的学术研究,还有着巨大的拓展空间。

四、综论类著作

(一)科幻理论类

在科幻理论方面着力最多、成果最丰硕的当数吴岩,其先后在《科幻文学理论和学科体系建设》《科幻文学论纲》等著作中,阐述了科幻文学的相关概念、理论框架、研究方法等,在科幻界有着广泛影响。新近的研究以李广益主编的《科幻导论》为代表。此外,在港台地区也出现了一些综论类著作,如李逆熵的《超人的孤寂》《挑战时空:漫游奇妙的科幻世界》等,讨论了科幻历史、主题分类等问题。

侧重探讨西方科幻理论的著作首推代晓丽的《西方科幻小说新发展研究》,该书集中

① 吴飞.生命的深度:《三体》的哲学解读.北京:生活·读书·新知三联书店,2019:26-27.

讨论了新世纪以来欧美科幻研究的重要成果，包括意识形态批评、乌（敌）托邦研究、后人类（文）研究、时（空）间批评，以及修辞、语言学和美学等方面的研究成果。

诚如一篇针对《科幻文学论纲》的书评题名——“一张有待展开的蓝图”①，国内学界的科幻理论研究目前尚处于蓝图初现的阶段，亟待后继学者的进一步拓展。

（二）百科全书类

百科全书类著作要求内容覆盖广泛，且应具有一定的推广、普及功效。遗憾的是，目前尚未有一部真正意义上的“科幻百科全书”出自中国学者之手。现已出版的类似著作有：《科幻爱好者手册》（周孟璞主编）、《迷途的苍穹：科幻世界漫游指南》（汪诘著）。此类著作讲究趣味性，文字浅显易懂，以期吸引并激发更多读者对科幻的兴趣。希望在当下科幻研究热潮的推动下，以《科幻百科全书》为名的中文原创著作能够尽早面世。

五、译介及传播研究

（一）外译中

一百多年来，海外科幻的优秀作品被络绎不绝地译介至中国，影响了一代又一代中文读者。相对而言，针对科幻翻译的理论研究则非常薄弱，成体系的成果仅见郭建中的专著《科普与科幻翻译：理论、技巧与实践》。这是其在长期科幻翻译实践基础上的理论总结，具有一定的开创性。书中辨别了科普和科幻翻译的异同，强调科幻翻译独特的标准；重新定义了直译-意译、异化-归化等问题，并用科幻翻译的实例加以论证。

近年来，学界逐渐重视从译介学的角度探讨海外科幻在中国的翻译与传播问题，代表性的论著有：《幻想与现实：二十世纪科幻小说在中国的译介》（英文，姜倩著）、《晚清科学小说译介与近代科学文化》（王晓凤著）。前者通过对典型文本的分析，由点及面，考察了在20世纪各历史时期，中国对海外科幻小说的译介与接受状况，探讨了科幻翻译与政治、经济、科技、文化等不同系统的关系。后者关注西方科幻小说在晚清时期的译介，通过分析凡尔纳、威尔斯等著名作家作品的翻译，探讨其蕴含的现代性特征，以及与中国文学现代转型的深层关系，乃至其如何促成中国近现代科学文化的构建。

（二）中译外

中国科幻作品的海外译介最早可以追溯至20世纪60年代，以老舍的《猫城记》英译为起点，其后一直处于不温不火的状态。直到进入21世纪，才迎来了高速增长，作品数量、译介语种、发行范围均取得空前成绩。如今，以《三体》为代表的科幻作品，已经成

---

① 贾立元．一张有待展开的蓝图//吴岩．科幻文学论纲．重庆：重庆大学出版社，2021：286.

为“中国文学海外传播的新名片”①。

目前，除了上文提及的刘慈欣作品的译介研究外，也陆续出现其他领域的成果，或综论某个语种的译介，或专论文化语境建构。这些研究成果大多为硕士学位论文，尚有很大的提升空间。令人期待的是，目前在研的一批国家社会科学基金项目，正在弥补该领域的薄弱之处，代表性的有：中国文化“走出去”战略下的科幻小说英译研究（2017）、中国当代科幻小说在英语世界的译介、传播与接受研究（2019）、中国百年科幻文学翻译史研究（2019）。期待这些项目在未来能够产出更多精深的研究成果。

六、代表性专题研究

科幻专题研究的种类繁多，角度也颇为多样。此处重点论述三类。

（一）中国科幻各发展阶段相关问题研究

分发展阶段探讨中国科幻文学的相关问题，是学界常见的研究范式。例如，2006 年，福建少年儿童出版社推出的《现代性与中国科幻文学》收录三篇硕士学位论文，分别探讨了中国科幻的三个阶段（晚清、新中国早期、新时期）与现代性的深层关系。

针对晚清科幻作品的研究成果，以贾立元的《“现代”与“未知”：晚清科幻小说研究》为代表。作者通过爬梳大量历史文献，围绕着“现代”与“未知”主题，对晚清科幻作品进行深入考察，呈现了晚清知识精英在中与西、新与旧之间的困境与挣扎。

针对现代中国科幻作品的研究成果，以任冬梅的《幻想文化与现代中国的文学形象》为代表。作者将科幻作品纳入“社会幻想小说”的大类别下进行探讨，将其塑造的民国时期的中国形象归纳为“未来中国”“童话中国”“鬼域中国”“星际中国”四类，并辨析其产生缘由及影响。

针对当代中国科幻作品的研究成果，以詹玲的《当代中国科幻小说转型研究》为代表。作者聚焦中国当代科幻小说转型过程中的典型现象、文类特征及文本个案，探讨了科技人文、工业现代性美学、外来科幻影响及中国性建构等当下科幻创评的前沿问题。

（二）重要流派研究

在世界科幻文学发展史上，产生了一系列流派。他们或以创作题材命名（如“太空歌剧”），或以创作风格命名（如“新浪潮”）。不论持续的时间长还是短，各流派都为科幻事业的发展做出了不容忽视的贡献。粗略统计，中国学界对各科幻流派均有探讨，多以评论文章发表。专门针对某个科幻流派的研究专著屈指可数，最具代表性的当数《美国后现代

---

① 姚建彬，主编．中国文学海外发展报告：2018．北京：社会科学文献出版社，2019：357.

科幻小说》（方凡著）和《赛博朋克科幻文化研究》（余泽梅著）。前者虽冠名“后现代”，但主要讨论了威廉·吉卜森、尼尔·史蒂芬森等赛博朋克代表作家。后者聚焦 20 世纪 80 年代的赛博朋克科幻小说，尝试从后人类主体的可能、自我的多元化、政治的微观化等方面探究赛博朋克科幻的后现代特质。

（三）“后人类”相关论题研究

在近年来流行的科幻议题中，关于“后人类”的讨论一直热度不减。作为一种理论思潮，它形成于 20 世纪 80 年代。面对人体不断被高科技改造的潮流，不少人相信自然演化最终将让位于人工进化，进而出现在体能、智力、寿命等各方面都超越当今人类的后人类。文学界对这一思潮的反应主要体现在科幻领域，作家通过虚构故事来进行思想实验，不断拷问“人”的本体论认知，也展望着后人类在未来的诸多可能性。现已出版的代表性研究专著有《克隆人科幻小说的文学伦理学批评研究》（郭雯著）、《英美科幻小说科技伦理研究》（刘晓华著）。前者辨析了克隆人科幻小说中的伦理问题，涉及伦理身份诉求、伦理困境、价值选择等议题。后者重点分析了英美科幻小说中的生命干预、克隆人、机器人、赛博格等相关伦理问题。

本章小结

中国学界对科幻文学的研究已经持续了一百多年，取得了丰硕的成果。特别是 21 世纪以来，科幻从文学领域的“寂寞伏兵”转变为特种战队，吸引着诸多领域的研究者参与其中，日益成为显学。不过，尽管现有的成绩令人瞩目，但其依然有着广阔的研究空间，期待着后继者去开拓。可以确信，科幻文学研究在比较文学领域大有可为。

思考与练习

1. 简述你认同的科幻文学定义，并给出支持的理由。
2. 简述科幻文学半专业研究的特征。
3. 概述科幻文学专业研究所取得的成绩。
4. 概述科幻文学研究的主要领域。
5. 简述学界对科幻作家刘慈欣的研究成果。
6. 简述目前学界在中国科幻文学史和世界科幻文学史编写方面的成果。
7. 任选一个科幻论题，撰写一篇具有比较文学性质的小论文。
8. 任选“拓展阅读”书目中的一部，撰写一篇阅读心得。

拓展阅读

1. 姚义贤，王卫英．百年中国科幻小说精品赏析．北京：科学普及出版社，2017.

2. 吴岩．科幻文学论纲．重庆：重庆大学出版社，2021.

3. 吴岩．20 世纪中国科幻小说史．北京：北京大学出版社，2022.

4. 吴岩，姜振宇．中国科幻文论精选．北京：北京大学出版社，2021.

5. 李广益．科幻导论．重庆：重庆大学出版社，2023.

6. 冈恩．交错的世界：世界科幻图史．姜倩，译．上海：上海人民出版社，2020.

7. 罗伯茨．科幻小说史．马小悟，译．北京：北京大学出版社，2010.

8. 詹姆斯，门德尔松．剑桥科幻文学史．穆从军，译．天津：百花文艺出版社，2018.

9. 苏恩文．科幻小说变形记：科幻小说的诗学和文学类型史．丁素萍，李靖民，李静滢，译．合肥：安徽文艺出版社，2011.

10. Latham. The Oxford Handbook of Science Fiction. Oxford：Oxford University Press，2014.

职责分工

序言

纪建勋（上海师范大学）

上编：历史篇

第一章

纪建勋（上海师范大学） 刘振宁（贵州大学）

刘晓艺（山东大学） 陈冬梅（新疆教育学院）

第二章

伏飞雄（重庆师范大学） 丰云（德州学院）

陈婷婷（安徽大学） 王秀花（山东科技大学）

第三章

张同胜（兰州大学） 魏家海（华中师范大学）

李萌羽（中国海洋大学） 姚达兑（海南大学）

第四章

李庆本（杭州师范大学） 丁笑俪（上海师范大学）

李志锋（南宁师范大学） 胡素情（湖南大学）

第五章

刘研（东北师范大学） 王汝良（青岛大学）

孙彩霞（河南大学） 王春景（深圳大学）

第六章

纪建勋（上海师范大学） 陈义海（盐城师范学院）

张俊萍（江南大学） 高胜兵（安徽理工大学）

第七章

Eugene Eoyang（Indiana University，Bloomington）

邹赞（新疆大学） 朱云（南京农业大学）

李红梅（潍坊学院）

第八章

姚孟泽（南开大学） Junqing Jia（Hamilton College）

冯欣（北京师范大学） 叶君洋（南京大学）

下编：方法篇

第九章

周云龙（福建师范大学） 李时学（集美大学）

郭然（江苏师范大学）

第十章

周荣胜（复旦大学） 唐珂（上海外国语大学）

马汉广（黑龙江大学）

第十一章

李真（北京外国语大学） 张西平（北京外国语大学）

顾钧（北京外国语大学 ）

第十二章

余夏云（西南交通大学） 季进（苏州大学）

金进（浙江大学）

第十三章

李永平（陕西师范大学） 雷武锋（西北大学）

赵世昌（河南师范大学）

第十四章

王定安（浙江工业大学） 蒋童（北京第二外国语学院）

梁丹丹（中山大学）

第十五章

曾琼（北京外国语大学） 王靖（北京大学）

刘舸（湖南大学）

第十六章

郑晔（上海外国语大学） 穆雷（广东外语外贸大学）

宋炳辉（上海外国语大学）

第十七章

吕超（天津师范大学） 姜振宇（四川大学）

肖汉（北京师范大学）

后　记

上海师范大学的孙景尧教授，是新时期中国比较文学学科最重要的开创者和奠基人之一，孙先生的贡献首先体现在教材编撰和学科建设等方面。主要成就之一，即 1984 年由卢康华和孙景尧两位先生合著的《比较文学导论》。这是我国第一部真正意义上的比较文学教材，其内容和体例也成为迄今国内比较文学教材的滥觞。在此之后，无论是由孙先生独著的《简明比较文学》(中国青年出版社 1988 年初版，2003 年修订再版)，还是由孙先生牵头主编的《简明比较文学教程》(江苏教育出版社 2007 年版) 等教材，在一定程度上都可以看成 1984 年第一本比较文学教材的深耕拓展。

如今，距先生鹤归道山已经一十三年了！以上教材市面上早已不容易见到，使用上颇多不便，学界和广大学生也一直在呼吁新版教材的接续更新。我于 2006 年考入上海师范大学比较文学专业攻读硕士学位，2012 年从复旦大学博士毕业后又重回学科点工作。能够追随先生问学，实乃我一生极大的幸运。此次由中国人民大学出版社出版的这一本全新的教材，恰逢我国第一本比较文学教材出版 40 周年纪念之际，首先要献给国家重点学科点的灵魂人物孙景尧先生。这是我近十年来耗费大量时间和精力组织编撰这本新教材的第一个原因。

编撰这本新教材的第二个原因，即《比较文学的范式转换与知识体系建构——关于比较文学、比较文学史与比较文学教学的思考》一文，我在本书的绪论中已经详细讨论过了。未尽之处，此处请容我就“比较”再啰嗦几句，主要是引用前人的四句诗和四席话来谈。

“维新四公子”之一、被誉为“中国最后一位传统诗人”的陈三立，在 1893 年作《高观亭春望》：“凭栏一片风云气，来作神州袖手人”。1894 年即爆发了那场警醒所有中国人、堪为国耻的甲午海战。后来陈氏父子主持湖南新政期间，在 1897 年延聘新学代表人物之一梁启超为长沙时务学堂总教习，梁后来也提到陈三立曾将上文诗句赠予自己。1898 年百日维新失败，身为变法领袖的梁启超流亡日本，后又于 1899 年赴美洲过太平洋时作《东归感怀》：“极目中原暮色深，蹉跎负尽百年心”。康有为于 1913 年作《琴南先生写万木草堂图题诗见赠赋谢》诗曰：“译才并世数严林，百部虞初救世心”。评家认为仅凭这一首诗就将近代文化转型期最重要的两个翻译巨匠都得罪了。钱锺书尝作《林纾的翻译》一文，于此中原委有仔细说明。

陈衍先生说：“这事做颠倒了。琴南如果知道，未必高兴。你读了他的翻译，应该进而学他的古文，怎么反而向往外国了？琴南岂不是‘为渊驱鱼’么？”他又说：“琴南最恼人家恭维他的翻译和画。我送他一副寿联，称赞他的画，碰了他一个钉子。康长素送他一首诗，捧他的翻译，也惹他发脾气。”

不可否认，身兼诗、画、译、文四艺于一身的林纾对于比较文学而言，其值得大书特书与深入研究的就是其在翻译史上堪称独一无二的译介大量外国文学作品输入中国之举，这也是林纾本人在今天能够留名青史的根本原因。那么，我们不禁要问：林纾为什么最恼人家提他的翻译？四艺在林纾心中的序次显然为古文第一，接下来是写诗、作画，他最瞧不上的反而是影响最大的翻译，这到底是为什么呢？真是值得深思的比较文学史掌故了！应该说，前文提到的三句诗说明了比较文学史之于比较文学教学和研究的重要意义。这些诗的作者作为近代中国“百年心”的代表人物，把比较文学和近代中国的文化转型、现代复兴深刻地融合在一起。

“文明新旧能相益，心理东西本自同”，则在 1931 年由当时已经 84 岁的晚清帝师陈宝琛题赠哈佛大学中文图书馆。与之相应，朱光潜主张“一切价值都由比较得来，不比较无由见长短优劣”，“文艺不一定只有一条路可走。……理想的游览风景者是向东边走之后能再回头向西走一走，把东西两边的风味都领略到。这种人才配估定东西两边的优劣”。而钱锺书对那种奢谈“比较”的风气可谓深恶痛绝：“有些人连中文、西文都不懂，谈得上什么比较？戈培尔说过，有人和我谈文化，我就拔出手枪来。现在要是有人和我谈中西文化比较，如果我有手枪的话，我也一定拔出来。”

1932 年陈寅恪在《与刘文典教授论国文试题书》一文中曾经说过：“盖此种比较研究方法，必须具有历史演变及系统异同之观念。否则古今中外，人天龙鬼，无一不可取以相与比较。荷马可比屈原，孔子可比歌德，穿凿附会，怪诞百出，莫可追诘，更无所谓研究之可言矣。”王国维《奏定经学科大学文学科大学章程书后》予以进一步申明：“异日发明光大我国之学术者，必在兼通世界学术之人，而不在一孔之陋儒固可决也。”

以上论断，分别涉及比较文学的意义、可比性、信用危机以及知识装备等根本问题，我们现在对于比较文学原理的认识，较诸以上诸位大家的时代，或许更为详备与系统，然而从高度上很难说已经真正超越了他们。这正是我们倡导将比较文学史纳入比较文学教学的原因，也是编撰这本教材的第二个原因。

其实国内外已有源远流长的比较文学史编写传统，国外的如洛里哀、梵·第根等，国内如乐黛云、徐志啸、曹顺庆、徐扬尚、王向远、杨义、陈圣生等，皆已有相关成果问世。我本人也于近十年在相关方面做了很多努力，包括撰写“中国比较文学（双）年度报告”、在《国际比较文学（中英文）》期刊组织发表相关专栏文章等。尤其是我这些年开设的“中国比较文学史”（主要面向本科生）、“国际比较文学前沿”（主要面向硕博士生）两门课程，也先后得到了上海市重点课程、一流课程的认可与支持，这两门课程的几轮讲稿为本教材提供了反复修改提高的机会。

中国比较文学学会的乐黛云、杨慧林、曹顺庆、王宁、叶舒宪、张辉等历任会长，中国比较文学学会教学研究分会的现任会长刘洪涛教授，上海师范大学分管文科的副校长陈恒教授与学校社科处、人文学院的领导们，以各种方式关心着教材的进展，并先后推荐我为国家教材委员会语文学科专家委员会比较文学学科组专家委员、教育部教师队伍建设专家指导委员会人文类研究生导师队伍建设分委会专家委员。上海师范大学比较文学与世界文学国家重点学科与上海市“国际比较文学”创新团队，为本教材的编写出版提供了坚定支持。中国人民大学出版社的编辑岳娜老师一直在耐心推动本教材的编校，她卓越的工作为本教材增色很多。

感谢编委会全体老师，你们专业前沿的学识形塑了本教材今天的模样；漫长的编写历程中（包括疫情期间几次深夜的线上编撰会），你们的耐心和支持给了我信心。感谢我的学生们，包括本科生和硕博士研究生，没有你们的热情参与和一线教学的广泛建议，这本教材的质量要下降很多。需要特别说明的是，本书引用的部分文献，存在多个译本或整理本，编者选引时，以内容准确、通达为标准，不追求一种文献全部引自同一部书这种形式上的整齐划一。这是一次大胆而积极的新尝试，肯定有很多不足，请广大师生多提宝贵意见，以利于我们日后的修订与再版。其中难免的错误，则是我作为统稿的主编应该一人承担的责任。

纪建勋

2025 年 4 月 10 日于新乐里

图书在版编目（CIP）数据

比较文学概论 / 纪建勋主编．-- 北京：中国人民大学出版社，2025.9. --（新编21世纪中国语言文学系列教材）. -- ISBN 978-7-300-33642-8

Ⅰ. I0-03

中国国家版本馆CIP数据核字第2025BC2794号

新编21世纪中国语言文学系列教材

比较文学概论

主编　纪建勋

Bijiao Wenxue Gailun

出版发行	中国人民大学出版社		
社　　址	北京中关村大街31号	**邮政编码**	100080
电　　话	010－62511242（总编室）		010－62511770（质管部）
	010－82501766（邮购部）		010－62514148（门市部）
	010－62511173（发行公司）		010－62515275（盗版举报）
网　　址	http://www.crup.com.cn		
经　　销	新华书店		
印　　刷	北京溢漾印刷有限公司		
开　　本	787 mm×1092 mm　1/16	**版　　次**	2025年9月第1版
印　　张	21.75 插页1	**印　　次**	2025年9月第1次印刷
字　　数	478 000	**定　　价**	59.00元

关联课程教材推荐

ISBN	书名	作者	定价（元）
978-7-300-33108-9	中国文化概论（第五版）	金元浦	59.80
978-7-300-33036-5	中国传统文化概要（第四版）	冯希哲	49.90
978-7-300-31388-7	中国现当代文学（第四版·数字教材版）	刘勇　李春雨	79.00
978-7-300-29661-6	中国民间文学概论（第四版·数字教材版）	黄涛	59.90
978-7-300-29638-8	中文学科论文写作（第三版）	卢卓群　普丽华	49.00
978-7-300-32019-9	国际中文教育概论	蔡永强	59.00
978-7-300-33253-6	唐诗宋词鉴赏（第三版）	张明非　等	49.00
978-7-300-32869-0	美学概论	程相占	39.00
978-7-300-15457-2	世界文学名著赏析	钱谷融　刘洪涛	59.00
978-7-300-27838-4	中华传统文化导读	王霁	55.00

配套教学资源下载说明

尊敬的老师：

衷心感谢您选择人大版教材！相关的配套教学资源，请到中国人民大学出版社官网（www.crup.com.cn）下载。部分教学资源需要验证教师身份后下载。请您登录出版社官网，点右上角“注册”，填写“会员中心”的“我的教师认证”项目，等待后台审核。我们将尽快为您开通下载权限。

如您急需教学资源或教材样书，也可以直接与我们的编辑联系。

联系人：刘静　　电话：010-62513587　　电子邮箱：12918646@qq.com

欢迎您加入全国汉语言文学教师群，开展学术讨论，交流教学心得。（QQ 群号：1062057602）

俯仰天地　心系人文

www.crup.com.cn